EL LIBRO DEL DISEÑO

EL LIBRO DEL

DISEÑO

DK LONDON

EDICIÓN DE ARTE SÉNIOR
Duncan Turner

EDICIÓN SÉNIOR
Helen Fewster

EDICIÓN
Tom Booth, Katie John y Annie Moss

ILUSTRACIÓN
James Graham

DISEÑO DE CUBIERTA
Stephanie Cheng Hui Tan

DISEÑO DE CUBIERTA SÉNIOR
Sophia MTT

ICONOGRAFÍA
Sarah Smithies y Myriam Meguarbi

COORDINACIÓN DE PRODUCCIÓN
Meskerem Berhane

COORDINACIÓN DE ARTE
Michael Duffy

COORDINACIÓN EDITORIAL
Angeles Gavira Guerrero

DIRECCIÓN DE ARTE
Maxine Pedliham

DIRECCIÓN DE PUBLICACIONES
Liz Wheeler

DIRECCIÓN DE DISEÑO
Phil Ormerod

DIRECCIÓN EDITORIAL
Liz Gough

SANDS PUBLISHING SOLUTIONS

EDICIÓN
David y Silvia Tombesi-Walton

DISEÑO
Simon Murrell

Estilismo de
STUDIO 8

DE LA EDICIÓN EN ESPAÑOL

SERVICIOS EDITORIALES
deleatur, s.l.

TRADUCCIÓN
Antón Corriente Basús
y José Luis López Angón

COORDINACIÓN DE PROYECTO
Helena Peña Del Valle

DIRECCIÓN EDITORIAL
Elsa Vicente

Publicado originalmente en Gran Bretaña
en 2024 por Dorling Kindersley Limited
20 Vauxhall Bridge Road,
London SW1V 2SA

Parte de Penguin Random House

Título original: *The Design Book*
Primera edición 2025

MIXTO
Papel | Apoyando la
selvicultura responsable
FSC™ C018179

Este libro se ha impreso con papel certificado por
el Forest Stewardship Council™ como parte del
compromiso de DK por un futuro sostenible.
Para más información, visita
www.dk.com/uk/information/sustainability.

COLABORADORES

LYNDA RELPH-KNIGHT (ASESORA)

Lynda Relph-Knight se ha dedicado al diseño y la arquitectura durante la mayor parte de su carrera. Como periodista, trabajó en revistas como *The Architect* y *Design Week*, que dirigió durante 22 años. Sigue dedicada al diseño como escritora y consultora, asesorando a líderes del diseño y trabajando en proyectos.

MILLY BURROUGHS

Milly Burroughs es escritora, editora y estratega especializada en arte, diseño y arquitectura. Obtuvo un título en Diseño de Productos por la Nottingham Trent School of Architecture, Design and the Built Environment, y ha colaborado con numerosas publicaciones y editoriales, entre ellas *AnOther*, *The Spaces* y Gestalten.

PENNY CRASWELL

Penny Craswell es escritora y editora con un máster en Diseño por la Universidad de Nueva Gales del Sur (Sídney). Es autora de *Reclaimed: New homes from old materials* (2022) y *Design Lives Here: Australian interiors, furniture and lighting* (2020). Antigua redactora de revistas, colabora regularmente con varias revistas de diseño, entre ellas Houses y Green.

FIONA GLEN

Fiona Glen es redactora y editora independiente y posee un máster en Escritura por el Royal College of Art de Londres. Ha colaborado en diversas publicaciones de arte y cultura, como *ArtReview* y *Art & the Public Sphere*.

ELEANOR HERRING

Eleanor Herring estudió Historia del Diseño en el Royal College of Art de Londres y es doctora en Teoría de la Arquitectura y Estudios Culturales por la Universidad de Edimburgo. Es autora de *Street Furniture Design* (2017), y actualmente trabaja como profesora en la Glasgow School of Art.

BRUCE PETER

Bruce Peter es catedrático de Historia del Diseño en la Glasgow School of Art. Es licenciado por esta escuela, el Royal College of Art de Londres y la Universidad de Glasgow. Sus intereses abarcan la arquitectura moderna, el diseño y el arte decorativo en el contexto de los viajes y el ocio, y ha escrito extensamente sobre barcos, hoteles, ferrocarriles y arquitectura del entretenimiento.

ANGELA RIECHERS

Angela Riechers ha realizado posgrados en Crítica de Diseño en la School of Visual Arts de Nueva York y en Ilustración en la Rhode Island School of Design. Es una galardonada escritora, directora artística y educadora. Su libro más reciente es *The Elements of Visual Grammar* (2024).

ELEANOR ROBERTSON

Eleanor Robertson es diseñadora gráfica y escritora de diseño. Trabaja en branding, *packaging* y diseño editorial, y es editora del sitio web BP&O. Ha sido mentora en el programa Shift de D&AD y en la Creative Mentor Network. Antes de formarse como diseñadora, estudió Filología Inglesa en la Universidad de Oxford.

ALEXIE SOMMER

Alexie Somer es diseñadora, estratega de sostenibilidad y experta en comunicación, y trabaja en la intersección entre la creatividad empresarial, la sostenibilidad medioambiental y la comunicación auténtica. Es cofundadora de URGE Collective y Design Declares.

SIMON SPIER

Simon Spier es conservador en el Victoria & Albert Museum de Londres. Es doctor en Historia del Arte por la Universidad de Leeds y ha trabajado con colecciones como el Royal Collection Trust, The Bowes Museum y el York Museums Trust.

SOPHIE TOLHURST

Sophie Tolhurst es una escritora y editora interesada en todo lo relacionado con el diseño. Tras pasar del diseño de moda a la escritura con un máster del Royal College of Art de Londres, ha escrito sobre diseño para publicaciones como *Creative Review*, *Design Week*, *Disegno*, *Financial Times* y *Frieze*.

CONTENIDO

LA ERA DE LA INDUSTRIA
1900–1950

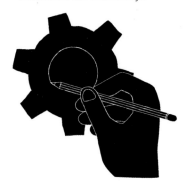

LA ERA DEL CONSUMO
1950–2000

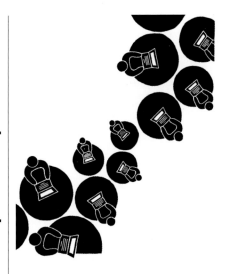

DE LO DIGITAL A LO SOSTENIBLE
DE 2000 EN ADELANTE

INTRODU

CCIÓN

El diseño está presente en todo lo que hacemos y fabricamos. Ha dado forma a nuestro mundo desde tiempos inmemoriales y sigue haciéndolo. El diseño es algo complejo: se cruza con el arte, la arquitectura, la publicidad y la artesanía, pero conserva su propia integridad. Es, en esencia, lo que da forma y encanto a los objetos funcionales y un tono a la forma en que nos expresamos como individuos o empresas.

Al principio, el diseño se ocupaba de satisfacer necesidades básicas: alimentación, vestido, cobijo y comunicación. Estos aspectos han sido la base de la evolución de esta disciplina a lo largo del tiempo, que ha ido adoptando nuevos medios y materiales, desde la arcilla, la madera, el hierro y el papiro hasta los plásticos, los sustitutos del plástico y las plataformas digitales.

El diseño a través del tiempo

Este libro explora cómo ha evolucionado el diseño a lo largo de los siglos, y en todas las épocas hay unos temas comunes. Un notable legado de arte rupestre en Europa y Asia –incluidas huellas de manos y pinturas que datan de hace más de 40 000 años– atestigua el deseo humano de comunicar y dejar una huella en el mundo. Del mismo modo, se pueden estable-

cer paralelismos entre el uso de adornos por parte de los individuos en los mundos prehistórico y antiguo para expresar su estilo personal o declarar su estatus, y el desarrollo de la marca corporativa durante el siglo XX.

El refinamiento en el diseño de objetos sigue una trayectoria similar. Un simple vaso es un recipiente perfectamente adecuado para beber. Tal vez podría decorarse como marca de propiedad o por razones estéticas. A efectos prácticos, puede ser útil añadirle un asa o colocarlo sobre un pie para que resulte más agradable y fácil de sujetar. Luego está la cues-

El diseño es un plan para disponer los elementos de manera que cumplan mejor un propósito determinado.
Charles Eames
Design Q&A with Charles Eames (1972)

tión del material del que podría estar hecho: ¿debería ser cerámica, metal o un vidrio tallado? Cualquiera de estas variables puede hacer que el vaso deje de ser una simple solución funcional a un problema práctico y se convierta en un objeto bello y deseable, incluso meramente decorativo.

Otro tema recurrente es el modo en que los diseñadores adaptan sus creaciones en función de los materiales y la tecnología disponibles en cada momento. Los primeros humanos, por ejemplo, empezaron a fabricar armas de bronce en lugar de piedra. En ámbitos como el transporte, la búsqueda de mayor velocidad, capacidad y comodidad ha dado lugar a un alto nivel de innovación y a un afán casi constante de mejora. Y, para bien o para mal, el desarrollo de los plásticos y las fibras sintéticas en el siglo XX supuso una transformación en diversos campos, desde el diseño de muebles hasta la moda. Cada innovación ha inspirado a los diseñadores para crear nuevos estilos y encontrar nuevas formas de hacer las cosas. Esta tendencia parece que continuará a medida que se generalice el uso de materiales respetuosos con el medio ambiente.

Invención e innovación

La historia del diseño es, pues, una historia de innovación constante,

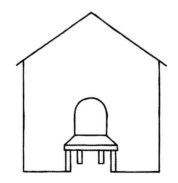

desde la creatividad de nuestros antepasados para fabricar herramientas, vasijas y tejidos hasta la revolución industrial, que transformó el paisaje.

Durante el siglo XX, el nuevo campo del diseño industrial amplió las competencias del diseño para incluir estrategias de *marketing*, material publicitario, envases e interiores. El desarrollo de los plásticos y los tejidos sintéticos también ofreció nuevas oportunidades para los diseñadores.

A partir de la década de 1950, en un mundo orientado al consumo, las identidades de marca de las empresas adquirieron cada vez más importancia. Las empresas de transporte, por ejemplo, promocionaron las salas de espera como parte fundamental de un estilo de vida lujoso. Innovaciones técnicas como la miniaturización condujeron a la creación de dispositivos electrónicos personales.

En el siglo XXI, el acceso a internet trasladó el consumo a la red. El diseño de sitios web y los sistemas de comercio electrónico mejoraron a medida que los diseñadores se centraban en la «experiencia del usuario» para generar tráfico.

La cuestión de la sostenibilidad se ha convertido en un factor clave en el diseño, al hacerse evidente el problema de los residuos plásticos. Mientras tanto, el desarrollo de «materiales inteligentes» que responden a su entorno anuncia una nueva y apasionante era en el diseño y la fabricación de productos.

Áreas de diseño

El diseño suele subdividirse en varios campos.

La comunicación visual abarca desde gráficos, carteles, tipografía y revistas impresas hasta el diseño de medios digitales.

La creación de marca comprende el diseño de marcas y logotipos corporativos, envases y promociones para el consumidor.

El interiorismo incluye el diseño de interiores para viviendas, oficinas, tiendas, bares, restaurantes y locales culturales.

El diseño de producto abarca el diseño de artefactos y enseres producidos en serie, muebles y productos tecnológicos.

El diseño de transporte incluye el diseño de coches y vehículos de carretera, aviones, barcos y trenes, así como de redes y rutas de tráfico.

El diseño de servicios se refiere a la manera en que las empresas y organizaciones llevan a cabo sus actividades y sirven a sus clientes y partes interesadas.

Pensamiento creativo

En los últimos años, el diseño también se ha asociado a una forma de pensar y a un enfoque de la vida, identificándose con la resolución de problemas y el pensamiento creativo. En esencia, se trata de explorar el «¿Y si…?».

Desde sus humildes orígenes impulsados por la necesidad, el diseño se ha convertido en un gran negocio. Ya no se limita a objetos y artefactos, sino que también se ocupa de cómo se comportan las organizaciones y cómo se presentan al mundo. ∎

Pensar en el diseño es difícil, pero no hacerlo puede ser desastroso.
Ralph Caplan
PRINT Magazine
(junio de 2020)

NECESID
E INGENI
ANTES DE 1000 D.C.

AD
O

Homo erectus crea herramientas achelenses multifuncionales.

Los **Jōmon** usan **arcilla** para crear **vasijas y figurillas de cerámica** en Japón.

Se inventa el **torno de alfarería** en Mesopotamia.

Hace c. 1,9 MA   **Hace c. 12 500 años**   **C. 4000 a. C.**

Hace c. 17 000 años   **C. 6000 a. C.**   **C. 3500 a. C.**

Se utilizan **pigmentos de color** para crear **pinturas rupestres** en la cueva de Lascaux, en Francia.

En el sur de China, los **austronesios** utilizan la **pulpa de los árboles** para hacer **tela de corteza**.

En Mesopotamia, los **sumerios** desarrollan el **sistema de escritura cuneiforme**.

D iseño puede significar muchas cosas. En el sentido más amplio, se puede considerar que cualquier objeto alterado por el ser humano para utilizarlo con un propósito particular ha sido «diseñado». En su forma más básica, una piedra, moldeada por un humano primitivo para convertirla en una herramienta, podría considerarse un ejemplo de diseño.

En los más de tres milenios que recorre este libro, los humanos han logrado cosas extraordinarias. Empezaron explotando los recursos disponibles para proveerse de lo esencial para vivir: alimento, calor y cobijo. Fabricaron herramientas para cazar –primero de piedra y más adelante de metal– y tejidos para vestirse a partir de fibras vegetales y pieles de animales. Crearon piezas de cerámica para almacenar productos y utilizaron pigmentos de colores para plasmar detalles de su vida en las paredes de las cuevas. Aprendieron a utilizar el fuego, a cocinar, a fabricar papel y vidrio, y trineos para el transporte. Todo ello demuestra una capacidad de razonamiento, planificación y fabricación muy sofisticada, y algunas de esas técnicas, como el tejido, continuaron utilizándose durante miles de años, hasta la revolución industrial.

Los primeros barcos

En el Museo de Barcos Vikingos de Oslo (Noruega) se exponen barcos de más de mil años de antigüedad, cuyos cascos de tingladillo presentan geometrías extraordinariamente complejas: proas y popas esbeltas para cortar las olas y minimizar la resistencia, y secciones centrales más anchas para favorecer la flotabilidad y la estabilidad. Estas robustas embarcaciones consiguieron atravesar el océano Atlántico. También llegaron al Mediterráneo, donde las técnicas de construcción naval eran comparativamente más refinadas. En el museo también se exponen joyas, utensilios y recipientes fabricados por los nórdicos en la Edad Media que reflejan una cultura con imaginación para el diseño y una gran habilidad para la producción.

Artesanía antigua

En el Museo Egipcio de El Cairo se exponen tesoros aún más extraordinarios, de hace más de 3300 años. Los más bellos se excavaron mediada la década de 1920 en una tumba subterránea donde estaba enterrado el faraón Tutankamón.

Se utiliza el **bronce** para fabricar **objetos y armas** como espadas y dagas.

C. 3000 a. C.

Los antiguos egipcios usan **velas** para propulsar sus **barcos** y viajar más lejos **mar adentro**.

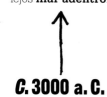

C. 3000 a. C.

Las técnicas de soplado de vidrio se extienden por el **Imperio romano**.

C. 100 d. C.

C. 3000 a. C.

En la antigua China se usan **palillos** como **utensilios de cocina**.

C. 200 a. C.

En China, durante la dinastía Han, se produce **papel** a partir de **fibras vegetales**.

C. 1000 d. C.

Los **vikingos** cruzan con sus **drakkars** el **océano Atlántico**, de Europa a Norteamérica.

Los visitantes de hoy contemplan con asombro la extraordinaria riqueza artesanal y la opulencia de formas y materiales de los objetos destinados a acompañarle al otro mundo. Muchos se preguntarán cómo la gente de entonces fue capaz de concebir tales cosas.

Diseño y evolución

Aunque el propio ser humano ha cambiado poco desde los primeros tiempos que aquí se abordan, el diseño ha cambiado mucho. De hecho, el concepto de «evolución» se ha vinculado fuertemente a las ideas modernas de progreso dentro del diseño. Los numerosos profesionales y comentaristas actuales a los que les gusta pensar que el diseño presenta rasgos darwinistas suelen señalar el desarrollo de ciertos arquetipos –como los barcos– a lo largo de períodos prolongados. Su objetivo es mostrar cómo cada generación ha mejorado la anterior de un modo que consideran lógico e inevitable. Aunque esta interpretación sea popular y esté muy extendida, no cabe duda de que solo ofrece una explicación parcial.

En realidad, el progreso suele ser lento y la aparición de nuevos enfoques se ve afectada por una variedad de factores complejos. Algunos son culturales, relacionados con las estructuras y prioridades de las diferentes sociedades; otros se rigen por los materiales disponibles en los distintos contextos geográficos o por los resultados del comercio y la conquista.

Diferencias creativas

Como categoría de objetos, los barcos son relativamente fáciles de comparar: todos deben interactuar con el agua, así que es posible evaluar la eficacia de una forma de casco en relación con otras. Sin embargo, objetos como las joyas son en gran medida simbólicos. Sus distintos estilos y formas se relacionan mucho más con cuestiones de cultura y gusto que con cualquier criterio funcional objetivo.

Los historiadores de los mundos antiguo y medieval han escrito extensamente sobre los numerosos factores que influyeron en la fabricación de objetos en las culturas del pasado remoto. En todos los casos, lo que se produjo surgió a través de medios considerablemente más complejos que la lucha básica por la supervivencia observada en el reino animal por Charles Darwin. Todo esto hace del diseño primitivo un tema de estudio fascinante. ∎

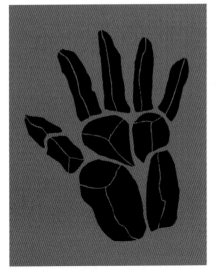

LOS UTENSILIOS DE PIEDRA SON COMPORTAMIENTOS HUMANOS FOSILIZADOS

HERRAMIENTAS Y ARMAS

EN CONTEXTO

ENFOQUE
Los objetos pueden hacer el trabajo de las manos humanas

CAMPO
Diseño de producto, diseño material, diseño industrial

ANTES
Hace *c.* 3,3 MA Herramientas rudimentarias de piedra, que se cree que se utilizaban para cortar y procesar la carne, son una prueba de la presencia de los primeros humanos en África.

DESPUÉS
***C.* 8000 a. C.** Herramientas de piedra pulida, hoces, piedras de moler y restos de cerámica usada para almacenar alimentos indican comunidades más asentadas y un giro hacia la agricultura.

***C.* 3000 a. C.** Espadas, hachas, dagas y puntas de lanza de bronce muestran cómo la disponibilidad de nuevas tecnologías puede transformar el diseño y la artesanía.

Hace millones de años, los ancestros humanos se vieron impulsados a crear herramientas y armas que ampliaran sus capacidades más allá de la limitación de sus manos. Estos utensilios distinguieron a los humanos de otras especies, y el impulso innato de resolver problemas mediante la artesanía ilustra que el instinto humano siempre ha tenido la esencia de lo que ahora se reconoce como diseño.

Las herramientas más antiguas de las que se tiene constancia, fabricadas a partir de rocas –sobre todo sílex, cuarzo y obsidiana–, datan de hace más de 3 millones de años. Los utensilios primitivos eran rudimentarios, pero con el tiempo se hicieron más sofisticados, al tiempo que evolucionaban las distintas especies humanas.

Un largo desarrollo

Homo habilis («hombre hábil»), que vivió hace unos 2,3 millones de años,

La industria lítica se representa a menudo como una actividad masculina, como en este grabado de *L'homme primitif* de Louis Figuier (1870). Pero hay pruebas de que las mujeres también fabricaban herramientas de piedra.

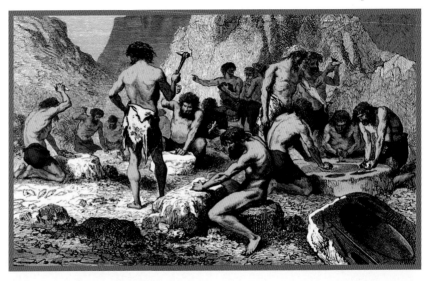

Véase también: Cerámica primitiva 22–23 ▪ Utensilios para cocinar y comer 30–31 ▪ Utensilios de bronce 42–45 ▪ Los inicios de la producción en serie 64–65 ▪ Diseño industrial 146–147

Técnicas de fabricación de herramientas

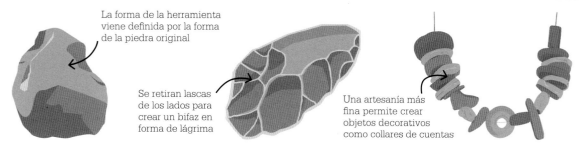

La forma de la herramienta viene definida por la forma de la piedra original

Se retiran lascas de los lados para crear un bifaz en forma de lágrima

Una artesanía más fina permite crear objetos decorativos como collares de cuentas

El tallado de la piedra exigía ciertas habilidades motoras y cognitivas. El artesano debía elegir una roca, golpearla en el ángulo correcto y emplear la fuerza adecuada. Estas herramientas incluían cortadores, raspadores y mazas.

El lascado bifacial requería un mayor nivel de habilidad y paciencia. El artesano debía tener una idea clara de lo que quería hacer, por ejemplo, un hacha de mano. El útil se moldeaba metódicamente y luego se refinaba.

El lascado por presión era una técnica que requería el uso de una herramienta afilada y dura para dar formas más finas y precisas. El pensamiento creativo llevó al desarrollo de nuevas herramientas para crear prendas básicas, grabados y esculturas.

---

tallaba piedras para darles bordes afilados con una técnica conocida como «talla lítica». Más tarde, hace 1,9 millones años aproximadamente, *Homo erectus* («hombre erguido») realizó nuevos avances en la fabricación de útiles, creando hachas de mano y cuchillos. Estas herramientas, conocidas como achelenses, eran simétricas, de doble cara (bifaces) y multifuncionales. La técnica se utilizó durante más de un millón de años y transformó la interacción de los humanos con su entorno, desde la caza y el despiece de carne hasta la excavación de raíces y el corte de madera.

Durante el Paleolítico Medio, hace unos 300 000 años, *Homo sapiens* (los primeros humanos modernos) desarrolló este legado inventando artefactos más diversos y especializados, como flechas y lanzas con punta de pedernal afiladas y duraderas que aumentaban enormemente su eficacia para cazar y protegerse de los depredadores. También surgió en esta época el enmangado, la práctica de unir herramientas de

piedra o hueso a mangos de madera para mejorar su utilidad y versatilidad.

Objetos de prestigio

Es probable que estos utensilios no fueran meros objetos utilitarios, sino que también tuvieran un significado cultural: representar la supervivencia ganada con esfuerzo, la destreza en la caza y el estatus social. La producción de útiles implicaba innovación, refinamiento y experimentación. A medida que los primeros humanos perfeccionaban sus técnicas de fabricación, desarrollaban habilidades que iban más allá de la supervivencia, al mejorar su destreza manual y la resolución de problemas. Esta transformación evolutiva, que tuvo lugar a lo largo de casi 2 millones de años, fue acompañada de una triplicación del tamaño del cerebro.

El Paleolítico Superior (hace unos 50 000 años) aporta pruebas de los primeros asentamientos y se considera que marca el comienzo de la «modernidad conductual», el punto

en que surgieron comportamientos y pensamientos similares a los de los humanos modernos. Se produjeron rápidos avances en la tecnología de herramientas, como las hojas finas, los dardos y los arpones. Además de la piedra, empezaron a utilizarse materiales como hueso, asta y marfil para crear útiles como agujas y anzuelos. El deseo de diseñar, una vez despierto, no podía detenerse. ▪

Cuando se observa un conjunto de estos nuevos tipos de herramientas, se percibe un tipo diferente de mente en funcionamiento, una interacción cualitativamente distinta con el mundo.
Richard Leakey
Nuestros orígenes (1993)

LA TIERRA REZUMABA OCRE ROJO

PIGMENTOS Y COLORES

El uso de pigmentos –sustancias coloreadas– está muy arraigado en la humanidad. Desde los primeros tiempos, se raspaban rocas sobre las superficies para dejar marcas de color, y los minerales molidos se untaban en la roca para crear patrones e imágenes.

Materiales de la naturaleza

Homo sapiens empezó a usar elementos fácilmente disponibles en su entorno. Los hallazgos arqueológicos sugieren que utilizaba útiles sencillos para obtener colores a partir de rocas, minerales, arcilla, plantas y carbón vegetal. En una cueva de Twin Rivers, en Zambia (sur de África), se encontraron pigmentos y herramientas para moler pintura de hace 350 000 a 400 000 años, y las primeras pinturas conocidas, halladas en Sulawesi (Indonesia), datan de hace unos 45 500 años.

Los primeros humanos descubrieron que ciertos materiales producían colores cuando se pulverizaban. Por ejemplo, el ocre se obtenía de arcilla que contenía óxido de hierro rojizo o amarillento, y el negro, del carbón vegetal. Los colores se fijaban con aglutinantes como agua,

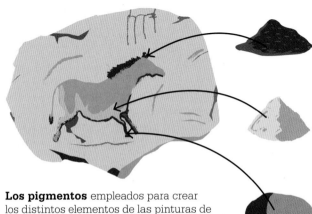

Los pigmentos empleados para crear los distintos elementos de las pinturas de Lascaux procedían de minerales disponibles localmente, que se utilizaban en forma de terrones sólidos o molidos en polvo.

Óxido de manganeso, posiblemente aplicado con una «brocha» de musgo o pelo, usado para la crin y el mechón.

Ocre amarillo (goethita) soplado sobre la roca para pintar las zonas principales del cuerpo.

Un terrón sólido de óxido de manganeso se pudo usar para trazar las líneas de la cara, el cuello, las patas y la cola del caballo.

Véase también: Comunicación escrita 34–41 ▪ Teoría de los colores 94–101 ▪ Colores Pantone 250–251 ▪ El Grupo Memphis y el maximalismo 268–269

saliva, grasa animal o savia, y se aplicaban con los dedos, palillos u otras herramientas sobre superficies como paredes de cuevas, pieles de animales o la piel humana.

Los diseños creados con estos medios iban desde simples líneas y huellas de manos hasta figuras humanas y dibujos estilizados de animales. También es posible que se decoraran el cuerpo. No se sabe por qué surgió este arte, pero el hecho de que las imágenes sobre roca sean tan duraderas sugiere un significado ritual o espiritual. Aún hoy, muchos pueblos indígenas utilizan pigmentos naturales para el arte ritual, o como señal de estatus o identidad. Al parecer, ciertos colores tienen un significado particular: por ejemplo, entre algunos aborígenes australianos, el rojo representa la sangre, y el negro, la tierra.

Color y significado

Con el aumento de las migraciones y el comercio y la aparición de ciudades, el uso del color se volvió más sofisticado. Se descubrieron nuevos pigmentos y se transportaron a grandes distancias. En sociedades de todo el mundo, el color se utilizaba en la ropa y el mobiliario, y para adornar casas, palacios y templos.

Algunos colores adquirieron un significado especial debido a su riqueza y rareza. Un ejemplo es la púrpura de Tiro, ciudad de la costa oriental del Mediterráneo, que se usaba desde el siglo XVI a. C. El pigmento se extraía de caracoles; se necesitaban miles de ellos para producir una pequeña cantidad de pigmento, por lo que la púrpura era extremadamente cara y estaba reservada a las clases más altas de la sociedad, como emperadores, reyes y sacerdotes. Otro color importante era el lapislázuli, un mineral de color azul intenso que se extrae de rocas del actual Afganistán. En el antiguo Egipto, este color se asociaba con la inmortalidad y se incluyó en joyas y objetos como la máscara funeraria del faraón Tutankamón. En Asia y Europa, el lapislázuli se molía para fabricar el intenso azul ultramar. Al ser tan caro y difícil de conseguir, se consideraba más precioso que el oro, y en la pintura se empleaba muy selectivamente,

Nos gusta contemplar el azul, no porque avance hacia nosotros, sino porque nos arrastra tras de sí.
Johann Wolfgang von Goethe
Teoría de los colores (1810)

por ejemplo, para el manto de la Virgen en el arte cristiano.

Influencia continuada

Aún hoy respondemos a señales de estatus como las del oro y la púrpura romanos y a las emociones que despertaban hace decenas de miles de años el ocre rojo y el carbón negro. Estos principios siguen presentes en la ropa, los objetos y las marcas de todo el mundo. ▪

Las cuevas de Lascaux

Uno de los ejemplos más impactantes del arte prehistórico se encuentra en las cuevas de Lascaux, en el suroeste de Francia. Fueron descubiertas en 1940 por un joven, Marcel Ravidat, y tres amigos suyos, que encontraron un agujero que conducía a un pozo de 15 m de profundidad. Jacques Marsal, amigo de Ravidat, describió lo que encontraron como «una impresionante cabalgata de animales» que «parecían moverse». El complejo contenía más de 600 pinturas de animales como caballos, bisontes, ciervos, osos y lobos. Una de las figuras es la de un hombre con cabeza de pájaro, que algunos expertos consideran un chamán. Las imágenes, de unos 17 000 años de antigüedad, se pintaron a lo largo de generaciones. Se desconoce su propósito: podrían ser un registro de caza, o parte de un ritual para asegurar el éxito de la caza.

Hoy, Lascaux es Patrimonio Mundial de la UNESCO, pero está cerrada al público desde 1963 para proteger las pinturas de los daños causados por los visitantes.

Animales de gran tamaño se alzan sobre Jacques Marsal y Marcel Ravidat (sentados) y el abate Henri Breuil, experto en arte prehistórico.

LÍNEAS ESTRIADAS QUE SUBEN, BAJAN Y SE ARREMOLINAN

CERÁMICA PRIMITIVA

La cerámica –tanto práctica como decorativa– tiene un linaje que se remonta a más de 30 000 años. Aunque los métodos de fabricación han cambiado con el tiempo, la alfarería sigue siendo uno de los oficios más antiguos. Muchos pueblos del mundo antiguo pudieron desarrollarla de forma independiente porque la arcilla necesaria abunda en los suelos de todo el planeta.

Hace al menos 12 500 años, la sociedad que vivía en el Japón actual empezó a producir algunas de las primeras vasijas de cerámica. Este fue el comienzo de la tradición alfarera Jōmon, que duró más de 10 000 años y evolucionó a través de muchas etapas distintas.

El pueblo Jōmon era seminómada y trasladaba sus asentamientos a zonas más frías, más cálidas o más ricas en recursos según sus necesidades. Descubrieron cómo mezclar arcilla local con materiales orgánicos, como conchas trituradas, para hacerla más practicable. Luego cocían los objetos cerámicos en fuegos al aire libre que podían alcanzar hasta 900 °C. Aunque es una temperatura elevada, es baja para cocer cerámica, lo que significa que la cerámica Jōmon no es tan dura ni duradera como la cerámica cocida en horno de culturas posteriores.

Evolución del diseño

Se cree que los alfareros Jōmon eran mujeres. Trabajando sin tornos, estas artesanas elaboraban sus productos a mano, a menudo usando rollos de arcilla para construir las vasijas de abajo arriba, antes de alisarlas y decorarlas. Muchas vasijas se modela-

Este recipiente de cocina de *ka'en doki* («llama de fuego») data de *c.* 2500 a. C. Se usaba introduciendo su base en un agujero en el suelo. La mayor parte de la cerámica de llama de fuego sería probablemente decorativa.

Véase también: Utensilios para cocinar y comer 30–31 ▪ Estandarización de la cerámica 48–49 ▪ Cerámica producida en serie 92–93 ▪ El movimiento Arts and Crafts 112–119 ▪ Cerámica artística 122–123

> Las vasijas sacuden al espectador hasta lo más profundo con su aura [...] Tienen una fuerza palpitante y un robusto equilibrio.
> **Okamoto Taro**
> **Artista y escritor japonés (1952)**

Esta estatuilla de terracota es típica del estilo Jōmon dogū de los siglos XI-IV a. C. Tiene ojos grandes, cintura ancha y marcas en el torso. Pudo representar a una diosa.

ban presionando cuerdas en la arcilla húmeda a intervalos, lo que dio su nombre al periodo: en japonés, *jōmon* significa «marcado con cuerda».

En las etapas iniciales, los diseños Jōmon eran sencillos y funcionales. Los alfareros fabricaban recipientes hondos para transportar, almacenar y cocinar líquidos y alimentos. En una época previa a la existencia de ollas de metal, la producción de vasijas de barro resistentes al calor debió de revolucionar la cocina. Los Jōmon siguieron fabricando cerámica funcional durante milenios, pero sus diseños se hicieron cada vez más decorativos. En el periodo Jōmon Medio (2500–1500 a. C.), la mitad superior de la mayoría de las vasijas estaba cubierta de elaborados remolinos y a menudo tenían bordes distintivos en forma de llama.

Valor espiritual

Además de satisfacer necesidades prácticas, la cerámica Jōmon tenía en ocasiones fines culturales y espirituales. A veces se enterraban restos humanos en vasijas de barro y, entre 5000 y 300 a. C., los alfareros Jōmon crearon un número cada vez mayor de máscaras y figuras conocidas como *dogū*, que se cree que se utilizaban en rituales. Las características exageradas de estos objetos estilizados revelan que los alfareros eran muy hábiles y estaban acostumbrados a trabajar con simbolismos específicos.

Además de transformar los aspectos prácticos de la cocina y la alimentación, la innovación del pueblo Jōmon con la cerámica influyó profundamente en sus prácticas culturales y quizás incluso en el desarrollo de su religión. Su extraordinaria cerámica sigue inspirando a artistas y diseñadores, y plantea interrogantes sobre la vida y las creencias del pueblo que la produjo. ▪

Técnica de urdido (rollos de arcilla)

1. La consistencia de la arcilla es importante: debe estar blanda y flexible, pero no pegajosa ni húmeda.

2. Los rollos se moldean sobre una superficie ligeramente húmeda en formas cilíndricas largas y finas de diámetro uniforme.

3. La base circular de arcilla se marca para que el primer rollo se fije a ella antes de añadir los demás.

4. Se añaden más rollos con cuidado para construir el recipiente. Si se aprietan demasiado, los rollos inferiores se aplastan.

5. Una vez que el recipiente alcanza la altura deseada, se alisan los rollos. Luego la arcilla se seca y está lista para cocer.

TORCIDO, COSIDO Y TRENZADO

TEXTILES ANTIGUOS

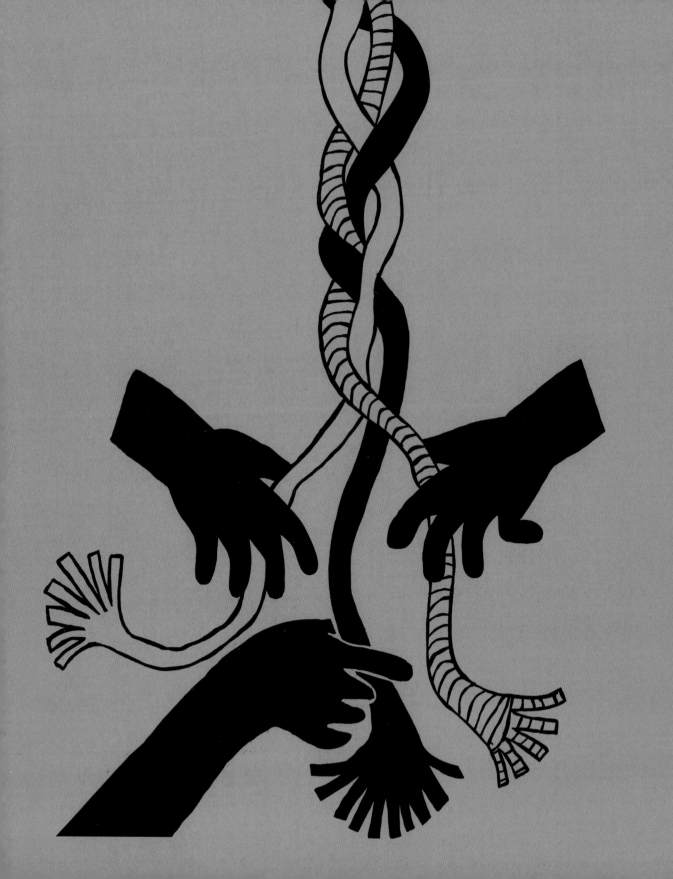

EN CONTEXTO

ENFOQUE
Técnicas y estilos duraderos desarrollados para crear fibras y telas

CAMPO
Diseño textil

ANTES
***C*. 120 000 a. C.** Los primeros humanos se cubren con pieles de animales para abrigarse y camuflarse cuando cazan.

***C*. 6000 a. C.** El pueblo austronesio del sur de China desarrolla el paño de corteza, un textil no tejido obtenido golpeando las capas internas de los árboles.

DESPUÉS
3000 a. C. Sociedades de todo el mundo empiezan a crear tejidos cada vez más complejos utilizando distintos materiales.

Década de 1760 La mecanización de los procesos de hilado y tejido aumenta la velocidad de la producción textil durante la primera revolución industrial.

La fabricación textil fue uno de los primeros oficios desarrollados por el ser humano. Los tejidos proporcionaban calor y protección en forma de ropa y cobijo, pero también se usaban en la comunicación, los rituales y el culto. El hilado y la figura del tejedor aparecen con frecuencia en la mitología y el lenguaje antiguos: en latín, las palabras «texto» y «textil» proceden de la misma raíz –*texere*, que significa «tejer»–, y los primeros textos sagrados budistas conocidos como sutras y tantras toman sus nombres de palabras vinculadas a «hilo» y «telar», pues son como hebras y cuerpos de conocimiento.

Desenterrando tejidos
Los tejidos son más propensos a romperse y descomponerse que la cerámica y el metal, por lo que las estimaciones sobre cuándo empezaron a producirse varían mucho.

Cuando los tejidos han sobrevivido, suele deberse a condiciones ambientales específicas. Las fibras vegetales tienden a deteriorarse con el paso del tiempo; sin embargo, algunas se han conservado en los lechos de creta alcalina de los lagos alpinos.

> La primera y más importante de nuestras necesidades es la provisión de alimentos [...] la segunda es la de vivienda y la tercera es la de vestimenta.
> **Platón**
> *República*, Libro II (*c.* 370 a.C.)

De manera similar, condiciones ácidas como las de las turberas pueden ayudar a conservar las fibras de origen animal. Por desgracia, estas fibras se deterioran rápidamente en cuanto se extraen del suelo. Cuando en 1850 se desenterró de una turbera de Yorkshire (Reino Unido) al «Hombre de Grewelthorpe», el cuerpo momificado de un antiguo romano vestido con toga verde y medias amarillas, sus ropas se desintegraron tan rápidamente que solo quedaron un fragmento de media y la suela de una sandalia.

Las imágenes de tejedoras sobre cerámica antigua aportan muchos detalles sobre los útiles y técnicas utilizados para crear tejidos.

Tejedoras de vida
La importancia de los tejidos a través del tiempo queda confirmada por la presencia de diosas del tejido en todas las culturas antiguas: desde Atenea para los griegos hasta Frigg en la mitología nórdica o Amaterasu en la japonesa.

Otra imagen recurrente es la de la araña, hilandera de hilos finos y fuertes y tejedora de telas bien construidas. En la antigua Sumeria, la diosa del tejido, Uttu, era representada como una araña tejiendo una tela; y en el Egipto predinástico, la diosa Neit, descrita como la hilandera y tejedora del destino, también se asociaba con la araña.

La historia de Aracne procede de la mitología griega, pero fue popularizada por el poeta romano Ovidio. Aracne, una consumada tejedora, se jactaba de superar en habilidad a Atenea, diosa del tejido (así como de la sabiduría y la guerra). Ambas se enfrentaron en un concurso que ganó Aracne. Atenea, furiosa, la convirtió en araña, lo que permitió a Aracne practicar su arte pero al precio de perder su forma humana.

Desde la prehistoria, el ser humano ha utilizado los recursos de su entorno para crear tejidos y telas. Uno de los materiales más utilizados era el líber, una fibra suave procedente de la corteza y los tallos de plantas como el lino y el cáñamo. Los primeros hilos microscópicos de lino, que se cree que datan de hace unos 34 000 años, se encontraron en una cueva de las montañas del Cáucaso, en Georgia, en 2009. Se cree que estas fibras se trenzaban para fabricar cuerdas, cestas y prendas de vestir. Algunas fueron teñidas, lo que indica que los habitantes de la cueva ya conocían los pigmentos vegetales y animales y las técnicas de coloración.

En 1953 se encontró fosilizada en las cuevas de Lascaux, en el suroeste de Francia, una fuerte cuerda datada c. 15 000 a. C. La huella de arcilla revela una cuerda de dos cabos, en la que dos hebras separadas de fibra se retuercen cada una en una dirección antes de retorcerse juntas en la dirección opuesta para hacerlas más resistentes, una técnica sencilla que aún se utiliza hoy en día. La cuerda se habría utilizado junto con la piedra para crear herramientas, o para fabricar redes de pesca y caza.

Aunque el lino fue la fibra vegetal más antigua y más utilizada, la secuenciación del ADN sugiere que el algodón existe desde hace entre 10 y 20 millones de años. Sin embargo, la primera prueba de su cultivo data de c. 3000 a. C. en Mohenjo-Daro, un asentamiento de la civilización del valle del Indo, en el actual Pakistán.

Fibras de origen animal

La lana y la seda fueron de las primeras fibras animales ampliamente utilizadas. Entre sus ventajas se incluían su calidez y una mayor capacidad para absorber el tinte, lo que a su vez brindaba más posibilidades decorativas.

Las ovejas fueron domesticadas entre 11 000 y 9000 a. C. en Mesopotamia. Estos primeros animales »

En la placa positiva de la izquierda se ven fósiles de cuerdas encontradas en las cuevas de Lascaux; en la placa negativa de la derecha se aprecia la huella correspondiente.

Los primeros humanos utilizan **pieles de animales** para **vestirse y cobijarse** y obtener calor y comodidad.

Fibras tomadas de **tallos de plantas** se utilizan para hacer **tejidos**.

Los humanos descubren las **fibras animales** y domestican las ovejas y la **polilla de la seda**.

Se desarrollan distintas **técnicas de confección de telas**, como el **fieltrado**, la **malla** y el **tejido**.

Los continuos avances en tintes, técnicas y materiales impulsan nuevas modas en la producción textil.

eran muflones, menos lanudos que sus congéneres modernos, por lo que al principio solo se criaban para obtener carne, leche y pieles. Los primeros restos carbonizados de tejidos de lana se encontraron en Çatalhöyük (Anatolia), en el yacimiento de un asentamiento neolítico ocupado entre 7400 y 6200 a. C.

Se tiene constancia de la producción de seda en China desde el IV milenio a. C., pero el proceso de fabricación fue un secreto celosamente guardado que se mantuvo oculto al resto del mundo durante 5000 años.

Creación de tejidos

Para fabricar la mayoría de los tejidos –con la excepción del paño de corteza y la lana afieltrada– primero hay que transformar la materia prima en hilo. Cuando se trabaja con fibras más cortas, como la lana o el algodón, se utiliza una técnica llamada hilado para retorcer las fibras en un filamento regular y continuo. En su forma más simple, los dos útiles principales necesarios para este proceso se desarrollaron en la prehistoria. El primero es el huso, un palo para hilar la fibra, que a veces se lastra con un disco llamado tor-

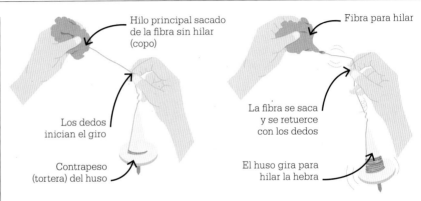

Para preparar el hilo, el hilandero arranca algunas fibras del copo y las fija al gancho en la parte superior del huso.

Para hilar la hebra, el hilandero hace girar el huso mientras sigue extrayendo y retorciendo las fibras, que se enrollan alrededor del huso.

tera. El segundo es la rueca: un palo secundario que se usa para sujetar la fibra sin hilar.

El hilo resultante se puede transformar en una prenda mediante malla, punto, trenzado o cestería, pero la técnica más utilizada es el tejido, que se define por la separación de las fibras de urdimbre y trama. El dispositivo para tejer es el telar, que funciona permitiendo que la urdimbre –una serie de hilos paralelos que corren en una dirección– se mantenga tensa para dejar que los hilos de trama pasen por debajo y por encima uno a uno, en un ángulo de 90 grados, hasta que se crea el tejido.

En las civilizaciones antiguas se usaron varios tipos de telares: los de suelo, en los que los tejedores trabajaban acuclillados; los verticales, que solían llevar pesos en los extremos de los hilos de urdimbre para mantenerlos tensos; y los de cintura, en los que el tejedor creaba tensión colocando el telar entre un punto fijo, como un árbol, y una correa alrededor de su espalda.

La fabricación de tejidos, ya fuera para el hogar, la comunidad o el co-

Teñido y significado del color

Los primeros tintes naturales procedían de plantas y animales: los rojos, de la planta de la rubia, del lirio del azafrán o de un insecto llamado kermes, que da el carmesí; los azules, del sargazo; y los tonos marrón-púrpura, de líquenes fermentados. El proceso de teñido requería un mordiente, como alumbre o sales de hierro, para fijar el color al tejido; el uso de estos fijadores aumentaba la gama de colores que podían obtenerse del tinte.

Los tejidos también se blanqueaban. Un método consistía en colgar lino o lana sobre azufre ardiendo, mientras que en el antiguo Egipto se utilizaba una sustancia llamada natrón –también empleada en la momificación– para blanquear y dar brillo a los tejidos.

El color era un signo de estatus, y las restricciones en el vestido de las leyes suntuarias ayudaban a mantener la jerarquía social. Así, en la antigua Roma, solo los senadores y magistrados vestían túnicas de púrpura de Tiro, rico color extraído en pequeñas cantidades y a un alto coste de un caracol marino.

Estas coloridas fibras, tratadas con tintes de pigmentos naturales, se tejerán en cestas en un mercado de Perú.

mercio, requería mucho tiempo, por lo que gran parte de la población participaba en su producción. La responsabilidad de recolectar el material adecuado –ya fuera cultivando o cuidando ovejas– era a menudo competencia de los hombres, pero hilar y tejer se consideraban generalmente trabajos de mujeres; junto con la preparación de alimentos, eran tareas más compatibles con la crianza de los hijos.

Símbolos y motivos

Aunque es posible que los tejidos surgieran principalmente para cubrir necesidades esenciales, como el vestido, también se usaron con fines ornamentales, y en ambos casos la decoración era un elemento importante. Las figurillas llamadas Venus –estatuas de forma femenina que datan del Paleolítico– presentan a veces faldas de cuerdas u otras prendas demasiado escasas para dar calor o proteger el pudor. Es más probable que tuvieran un valor simbólico o estuvieran destinadas a llamar la atención sobre el cuerpo. En general, la representación de la indumentaria muestra el desarrollo de las técnicas y la evolución de las modas. La prenda tejida más antigua que

Tú vuelve a tus salas
y atiende a tus propias
labores, a la rueca, al telar,
y asimismo a tus siervas
ordena que al trabajo se den.
Homero
Odisea, Canto XXI (siglo VIII a. C.)

se conserva es el vestido Tarjan, de *c.* 3000 a. C. Hallada en un enterramiento egipcio, esta túnica de lino muestra detalles sofisticados, desde ribetes decorativos hasta finos pliegues alrededor de los hombros.

Los tejidos del Neolítico y de la Edad del Bronce solían estar estampados. En la Europa neolítica se han encontrado restos textiles decorados con rayas, cuadros y triángulos, mientras que las mujeres minoicas de la Edad del Bronce aparecían vestidas con motivos de rayas, puntos y líneas onduladas. Otros hallazgos arqueológicos revelan elementos decorativos como flecos y adornos con hilo de oro, conchas y cuentas, todo lo cual requiere tiempo, habilidad y una clara intención de diseño.

El paño de corteza se hacía con diferentes texturas. Dependiendo del material utilizado, la tela podía ser tosca y gruesa o fina y delicada, casi como la muselina, y a menudo se pintaba con motivos y símbolos relacionados con la comunidad que la fabricaba.

A veces, los tejidos se decoraban con motivos narrativos. Relatos de la antigua Grecia hablan de frisos tejidos que representan escenas históricas o mitológicas. Aunque el bordado se usaba con más frecuencia para añadir motivos a los tejidos, también podía emplearse para trabajos pictóricos; un ejemplo famoso, aunque muy posterior, es el tapiz de Bayeux, un bordado de hilo de lana sobre lienzo de lino.

Métodos inalterados

Gracias a la información obtenida por los descubrimientos arqueológicos, los tejedores actuales han podido reproducir algunas prendas antiguas, utilizando su conocimiento del oficio para llenar lagunas en los registros históricos. Las pinturas rupestres y los dibujos en cerámica antigua son una valiosa fuente de

La joven representada en este fresco minoico de *c.* 1600 a. C. lleva un vestido de manga corta decorado con rayas de colores que evidencia la moda del momento.

información: no solo proporcionan detalles de la indumentaria, sino que también muestran telares y husos. Estas fuentes, además de los registros escritos posteriores, revelan la extensión e importancia de la fabricación y el comercio de tejidos para las primeras civilizaciones; y cómo los métodos de fabricación de tejidos permanecieron prácticamente inalterados hasta la revolución industrial de mediados del siglo XVIII. ∎

LA EXTENSIÓN DE LA MANO HUMANA

UTENSILIOS PARA COCINAR Y COMER

Los primeros utensilios conocidos para cocinar y comer fueron fabricados hace 1,6 millones de años. Un ejemplo excelente es el bifaz, un hacha de mano de piedra tallada por ambos lados para crear un borde afilado, que se podía usar para cortar y picar alimentos crudos. Estos primeros utensilios permitieron a nuestros antepasados procesar los alimentos crudos con mayor eficacia; podían cortarlos en trozos manejables o utilizarlos para romper fibras vegetales duras. Estos útiles no solo ampliaron sus opciones alimentarias, sino que también cambiaron su comportamiento en relación con la comida, transformando la cocina y la alimentación en aspectos clave de la cultura humana.

Los antiguos humanos **empiezan a cocinar** los alimentos utilizando fuego.

La escasez de combustible lleva al descubrimiento de que los trozos de comida más pequeños se cocinan **más rápido y ahorran combustible**.

Los trozos de comida pequeños son **difíciles de coger** durante y después de la cocción, cuando están **muy calientes** y pueden producir **quemaduras**.

Los palillos de madera tallada pueden sustituir a los dedos y manejarse para coger piezas de comida caliente con seguridad.

Véase también: Herramientas y armas 18–19 ▪ Cerámica primitiva 22–23 ▪ Estandarización de la cerámica 48–49 ▪ Piezas intercambiables 106–107 ▪ Herramientas multifuncionales 136–137 ▪ Ergonomía 278–285

Las antiguas herramientas y prácticas culinarias evolucionaron lentamente, sentando las bases de las diversas tradiciones que se pueden encontrar actualmente en todo el mundo. Al principio, la piedra, la madera, el hueso y la arcilla eran los principales materiales utilizados para los utensilios; más tarde se generalizó el metal.

Dominio de los materiales

Para moler granos, semillas y hierbas se usaban morteros y majadores de piedra. Las ollas y vasijas de

Un hombre usa una pala de horno en este mosaico de una villa romana cerca de Saint-Romain-en-Gal (Francia).

barro se utilizaban tanto para cocinar como para almacenar. Los utensilios de madera, como espátulas y varillas, servían para preparar la comida en ollas al fuego. Todos estos utensilios reflejaban un conocimiento práctico de los materiales disponibles y de las necesidades de la preparación básica de alimentos.

En cada parte del mundo se desarrollaron útiles y métodos únicos. En Mesopotamia, por ejemplo, se utilizaban hornos de barro para cocer el pan, mientras que en la antigua China el desarrollo de woks y vaporeras de arcilla proporcionó métodos de cocción muy diferentes.

Comer con elegancia

Los primeros utensilios para comer eran muy sencillos: se usaban las manos o útiles básicos de madera tallada, hueso y, más tarde, metal. Los palillos existían en China hace ya 3500 años. Al principio se utilizaban para cocinar, remover y servir la

comida, más que para comer. Con la evolución de la cocina, la popularidad de los ingredientes finamente picados y las porciones del tamaño de un bocado hicieron de los palillos una opción práctica para llevar la comida a la boca. Se fabricaban con bambú, madera o incluso bronce, dependiendo de los materiales disponibles, las preferencias culturales locales y el estatus social del comensal.

Los tenedores se utilizaron por primera vez en las cortes nobles de Persia, Oriente Próximo y el Imperio bizantino, y en el siglo X ya eran comunes entre las familias adineradas. Desde allí, su uso se extendió a Europa a finales de la Edad Media.

Los utensilios de cocina se han perfeccionado aún más en épocas más recientes. En el siglo XX se descubrió el acero inoxidable y se inventaron los utensilios antiadherentes. Las nuevas tecnologías, unidas a la globalización de los gustos, continuarán moldeando nuestras prácticas culinarias y transformando nuestra manera de preparar y consumir alimentos. ▪

Cómo se extendieron los tenedores en Europa

El tenedor de mesa se introdujo en el siglo XI en las cortes italianas a través del Imperio bizantino. En el Renacimiento, el tenedor ganó mayor aceptación en Europa, en parte por la influencia de Catalina de Médicis, una noble italiana cuyo matrimonio con Enrique II de Francia en 1533 supuso la introducción del tenedor en la corte francesa.

Recibido con escepticismo y cierta burla, el tenedor fue encontrando su lugar en las costumbres gastronómicas de

Europa, y pasó de ser una novedad a convertirse en un símbolo de refinamiento. En el siglo XVII se volvió cada vez más común en los comedores de la clase alta europea, y con el tiempo se convirtió en un elemento habitual en la mesa. Esto marcó un cambio cultural hacia una etiqueta gastronómica más formal, reflejo de la evolución de las actitudes sociales hacia la higiene.

Los primeros tenedores tenían dos o tres puntas; la versión de cuatro puntas que conocemos hoy no se popularizó hasta el siglo XIX.

Un noble pincha su comida con un tipo primitivo de tenedor en esta ilustración de un manuscrito religioso italiano del siglo XI.

EL MUNDO SE HIZO MÁS PEQUEÑO
TRANSPORTE Y MOVILIDAD

EN CONTEXTO

ENFOQUE
Personas y objetos pueden desplazarse con facilidad

CAMPO
Diseño de producto, diseño de materiales, diseño industrial

ANTES
***C.* 12 000 a. C.** Perros domesticados ayudan a los humanos a cazar; luego se utilizarán para tirar de trineos y carros.

5000 a. C. Los pueblos árticos crean trineos para transportar objetos. Se construyen con piel de animales, corteza y madera de árbol.

2600 a. C. En la construcción de monumentos como las pirámides de Egipto se usan grandes rodillos de madera hechos con troncos de árboles para trasladar enormes piedras.

DESPUÉS
1000 d. C. Los vikingos navegan de Europa a Norteamérica y se convierten en los primeros en cruzar el Atlántico.

El ingenio humano en materia de transporte ha permitido a las personas surcar tierras, mares, cielos e incluso el espacio, y estos avances han influido en las sociedades y en la difusión de las ideas. Antes de 2000 a. C. se produjeron tres innovaciones importantes: el barco, la rueda y el uso de la fuerza de los animales.

Este antiguo fresco egipcio hallado en la tumba del faraón Seti I muestra al dios con cabeza de carnero Jnum en una barca con una vela. Se creía que este dios desempeñaba un papel en las inundaciones del Nilo.

Un camino sobre el agua

Los humanos viajaban por el agua y pescaban desde 10 000 a. C., aventurándose primero en troncos y balsas sostenidas por pieles de animales infladas. Las primeras barcas y canoas, hechas de troncos ahuecados y cañas tejidas, aparecieron *c.* 7000 a. C. Eran más fáciles de dirigir y podían transportar más peso. Las pieles de animales y la brea —una resina negra hecha de alquitrán— mantenían las embarcaciones impermeables.

En torno a 3000 a. C., los egipcios añadieron velas a sus embarcaciones, construyeron barcos más grandes y se adentraron más en el mar.

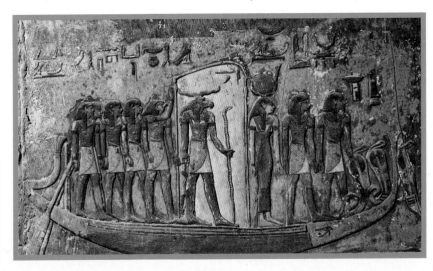

Véase también: Importación de materiales 46–47 ▪ Los inicios de la producción en serie 64–65 ▪ Ford Modelo T 154–155 ▪ Promoción de los viajes 182–183

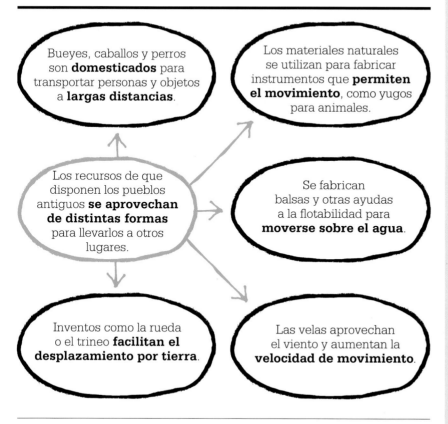

- Bueyes, caballos y perros son **domesticados** para transportar personas y objetos a **largas distancias**.
- Los materiales naturales se utilizan para fabricar instrumentos que **permiten el movimiento**, como yugos para animales.
- Los recursos de que disponen los pueblos antiguos **se aprovechan de distintas formas** para llevarlos a otros lugares.
- Se fabrican balsas y otras ayudas a la flotabilidad para **moverse sobre el agua**.
- Inventos como la rueda o el trineo **facilitan el desplazamiento por tierra**.
- Las velas aprovechan el viento y aumentan la **velocidad de movimiento**.

El carro de guerra

El carro de guerra típico de la Antigüedad, ligero y de dos ruedas, fue posible gracias a la combinación de un caballo, un arnés y la rueda de radios. Se cree que surgió en Sumeria (actual Irak) c. 2000 a. C., se extendió con rapidez al antiguo Egipto y China, y llegó a Europa en el año 1000 a. C. El carro revolucionó las tácticas de combate y se convirtió en un símbolo de estatus con uso ceremonial, en especial para los faraones egipcios: en la tumba de Tutankamón se hallaron cuatro ejemplares.

El carro de guerra dejó de usarse c. 1000 d. C., cuando montar a caballo se volvió más común. Sin embargo, siguió teniendo un papel prestigioso en procesiones y carreras públicas, como en los Juegos Olímpicos de Grecia. Mosaicos romanos representan a Baco, el dios del vino, conduciendo carros tirados por tigres y leopardos, lo que indica que el carro seguía siendo un símbolo de poder, entrelazado con la mitología.

Se desarrollaron dos tipos principales de barcos: largos y esbeltos, impulsados por remeros; y anchos y profundos, impulsados por velas.

Uso de la fuerza animal

Los humanos empezaron a domesticar animales para el transporte de mercancías c. 5000 a. C. Los primeros animales de carga fueron burros, camellos, llamas y elefantes. Los agricultores también empezaron a usar el ganado para transportar cosechas, y los bueyes se uncían a arados sencillos para preparar la tierra para el cultivo. Los arneses ayudaban a distribuir el peso, lo que permitía a los animales tirar de cargas mayores.

Otro avance fue la domesticación y monta de caballos. Al principio se montaba a pelo pero, c. 1300 a. C., arreos como cabestros, bridas y sillas básicas proporcionaron mayor control. Los caballos se usaban para el transporte rápido, la caza y la batalla.

La invención de la rueda

Hacia 3200 a. C., se instalaron ruedas de madera maciza en carros sencillos. Las ruedas de radios, que hicieron los vehículos mucho más ligeros y rápidos, aparecieron c. 2000 a. C. Hacia el año 100 a. C. se introdujeron los cojinetes para reducir la fricción, lo que permitió que las ruedas giraran con más facilidad.

Estas innovaciones en el transporte fueron decisivas para el comercio y el intercambio cultural a través de enormes distancias, y configuraron la circulación de mercancías y personas durante miles de años. ▪

El emperador Mu Wang (c. 985–907 a. C.), de la dinastía Zhou de China, es representado en su carro en esta ilustración del siglo XVII.

EL LENGUAJE NO DEJA FÓSILES HASTA QUE SE CONVIERTE EN ESCRITURA

COMUNICACIÓN ESCRITA

EN CONTEXTO

ENFOQUE
**Sistemas de escritura y
alfabetos: el conocimiento
se puede registrar y
compartir**

CAMPO
**Diseño gráfico, diseño de
comunicación, impresión,
publicidad**

ANTES
8000 a. C. En Mesopotamia
se inventa un sistema de fichas
de arcilla que se utiliza para el
comercio de bienes.

***C.*3500 a. C.** Los sumerios
desarrollan en Mesopotamia
el sistema de escritura
cuneiforme, inicialmente para
llevar contabilidad y registros.

DESPUÉS
1000–800 a. C. El hebreo y el
arameo se desarrollan a partir del
alfabeto fenicio; en particular, se
utilizan para escribir la Biblia.

1041–1048 d. C. Los chinos
inventan los primeros tipos
móviles para imprimir libros
en papel.

1436–1439 En Alemania,
Johannes Gutenberg crea una
imprenta con tipos móviles, lo
que desencadena el auge de la
publicación masiva en Europa.

El lenguaje –un sistema de sonidos y signos mutuamente acordado que transmiten significados– es un rasgo que distingue a los humanos de otros animales. Algunos estudiosos creen que utilizamos el lenguaje desde hace al menos 150 000 años. Evolucionó a partir de señales básicas comunes a la mayoría de los animales –como las llamadas de alarma o el llanto de los bebés– hasta sistemas de significado utilizados para transmitir ideas.

Es posible que los cazadores-recolectores utilizaran sonidos y gestos básicos para compartir información sobre actividades como la caza, la búsqueda de alimento, la fabricación de herramientas o técnicas de supervivencia. Esto pudo tomar la forma de relatos, canciones, expresiones faciales y mímica, junto con demostraciones prácticas.

También se expresaban a través de la decoración corporal y de herramientas, la pintura y el arte rupestre. Estas decoraciones pudieron servir para preservar historias y prácticas culturales o espirituales, y para transmitirlas de una generación a otra. Esto supuso el inicio de la creación intencionada de diseños simbólicos por los humanos.

La aparición de la comunicación escrita

La escritura fue un salto conceptual que permitió almacenar información y transmitirla a personas de otros lugares. Fue necesario que las comunidades aprendieran el mismo

El poema de Gilgamesh es la obra más importante de la literatura mesopotámica. Esta tablilla, que relata el encuentro de Gilgamesh con la diosa Ishtar, data del siglo VII a. C.

sistema de símbolos para poder leer y escribir los textos. También se necesitaban superficies para escribir duraderas y métodos para plasmar símbolos permanentes.

Los precursores de la escritura, en la que ciertos símbolos representaban palabras o signos específicos, surgieron de forma independiente en Mesopotamia (actual Irak), Egipto, China y Centroamérica. El más antiguo con diferencia es el «sistema de fichas» usado en Mesopotamia a partir de 8000 a. C., en el que se utilizaban discos y cilindros como contadores para el comercio, con diferentes formas para mercancías específicas, como el aceite, el trigo y el ganado. El número de fichas representaba la cantidad de cada artículo. Como símbolos físicos, podían ser entendidos por personas de distintas regiones que hablaban lenguas diferentes.

Las fichas se transmitían dentro de «sobres» hechos con bolas de arcilla. Este sistema evolucionó hacia

Véase también: Tipos móviles y diseño gráfico temprano 70–77 ▪ Catálogos de diseño 82–83 ▪ Fuentes sin remate 102–103 ▪ Diseño de la información 144–145 ▪ Mensajes políticos 164–169 ▪ Creación de marca 200–207 ▪ Pictogramas 256–257

otro en el que las formas de las fichas se imprimían sobre tablillas de arcilla. Más tarde, los pictogramas –imágenes creadas como símbolos de objetos o nombres– se inscribían en la arcilla con un estilo (una varilla afilada similar a una pluma). Con el paso de los siglos, los símbolos se simplificaron, y también se combinaron para crear ideogramas: símbolos que expresan ideas.

Finalmente, c. 3500–3300 a. C., los sumerios de Mesopotamia desarrollaron el sistema de marcas que conocemos como cuneiforme (del latín CUNEUS, «cuña»). Este sistema, redescubierto a finales del siglo XVII por el viajero alemán Engelbert Kämpfer, debía la forma de cuña de sus marcas al instrumento utilizado para hacerlas: un estilo de caña con un extremo triangular.

La siguiente innovación apareció c. 3000 a. C.: el uso de símbolos para representar los sonidos del habla (símbolos fonéticos). Estos se combinaban en forma de *rebus* (jeroglífico), una especie de juego de palabras visual en el que los sonidos asociados a cada símbolo formaban un nom-

En los jeroglíficos, los nombres de los faraones y otras personas importantes se escribían dentro de un óvalo denominado *shenu* o cartucho. Este cartucho contiene el nombre de nacimiento del faraón Tutankamón junto con su título.

Los símbolos de la parte superior representan al dios Amón, que se escriben primero aunque no se pronuncien primero

Este símbolo representa la consonante «t»

El pájaro representa el sonido «w»; combinado con los dos semicírculos, se obtiene «twt»

El anj, símbolo de la vida

Estos símbolos representan los títulos reales de Tutankamón

Cartucho de Tutankamón

bre o un concepto. El cuneiforme se convirtió en un sistema complejo en el que los ideogramas se mezclaban con símbolos fonéticos, con marcas «determinativas» adicionales para que el lector pudiera distinguirlos. Como resultado, llegó a utilizarse con fines religiosos, jurídicos y literarios. Este sistema fonético también se extendió a pueblos vecinos,

como acadios y asirios, y a otros que utilizaban idiomas muy diferentes, llegando hasta el cananeo de Palestina y el urartiano de Armenia.

Escritura sagrada

El jeroglífico, sistema de escritura del antiguo Egipto, apareció en torno a 3300 a. C. y continuó utilizándose hasta que los romanos cerraron los »

Jean-François Champollion

Nacido en Figeac (Francia) en 1790, con solo 16 años Champollion presentó un trabajo a la Academia de Grenoble en el que sostenía que el copto, lengua de los cristianos de Egipto, era la misma que hablaban los antiguos egipcios.

En 1799, un teniente francés descubrió en Rashid (Rosetta), en el delta del Nilo, una losa de piedra con inscripciones en jeroglífico, egipcio demótico y griego antiguo. La última frase indicaba que los tres conjuntos de texto daban la misma información. Champollion descifró la escritura jeroglífica en 1822, al cotejar los nombres de

Cleopatra y Ptolomeo en otras inscripciones con los mismos nombres en la piedra de Rosetta, y dedujo que los jeroglíficos consistían en una combinación de pictogramas y signos fonéticos.

Obras clave

1821 *De l'écriture hiératique des anciens égyptiens.*
1822 *Carta al Sr. Dacier, relativa al alfabeto de los jeroglíficos fonéticos.*
1824 *Précis du système hiéroglyphique des anciens égyptiens.*

El faraón Narmer aparece nombrado en esta talla con un *rebus*: un siluro (arriba), por el sonido «nar», y un cincel (abajo en el centro) por «mer».

El principio de *rebus*

El principio de *rebus* es una técnica en la que una palabra se «escribe» con pictogramas de objetos cuyos nombres forman los sonidos de esa palabra. Así, los pictogramas sirven para representar un sonido o una sílaba, o se combinan para formar una palabra o frase completa que carece de pictograma propio.

El término *«rebus»* procede de la expresión latina *non verbis sed rebus*, que significa «no con palabras, sino con cosas». Por ejemplo, la frase «veo un candado» podría «escribirse» con los dibujos de un ojo, un perro y un dado.

El principio de *rebus* permitió que la escritura representara algo más que simples objetos que podían mostrarse como imágenes o cantidades. Los sistemas de escritura, desde los jeroglíficos hasta la escritura china y maya, lo utilizaron para representar palabras abstractas, que de otro modo serían difíciles de dibujar. El *rebus* aún se aplica hoy en diversos contextos, desde juegos hasta mensajes de SMS.

templos egipcios en 391 d. C. El jeroglífico es el primer sistema de escritura completo, en el que los símbolos se correspondían con el lenguaje hablado, y que podía utilizarse para expresar conceptos tanto abstractos como concretos. El sistema consta de tres tipos de símbolos: pictogramas, que representan visualmente una palabra entera; fonogramas, que representan los sonidos de las sílabas; y símbolos para letras sueltas (consonantes). Al igual que en la escritura sumeria, se utilizaban marcas determinativas para mostrar si un símbolo debía interpretarse como una imagen o como un sonido. Los jeroglíficos (cuyo nombre procede de las palabras griegas *hieros*, «sagrado», y *glyphein*, «tallar») se utilizaron inicialmente para inscripciones religiosas en templos, tumbas y estatuas. Después se usaron para decorar objetos cotidianos y rituales y para documentos administrativos y literarios. Con el uso

La caligrafía china fusionaba el arte con el significado, como en el *Lanting Xu* (Prefacio del Pabellón de las Orquídeas), escrito por Wang Xizhi en 353 d. C., en el que la fluidez de la escritura refleja el ritmo del poema.

continuado de la escritura (en papiro, fácilmente disponible) en la vida cotidiana, se desarrollaron otros dos sistemas a partir de los jeroglíficos, para facilitar y agilizar la escritura: la hierática, una escritura cursiva (unida) utilizada originalmente por los sacerdotes; y la demótica (del griego *demotikos*, «popular»), una forma aún más rápida que se extendió entre la gente corriente.

Caracteres y caligrafía chinos

La escritura china está formada por logogramas, caracteres que representan una palabra o parte de una palabra. La forma más antigua conocida de caracteres chinos se remonta a la dinastía Shang (*c.* 1600–1046 a. C.) y se halla en huesos oraculares empleados en la adivinación: las preguntas a los dioses se grababan como pictogramas en omóplatos de buey o en plastrones (caparazones) de tortuga; luego se aplicaba un atizador caliente al hueso o caparazón para romperlo y se interpretaba el patrón de las grietas. La interpretación también se grababa en ellos. Al igual que la jeroglífica egipcia, la escritura china se componía de pic-

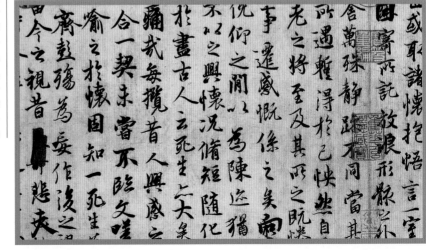

Evolución de los alfabetos

Jeroglífico	Protosinaítico	Fenicio	Griego	Latín
Cabeza de buey	Aleph	Aleph	Alfa	A
Casa	Bet	Beth	Beta	B

El desarrollo de las dos primeras letras del alfabeto latino puede rastrearse a partir de jeroglíficos egipcios simplificados adaptados por los alfabetos protosinaítico, fenicio y griego hasta dar lugar al alfabeto latino que conocemos hoy. Estas imágenes muestran la evolución pictográfica de las letras A y B.

togramas y fonogramas y utilizaba el principio de *rebus*. Los caracteres chinos también podían tener más de un significado, por lo que se utilizaban signos determinativos adicionales para ayudar a interpretar el significado. Este sistema sigue utilizándose hoy en día.

La información se transmitía no solo por las palabras en sí, sino también por el estilo con que se escribían. Incluso actualmente, en la caligrafía china cada carácter debe encajar en un cuadrado perfecto y los trazos deben hacerse en una secuencia determinada. La forma y la fuerza de cada trazo, e incluso el color de la tinta, contribuyen al significado.

La escritura en Centroamérica

Al otro lado del mundo, los pueblos de Centroamérica desarrollaron de forma independiente sus propios sistemas de escritura durante el II milenio a. C. Como sus homólogas asiáticas, culturas como la olmeca, la maya y la zapoteca basaron sus sistemas en pictogramas y transmitían el significado utilizando el principio de *rebus* para deletrear palabras como nombres. Sistemas de escritura como el maya también utilizaban determinativos para orientar sobre el significado.

Los primeros sistemas alfabéticos

El desarrollo de los alfabetos supuso otro salto conceptual. En estos sistemas, una pequeña cantidad de símbolos representaban letras individuales y podían combinarse para deletrear palabras en una amplia gama de idiomas. A diferencia de los sistemas pictográficos que surgieron en todo el mundo, el alfabeto solo se inventó una vez.

La perfección en la escritura requiere una educación adecuada, ejercicios regulares y pureza de alma.
Yaqut al-Musta'simi
Calígrafo (m. 1298)

El primer precursor conocido del alfabeto es la escritura protosinaítica. Se desarrolló en la península del Sinaí (Egipto) *c.* 1900 a. C. para representar la lengua de los trabajadores y esclavos de habla semítica de Canaán (Palestina). Estos pueblos crearon una forma muy simplificada del sistema jeroglífico egipcio, que comprendía una pequeña cantidad de los pictogramas más utilizados en la época, como el signo para «buey» (*aleph* en la lengua cananea) y «casa» (*bet*). El sistema se utilizó inicialmente para dar los sonidos de los nombres de personas o deidades. Se trata del primer ejemplo de alfabeto acrofónico, un desarrollo del principio de *rebus* en el que se utiliza un símbolo para representar solo el primer sonido de la palabra asociada (así, a, b, etc.).

Esta escritura, que se remonta a Canaán, fue desarrollada por los fenicios en torno a 1300 a. C. La escritura fenicia es de tipo *abyad*, un sistema en el que solo se representan las consonantes, dejando los sonidos vocálicos a la interpretación del lector. También fue la primera escritura lineal, escrita y leída horizontalmente de derecha a izquierda, a diferencia de los sistemas **»**

Una señal de autopista en Marruecos. En 2015, el francés fue sustituido en muchas señales de tráfico por la lengua norteafricana tamazight (una forma moderna de la antigua escritura tifinagh).

multidireccionales anteriores. El alfabeto era muy adecuado para el comercio y la comunicación, y los mercaderes fenicios lo extendieron por la región mediterránea en rutas marítimas hasta lugares tan lejanos como la península itálica y las costas del norte de África.

La escritura fenicia daría lugar a su vez a los alfabetos hebreo, arameo, árabe, itálico y anatolio. Alrededor de 800 a. C. llegó a los griegos, que la adaptaron a un alfabeto completo en el que las vocales tenían el mismo valor que las consonantes y la escritura iba de izquierda a derecha en lugar de derecha a izquierda.

El pueblo que se convertiría en el romano modificó el alfabeto para crear las bases del sistema de escritura que se utiliza hoy en todo el mundo. En el Imperio romano floreció la cultura literaria, con librerías y bibliotecas públicas, y con un abundante suministro de papiro de Egipto que hacía que los textos fueran baratos y accesibles para la gente corriente. Además, los romanos establecieron el primer sistema postal del mundo occidental, que permitía enviar comunicaciones escritas a todo el imperio.

Los orígenes de la escritura occidental

Con la caída del Imperio romano en el siglo v d. C., la lectura y la escritura volvieron a quedar restringidas a las élites. La información se perdió en Occidente, pero se conservó en el mundo islámico, sobre todo en lengua árabe. El texto más importante en árabe era el Corán, pieza central del islam, considerado palabra de Alá. La ornamentada caligrafía desarrollada por los musulmanes para plasmar la palabra de Dios embelleció no solo libros, sino también obras de arte e incluso edificios, desde la Alhambra de Granada hasta las madrasas (escuelas) de Samarcanda.

A pesar del eclipse de la civilización europea, durante la Edad Media el alfabeto latino desempeñó un papel crucial en la transmisión de información, gracias a la aparición de la cultura manuscrita medieval, que ponía gran énfasis en la conservación de la palabra escrita. Los monasterios y las catedrales de la cristiandad fueron centros de aprendizaje de lectura y escritura. Los monjes registraban y copiaban meticulosamente la información, no solo sobre temas religiosos, sino también

sobre filosofía, medicina, literatura e historia; esta labor incluyó la traducción del árabe al latín de antiguos escritos griegos conservados en el mundo islámico.

Muchas de las obras más valiosas producidas por los monjes, sobre todo biblias y libros de horas –libros de oraciones para determinadas horas del día–, eran manuscritos iluminados: adornados con intrincados diseños caligráficos, ilustraciones y otros elementos decorativos. Una serie de manuscritos se podía encuadernar en forma de libro. Esta práctica se extendió de las instituciones religiosas a los mercados de las ciudades y a las incipientes universidades.

En esta época surgieron los rasgos de la escritura occidental moderna. Las mayúsculas modernas derivan de la escritura mayúscula utilizada por los romanos. La principal era la letra tallada en los mo-

A partir de las consonantes simples del alfabeto y de nuestras once vocales y diptongos se construyeron todas las sílabas posibles de cierto tipo, colocando un sonido vocálico entre dos consonantes.
Hermann Ebbinghaus
Sobre la memoria. Estudios de psicología experimental (1885)

numentos: un estilo conocido como *capitalis quadrata* por las formas cuadradas de las letras. Rasgos como la variación entre trazos gruesos y finos, y las gracias o remates (líneas cortas que rematan determinados trazos), se ven aún hoy en muchos tipos de letra.

La letra minúscula se desarrolló a partir de la escritura utilizada en la literatura, los documentos legales y la vida cotidiana. Un estilo distintivo fue la escritura insular, que surgió en la Irlanda del siglo VII y se extendió por Europa continental. Comprende un estilo de mayúsculas, famoso por el *Libro de Kells* y los *Evangelios de Lindisfarne*, y varios estilos de minúsculas para documentos y registros. Estas minúsculas insulares condujeron al desarrollo de la minúscula carolingia en la Europa del siglo VIII, durante el reinado del emperador Carlomagno (768–814). Con sus formas claras y legibles y sus espacios bien definidos entre palabras, se convirtió en el estilo estándar en Europa, facilitando la difusión del conocimiento. Aunque más adelante fue sustituida por la letra gótica, durante los siglos XIV y XV los eruditos humanistas volvieron a adoptarla por sus formas clásicas y su facilidad de lectura. Así, la minúscula carolingia constituye la base de los alfabetos occidentales modernos.

Además de los estilos de las letras, los escritos latinos desarrollaron rasgos como las ligaduras (líneas que unen una letra con otra) y las abreviaturas, así como signos de puntuación como el punto medio, que separaba palabras, y el *punctus*

La madrasa Tilya-Kori, una mezquita y escuela islámica ubicada en la famosa plaza Registán de Samarcanda, en Uzbekistán, está adornada con caligrafía coránica, una representación visual de lo divino.

elevatus, parecido al punto y coma moderno.

Del manuscrito a la imprenta

Las letras impresas con tipos móviles fueron inventadas en el siglo XI en China por el artesano, ingeniero e inventor Bi-Sheng, que creó caracteres individuales a partir de arcilla cocida y los colocó en marcos metálicos. Más tarde, las letras se tallaron en madera, y en el siglo XII se inventaron los tipos metálicos en Corea para conseguir formas más duraderas. Sin embargo, esta tecnología no se extendió más allá de Asia oriental y central. En Europa, la caligrafía siguió siendo esencial para la producción de manuscritos y la comunicación hasta la invención en Alemania de la imprenta y el consiguiente auge de la edición masiva.

El diseño de las formas de las letras se denominó posteriormente tipografía (del griego *typos*, «forma» o «impresión», y *graphein*, «escribir»). Sus trazos son un delicado equilibrio artesanal entre estética, funcionalidad y comunicación para ayudar a transmitir el significado y guiar el ojo del lector por el texto. Más allá de la estética, el diseño de las letras influía en la legibilidad, la jerarquía y el ritmo visual. ∎

DE BRONCE ERAN SUS ARMAS, DE BRONCE SUS CASAS Y CON BRONCE TRABAJABAN

UTENSILIOS DE BRONCE

EN CONTEXTO

ENFOQUE
Combinación de materiales para una mayor durabilidad

CAMPO
Diseño material, diseño de productos

ANTES
***C.* 10 000–*c.* 4500 a. C.** Las herramientas y las armas son de piedra, pero se usan metales maleables como el oro y el cobre para la ornamentación.

***C.* 5000–*c.* 3000 a. C.** Algunas sociedades empiezan a fundir cobre para fabricar armas y herramientas.

DESPUÉS
***C.* 1400–*c.* 1600** Artistas renacentistas italianos como Benvenuto Cellini y Donatello reavivan el interés por las esculturas de bronce.

1760 Las herramientas manuales son sustituidas por máquinas motorizadas durante la era industrial.

El bronce es una aleación, una mezcla de cobre y otro metal. En la actualidad, se mezcla con alrededor de un 12 % de estaño, pero históricamente se utilizaban otros elementos, como zinc, plata o arsénico, además del estaño o en su lugar. La composición exacta del bronce variaba en función de la disponibilidad de materiales locales de fácil acceso.

En la Edad del Bronce (*c.* 3300–1000 a. C.), este era el metal más duro de uso común. Su fuerza y versatilidad, la facilidad con la que se puede trabajar y su resistencia a la corrosión lo hacían apto para una gran variedad de artículos, como herramientas, armas y objetos decorativos.

Véase también: Herramientas y armas 18–19 ▪ Textiles antiguos 24–29 ▪ Utensilios para cocinar y comer 30–31 ▪ Importación de materiales 46–47

[…] empuñando
su maza de bronce
jamás quebrantada.
Homero
Odisea, **Canto XI (siglo VIII a. C.)**

Las primeras sociedades que entraron en la Edad del Bronce fueron las de Asia occidental y la India. Este desarrollo trascendental fue mucho más tardío en otros lugares.

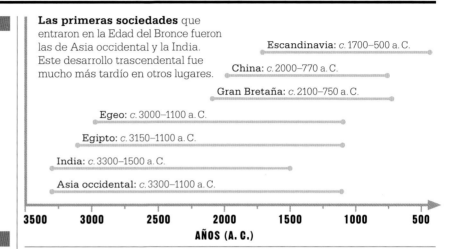

Escandinavia: *c.* 1700–500 a. C.

China: *c.* 2000–770 a. C.

Gran Bretaña: *c.* 2100–750 a. C.

Egeo: *c.* 3000–1100 a. C.

Egipto: *c.* 3150–1100 a. C.

India: *c.* 3300–1500 a. C.

Asia occidental: *c.* 3300–1100 a. C.

| 3500 | 3000 | 2500 | 2000 | 1500 | 1000 | 500 |

AÑOS (A. C.)

Antes, en el V milenio a. C., el bronce se producía mezclando cobre y arsénico, pues en algunos lugares aparecen de forma natural minerales con mezcla de ambos metales. Pero el bronce arsenical produce vapores tóxicos durante el proceso de fundición, y no es tan resistente ni tan fácil de fundir como el bronce con estaño.

El estaño se convirtió en el principal ingrediente no cobrizo del bronce *c.* 2000 a. C. Es un metal relativamente raro, y los minerales de cobre y estaño se encuentran juntos en pocas partes del mundo, entre ellas Devon y Cornualles (Reino Unido). Por ello, aunque las comunidades neolíticas fueran autosuficientes, la producción de bronce siempre implicaba cierto nivel de comercio y viajes para obtener los minerales necesarios. En Europa, el estaño de Cornualles se comercializó hasta en Fenicia, en el Mediterráneo oriental, lo que indica lo apreciado que era el bronce. El desarrollo del comercio del estaño contribuyó a extender la tecnología de fabricación del bronce por una vasta área geográfica.

Armamento mejorado

La introducción del bronce condujo al desarrollo de armas más letales, como dagas y puntas de lanza, cuyo tamaño oscilaba de unos pocos centímetros a más de 30 cm. Las puntas de lanza iban unidas a un fuste de madera, para lanzarlas como jabalinas.

Las espadas de bronce fueron un invento muy posterior. Considerablemente más ligeras que las espadas largas medievales, eran demasiado blandas para soportar el contacto repetido de hoja con hoja, y se usaban sobre todo para apuñalar o acuchillar. Algunas armas conservadas también parecen haber sido piezas ceremoniales. La mayoría de los escudos de la Edad del Bronce eran de madera o cuero, pero para los escudos y armaduras de los guerreros de élite se utilizaban láminas de bronce batido.

Las comunidades que tenían acceso a armas de bronce eran más poderosas que las que aún usaban armas de piedra, y las pruebas arqueológicas sugieren que las primeras batallas a gran escala de la historia de la humanidad tuvieron lugar en la Edad del Bronce. En un yacimiento del valle del Tollense, en el noreste de Alemania, se han encontrado miles de huesos y armas de bronce y piedra. Se estima que aquí »

Estas hojas de espada de bronce, que datan del siglo XIV a. C., se hallaron en un enterramiento en la Grecia actual. Sus marcas indican su uso en combate.

se enfrentaron unos 4000 guerreros en el siglo XIII a. C.

El hacha era la herramienta más importante en la Edad del Bronce: servía para talar árboles y dar forma a la madera con fines muy diversos, como viviendas, cercas para animales y embarcaciones. La madera cortada también era esencial como combustible, para alcanzar las temperaturas necesarias en los hornos para fundir metal.

Las hachas se fabricaban en diferentes tamaños y estilos, y la cabeza se decoraba a veces con diseños sencillos. El gran número de hachas de bronce sin usar halladas en tumbas antiguas sugiere que también eran objetos de prestigio e indicadores de riqueza y poder.

Objetos decorativos

El bronce también se usó para fabricar objetos decorativos. Muchas culturas fabricaban espejos de bronce, muy pulidos por un lado y decorados por el otro. Los espejos pudieron tener un significado religioso en algunas sociedades antiguas: los griegos los usaban para adivinar el futuro, y los chinos los colocaban en las tumbas.

Una de las primeras esculturas de bronce conocidas es la *Bailarina*

(*c.* 2500 a. C.) hallada en Mohenjo-Daro, en el actual Pakistán. Representa a una joven desnuda de pie, en una pose natural, con brazaletes y un collar, y se fabricó utilizando el método de fundición a la cera perdida.

A partir del año 500 a. C., la fundición a la cera perdida se convirtió en la principal técnica de producción de estatuas de bronce también en Grecia. Hasta entonces, los griegos habían usado el método del *sphyrelaton*, en el que se martilleaban finas láminas de metal sobre un núcleo de

La *Bailarina* es una estatuilla de 10,5 cm que muestra cómo los broncistas habían perfeccionado el método de fundición a la cera perdida en el siglo III a. C.

madera tallada. Dado que el bronce no es adecuado para la fundición maciza de gran tamaño, los griegos desarrollaron el proceso de fundición hueca a la cera perdida para crear estatuas grandes y exentas, que solían fundirse en varias piezas.

Muchas estatuas fueron fundidas para obtener bronce en épocas posteriores. Una de las que ha sobrevivido es *Juventud victoriosa*, una estatua de bronce de tamaño natural de un joven atleta, realizada en Grecia *c.* 300–100 a. C. Originalmente, la estatua era brillante y colorida: sus labios y pezones son de cobre, sus ojos serían de marfil y cristal, y hay indicios de plata en la corona del atleta.

Objetos rituales

En China, el bronce se usaba para fabricar armas, herramientas agrícolas y otros útiles. Sin embargo, durante las dinastías Shang y Zhou Occidental (*c.* 1600–1046 y 1046–771 a. C., respectivamente), también se hicieron numerosos objetos rituales de bronce,

Cabeza de hacha desenterrada en 2018 con el tesoro de Havering, el mayor de la Edad del Bronce hallado en Londres.

Tesoros de bronce

Durante la Edad del Bronce en Europa, era común enterrar grandes colecciones de objetos de bronce. Solo en Reino Unido se han hallado más de 350 tesoros de este tipo.

El tesoro de Migdale contiene joyas y un hacha de bronce, y es uno de los primeros tesoros británicos, datado en 2250–1950 a.C., cuando se empezó a fabricar bronce en las islas británicas. El mayor es el de Isleham (*c.* 1000 a. C.), que contiene más de 6500 objetos, incluidas armas y armaduras, en una enorme vasija de cerámica.

Los tesoros no siempre se enterraban de una sola vez. En Flag Fen, que debió de ser un importante enclave ritual, se enterraron armas, herramientas y joyas a lo largo de 1200 años, entre 1350 y 150 a. C.

El tesoro de Boughton Malherbe (*c.* 850 a. C.) contiene más de 350 fragmentos de objetos, muchos rotos intencionadamente, lo que sugiere una industria de reciclaje de metales. El de Near Lewes (*c.* 400–1250 a. C.) contiene objetos procedentes de Francia y Alemania que evidencian un comercio internacional.

> El bronce supuso una importante innovación tecnológica con respecto al cobre. Es una aleación más resistente y fácil de moldear para conseguir formas complejas y armas más largas.
> **Andrea Dolfini**
> *Bronze Age Combat (2020)*

Esta jarra de vino es uno de los cientos de objetos de bronce hallados en la tumba de Fu Hao, una reina guerrera de la dinastía Shang que vivió en torno a 1200 a. C.

como los *dings* (calderos de tres patas para ofrendas rituales) y los recipientes para comida y bebida que se colocaban en las tumbas reales.

Durante la dinastía Shang, los objetos de bronce se fabricaban mediante fundición en molde, una elaborada técnica que consiste en crear un modelo del objeto y hacer un molde de arcilla del mismo. A continuación, el molde se corta en secciones para retirar el modelo, y las secciones se vuelven a ensamblar para formar el molde para la fundición. Esta técnica permite al broncista un alto grado de definición incluso en los diseños más intrincados. Muchas vasijas rituales de bronce presentan diseños geométricos y zoomorfos, y el motivo dominante es el *taotie*, una cabeza de animal con ojos prominentes.

El hierro se funde a temperaturas más altas que el cobre y el estaño, y esto no estuvo al alcance de los hornos antiguos hasta finales del siglo II a. C. Sin embargo, a medida que mejoraron las técnicas metalúrgicas, los utensilios de hierro forjado —mucho más duro y resistente que el bronce y, por tanto, más adecuado para armas y herramientas— sustituyeron a los de bronce fundido. No obstante, el bronce siguió utilizándose durante la Edad del Hierro (*c.* 1000–600 a. C.). ∎

La fundición a la cera perdida se usa al menos desde 3700 a. C. El proceso consiste en hacer un modelo detallado en cera sólida del objeto a fundir. Este modelo se cubre de arcilla, que después se calienta para endurecerla y fundir y retirar la cera. A continuación se vierte metal fundido en el molde vacío. Cuando el metal se ha enfriado, se rompe la arcilla para revelar un objeto de bronce macizo.

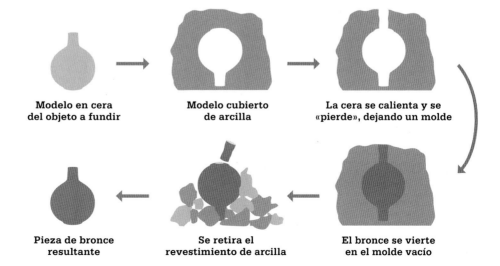

Modelo en cera del objeto a fundir

Modelo cubierto de arcilla

La cera se calienta y se «pierde», dejando un molde

El bronce se vierte en el molde vacío

Se retira el revestimiento de arcilla

Pieza de bronce resultante

QUE EL ANCHO MAR TE OFREZCA SUS RIQUEZAS

IMPORTACIÓN DE MATERIALES

EN CONTEXTO

ENFOQUE
Obtención de materiales de otros lugares para mejorar los diseños

CAMPO
Diseño de producto

ANTES
C. **14 000 a. C.** La obsidiana, un vidrio volcánico negro usado para crear herramientas y armas de bordes afilados, es objeto de comercio en Asia occidental y el norte de África.

C. **3500 a. C.** El camello es domesticado en la península arábiga, lo que permite aumentar el comercio y las comunicaciones en gran parte del mundo antiguo.

DESPUÉS
C. **814 a. C.** Colonos fenicios fundan Cartago, que se convierte en un importante centro del comercio mediterráneo.

130 a. C. Se establece la Ruta de la Seda, una red de rutas comerciales que conecta China con Asia occidental, el norte de África y Europa.

El comercio ha desempeñado un papel fundamental en la sociedad humana desde la prehistoria. Al principio se intercambiaban o regalaban materias primas, alimentos y objetos, y más tarde se utilizó la moneda. Con el surgimiento de las primeras ciudades se establecieron rutas comerciales, a menudo bajo poderosas dinastías. Estas rutas permitían importar productos valiosos de tierras lejanas, lo que contribuyó a remodelar la cultura material de las distintas regiones.

Una de las primeras regiones donde aparecieron ciudades fue Sumeria, en Mesopotamia (actual Irak). Favorecidos por unos suelos ricos y unas condiciones agrícolas favorables, los sumerios cultivaban cereales con tanto éxito que producían excedentes. Esta abundancia allanó el camino para el florecimiento de sociedades complejas y ciudades, que permitieron a la gente asumir funciones cada vez más diversas, como artesanos o sacerdotes.

Distinción de clases
A medida que las sociedades sumerias se estratificaban, la élite, incluidos los líderes de las ciudades y los sacerdotes, buscó diferenciarse. Una de las formas de hacerlo era la ofrenda de obsequios, ya fuera entre ellos o a sus dioses. Pero Sumeria carecía de los metales y piedras preciosos necesarios para estos regalos.

Como resultado, durante el periodo de Uruk (*c.* 4100–2900 a. C.) las ciudades-estado sumerias comenzaron a comerciar con otras regio-

Un carnero de oro, cobre y lapislázuli ramonea en un arbusto. Esta rica y elaborada pieza de *c.* 2500 a. C. fue encontrada en el cementerio real de Ur.

Véase también: Cerámica primitiva 22–23 ▪ Transporte y movilidad 32–33 ▪ Utensilios de bronce 42–45 ▪ Soplado de vidrio 50–55 ▪ Lujo natural 174

nes, como Egipto, el valle del Indo y Dilmún, en Arabia oriental. Los sumerios exportaban productos como cerámica, textiles y aceites vegetales, e importaban oro, plata, cobre, lapislázuli, marfil, perlas y piedras preciosas.

Esplendor sagrado

Hacia 2600 a. C., Sumeria comerciaba en abundancia. Aunque no era originario de Mesopotamia, el oro adquirió una gran importancia local. Se utilizaba casi exclusivamente en rituales religiosos y como adorno entre personas de prestigio.

Muchos objetos de oro sumerios proceden de un único lugar: el cementerio real de la ciudad de Ur, excavado entre 1922 y 1934. Estos enterramientos no solo indican el poder y la riqueza de la élite, sino que revelan una cultura en la que materiales exóticos como el oro y el lapislázuli habían adquirido un poder simbólico o casi sagrado. Los artesanos sumerios los usaban para crear objetos extraordinarios con un lenguaje visual y un significado específicos.

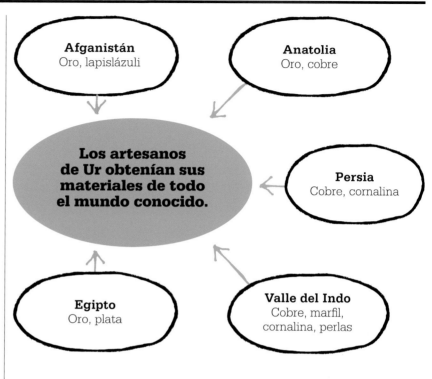

Afganistán
Oro, lapislázuli

Anatolia
Oro, cobre

Los artesanos de Ur obtenían sus materiales de todo el mundo conocido.

Persia
Cobre, cornalina

Egipto
Oro, plata

Valle del Indo
Cobre, marfil, cornalina, perlas

La importación de materiales preciosos no solo enriqueció la cultura sumeria. También provocó el desarrollo de extensas redes comerciales, que se convirtieron en canales para el intercambio de ideas sobre arte, diseño, tecnología, religión y política. Esta dinámica de comercio e intercambio cultural seguiría transformando el mundo antiguo. ▪

El zigurat de Ur (c. 2100 a. C.) es un ejemplo notable de arquitectura religiosa sumeria. Los zigurats sostenían un santuario sobre una plataforma a la que se accedía mediante un sistema de rampas. Eran lugares sagrados en los que solo podían entrar los sacerdotes.

Religión material

La religión material es un campo de los estudios religiosos que se centra en los aspectos físicos de la religión, como objetos, palabras y acciones. Considera la religión como una experiencia, arraigada en nuestra interacción sensorial con el mundo, más que como un fenómeno puramente espiritual.

Las sociedades siempre han producido objetos religiosos, desde estatuas y pinturas hasta ropa y arquitectura, así como rituales. La religión material analiza cómo interactúan estos dos aspectos, a la vez que estudia cómo la religión se cruza con la economía: desde el flujo de dinero que producen las religiones hasta la compraventa de objetos religiosos.

La religión material examina tanto las religiones del pasado como su funcionamiento actual. En nuestra era de producción masiva, los estudiosos se interesan especialmente por comprender cómo los productos religiosos conforman las prácticas religiosas e influyen en las percepciones de los creyentes.

HIJA DEL TORNO, LA TIERRA Y EL HORNO

ESTANDARIZACIÓN DE LA CERÁMICA

EN CONTEXTO

ENFOQUE
Producción de cerámica con formas y estilos regulares

CAMPO
Cerámica, artesanía

ANTES
C. 4000 a. C. En Mesopotamia se inventa el torno de alfarero y su uso se extiende pronto a Levante.

3000–1900 a. C. Los alfareros de la cultura Longshan de la antigua China crean objetos estandarizados y piezas cada vez más delicadas en tornos de alfarero.

DESPUÉS
1000–400 a. C. En la antigua Grecia, los alfareros desarrollan formas definidas para artículos que a menudo constituyen verdaderas obras de arte.

625 a. C.–476 d. C. El Imperio romano produce grandes cantidades de cerámica de uso cotidiano, normaliza el volumen de los recipientes y asimila a las sociedades conquistadas a su cultura.

Hoy damos por sentados los tamaños y formas uniformes de las vajillas fabricadas en serie. En todo el mundo, la forma y el volumen de un objeto de cerámica con una función específica –como una taza de café o un cuenco de ramen– son prácticamente los mismos. Estos artículos, producidos con precisión según las expectativas, están muy lejos de las primeras piezas de cerámica de la historia, que se modelaban a mano y variaban enormemente.

A lo largo de los milenios, las sociedades de diversas regiones en-

El jarro de pico es una forma común en la cerámica del periodo hitita. Este ejemplar data de 1650–1450 a. C.

contraron formas de estandarizar su cerámica, reproduciendo objetos con la misma forma, tamaño y acabado. Los alfareros del Imperio hitita –que gobernó gran parte de Anatolia (en la actual Turquía) entre 1700 y 1180 a. C.– producían cerámica de forma cada vez más uniforme en tornos. Ya viviera en una ciudad o en un pueblo en los límites del territorio, un hitita podía comprar aproximadamente el mismo jarro de pico o jarra de libaciones.

Fijación de estándares
Durante el periodo hitita, la cerámica se volvió menos decorativa y más funcional. Las vasijas eran fabricadas en talleres por alfareros profesionales que seguían normas específicas. La cerámica se producía en serie en todo el imperio, y los arqueólogos creen que la corte hitita controlaba la industria para su beneficio económico.

La cerámica se estandarizó en distintos contextos por diversas razones. En algunos casos, ayudó a que la medición y el comercio de bienes fueran más fáciles y justos, mientras

Véase también: Cerámica primitiva 22–23 ▪ Utensilios para cocinar y comer 30–31 ▪ Los inicios de la producción en serie 64–65 ▪ Cerámica producida en serie 92–93 ▪ Cerámica artística 122–123

Además de objetos estandarizados, como la jarra de la derecha, los alfareros de Longshan también hacían obras curiosas como la olla de tres patas, o *li*, de la izquierda, datada *c.* 2000–1700 a. C.

que en otros momentos históricos, las preferencias culturales o el estatus social parecen haber impulsado el desarrollo de tipos específicos. Así, por ejemplo, las élites de la cultura de Longshan de la antigua China buscaban formas muy estandarizadas para los platos de servir en los banquetes, aunque las jarras que compraban seguían siendo más variadas.

El torno

Los alfareros de Longshan desarrollaron un estilo distintivo de vasijas negras con paredes finas como cáscaras de huevo. Usaban un torno de giro rápido y recortaban la arcilla con herramientas afiladas. Aunque algunas civilizaciones que nunca utilizaron el torno –como la inca– también crearon una cerámica estandarizada, este invento ayudó a regularizar la alfarería en muchos contextos. Su mecanismo se ha mantenido más o menos igual desde que surgió en Mesopotamia, aunque muchos tornos actuales son eléctricos. El torno crea una fuerza centrífuga que el alfarero utiliza para dar forma a la arcilla en vasijas y objetos de contornos curvos.

El trabajo en el torno requiere habilidad, pero los alfareros experimentados adquieren sensibilidad y memoria muscular, que utilizan para fabricar repetidamente objetos de las mismas dimensiones. Es un proceso más rápido que la fabricación manual, y contribuyó a que la alfarería se convirtiera en una especialidad en muchas sociedades, ya que con menos mano de obra se podía producir más.

La cerámica se conserva bien en el registro arqueológico, lo que ayuda a reconstruir cómo era la vida cotidiana en épocas y culturas pasadas, y ha contribuido asimismo a que ciertos estilos se conviertan en emblemas de diversas civilizaciones antiguas. ▪

Las obras de la humanidad desde la prehistoria han llegado hasta nosotros […] a través de trozos de cerámica.
Bernard Leach
Manual del ceramista (1940)

Moldeado cerámico

Durante milenios se han usado moldes para crear piezas de cerámica uniformes. En muchas civilizaciones antiguas, los alfareros usaban el moldeado por presión para reproducir la misma forma. Este consiste en presionar la arcilla para darle una forma negativa antes de retirar el molde y, a veces, ensamblar segmentos para formar piezas más grandes. Con esta técnica se pueden hacer platos sencillos y vasijas con partes curvas. Hoy, las técnicas de moldeado siguen siendo usadas por artesanos y artistas que trabajan a mano, pero los fabricantes también utilizan el moldeado a escala industrial para producir objetos, desde inodoros y lavabos hasta delicadas figurillas de porcelana.

Las piezas sanitarias y los objetos complejos se fabrican a menudo usando el moldeado por colado, técnica en la que un molde poroso de yeso se rellena con arcilla líquida (barbotina o engobe) para darle forma. Una vez que la arcilla se ha endurecido, se desmolda, se seca del todo y se cuece en el horno.

VIERON ARROYOS TRANSPARENTES DE UN LICOR DESCONOCIDO

SOPLADO DE VIDRIO

EN CONTEXTO

ENFOQUE
Cómo el inflado del vidrio revolucionó su uso en la fabricación

CAMPO
Diseño de producto

ANTES
2500 a. C. Se fabrican en Mesopotamia los primeros objetos de vidrio, que son cuentas.

1550 a. C. Se producen vasos de vidrio formados a núcleo en Egipto y Mesopotamia.

DESPUÉS
***C.* 1271** Los vidrieros venecianos acuerdan proteger el secreto de su fabricación, lo que anuncia el dominio mundial del vidrio veneciano.

1962 Harvey Littleton y Dominick Labino, vidrieros estadounidenses, organizan un taller en Toledo (Ohio) que marca el inicio del movimiento Studio Glass: la creación de vidrio para la expresión escultórica.

Un soplador de vidrio sopla y termina un recipiente usando procesos que no se han alterado [...] desde que surgió el soplado de vidrio.
D. B. Harden
Glass of the Caesars (1987)

El puente de vidrio, del soplador de vidrio estadounidense Dale Chihuly, muestra su visión moderna de este arte. La instalación, de 30 m de longitud, es una de sus mayores obras suspendidas.

El soplado de vidrio fundido ha sido durante mucho tiempo el método más utilizado para fabricar recipientes de vidrio a mano. Antes de usar esta técnica, el vidrio fundido (obtenido calentando arena o cuarzo triturado en un horno) se recogía (postaba) alrededor de una forma llamada núcleo. Una vez enfriado y endurecido el vidrio, el núcleo se retiraba manualmente para revelar el recipiente.

En torno a 50–40 a. C., los vidrieros de la región siro-palestina (la de los actuales Israel, Líbano, Palestina y Siria) descubrieron que el vidrio fundido en estado plástico podía hincharse con la presión del aire –su propio aliento soplado a través de un tubo de arcilla– y desarrollaron una nueva técnica de fabricación. Durante unas excavaciones en Jerusalén, los arqueólogos hallaron restos de vasos de vidrio soplado datados en la segunda mitad del siglo I a. C. Se trata de pequeñas botellas de cuello largo, lo que indica que los primeros sopladores se limitaban a inflar tubos de vidrio estirados con una pequeña fuente de calor localizada.

Más tarde, con la introducción de hornos más grandes y herramientas como la pipa (o caña) metálica, consiguieron una variedad de formas considerablemente mayor.

Desarrollo del proceso

Las herramientas, técnicas y procesos para fabricar objetos de vidrio soplado se desarrollaron a lo largo de un siglo desde las primeras botellas de cuello largo, y el soplado de vidrio se generalizó en el Imperio romano durante el siglo I d. C. Se inventó un nuevo tipo de horno que utilizaba una fuente de calor horizontal en lugar de vertical, lo que facilitaba mucho el trabajo con el vidrio fundido. Otras innovaciones importantes fueron el desarrollo del mármol, una plancha para enrollar el vidrio soplado.

Véase también: Cerámica primitiva 22–23 ▪ Utensilios para cocinar y comer 30–31 ▪ Utensilios de bronce 42–45 ▪ Cerámica artística 122–123 ▪ Diseño de iluminación 222–223

Antes de 2000 a. C., en Mesopotamia, los artesanos **manipulaban el vidrio** aplicando calor para crear pequeños objetos.

El **soplado de vidrio** aumenta **la rapidez y la eficacia** de la producción de vidrio.

En el siglo I a. C., el vidrio en su forma maleable y calentada se moldea por primera vez **soplándolo** e inflándolo.

El vidrio se convierte en un soporte viable para una amplia gama de recipientes y productos.

Otro avance significativo en las formas que podía adoptar el vidrio soplado se produjo hacia 25 d.C., con la introducción del soplado en molde. A diferencia de la técnica de soplado libre, en la que solo la gravedad y las herramientas manuales definían la forma del recipiente, en el soplado en molde se insertaba una burbuja de vidrio parcialmente inflada en un molde de varias piezas de terracota, yeso, madera o metal. La burbuja se soplaba para llenar el vacío interior y adoptar su forma. Cuando el vidrio se enfriaba lo bastante para conservar su forma, se desmoldaba. Los moldes solían ser bastante complicados de fabricar, ya que debían estar hechos de piezas fáciles de separar una vez producido el recipiente soplado. Pero esta nueva técnica permitió crear diseños decorativos cada vez más complejos. La introducción y la posterior generalización del uso de moldes demuestran que la vidriería se convirtió en un oficio más especializado a lo largo del siglo I d.C.

Dadas las complicadas contorsiones que se requieren para soplar y manipular el vidrio al mismo tiempo, o al menos en una sucesión muy rápida, el soplado de vidrio se llevaba »

El soplado de vidrio paso a paso

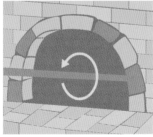

El vidrio se calienta en un horno a al menos 1090 °C para fundirlo. Una vez fundido, es maleable y más fácil de recoger.

La posta se recoge girando la caña en el horno dos o tres veces, o hasta tener la cantidad que se necesite.

El vidrio se hace rodar sobre el mármol para formar un cilindro. El mármol es un tablero liso hecho a menudo de acero pulido o grafito.

Se sopla en la caña mientras se gira el eje para expandir el vidrio. Se sigue soplando hasta obtener el tamaño y la forma deseados, y luego se enfría.

Esta ilustración del *Tractatus de herbis*, del siglo XV, presenta a dos trabajadores soplando vidrio delante de un horno ardiente.

a cabo en equipos de dos o más personas y se utilizaba para ello un mobiliario especializado. Aunque no existen pruebas arqueológicas de los primeros años de la producción de vidrio, antiguas ilustraciones demuestran que esta práctica de taller se empleó sin duda durante la Edad Media.

El uso del vidrio

Tras el descubrimiento de la técnica del soplado, el vidrio pudo fabricarse mucho más rápidamente. Esta mejora del proceso y la infinidad de formas y usos que ofrecía hicieron que el vidrio empezara a sustituir a otros materiales, como la cerámica y el metal.

La industria del soplado de vidrio se expandió gracias a la implacable expansión del Imperio romano, con la anexión de la región siro-palestina y sus fábricas de vidrio. Esto ocurrió hacia finales del siglo I d. C. Adoptado por el mundo romano, el vidrio pasó a ocupar un lugar central en la vida cotidiana de la población,

y podría decirse que su producción se perfeccionó en la península itálica. Frascos de perfume, recipientes con formas de animales, cuentas para el comercio y vidrios para ventanas se fabricaban mediante soplado de vidrio.

Pero fue en la mesa donde el vidrio se volvió omnipresente. El cortesano romano Petronio explica cómo, a mediados del siglo I d. C., se preferían para comer y beber los recipientes de vidrio a los de metales preciosos, porque el vidrio era inodoro y más

barato. Solo su fragilidad impidió que el vidrio sustituyera al metal.

El vidrio soplado también sustituyó a la terracota o la arcilla como recipiente para las velas, mejorando así las fuentes de luz. Las lámparas de vidrio ardían durante más tiempo y con mucha más intensidad que las de arcilla, y su uso se generalizó a partir del siglo IV.

Vidrio tallado y camafeos

El proceso de grabar o tallar el vidrio soplado añadió prestigio al material. Al superponer diferentes colores de vidrio y tallarlos, el vidrio empezó a imitar las capas naturales de piedras semipreciosas que se trabajaban en vasijas y objetos decorativos.

Uno de los primeros y más famosos ejemplos de este tipo de vidrio decorativo es el llamado Vaso Portland. De principios del siglo I d. C. y probablemente fabricada cerca de Roma, esta ánfora de color azul oscuro está parcialmente recubierta de vidrio blanco opaco tallado en camafeo con varias figuras humanas y Eros portando un arco. Se desconoce el significado del camafeo, pero tal objeto pudo ser un regalo para conmemorar un matrimonio.

Procesos decorativos

Además del inflado del vidrio y de las infinitas posibilidades de moldearlo en formas nuevas, a partir del siglo I d. C. surgieron en el Imperio romano muchos otros procesos decorativos.

A las vasijas sopladas se les añadían adornos, como estelas de vidrio fundido de colores contrastados, y luego se aplicaban formas moldeadas, como medallones, a la superficie de la vasija. La decoración de la superficie del vidrio con otros materiales también se convirtió

en una práctica viable. En el siglo II resurgió el esmaltado, que consistía en mezclar polvo de vidrio coloreado con un aglutinante y calentarlo para fundirlo en la superficie.

En el siglo IV, los artesanos del vidrio inventaron una técnica llamada vidrio dorado. Se colocaba un retrato grabado en pan de oro entre dos discos de vidrio y se insertaba en recipientes de vidrio soplado, como cuencos.

Quizá la técnica más compleja de la época romana fuera el corte del vidrio, como se aprecia en las diatretas o vasos reticulados.

El Cántaro Disch, una diatreta romana de finales del siglo III o principios del IV, presenta una red de vidrio que envuelve el recipiente.

Vidriería actual

El soplado de vidrio moderno requiere sumergir una pipa precalentada en vidrio fundido para recoger cierta cantidad de vidrio en su extremo. A continuación, se da forma al vidrio fundido sobre una superficie plana, o mármol, que al mismo tiempo enfría la superficie exterior del vidrio. Luego esta posta de vidrio se infla para crear una burbuja. En el caso de los recipientes de mayor tamaño, es posible que haya que reunir cantidades adicionales de vidrio sobre el bulbo inicial para poder soplarlo hasta alcanzar el tamaño adecuado.

Una vez que el vidriero obtiene la forma aproximada de la vasija, suele separarla de la pipa por una sección fina y quebradiza para seguir trabajándola. La forma habitual de crear un soporte temporal para la vasija mientras se completa es aplicar una varilla de metal macizo con vidrio fundido en la punta que se fija a la parte inferior del objeto. Cuando se retira, suele dejar una cicatriz en forma de anillo, o marca de pontil, en el vidrio.

Otras herramientas usadas actualmente en la fabricación de vidrio soplado son las paletas o los hierros, que se asemejan a grandes pinzas y sirven para alargar y manipular el vidrio caliente, así como para crear adornos pellizcándolo.

Reconocimiento cultural

Desde la vajilla hasta la tecnología, el vidrio es hoy en día un producto omnipresente en nuestra vida cotidiana. La importancia del soplado de vidrio fue reconocida por la UNESCO en 2023, cuando incluyó en su lista de Patrimonio Cultural Inmaterial el antiguo soplado de vidrio sirio y el moldeado y la decoración artesanales del vidrio en varios países europeos, y declaró que el soplado de vidrio debía ser salvaguardado con urgencia.

Aunque en la actualidad la fabricación de vidrio es un proceso eminentemente industrial, este reconocimiento contribuye a subrayar el conocimiento y la destreza altamente especializados necesarios para perfeccionar la antigua técnica, y los innumerables talleres artesanales en los que se perfeccionó. ∎

Un soplador de vidrio, recordemos, insufla vida a un recipiente, dándole forma y a veces belleza.
Daphne du Maurier
A través de la tormenta (1963)

El Vaso Portland, expuesto actualmente en el Museo Británico de Londres, se llama así porque fue propiedad del duque de Portland, un aristócrata británico.

ABIERTO, SE ESTIRA; CERRADO, SE ENROLLA

EL PAPEL

EN CONTEXTO

ENFOQUE
Un nuevo material de escritura facilita el registro y el intercambio de ideas

CAMPO
Diseño de materiales, diseño de libros, artesanía y técnicas artesanales

ANTES
25 000–10 000 a. C. Los primeros humanos utilizan hueso, marfil y corteza como superficies para hacer marcas.

C. **3500 a. C.** En Mesopotamia, sumerios, babilonios y asirios desarrollan la escritura cuneiforme, que se imprime sobre arcilla húmeda con un estilo.

DESPUÉS
1844 El canadiense Charles Fenerty y el alemán Friedrich Gottlob Keller desarrollan por separado procesos de fabricación de pasta de papel a partir de fibra de madera, con lo que se pasa de la producción de papel a base de trapos a la basada en madera.

La innovación que permitió a los humanos difundir palabras e ideas más allá de sus propias comunidades fue el uso de materiales ligeros, duraderos y portátiles como superficies de escritura. Los primeros documentos escritos portátiles se hicieron en tablillas de arcilla; luego se utilizaron cortezas, pieles y hojas o fibras vegetales. Pero el invento que dio origen a la comunicación de masas fue el papel. Incluso hoy, en la era digital, el papel se sigue utilizando en todas partes para la comunicación, la educación y la documentación.

Véase también: Comunicación escrita 34–41 ▪ Tipos móviles y diseño gráfico temprano 70–77

Cai Lun

Se cree que Cai Lun (Ts'ai Lun) nació *c.* 50 d. C. en Guiyang –actual Leiyang– durante la dinastía Han Oriental (25–220 d. C.). Sirvió en la corte imperial como chambelán, mensajero y consejero, pero es más conocido por su protagonismo en el desarrollo de la fabricación de papel. Según la leyenda, Cai se inspiró al observar cómo las avispas recogían y masticaban madera para construir sus nidos. En torno a 105 d. C. mejoró la composición del papel añadiendo materiales como corteza, cáñamo, redes de pesca y trapos viejos, haciéndolo así más robusto y versátil. También perfeccionó el proceso de fabricación: hervía los ingredientes hasta obtener una pulpa, que se machacaba, se removía en agua y se tamizaba a través de esteras de juncos antes de escurrirla, secarla y blanquearla. Este proceso se extendería por China y luego al resto del mundo.

Cai Lun murió en 121 d. C., bien por suicidio o bajo custodia, al parecer a causa de intrigas políticas y acusaciones de corrupción. En Asia oriental es venerado como el dios chino de la fabricación de papel.

Primeros materiales de escritura

La palabra «papel» procede del latín *papyrus*. Este era el material de escritura usado en el antiguo Egipto ya en el IV milenio a. C. Se fabricaba con la médula fibrosa del papiro (*Cyperus papyrus*), también conocido como hierba del Nilo. Aunque el papiro fue adoptado por las civilizaciones mediterráneas, incluidos los antiguos imperios griego y romano, en los siglos I a. C. y I d. C. había sido sustituido en gran medida por el pergamino y la vitela, ambos elaborados con pieles de animales. Este cambio se debió en parte a la fragilidad del papiro, que no era lo bastante flexible para doblarse sin agrietarse, por lo que solía guardarse en rollos. Además, la planta de papiro, cultivada principalmente en el delta del Nilo, se había sobreexplotado hasta el riesgo de extinción.

En la mayor parte del mundo, el libro o códice empezó a sustituir al pergamino casi tan pronto como se introdujo. Los primeros escritores cristianos e islámicos crearon códices a partir de hojas plegadas de pergamino, que recogían textos sagrados como los de la Biblia y el Corán. El diseño estaba influido por la forma de las tablillas de cera, otra superficie de escritura primitiva creada con madera recubierta de una capa de cera, y se encuadernaba por pares (dípticos) con tiras de cuero. En Asia, el pergamino siguió siendo el soporte estándar durante mucho más tiempo. En Mesoamérica, por su parte, se usaba el papel amate (*amatl*), hecho de corteza; los mayas y los aztecas preferían un estilo de plegado en acordeón.

La influencia del papel

El papel –junto con la brújula, la pólvora y la imprenta– es conocido como uno de los Cuatro Grandes Inventos en China. Su origen se remonta a 200 a. C., durante la dinastía Han. Se fabricaba a partir de fibras vegetales mezcladas con agua, prensadas y secadas en finas hojas, en un proceso desarrollado por Cai Lun, funcionario de la corte imperial. La producción de papel era un trabajo manual cualificado, y las hojas se elaboraban una a una.

El uso del papel revolucionó el registro y la difusión de la información, ya que era mucho más ligero y asequible que la piel de los animales. Además era portátil, flexible, fácil de almacenar y ofrecía una superficie de escritura considerable y »

Esta Biblia latina de 1407 está ilustrada con letras iluminadas y otras decoraciones. Las formas condensadas de las letras y las abreviaturas usadas en el texto eran recursos que ayudaban a ahorrar espacio en el costoso pergamino.

Origami

En Japón, las formas de origami («papel plegado») se utilizaron inicialmente en ceremonias religiosas sintoístas; un poema de 1680 de Ihara Saikaku describe el uso de mariposas de origami durante las bodas. A partir del periodo Heian (794–1185), el plegado de papel se convirtió en una de las habilidades practicadas en la corte japonesa en la etiqueta para envolver regalos. En el periodo Edo (1603–1868), el origami se había convertido en un entretenimiento. Las formas se basaban en figuras como flores y pájaros, incluido el clásico diseño de la grulla.

Aunque sigue siendo un pasatiempo, la papiroflexia también tiene aplicaciones en ingeniería, desde el diseño de envases de bebidas hasta la inserción de dispositivos médicos en el cuerpo humano.

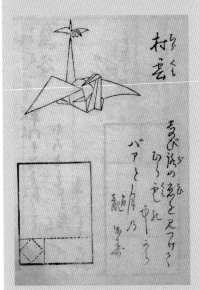

Esta guía para hacer dos grullas enlazadas procede del primer libro técnico conocido sobre origami, publicado en 1798.

Fabricación de papel

Según los registros, las **primeras fábricas de papel** se establecieron en Marruecos y la España musulmana en el **siglo XII**.

La fabricación de papel comienza en Fabriano (Italia) en **1264**. Fabriano sigue fabricando **papel artístico de alta calidad** y suministra papel para **billetes de euros**.

Johannes Gutenberg construye la primera imprenta con **tipos móviles** sobre papel en **1440**, lo que **provoca una revolución** en el mundo editorial.

El **ingeniero mecánico** francés Nicholas-Louis Robert inventa la **primera máquina de fabricación de papel** en 1798.

En **1986** se funda en Düren (Alemania) la Asociación Internacional de Fabricantes de Papel Artesanal y Artistas del Papel (IAPMA), **principal asociación mundial** de artistas del papel hecho a mano.

consistente. El proceso de fabricación era fácil de reproducir a gran escala, lo que condujo a una rápida difusión por toda China, promoviendo el aprendizaje y la alfabetización, y ayudando a la administración imperial.

En el siglo VI, el papel estaba tan extendido en China que se utilizaba tanto como material de escritura como para la higiene personal, aunque se apreciaba una diferencia de calidad. En 589 d. C., el erudito y funcionario chino Yan Zhitui anotaba: «El papel en el que hay citas o comentarios de los Cinco Clásicos o nombres de sabios, no me atrevo a usarlo para el aseo».

Durante la dinastía Tang (618–907), el papel se usó por primera vez para crear bolsas para conservar el sabor del té, y bajo la dinastía Song (960–1279) se introdujo el papel moneda (billetes) emitido por el gobierno. El papel se componía principalmente de fibras de cáñamo, morera y ramio (Boehmeria nivea), y a menudo se alisaba con cera para proporcionar una superficie pulida para la escritura. A veces se añadían orlas de seda para reforzar los bordes superior e inferior. El papel solía ade-

Pulp fiction

En la Europa y la Norteamérica del siglo XIX, la disponibilidad de papel de pulpa de madera barato provocó una explosión de la literatura de masas. En Reino Unido, el aumento de la alfabetización creó un nuevo mercado de *«penny dreadfuls»*: publicaciones de 8 a 16 páginas que costaban un penique. En EE. UU., hacia 1860 surgieron las *«dime novels»* (de diez centavos). Adultos y niños devoraban estas historias de crímenes, terror, aventuras y romance. En 1895 se vendía más de un millón de publicaciones periódicas infantiles cada semana en Reino Unido.

Las revistas *«pulp»* nacieron en EE. UU. en la década de 1890; la primera, *Argosy*, contaba en 1907 con 500 000 lectores. En la década de 1950, la televisión eclipsó su popularidad, pero su impacto perduró: autores como H. P. Lovecraft e Isaac Asimov ganaron seguidores de culto, y sus llamativas portadas influirían en la publicidad e incluso en las bellas artes.

La revista *Black Mask* publicaba relatos policíacos *«hard-boiled»* (duros); algunos, como *El halcón maltés*, alcanzaron fama mundial.

más teñirse de amarillo con el jugo extraído de la corteza del alcornoque de Amur *(Phellodendron amurense)*. Esto no servía solo para decorar, sino que también era un repelente de insectos.

Se desarrolló una rica tradición lectora, y los eruditos amasaron enormes colecciones de pergaminos. Junto a este formato, a partir del siglo IX surgió una versión del códice. Los primeros folletos de hojas plegadas evolucionaron hacia la encuadernación «en mariposa», en la que las páginas plegadas se pegaban por el doblez. Con el tiempo, surgió la encuadernación en plegado inverso, que sujetaba el lomo mediante tornillos. Con la dinastía Tang, China era líder mundial en la producción de libros, con colecciones de bibliotecas tres veces mayores que las de cualquier otra nación.

El papel vino a ocupar un lugar central en todas las facetas de la cultura china, abarcando la poesía, la pintura y la caligrafía, así como el embalaje, la economía y los rituales. Así, por ejemplo, durante la dinastía Yuan (1271–1368), Marco Polo, mercader veneciano y primer europeo bien documentado en China, observó la práctica de quemar efigies de papel como parte de los ritos funerarios chinos.

La difusión del conocimiento

En el siglo VII, la fabricación de papel había llegado a Corea y Japón. Al principio, debido a su coste, el papel se reservaba para fines ceremoniales. Los monjes lo popularizaron y en Japón dio origen al origami, el arte de plegar papel. En el siglo VIII, la fabricación de papel se extendió de China al mundo islámico. Este fue el catalizador de un florecimiento del conocimiento y la cultura, al permitir la circulación y conservación de obras literarias. En Bagdad condujo a la inauguración de la Casa de la Sabiduría, que atrajo a eruditos de todo el mundo musulmán y propició una edad de oro de la traducción y el progreso intelectual.

En el siglo XI, el papel había llegado a Europa a través de Bagdad, por lo que inicialmente se conoció con el nombre bizantino de *bagdatikos*. En el XIII, la fabricación de papel se perfeccionó en Europa con la utilización de molinos hidráulicos que aceleraron la producción. La introducción de la imprenta mecánica a mediados del siglo XV aumentó enormemente la demanda de papel. Las bibliotecas públicas y privadas pudieron crear sus propias colecciones y, por primera vez en más de mil años, superaron a las bibliotecas imperiales de China.

La industrialización del siglo XIX redujo considerablemente los costes de producción. La invención de la máquina Fourdrinier en Europa –patentada en 1806 por el empresario británico Henry Fourdrinier– permitió la producción masiva de rollos de papel. Hoy, la mayor parte de la producción de papel es mecánica, pero la elaboración manual sobrevive como artesanía especializada y medio para la expresión artística. ∎

Llena el papel con cada latido de tu corazón.
William Wordsworth
**Carta a su esposa, Mary
(29 de abril de 1812)**

INVENCIÓ
ILUSTRAC
1000–1900

N E

IÓN

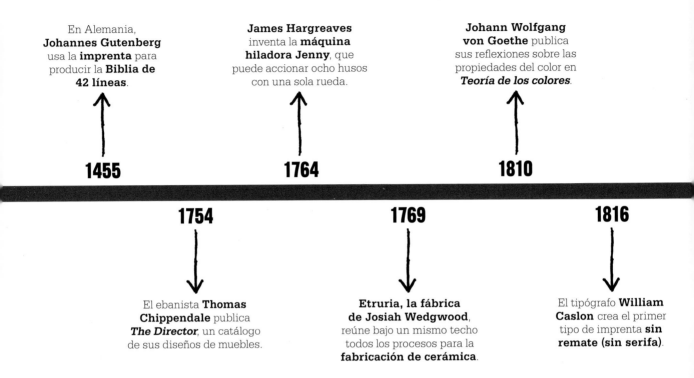

En Alemania, **Johannes Gutenberg** usa la **imprenta** para producir la **Biblia de 42 líneas**.

James Hargreaves inventa la **máquina hiladora Jenny**, que puede accionar ocho husos con una sola rueda.

Johann Wolfgang von Goethe publica sus reflexiones sobre las propiedades del color en *Teoría de los colores*.

1455

1764

1810

1754

1769

1816

El ebanista **Thomas Chippendale** publica *The Director*, un catálogo de sus diseños de muebles.

Etruria, la fábrica de Josiah Wedgwood, reúne bajo un mismo techo todos los procesos para la **fabricación de cerámica**.

El tipógrafo **William Caslon** crea el primer tipo de imprenta **sin remate (sin serifa)**.

En la Europa medieval, la Iglesia controlaba la cultura visual, y fue en los monasterios donde los monjes con conocimientos artesanales produjeron lo que podría denominarse «protodiseño». Objetos llenos de belleza, ingenio y virtuosismo (vitrales, manuscritos iluminados y catedrales que tardaron siglos en construirse) estaban destinados a fomentar una devoción incondicional. En su propósito, eran radicalmente distintos del «diseño» como lo entendemos hoy.

Sin embargo, mediado el siglo XV, la invención de la imprenta y la difusión de la alfabetización transformaron la comunicación e iniciaron una era de cambios. Más adelante, cuando las primeras medidas para organizar la mano de obra para producir bienes masivamente se combinaron con una serie de innovaciones mecánicas que revolucionaron por completo la industria textil británica, se producirían cambios más drásticos.

Impacto industrial

A finales del siglo XVII, el proceso de urbanización se aceleró a la par que la temprana industrialización basada en la explotación de los yacimientos de carbón y mineral de hierro, y la sociedad comenzó a reestructurarse con la aparición de clases trabajadoras y profesionales en expansión. A caballo entre los siglos XVIII y XIX, el desarrollo de la máquina de vapor aceleró y amplió aún más estos procesos. Mientras que las capas superiores de la sociedad –la realeza, la aristocracia y el alto clero– se consideraban a sí mismas los siervos elegidos de Dios en la tierra, la clase media emergente necesitaba demostrar su estatus a través de la educación, las habilidades profesionales y la calidad y el atractivo de las posesiones que podían comprar.

Inspiración clásica

El descubrimiento arqueológico en el siglo XVIII de los restos enterrados de las ciudades romanas de Herculano y Pompeya suscitó una nueva fascinación por el mundo clásico. Los interiores se diseñaron con muebles y patrones que emulaban aquellos hallazgos. Para la clase acomodada, poseer una casa adosada equipada con muebles y vajilla de ornamentación clásica era un signo de progreso y buen gusto.

El clasicismo también inspiró a los intelectuales urbanos para desarrollar métodos de investigación derivados de los usados por los an-

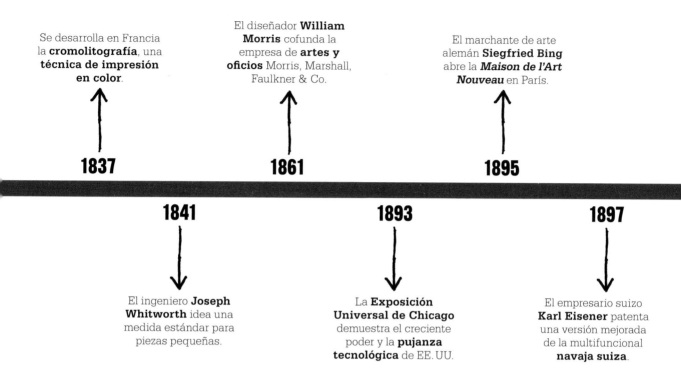

Se desarrolla en Francia la **cromolitografía**, una **técnica de impresión en color**.

1837

El diseñador **William Morris** cofunda la empresa de **artes y oficios** Morris, Marshall, Faulkner & Co.

1861

El marchante de arte alemán **Siegfried Bing** abre la *Maison de l'Art Nouveau* en París.

1895

1841

El ingeniero **Joseph Whitworth** idea una medida estándar para piezas pequeñas.

1893

La **Exposición Universal de Chicago** demuestra el creciente poder y la **pujanza tecnológica** de EE. UU.

1897

El empresario suizo **Karl Eisener** patenta una versión mejorada de la multifuncional **navaja suiza**.

tiguos filósofos griegos. En Glasgow, floreciente ciudad mercantil escocesa dedicada al comercio del algodón y el tabaco, Adam Smith aplicó esta lógica para investigar las causas del crecimiento económico. Su razonamiento era que el crecimiento se producía mediante la aplicación justa de leyes claras combinada con un mínimo de impuestos y regulaciones para fomentar el espíritu empresarial. Su pensamiento fue muy influyente. Para el diseño, una de sus implicaciones era que podían fabricarse objetos y productos de muchos estilos, y triunfar o fracasar según el capricho del mercado.

Control de calidad

En el siglo XIX, las ideas liberales que propugnaban una regulación mínima permitían a los empresarios industriales hacer lo que quisieran. El control de la calidad de la producción era escaso o nulo: los objetos diseñados triunfaban o fracasaban según los caprichos de la moda y el mercado. No existía la figura del diseñador profesional: los fabricantes recurrían a empleados con inclinaciones artísticas para elaborar bocetos e ideas decorativas.

En un intento de mejorar el nivel de los productos fabricados en serie, el gobierno británico creó escuelas oficiales de diseño donde formar diseñadores para la industria. Normalmente, estos recibían una formación artística básica y conocimientos de dibujo técnico, que aprendían copiando. Quienes se consideraban más educados en cuestiones estéticas a menudo se horrorizaban ante lo que consideraban el mal gusto de los nuevos ricos, que parecían preferir los artículos más ostentosos como medio para mejorar su estatus social.

El «buen» diseño

Estas cuestiones se pusieron de relieve en la Gran Exposición de 1851, donde fue posible comparar productos británicos y foráneos. A raíz de la exposición, surgieron teorías sobre lo que podía constituir un «buen» diseño. Por lo general, se trataba de diseños que mostraban moderación estilística y un aspecto coherente, de acuerdo con la preferencia por la ornamentación abstracta y plana derivada de los patrones de Asia occidental, según recoge Owen Jones en *The Grammar of Ornament*. El romanticismo nacional aportó otra vertiente, basada en la historia británica, como reflejan el neogótico y el movimiento Arts and Crafts. ∎

TODOS LOS OFICIOS HAN GANADO CON LA DIVISIÓN DEL TRABAJO

LOS INICIOS DE LA PRODUCCIÓN EN SERIE

EN CONTEXTO

ENFOQUE
Los artículos con tamaños y especificaciones normalizados se pueden producir más rápido

CAMPO
Diseño de producto, diseño de materiales, diseño industrial

ANTES
4000 a. C. Se usa la primera rueda hidráulica conocida. Se cree que es la primera máquina que transforma una fuerza natural en energía mecánica.

DESPUÉS
1769 El ingeniero escocés James Watt patenta la primera máquina de vapor capaz de propulsar una máquina. Su diseño mejora un invento anterior de Thomas Newcomen de 1711.

1770 El inventor británico James Hargreaves patenta una máquina para hilar lana, llamada hiladora Jenny, que emplea una sola rueda para hilar ocho hebras de hilo a la vez.

El concepto de producción en serie suele asociarse con el periodo posterior a la era del vapor de principios del siglo XIX y, más aún, con el sistema de fabricación estadounidense altamente eficiente que dominó durante el XX. Sin embargo, elementos de la producción en serie –como la estandarización, la división del trabajo en tareas repetitivas relativamente sencillas y el ensamblaje de piezas– eran evidentes en la industria mucho antes.

En el mundo antiguo, se dieron formas primitivas de producción en serie en la fabricación de ladrillos, tejas, recipientes de almacenamiento, monedas y *gladii* (espadas cortas romanas). Sin embargo, estos artículos relativamente sencillos carecían de la complejidad y el refinamiento asociados generalmente con la producción en serie moderna.

Estandarización

Principios similares a los de la producción en serie moderna se aplicaron por primera vez en la fabricación de equipos militares. La estandarización –la idea de hacer diversos objetos similares estableciendo tamaños, formas o materiales normalizados– era ideal para la guerra. La fabricación de armas y uniformes con formas y tamaños estandarizados mejoraba la eficacia de la producción, mantenía el flujo de suministros al frente y ayudaba al orden y la disciplina en las tropas mediante una estética unificada.

Aumenta la demanda de artículos de metal fundido, por lo que las forjas deben ser más productivas.

Los artículos de **tamaño y forma similares** se pueden fabricar en el mismo molde.

Fundir en el mismo molde implica que se pueden fabricar **muchos artículos** muy rápidamente.

Las formas y los tamaños normalizados permiten fabricar en serie.

La división del trabajo en el Arsenale Nuovo de Venecia se aprecia claramente en este cuadro del siglo XVIII. Los trabajadores en primer plano fabrican distintos elementos para las galeras del fondo.

En China, durante la dinastía Song (960–1279), se aplicó al parecer una versión temprana de la producción en serie para fabricar armaduras y armas. Consistía en producir lotes de distintos tamaños de componentes por lo demás iguales, adecuados para su uso por guerreros de diferentes estaturas y pesos, y, muy probablemente, estos elementos se ensamblaban antes de su distribución y uso.

Artesanos especializados

En el siglo XIV, el Arsenale Nuovo de Venecia estableció un sofisticado método de producción para construir galeras. El proceso de construcción de estas grandes embarcaciones se dividía en distintas tareas –por ejemplo, la construcción de los mástiles y las cuadernas, el revesti-miento de los cascos y la fabricación de las jarcias– y los trabajadores se especializaban en áreas concretas de la construcción naval.

El rendimiento era extraordinario. En sus vastas instalaciones, equiparables a las de una gran fábrica moderna, cabían hasta cien naves en distintas fases de construcción, y el Arsenale empleaba a unos 16 000 trabajadores en fundición, carpintería, cordelería, ensamblaje y equipamiento.

Esta organización clara y eficiente de la mano de obra en especialidades sería habitual en la construcción naval y en otras industrias, como la cerámica, en siglos posteriores. ▪

La armadura de los guerreros de la dinastía Song, representada en esta figura de cerámica, se fabricaba en tamaño pequeño, mediano y grande.

Producción durante la dinastía Song

La industria del hierro china creció con rapidez en los primeros años del siglo XI. En 1078 producía al año 113 000 toneladas. Para accionar los fuelles de los hornos que producían el mineral fundido se utilizaban ruedas hidráulicas. El ejército, el mayor consumidor de hierro de la época, necesitaba un suministro constante de armaduras y armas. Los arsenales utilizaban a unos 40 000 trabajadores, que producían diariamente unas 17 000 puntas de flecha de hierro y 23 000 paquetes de pólvora.

En el siglo XIII ya se utilizaba otra forma de producción en serie: la fabricación mecanizada de cuerdas. Unas correas unidas a una rueda hidráulica activaban varios cabezales giratorios a la vez, que retorcían las hebras para fabricar cuerdas con mucha más rapidez que la mano humana. El proceso no difería mucho de los actuales. Más tarde se utilizó un método similar para acelerar la producción de seda, un material muy apreciado y un importante producto de exportación.

UN REFLEJO DEL ORDEN PERFECTO DE ALÁ
MOTIVOS GEOMÉTRICOS ISLÁMICOS

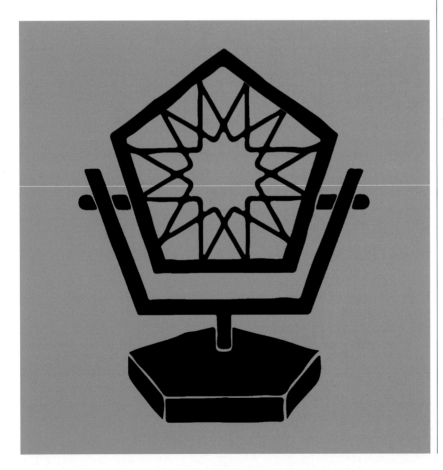

EN CONTEXTO

ENFOQUE
Creación de impacto mediante formas repetitivas

CAMPO
Diseño textil, interiorismo, arquitectura

ANTES
Siglos VII–VIII d. C.
Aparecen los primeros motivos geométricos islámicos, influidos por las tradiciones persa, romana y bizantina.

DESPUÉS
1643 Se termina el Taj Mahal, encargado por el emperador mogol Sah Jahan. Este mausoleo de mármol blanco se considera la culminación del arte islámico en la India.

1895 El arquitecto británico George Aitchison finaliza Leighton House, en Londres. Su Salón Árabe exhibe ventanas talladas y azulejos turcos.

L a creatividad inspirada en la fe ha influido en el diseño a lo largo de los siglos. Un ejemplo notable son los motivos geométricos islámicos, famosos por su intrincada belleza y su precisión matemática, que florecieron especialmente en los siglos XIII y XIV. El islam surgió a inicios del siglo VII en la península arábiga, cuando Mahoma recibió de Alá las revelaciones contenidas en el Corán. La nueva religión se extendió rápidamente por Asia occidental, el norte de África y partes de Europa.

El islam no permitía la representación de seres vivos en contextos religiosos, por lo que los prime-

Véase también: Xilografía textil 78–79 ▪ Cerámica producida en serie 92–93 ▪ El movimiento Arts and Crafts 112–119

Variaciones en los patrones

Los motivos geométricos islámicos, ya se usen en alfombras, en cerámica o en las cúpulas de las mezquitas, suelen crearse a partir de combinaciones de círculos y cuadrados repetidos. Los elementos del patrón pueden entrelazarse o superponerse para crear multitud de diseños. Los otros elementos decorativos principales asociados al islam son el arabesco y la caligrafía, y a menudo se utilizan los tres juntos. A continuación se muestran algunos motivos que han destacado a lo largo del tiempo por su popularidad y reconocimiento.

Los arabescos se caracterizan por líneas fluidas y entrelazadas y motivos florales, a menudo con estructuras en forma de vid.

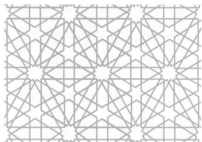

Los patrones *girih* consisten en complejos teselados geométricos de estrellas y polígonos que crean la ilusión de una repetición infinita.

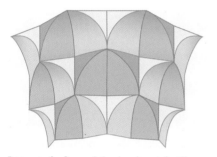

Los mocárabes, o bóvedas de estalactitas, consisten en diseños geométricos tridimensionales similares a un panal.

Las estrellas de ocho puntas presentan cuadrados y triángulos en intersección y simbolizan la luz y la guía.

Los patrones entrelazados unen formas cuya repetición añade complejidad y aporta una impresión de infinitud.

ros artistas y artesanos islámicos adoptaron la simplicidad del diseño geométrico como medio de representar la unidad y la infinitud de Alá. Las formas básicas, como círculos y cuadrados, se utilizaban por su significado espiritual. El círculo, con su carencia de esquinas y su forma continua, era un símbolo de unidad y perfección, que reflejaba la noción de la unicidad de Alá. Sin principio ni fin, el círculo simboliza la naturaleza eterna de lo divino. El cuadrado, con su forma estructural esquinada, se utilizó para representar el reino terrenal y el mundo material. En los motivos islámicos, los cuadrados se transforman a menudo en diseños más complejos, trans-

mitiendo el orden y equilibrio de la creación divina. Algunos de los primeros ejemplos de diseño geométrico en la arquitectura islámica pueden observarse en la Gran Mezquita de Kairuán, en Túnez (836), y la mezquita de Ibn Tulun, en El Cairo (876–879), muestra buenos ejemplos tempranos de estos patrones entrelazados.

Complejidad creciente

A medida que la cultura islámica evolucionaba, también lo hacían la sofisticación y complejidad de los diseños geométricos, la caligrafía y los arabescos como forma de expresión artística. Estos motivos florecieron en todo el mundo del arte »

Cuando observamos la naturaleza, encontramos un reflejo del orden perfecto de Alá […] en las formas de la flora y la fauna, en la estructura geológica, en la forma de una célula.
Nashwah Akhtar
«Islamic Geometry: A Reflection of His Perfect Order» (2019)

y la arquitectura islámicos, adornando mezquitas, palacios, manuscritos, alfombras, cerámica, marroquinería y ebanistería para honrar visualmente la creencia islámica en la unidad y la naturaleza infinita de Alá. Los distintos imperios y dinastías islámicos desarrollaron sus propios estilos, que evolucionaron con el tiempo.

Intercambio cultural

El mundo islámico estaba situado en la encrucijada de África, Asia y Europa, y tenía abundancia de especias, textiles, cerámica y metales preciosos. Mercaderes e imperios aprovecharon sus oportunidades comerciales y desarrollaron amplias redes que fomentaron la interacción entre culturas. Este intercambio de bienes, ideas y tecnologías influyó enormemente en la formación del patrimonio cultural islámico, rico y diverso, y que incluía ideas artísticas de otras regiones.

Los eruditos islámicos también ejercieron una gran influencia en los campos del diseño y la arquitectura. Así, por ejemplo, Alhacén, matemático, astrónomo y físico árabe de los siglos X–XI, realizó importantes aportaciones en materia de óptica. Por la misma época, el polímata persa Omar Jayam contribuyó a la comprensión de las ecuaciones matemáticas y fue capaz de calcular la duración del año solar con notable precisión. La ciencia de estos hombres proporcionó a los artistas una comprensión más profunda de las relaciones geométricas y, con la regla y el compás como herramientas, esto los ayudó a crear diseños perfectamente simétricos.

En la época del Imperio selyúcida (1037–1194) aparecieron nuevos y más intrincados diseños. Por ejemplo, las torres sepulcrales de Kharaqan (1067–1093), cerca de Qazvin (Irán), presentan diseños más complejos de seis, ocho y doce puntas. A finales del siglo XI y principios del XII, los arquitectos ya habían hallado formas de integrar elementos estructurales y decorativos aún más complejos. En esta época, el heptágono aparece por primera vez en la Gran Mezquita de Isfahán (Irán). En los siglos XIII y XIV, la dinastía nazarí creó la gloriosa Alhambra de Granada (España).

El sufismo, una rama mística del islam, floreció a partir del siglo XIII

La cúpula sobre la macsura de la mezquita de Córdoba (España), del siglo X, está sostenida por arcos entrecruzados y decorada con un sol de azulejos que irradia desde una pequeña estrella.

> Los artesanos islámicos convirtieron la geometría en una forma de arte porque la imagen humana no estaba permitida en los lugares sagrados.
> **Alex Bellos**
> *The Guardian* (2015)

gracias a las enseñanzas de místicos como Rumi, un célebre poeta sufí, y evolucionó hasta convertirse en una importante práctica contemplativa dentro del islam, que enfatizaba la cercanía espiritual a Alá a través de la introspección, la devoción y el amor. Sus practicantes buscaban experimentar lo divino mediante la contemplación, y los artistas sufíes desarrollaron intrincados diseños geométricos como ayuda visual para la meditación y la reflexión espiritual.

El Imperio otomano

Los siglos XIV a XVI fueron un periodo dinámico en la evolución del islam. El Imperio otomano, surgido en la actual Turquía, adoptó el legado de la Edad de Oro islámica (622–1258) y alcanzó su apogeo en el siglo XVI bajo el mandato de Solimán el Magnífico, extendiendo su influencia hasta Europa central y Asia occidental. El arquitecto otomano más importante de este periodo fue Mimar Sinan, que diseñó más de 300 grandes estructuras, entre ellas la extraordinaria mezquita Selimiye de Edirne (1568–1574), cuyas cúpulas, puertas y portales están ricamente decorados con figuras geométricas.

La dinastía safávida surgió en Persia en 1501 y produjo su propio estilo de diseño. Prueba de ello son los complejos patrones de ladrillos y azulejos del palacio Ali-Qapu de Isfahán (1598) y de la mezquita Hakim (1656–1662).

Más allá de la decoración

Desde el siglo VII, los artesanos realizaron los patrones arquitectónicos de los grandes monumentos islámicos a través de diversas técnicas y materiales, en función de lo que estuviera disponible en la época y el lugar y de lo que se deseara realizar. Desde los palacios de la Alhambra hasta el palacio Topkapi de Estambul (Turquía), y desde la mezquita de Córdoba (España) hasta el Taj Mahal de Agra (India), hay miles de ejemplos de belleza y decoración. Hay azulejos de colores vibrantes, paneles y biombos de madera, estuco y yeso moldeado en formas intrincadas. Hay paredes, techos y suelos de mármol y piedra de albañilería ejemplar, tallados y con incrustaciones, con inscripciones caligráficas e intrincados trabajos en metal, como rejas y mosquiteras para puertas y ventanas.

Sin embargo, los motivos geométricos islámicos no son solo decorativos: invitan a la contemplación y la reflexión, animan al espectador a comprometerse con el orden y la trascendencia que encierran los diseños y fomentan la conexión con lo divino.

Los artistas contemporáneos siguen adaptando estos antiguos principios con enfoques innovadores para crear nuevas expresiones del arte islámico. Esta evolución muestra la pertinencia perdurable de los motivos geométricos islámicos en un contexto moderno y constituye un testimonio del rico patrimonio artístico y espiritual de la civilización islámica. ∎

La Alhambra

La Alhambra de Granada (España) es uno de los ejemplos más famosos de arquitectura islámica. La dinastía nazarí gobernante en el emirato de Granada encargó en 1238 el complejo de palacio y fortaleza, que se amplió enormemente durante el siglo siguiente, cuando se convirtió en una ciudad autónoma. Su nombre significa «castillo rojo» en árabe, probablemente debido al color rojizo de sus muros exteriores. La Alhambra es famosa por su intrincada arquitectura, con motivos geométricos meticulosamente elaborados en azulejos, estuco y madera que componen una sinfonía de líneas, polígonos y estrellas. Estos motivos adornan paredes, techos y patios, y numerosos mocárabes realzan aún más la profundidad y complejidad de los diseños. Tras la caída del emirato ante las fuerzas cristianas durante la Reconquista (1492), la monarquía española se apoderó de la Alhambra y la utilizó como palacio real.

El arco ciego del mirador de Lindaraja (o Daraxa) de la Alhambra, con mocárabes e intrincados azulejos sobre dos ventanas ajimezadas.

VEINTISÉIS SOLDADOS DE PLOMO CON LOS QUE SE PUEDE CONQUISTAR EL MUNDO

TIPOS MÓVILES Y DISEÑO GRÁFICO TEMPRANO

La imprenta fue la tecnología que dio origen al primer diseño gráfico y sigue siendo un elemento clave de su expresión en la actualidad. El proceso puso textos e ideas al alcance de todos –no solo de la realeza, el clero y la aristocracia–, facilitando así la difusión del conocimiento por todo el mundo.

Los tipos móviles ya se utilizaban en Asia oriental a mediados del siglo XI. Cuando esta tecnología apareció en Europa en la década de 1450, fue como resultado del trabajo del artesano alemán Johannes Gutenberg, que desarrolló la imprenta.

Caligrafía y xilografía

La tipografía y la imprenta han ido siempre de la mano, y es posible seguir la evolución de los tipos –desde la escritura manuscrita hasta los formatos digitales– observando las condiciones históricas en las que se crearon y la tecnología predominante en la época.

En el mundo occidental, los primeros libros y documentos existieron gracias al minucioso trabajo caligráfico de los copistas monásticos, que escribían y copiaban textos en pergamino con tinta y pluma. Estas páginas manuscritas –a menudo

El conocimiento empezó a replicarse libremente y cobró vida propia con rapidez.
George Dyson
Historiador de la ciencia estadounidense, sobre la invención de la imprenta

con elaboradas capitulares iluminadas, intrincadas orlas y delicadas ilustraciones– se encuadernaban después en volúmenes o se pegaban como rollos. Estos ricos y laboriosos documentos y manuscritos iluminados solo estaban al alcance de unos pocos.

La posibilidad de imprimir varias copias de un texto se remonta al siglo IX, cuando los artesanos chinos empezaron a tallar páginas enteras de texto –a veces acompañadas de ilustraciones– en planchas de madera (xilografía). Luego se imprimían en hojas de papel y se combinaban para formar rollos. El papel moneda y

Monjes de toda Europa copian **textos religiosos** y otros documentos **manualmente**.

Gutenberg inventa la imprenta.

La **revolución industrial** aporta **la energía del vapor** a la **imprenta**, lo que permite imprimir un **mayor número de páginas** por hora.

Innovaciones como los **tipos móviles metálicos** llegan a Europa desde **Asia oriental**.

Los tipos de letra evolucionan desde la que imita la **manuscrita** a estilos más **legibles**.

Véase también: Comunicación escrita 34–41 ▪ El papel 56–59 ▪ Xilografía textil 78–79 ▪ Fuentes sin remate 102–103 ▪ Mensajes políticos 164–169 ▪ Diseño para el cambio social 180–181

Los tipos móviles surgieron en el siglo XIII, pero fue entre 1800 y 1875 cuando la imprenta alcanzó la mayoría de edad, con innovaciones tecnológicas que hicieron el proceso hasta 50 veces más rápido de lo que era posible en una prensa del tipo de la de Gutenberg.

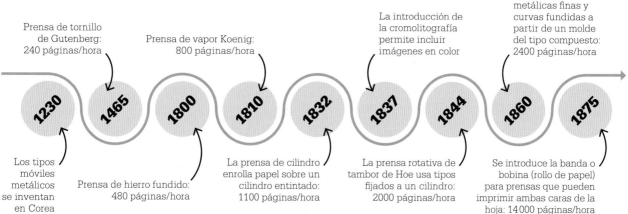

Prensa de tornillo de Gutenberg: 240 páginas/hora

Prensa de vapor Koenig: 800 páginas/hora

La introducción de la cromolitografía permite incluir imágenes en color

La estereotipia emplea planchas metálicas finas y curvas fundidas a partir de un molde del tipo compuesto: 2400 páginas/hora

1230 · 1465 · 1800 · 1810 · 1832 · 1837 · 1844 · 1860 · 1875

Los tipos móviles metálicos se inventan en Corea

Prensa de hierro fundido: 480 páginas/hora

La prensa de cilindro enrolla papel sobre un cilindro entintado: 1100 páginas/hora

La prensa rotativa de tambor de Hoe usa tipos fijados a un cilindro: 2000 páginas/hora

Se introduce la banda o bobina (rollo de papel) para prensas que pueden imprimir ambas caras de la hoja: 14 000 páginas/hora

los naipes también se imprimían en bloques de madera. A diferencia de la escritura manuscrita, este proceso podía producir varias copias idénticas de un mismo texto, pero seguía siendo lento y laborioso.

Los primeros tipos móviles

El concepto de tipo móvil –es decir, un sistema que utiliza una sola pieza de tipo para representar cada carácter– fue desarrollado por primera vez en Asia oriental. Su primera versión la produjo en torno a la década de 1040 un alquimista chino llamado Bi Sheng. Creó caracteres individuales a partir de una mezcla de arcilla y cola, y los utilizó para componer textos en una placa de hierro recubierta con una mezcla de resina, cera y ceniza de papel. La plancha se calentaba y se dejaba enfriar para cocer y solidificar los caracteres. Una vez hecha la impresión, el tipo podía retirarse y reutilizarse simplemente recalentando la plancha.

Aunque Bi Sheng había descubierto un método fundamental para la fabricación, montaje y recuperación de tipos reutilizables, su técnica no sustituyó al popular método de los bloques de madera grabados a mano en Asia, en parte porque los miles de caracteres utilizados en las lenguas pictográficas –más de 50 000 glifos en chino y más de

24 000 en coreano– dificultaban el montaje y el remontaje de los bloques de caracteres separados. Así, los tipos móviles no se adoptaron inicialmente en su lugar de origen.

Tipos de madera y metal

Hacia 1297, Wang Zhen, funcionario chino de la dinastía Yuan, desarrolló los tipos móviles de madera. Tallarlos seguía siendo un proceso largo, pero era una opción más duradera que los tipos de arcilla de Bi Sheng.

En el siglo XIII, durante la dinastía Goryeo, se introdujo en Corea un producto aún más resistente: los tipos móviles de metal. Hacia 1230, el gobierno coreano financió la fundición de tipos metálicos para imprimir documentos oficiales y legales; a estos siguieron las escrituras »

Wang Zhen utilizó tipos móviles de madera como este para imprimir los registros oficiales del condado. Organizaba y almacenaba los tipos según un esquema de rima.

budistas, los Cuatro Libros y los Cinco Clásicos del confucianismo, y textos sobre medicina, historia y astronomía. En 1403, el rey Taejong ordenó fundir en bronce el primer juego completo de 100 000 tipos.

El libro impreso con tipos móviles metálicos más antiguo del mundo es *Jikji* (1377). En 2001, esta antología coreana de enseñanzas budistas se inscribió en el Programa Memoria del Mundo de la UNESCO para honrar su importancia en la historia de la imprenta.

La revolución de Gutenberg

Las innovaciones en tipografía e impresión se extendieron por Asia occidental y el norte de África hasta Europa, desplazando poco a poco a los copistas que trabajaban a mano en las bibliotecas monásticas.

En Europa se produjeron algunos folletos y libros con planchas de madera, pero la verdadera revolución llegó con los tipos móviles y la imprenta, cortesía de Johannes Gutenberg, a mediados del siglo XV.

Combinando varios hallazgos e inventos, la imprenta de Gutenberg se basaba en la tradicional prensa

La tipografía es el arte de dotar al lenguaje humano de una forma visual duradera.
Robert Bringhurst
Los elementos del estilo tipográfico (1992)

de tornillo empleada para producir vino y aceite de oliva. La máquina permitía a los impresores disponer letras metálicas individuales en un bastidor para formar diferentes palabras y líneas de tipos; estas se aseguraban después con cuñas para que funcionaran como una sola unidad llamada cierre. Después de imprimir varias copias de forma eficaz, económica y rápida, los caracteres se liberaban de los cierres y se almacenaban para su uso en otro trabajo.

En 1455, Gutenberg empezó a imprimir biblias usando esta pren-

sa y tipos móviles de metal. Se cree que su taller de Maguncia produjo unos 180 ejemplares –la mayoría de ellos en papel, pero algunos en vitela o piel de animal– de la que se conoce como la Biblia de 42 líneas, por el número de líneas de cada página.

La noción de la tipografía como disciplina con sus propias ventajas específicas –mayor legibilidad, por ejemplo– estaba a años vista. La fuente gótica de Gutenberg, también conocida como Blackletter, Fraktur u Old English, se parecía mucho a la escritura de los monjes: era negra, pesada y visualmente densa, con poca diferenciación entre las formas de las letras.

Tipos de letra en evolución

En torno a la década de 1460, las densas fuentes góticas empezaron a perder popularidad y fueron sustituidas por tipos humanistas. También conocidos como venecianos o Antiqua, se basaban en el estilo de escritura minúscula carolingia, que era popular en la Italia renacentista. Aunque los alfabetos humanistas mantenían algunas referencias visuales a las formas de las letras manuscritas, no se parecían en nada al tipo gótico alemán de Gutenberg: eran más delicados y mucho más fáciles de leer.

Los tipos humanistas, como Jenson y Centaur, siguen siendo opciones de texto fiables para los diseñadores de libros y revistas. Aunque a ojos modernos puedan parecer un poco anticuados, estos tipos de letra son atractivos y legibles, una combinación muy útil, sobre todo para la composición de pasajes largos.

El libro coreano *Jikji* es una colección de escritos budistas. El único ejemplar que se conserva de su segundo volumen se halla en la Biblioteca Nacional de Francia, en París.

Este grabado del artista francés Auguste Ledoux, de 1863, muestra el interior de la imprenta de Johannes Gutenberg, donde el impresor alemán examina una página impresa con sus ayudantes.

La siguiente categoría histórica de estilos tipográficos surgió entre finales del siglo XV y principios del XVIII. Vinieron a conocerse como estilo antiguo o garalda, una palabra que combinaba los nombres de dos figuras eminentes de la industria: el grabador francés Claude Garamond y el impresor veneciano Aldus Manutius. Con su trazo uniforme y sus finas proporciones, estos tipos mostraban lo mucho que se había avanzado en el campo de la metalistería de precisión.

El punzonado –la fabricación manual de letras individuales a partir de metal– era un oficio muy especializado que requería años de formación. Cada carácter del alfabeto debía cortarse y fundirse en todos los tamaños y estilos deseados (romana, negrita, cursiva) del tipo de letra. Era un proceso que requería mucho trabajo y tiempo, e incluso los punzonadores experimentados producían solo una o dos letras al día.

Los tipos de letra garalda, como Garamond, Bembo y Caslon, son clásicos muy legibles que continúan utilizándose ampliamente en la actualidad.

Estilos de transición

Desde finales del siglo XVII, la Ilustración fue un periodo efervescente en Europa, que fue testigo de una serie de mejoras mecánicas y técnicas que impulsaron la experimentación y el desarrollo tipográficos a gran velocidad.

En 1692, Luis XIV de Francia creó un comité en la Académie des Sciences para producir un nuevo tipo de letra de uso exclusivo en documentos gubernamentales y oficiales. Conocido como Romain du Roi (literalmente, «romano del rey») y utilizado por primera vez en 1702, el diseño de este tipo de letra fue el resultado de un enfoque estrictamente »

Johannes Gutenberg

Nacido en Maguncia, en la actual Alemania, a finales del siglo XIV, Johannes Gutenberg trajo a Europa y al mundo occidental los tipos móviles, la imprenta y la producción masiva de impresos.

Entre sus innovaciones figuran una aleación metálica de fundición y enfriamiento rápidos para crear tipos duraderos y reutilizables; una tinta oleosa de alta viscosidad que se adhería bien a los tipos metálicos y se transfería limpiamente al sustrato en la prensa; y una prensa que aplicaba la presión con la firmeza y la uniformidad necesarias a las planchas de impresión.

El método de Gutenberg consistía en disponer las páginas tipografiadas sobre una matriz (o bancada), entintarlas y luego fijar la matriz en la prensa de tornillo y bajarla para imprimir en el papel. El proceso requería mucha mano de obra, pero generaba páginas con más rapidez que la xilografía.

El arzobispo de Maguncia le concedió un estipendio anual en 1465 en reconocimiento a sus logros. Gutenberg murió en 1468.

Habiendo sido
desde temprana edad
un admirador de la belleza
de las letras, me sentí
cada vez más deseoso de
contribuir a su perfección.
John Baskerville (1758)

racional y matemático. El tipógrafo real Jacques Jaugeon trazó cada letra en una cuadrícula cuadrada con regla y compás para lograr las proporciones geométricas más agradables. El punzonador Philippe Grandjean elaboró las formas individuales de las letras, que a continuación se grabaron en planchas de cobre. Con un eje casi vertical y una notable diferencia de peso entre trazos finos y gruesos, Romain du Roi se considera el primer tipo de letra transicional, es decir, un tipo de letra entre el estilo antiguo y el moderno, con elementos caligráficos sustituidos por un enfoque más estructurado y refinado.

La clasificación transicional también incluye los precisos alfabetos creados por William Caslon y John Baskerville, estilos que más tarde inspiraron las familias tipográficas modernas producidas por Giambattista Bodoni en Italia y Firmin Didot en Francia.

Prensas industriales

La tecnología de impresión avanzó a un ritmo exponencial tras el inicio de la revolución industrial en Gran Bretaña, a partir de 1760.

En torno a 1800, el político británico Charles Mahon, tercer conde de Stanhope, desarrolló la primera imprenta fabricada íntegramente en hierro fundido. Accionada a mano mediante un sistema de palancas, la imprenta Stanhope supuso una importante mejora frente a versiones anteriores con componentes de madera propensos a romperse por el uso repetido y por la fuerte presión necesaria para entintar las páginas. Además de resistir un uso intensivo, la imprenta metálica podía imprimir más del doble de páginas que sus predecesoras: 480 páginas por hora frente a las 200 de la de Gutenberg.

El inventor alemán Friedrich Koenig llevó el concepto de Mahon aún más lejos en 1812, al desarrollar la prensa de doble cilindro accionada por vapor, que podía producir más de mil páginas por hora. El *Times* de Londres fue el primer periódico en utilizar la rotativa de Koenig, a partir de su edición del 29 de noviembre de 1814. El director del

Los componentes de las letras reciben el nombre de partes del cuerpo: lóbulo, oreja, ojo, panza, pata, hombro… Las primeras fuentes humanistas reflejaban el movimiento de la mano sobre la página. Con el tiempo, las formas del alfabeto latino evolucionaron paralelamente a las innovaciones en la imprenta y los tipos de letra. A inicios del siglo XIX, las nuevas aleaciones metálicas más resistentes permitieron aumentar el contraste de los trazos, lo que dio lugar a tipos de letra modernos como Didot y Bodoni, con trazos gruesos y remates muy finos.

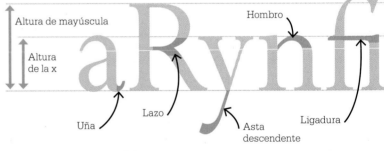

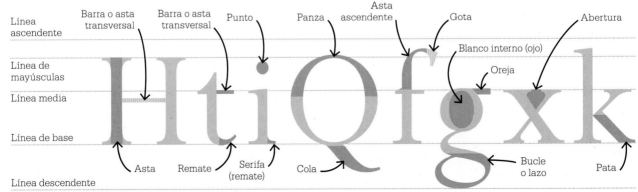

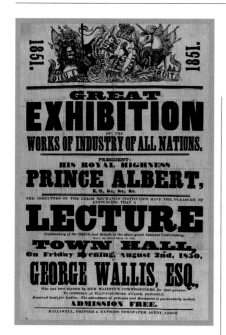

Times, John Walter, temiendo que sus empleados se rebelaran contra la introducción de una máquina que los dejaba sin trabajo, compró dos rotativas Koenig en secreto y las instaló en un edificio separado.

Una estética moderna

El tipógrafo William Caslon creó en 1816 la primera fuente sin remates, la English Two Line Sans-Surryphs. Al principio halló cierta resistencia: el público detestaba de tal modo las formas despojadas de las fuentes sin gracias (o sin serifa) que las primeras llegaron a conocerse como «grotescas». Pero, con la mecanización impulsando la transición de la cultura del fabricante a la cultura del consumidor, esas fuentes encontraron un público receptivo entre los fabricantes deseosos de anunciar sus productos con nuevos tipos de letra audaces y llamativos.

La rotativa tipográfica de Richard March Hoe, patentada en 1847, tenía hasta diez cilindros, cada uno de los cuales podía imprimir 2000 páginas por hora.

Este cartel de 1851 que anuncia la Gran Exposición de Londres llama la atención por su atrevida combinación de fuentes con remate y sin remate.

Los continuos avances en las tecnologías de impresión ayudaron a las empresas a promocionar sus productos en todas partes. La cromolitografía, desarrollada en la década de 1830 pero de uso generalizado hacia 1860, es un método de impresión en el que se aplican tintas de color a base de aceite sobre bloques porosos de piedra caliza. Este proceso permitía estratificar hasta 30 colores, cada uno de los cuales requería su propia piedra, en una sola imagen. Las obras de arte resultantes, ricas en matices, fueron clave para publicitar e impulsar las ventas de los nuevos productos de consumo que inundaban el mercado victoriano.

Un progreso imparable

En 1870, el ingeniero estadounidense Richard March Hoe inventó la prensa de doble impresión, que aumentaba aún más la velocidad del proceso al imprimir la página por ambas caras. Otras innovaciones fueron la introducción de la banda –un gran rollo de papel que se alimentaba continuamente a través de la prensa– y la máquina plegadora, que plegaba y cortaba hojas individuales en cuadernillos (grupos de páginas) en la prensa. Lo que fuera un proceso minucioso y lento, dirigido en cada paso por manos humanas, se había convertido en una rápida industria mecánica que producía millones de páginas al año.

Poco después surgió el diseño gráfico como profesión independiente, y el material impreso amplió su objetivo original (la difusión de información) para convertirse en un medio comercial para persuadir a la gente de que comprara cosas. Sin embargo, la venta de productos no fue la única razón de la aparición del diseño gráfico: a inicios del siglo xx, la disciplina se había convertido en una herramienta indispensable para difundir mensajes de revolución y reforma política en Europa.

Así como los movimientos modernos redefinieron el papel del artista en la sociedad, el diseño pasó a considerarse una plataforma para los símbolos gráficos del reformismo, y la imprenta se convirtió en el vehículo que impulsó los movimientos políticos. ∎

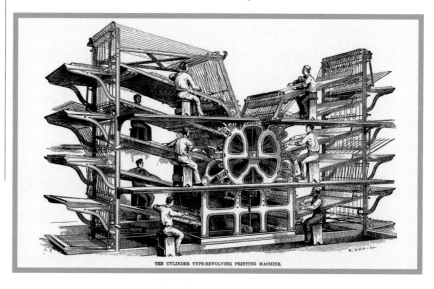

TEN CYLINDER TYPE-REVOLVING PRINTING MACHINE.

VESTIR UNA OBRA DE ARTE
XILOGRAFÍA TEXTIL

EN CONTEXTO

ENFOQUE
Decoración de los tejidos

CAMPO
Diseño textil, interiorismo, diseño de moda

ANTES
***C.* 2500 a. C.** Surge la xilografía en China.

***C.* 1390 d. C.** En *Il libro dell'arte*, los motivos xilográficos de Cennino Cennini muestran cómo «imitar cualquier estilo de tela de seda que se desee, ya sean hojas o animales».

DESPUÉS
1790 En Europa y EE. UU., la impresión mecanizada con rodillos produce tejidos estampados a menor coste y empieza a suplantar a las técnicas antiguas.

1805 La ciudad escocesa de Paisley comienza a producir tejidos de influencia india.

1952 Se crea el All India Handicrafts Board para asesorar al gobierno indio sobre programas de desarrollo textil.

La xilografía textil es una práctica antigua. Sobre una tela, como algodón o seda, previamente lavada y secada al sol, se alinea y presiona un bloque de madera tallado con un dibujo y recubierto de tinte.

Se cree que el proceso se originó en China *c.* 2500 a. C. y de ahí se extendió a la India; los primeros fragmentos de textiles estampados en bloque indios datan del siglo IX a. C. El arte indio de la xilografía alcanzó su apogeo durante el Imperio mogol (1526–1858), cuando el mecenazgo de la casa real fomentó la habilidad

Sin darme cuenta, empecé a pellizcar la fruta y las flores, pues los artífices habían copiado las bellezas de la naturaleza con una veracidad y una exactitud sorprendentes.
Emperador Jahangir
Memorias del emperador Jahangir (c. 1620)

de sus practicantes. El conocimiento de los grabadores indios de tintes naturales, como la rubia y el índigo, y de los mordientes –sustancias que se combinan con el tinte para fijar su color al tejido– permitió imprimir piezas de algodón de gran viveza. Surgieron diversos estilos, inspirados en la variada flora de la región y en los dibujos botánicos europeos, que incluían intrincados motivos florales especialmente apreciados por los emperadores mogoles.

El proceso de impresión

Se talla un patrón en bloques de madera, normalmente de teca, sicomoro o peral. Los bloques se sumergen en tinte y se aplican a la tela sección por sección. Trabajando a ojo, la experiencia del estampador hace que la unión entre un bloque y el siguiente sea casi invisible, y las pequeñas imperfecciones añaden carácter y valor. Una vez seco, se repite el proceso de impresión utilizando otro bloque tallado con diferentes elementos del patrón.

Para crear estampados en bloque se suelen utilizar tres técnicas: estampado directo, de resistencia y por descarga. En la impresión directa, el tejido se blanquea, se tiñe y, a continuación, se estampa. En la es-

Véase también: Textiles antiguos 24–29 ▪ Fabricación de textiles 84–91 ▪ Los albores de los tejidos sintéticos 194–195

Un estampador de Rajastán (India) utiliza un bloque de madera tallada tradicional para aplicar la primera capa de un estampado de patrones repetidos. Estas telas son apreciadas por su calidad y precisión artesanal.

tampación de resistencia, se protegen partes del tejido con sustancias como barro o cera antes de sumergirlo en el tinte. En la estampación por descarga, se utilizan productos químicos para eliminar el color de determinadas zonas del tejido teñido; estas zonas pueden dejarse blancas o volver a estamparse. A menudo, se imprimen primero los perfiles y detalles del patrón, y después se aplica el color de bloque, utilizando diferentes estampados.

Aumento de la popularidad

En el siglo XVII, la Compañía de las Indias Orientales exportaba telas de la India a Europa, donde los com-

pradores quedaban cautivados por la calidad de los estampados y los radiantes patrones, algunos de los cuales se copiaron y reprodujeron. Un ejemplo conocido es el patrón de cachemira, hoy asociado a la ciudad escocesa de Paisley, aunque su distintivo motivo de lágrima es en realidad de origen persa; conocido como *boteh* o *buta*, hace referencia a la flora y al ciprés, símbolo zoroástrico de longevidad.

Estampados modernos

Métodos de impresión más rápidos y mecanizados han superado el lento proceso de impresión en bloque, pero algunos profesionales mezclan lo antiguo y lo nuevo, utilizando métodos tradicionales con tintes sintéticos. Tras un periodo de declive de esta industria hasta mediados del siglo XX, resurgió el interés por esta forma de arte, fomentada por entidades gubernamentales, oenegés y proyectos comerciales. ▪

Diferencias regionales

La xilografía india abarca una amplia gama de estilos y motivos. Las variaciones en la técnica y la imaginería están ligadas a diferentes regiones e identidades culturales. Sus diseños se han adaptado a públicos y oportunidades comerciales diferentes, pero las técnicas usadas para crearlos tienen siglos de antigüedad: grupos como los chhipas y los jatris llevan produciendo tejidos estampados desde el siglo XVI.

Las diferencias regionales en los patrones se pueden identificar con grupos locales concretos. Así, por ejemplo, la impresión en barro *dabu* de Deesa incluye motivos y colores relacionados con las comunidades locales. Algunos patrones incluyen iconografía religiosa o escritura con fines rituales, como la impresión *varak* de Jaipur, que usa pan de oro o plata y puede verse en templos. Los estampados regionales también pueden remitir a la flora y la fauna locales: los de Machilipatnam son conocidos por los complejos dibujos botánicos popularizados como *chintz*.

Los estampados de Machilipatnam son una forma impresa única de *kalamkari* («dibujado a pluma»). Los diseños suelen incluir motivos florales, animales y geométricos.

EXHIBICIÓN OSTENTOSA

DISEÑO DE MUEBLES BARROCOS

os muebles, y en especial los caros y bien elaborados, han sido durante mucho tiempo un símbolo de poder, estatus económico y superioridad cultural. Esto fue particularmente evidente en la Europa de los siglos XVII y XVIII, donde las clases altas procuraban gastar las ganancias procedentes de inversiones en compañías comerciales coloniales en productos de alto estatus.

En términos de magnificencia, los muebles encargados en Francia durante este periodo no tienen parangón. El empleo de materiales raros y costosos, junto con el más alto nivel de artesanía para crear diseños intrincados inspirados en la naturaleza, se convirtió en un sello distintivo de los muebles barrocos. Fabricantes de muebles como An-dré-Charles Boulle y Charles Cressent crearon armarios y gabinetes adornados con distintivos frentes abombados, realzando sus obras con intrincada marquetería y adornos dorados que demostraban su notable artesanía. La Manufacture Royale des Gobelins, creadora de magníficos tapices para los interiores de la realeza francesa, amplió su labor para incluir la fabricación de muebles de lujo.

Opulencia regia

El resultado podía verse en todo su esplendor en los salones de Vaux-le-Vicomte y Versalles, dos palacios situados a las afueras de París. Estos palacios alojaban largas galerías por las que se escoltaba a los visitantes, los cuales, al llegar finalmente a la cámara real, se sentían disminuidos, después de haber percibido el enorme poder e importancia del rey y su nación. Uno de los ejemplos más llamativos se encuen-

Esta mesa auxiliar de *c.* 1685 es un exquisito ejemplo de artesanía barroca. Su diseño se basa en uno del artista y diseñador Charles Le Brun para la Galería de los Espejos de Versalles, y compendia la exuberancia del Barroco.

Véase también: Catálogos de diseño 82–83 ▪ *Art nouveau* 132–133 ▪ Modernismo catalán 134–135 ▪ Diseño de muebles basado en los materiales 186–187 ▪ Muebles de embalaje plano 228–229

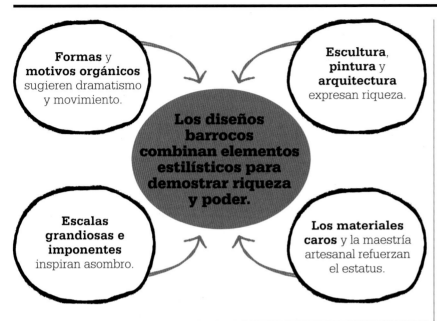

Formas y **motivos orgánicos** sugieren dramatismo y movimiento.

Escultura, pintura y **arquitectura** expresan riqueza.

Los diseños barrocos combinan elementos estilísticos para demostrar riqueza y poder.

Escalas grandiosas e imponentes inspiran asombro.

Los materiales caros y la maestría artesanal refuerzan el estatus.

tra en Versalles, cuya Galería de los Espejos contiene muebles de plata maciza. Se trataba, literalmente, de la riqueza de una nación presentada en forma de mesas auxiliares y sillas.

En comparación con estos opulentos palacios franceses, las grandes casas del Barroco inglés eran menos ostentosas. Entre los mejores ejemplos se encuentran el castillo de Howard, en Yorkshire, y el palacio de Blenheim, en Oxfordshire, ambos célebres por su elegante mobiliario en espacios grandiosos, aunque algo más habitables. Eminentes ebanistas como John Pelletier, famoso por sus muebles y marcos de espejo dorados, y Gerrit Jensen, conocido sobre todo por su intrincada marquetería de «algas», contribuyeron de manera significativa al mobiliario barroco de las casas señoriales inglesas al introducir estilos franceses en sus interiores. Inglaterra destacó sobre todo por su excelente artesanía en madera. El roble, el material local preferido, se complementaba con frecuencia con una gran variedad de maderas nobles tropicales, reflejo de la expansión del Imperio británico y del floreciente comercio internacional.

El esplendor de los muebles barrocos contribuyó a consolidar la reputación de Francia como líder mundial en la producción de artículos de lujo. Con el tiempo, sin embargo, el gusto exuberante y pesado al que apelaban los muebles barrocos evolucionó hacia una variante más ligera y lúdica conocida como rococó, mientras que en Gran Bretaña llegó a predominar un estilo de mobiliario afín pero más sobrio, asociado con el ebanista Thomas Chippendale. ∎

El Barroco como fenómeno cultural

La Fontana de Trevi, en Roma, fue diseñada por Nicola Salvi y Giuseppe Pannini, y terminada en 1762.

El arte y el diseño barrocos surgieron en la Italia del siglo XVI y se convirtieron en sinónimo de riqueza y estatus. Esto se debió en parte a la promoción de una arquitectura grandiosa por parte de la Iglesia católica, que con ella pretendía reafirmar su importancia tras la Reforma.

Aplicable a todas las escalas, desde imponentes palacios hasta diminutas piezas de joyería, el Barroco abarcó todas las artes y oficios. Los muebles barrocos solían ser de proporciones clásicas, pero muy ornamentados y dorados.

El aumento de una clase media y trabajadora con aspiraciones a raíz de la revolución industrial propició el resurgimiento del estilo en la cultura popular, visible en la decoración de *pubs*, salas de conciertos, teatros y salones de baile. Más recientemente, este estilo se ha convertido en un fenómeno mundial, y se puede encontrar en casinos de Macao y en cruceros internacionales, lugares muy alejados de los ambientes religiosos en los que surgió el Barroco.

UNA AMPLIA COLECCIÓN DE LOS DISEÑOS MÁS ELEGANTES Y ÚTILES

CATÁLOGOS DE DISEÑO

EN CONTEXTO

ENFOQUE
Libros ilustrados en los que el cliente selecciona y personaliza sus productos

CAMPO
Diseño de comunicación, interiorismo, mobiliario

ANTES
1667 El jardinero William Lucas distribuye catálogos de semillas, los primeros catálogos registrados en Inglaterra. Otros jardineros y viveristas lo imitan enseguida.

DESPUÉS
1759–1763 Los fabricantes de muebles londinenses Ince & Mayhew publican *The Universal System of Household Furniture* para competir con Chippendale.

1861 El pañista Pryce Pryce-Jones crea la primera empresa moderna de venta por correo en Newtown (Gales), vendiendo artículos de lana por catálogo. En 1880 ya tiene 100 000 clientes en Reino Unido.

En 1754, el ebanista inglés Thomas Chippendale publicó y distribuyó un libro ilustrado de diseños de muebles que los clientes podían encargar a su negocio. *The Gentleman and Cabinet Maker's Director* –del que se publicaron ediciones hasta 1763– influyó profundamente en los estilos de mobiliario; pero como el primer catálogo comercial completo, su formato tuvo un impacto mucho más amplio en el comercio y el diseño.

Hoy, la mayoría de los productos no solo son uniformes y se fabrican en serie, sino que también figuran

en catálogos en línea extensos, detallados y de fácil consulta. Pueden encargarse a grandes distancias y, si es necesario, devolverse. Esto dista mucho de la Inglaterra del siglo XVIII, donde los clientes compraban en persona artículos a medida –desde ropa hasta cerámica o sillas– o pagaban a artesanos para que los fabricaran según sus especificaciones.

Democratizar el diseño

A diferencia de los catálogos posteriores, la primera edición del *Director* de Chippendale permitía al cliente elegir los muebles y, al proporcionar medidas y grabados muy detallados, permitía a cualquier ebanista reproducir sus diseños. Solo unos 50 de los 308 suscriptores de la primera edición del *Director* eran aristócratas interesados en comprar muebles: la mayoría eran ebanistas que deseaban copiar sus piezas.

El *Director* anunciaba sus muebles en los estilos de moda entre los clientes londinenses de Chippendale: gótico, *chinoiserie* (una versión

Este elegante sillón fue encargado a Thomas Chippendale por el actor David Garrick y su esposa Eva Marie como parte de un conjunto de muebles para su casa.

Véase también: Diseño de muebles barrocos 80–81 ▪ Movimiento de reforma del diseño 110–111 ▪ Comercialización visual 124–131 ▪ Diseño G Plan 226–227 ▪ Muebles de embalaje plano 228–229 ▪ Personalización 310–311

Nuevos diseñadores como **Thomas Chippendale** luchan por establecerse en la **competitiva** industria del mueble londinense.

El *Director* se hace popular entre otros diseñadores, que **imitan** y **adaptan los diseños de Chippendale**.

El *Director* fue un brillante ejemplo temprano de creación de marca.

Chippendale crea el catálogo *Director* para **promocionar sus diseños** entre los clientes ricos.

Chippendale adquiere **notoriedad** y obtiene **encargos reales** y de importantes clientes extranjeros.

occidental de los motivos chinos) y «*Modern*» (rococó), estilo francés contemporáneo. Estos estilos rara vez se habían visto fuera de los ambientes metropolitanos de la alta sociedad, pero el *Director* permitía adoptar estos estilos a ebanistas de cualquier lugar. Por todo Reino Unido, Europa y Norteamérica, los artesanos hicieron sus propias versiones de los diseños Chippendale durante décadas.

Un legado perdurable

Chippendale empleó métodos modernos de impresión y distribución para forjar la reputación de su negocio, acelerando así la difusión de ideas e influencias. El *Director* contribuyó a satisfacer las necesidades de una población creciente y a crear un mercado de masas para muebles más estandarizados y fáciles de producir. A medida que la

fabricación industrial se desarrollaba en el siglo xix, también lo hacían los catálogos de fabricantes, y muchos minoristas empezaron a publicarlos.

Alentado por la fotografía, el catálogo impreso floreció a lo largo del siglo xx y en la era de internet. En la actualidad, la mayoría de los catálogos se han transformado en plataformas de comercio electrónico. ▪

Thomas Chippendale

El diseñador de muebles Thomas Chippendale nació en 1718 en el seno de una familia de ebanistas y carpinteros en el pueblo de Otley, en Yorkshire. De allí se trasladó a Londres, donde abrió un taller y una sala de exposiciones en 1753. Su *Director* lo catapultó a la fama internacional. Catalina la Grande y Luis XVI poseían ediciones francesas, y sus diseños fueron imitados desde Filadelfia hasta Hamburgo.

Prolífico e influyente, recibió encargos de la realeza y la aristocracia para amueblar sus hogares, pero su negocio tuvo

problemas con los costes. Tras su muerte en 1779 por tuberculosis, sus hijos no heredaron una gran riqueza, pero uno de ellos continuó con el negocio hasta el siglo xix. Chippendale sigue siendo hoy día el diseñador de muebles británico más famoso, y su nombre es sinónimo de un estilo anglicanizado de mobiliario rococó.

Obras clave

1766 Priorato de Nostell (Yorkshire).
1767 Casa Harewood (Yorkshire).

TEJIDO CREADO CON RAPIDEZ Y PERFECCIÓN

FABRICACIÓN DE TEXTILES

EN CONTEXTO

ENFOQUE
Producción textil en serie

CAMPO
Diseño textil, diseño de moda, diseño industrial

ANTES
***C.*500–1000 d. C.** Se inventa en India la primera rueca o *charkha*, que acelera el proceso de hilado utilizando una rueda para hacer girar el huso y extraer las fibras hasta formar un hilo.

1764 James Hargreaves inventa la máquina hiladora Jenny, que puede accionar ocho husos con una sola rueda.

DESPUÉS
1804 Joseph-Marie Jacquard patenta un sistema de tarjetas perforadas para programar patrones de tejido para un telar.

1891 El británico James Northrop patenta un telar mecánico totalmente automatizado, que recibe su nombre y se fabrica por primera vez en EE. UU.

ejer consiste en estirar fuertes hilos de urdimbre (verticales) a lo largo de un bastidor y pasar hilos de trama perpendiculares por debajo y por encima de ellos mediante un dispositivo llamado lanzadera. Este proceso requiere mucha mano de obra, y durante siglos los inventores experimentaron con máquinas para reducir el tiempo y la mano de obra necesarios para tejer. La innovación más importante llegó en 1769, cuando el empresario británico Richard Arkwright desarrolló la hiladora y mecanizó la producción textil. Aunque se diseñó para ser movida por caballos, pronto se modificó para ser accionada por ruedas hidráulicas y pasó a conocerse como «hiladora hidráulica».

Tejidos deseables
En la época en que Arkwright patentó su invento, los productos textiles llevaban milenios utilizándose con fines funcionales y decorativos, desde el abrigo hasta la exhibición de estatus. Los tejidos también se utilizaban como moneda, especialmente en las vías comerciales de la Ruta de la Seda que unían Europa con Asia oriental, y en ciertas regiones de África occidental y central.

Los diseños textiles estaban condicionados por las plantas y animales autóctonos productores de fibras, así como por las técnicas de hilado y tejido desarrolladas, las fuentes de tintes disponibles y los patrones que reflejaban los gustos y tradiciones locales. India, por ejemplo, combinaba un clima adecuado para el cultivo de moreras y plantas de algodón

El proceso de hilado mecanizado permitía trabajar las 24 horas del día. En *Fábrica de Arkwright de noche* (1782), obra de Joseph Wright, las ventanas están iluminadas por el turno de noche.

con generaciones de trabajadores cualificados, y era famosa por su producción de seda y algodón. Los tejidos indios —calicós estampados, muselinas de algodón, *chintzs* con vivos dibujos vegetales y animales y sedas tejidas de gran calidad— dominaron los mercados internacionales al menos desde el siglo XV.

A inicios del siglo XVIII, en Gran Bretaña, la producción de paños se centraba en la lana, el lino y un tejido basto denominado fustán, que combina hilos de lino más resistentes e hilos de algodón más débiles. El comercio mundial trajo otros tejidos, valorados por las propiedades de las distintas fibras, así como por la rareza y el exotismo de sus diseños.

Véase también: Textiles antiguos 24–29 ▪ Xilografía textil 78–79 ▪ Los albores de los tejidos sintéticos 194–195 ▪ Tejidos de seguridad 244–247

> Un niño puede producir tanto como […] diez personas adultas.
> **Ralph Mather**
> *An Impartial Representation of the Case of the Poor Cotton Spinners in Lancashire (1780)*

El valor económico de los tejidos y sus difíciles métodos de producción impulsaron a los primeros industriales, deseosos de reducir sus costes, a buscar posibles innovaciones. Los ingenieros intentaron construir máquinas para replicar los métodos de producción extranjeros y reducir así la dependencia de las importaciones. Los diseñadores también impulsaron la innovación al tratar de copiar las telas extranjeras.

Métodos de producción

La producción textil exigía mucho tiempo y mano de obra en casi todas sus etapas. Primero había que criar o cultivar la materia prima, como ovejas y gusanos de seda, o plantas de algodón y lino. Después venía el procesamiento, ya fuera el enriamiento (degradación controlada, casi putrefacción) por rocío o agua de los tallos gruesos de lino, que duraba hasta dos semanas; o el esquileo de la lana de las ovejas; o la laboriosa retirada de las semillas de las fibras de algodón.

Una vez extraídas y limpias las fibras, casi todas deben trabajarse para formar un hilo fuerte y continuo, otro proceso que requiere mucho tiempo. La excepción era la seda, que los gusanos hilan en largas longitudes al fabricar sus capullos.

Aunque la rueca se había inventado en el I milenio a. C., la tecnología básica que la sustenta no había progresado de forma significativa desde la *charkha* india original, y el hilado seguía siendo lento. A continuación venía el proceso de tejido, pero primero había que teñir el hilo,

La delicada seda que viste la dama de este retrato de Thomas Hudson, de 1750, procedía de la India. Los costes de importación hacían que solo la clase alta pudiera permitirse estos exóticos tejidos.

ya fuera para crear tejidos lisos o estampados. Por último, la tela acabada podía teñirse o decorarse con un estampado.

Las primeras fábricas textiles se construyeron en la región italiana del Piamonte ya en 1678. »

Richard Arkwright

Nacido en Lancashire (Reino Unido) en 1732, Richard Arkwright era hijo de un sastre con trece hijos. Sin medios para ir a la escuela, un primo suyo le enseñó a leer y escribir. Su primera profesión fue la de barbero y fabricante de pelucas, y mientras viajaba por trabajo se familiarizó con los procesos de hilado y tejido.

Viendo las oportunidades que ofrecía el sector textil, Arkwright empezó a trabajar en el diseño de una máquina de hilar, para lo que empleó al relojero e ingeniero John Kay. Su invento de 1769, la hiladora hidráulica, combinaba ideas e innovaciones de otros. Al crear un sistema más amplio en el que usar estas máquinas, Arkwright estableció fábricas de algodón y fue pionero en el sistema fabril.

Fue nombrado caballero en 1786. A su muerte, seis años más tarde, Arkwright poseía fábricas en Derbyshire, Staffordshire, Lancashire y Escocia, y había amasado una fortuna de 500 000 libras (equivalente a unos 230 millones de euros actuales).

Mecanizaban un proceso de hilado de la seda conocido como «torcido», en el que las fibras de seda se retuercen para producir hilos más resistentes y utilizables. Dos máquinas con múltiples husos sobre bastidores circulares trabajaban en secuencia: primero la hiladora, o *filatoio*, y luego el *torcitoio*, que duplicaba la resistencia retorciendo los hilos en dirección contraria. La primera fábrica de este tipo en Gran Bretaña fue Lombe's Mill, construida entre 1717 y 1721 en el río Derwent, en Derbyshire, gracias a los conocimientos que John Lombe adquirió espiando los molinos italianos.

A principios del siglo XVIII, la industria textil en Gran Bretaña se basaba en pequeños telares estrechos, manejados por un solo tejedor, y telares anchos más grandes, de unos 2 m de anchura, manejados por un par de trabajadores. En el telar ancho, el primer tejedor manejaba el telar y pasaba la lanzadera, mientras que el segundo se encargaba de devolvérsela al primero.

Un inventor de Bury (Lancashire), John Kay, desarrolló hacia 1720 una versión metálica del peine, el dispositivo que separa los hilos de urdimbre para el telar. Mientras viajaba por Inglaterra, Kay vio la oportunidad de ahorrar mano de obra en el proceso de tejido (haciendo la función del segundo tejedor redundante) al permitir que la lanzadera se moviera por el telar con poco esfuerzo. Patentada en 1733 como lanzadera de rueda, la invención de Kay vino a conocerse como lanzadera volante por la forma en que se impulsaba de vuelta al principio de cada hilera.

En Francia, el inventor Jacques de Vaucanson era famoso por construir divertidos autómatas, entre ellos un pato mecánico que «comía» grano y «defecaba». Gracias a estos inventos, fue contratado para aplicar sus conocimientos a la tejeduría, y en 1745 ideó un sistema por el que unas tarjetas perforadas podían guiar la elevación de los distintos hilos de urdimbre según un patrón. Sin embargo, fue incapaz de aplicarlo con éxito a gran escala, algo que no ocurriría hasta principios del siglo XIX.

A medida que el tejido se hacía más rápido, aumentaba la demanda de hilo, lo que impulsó las innovaciones en el proceso de hilado. La más importante se produjo en 1764, cuando el inventor británico James Hargreaves ideó la hiladora Jenny, que permitía a un operario hilar varios husos girando una sola rueda. Otros inventores siguieron experimentando para aportar mejoras, y sus ideas e investigaciones sirvieron de base a la hiladora hidráulica de Arkwright. Trabajando con otro John Kay (un relojero de Warrington), Arkwright tuvo éxito gracias al uso de rodillos que estiraban las fibras de algodón, imitando la acción de los dedos de una hilandera manual.

De la casa a la fábrica

En 1771, Arkwright abrió la primera fábrica de hilado de algodón ac-

La fabricación textil es **laboriosa, requiere mucho tiempo** y emplea técnicas que han evolucionado **lentamente a lo largo de siglos**.

Los textiles son **productos comerciales** valiosos, y los tejidos **importados de otros lugares** se consideran **más deseables** que los disponibles en la industria nacional.

Muchos fabricantes intentan **reproducir** las telas deseables y **desarrollan máquinas** para hacerlas más rápido.

Nuevas máquinas de hilar y tejer cambian la naturaleza de la fabricación textil y tienen un papel clave en la **revolución industrial**.

Los textiles se pueden producir más rápidamente y a menor costo, pero la revolución industrial tiene un efecto deshumanizador.

Hacia 1812 se utilizaban miles de «mulas hiladoras» de Samuel Crompton, que accionaban millones de husos. Como no patentó su invento, Crompton no recibió regalías.

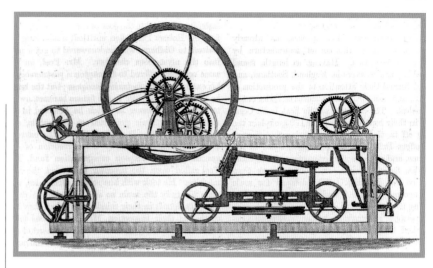

cionada por agua en Derbyshire. Cromford Mill contaba con la última tecnología de hilado y era operada por un nuevo tipo de mano de obra. Hasta entonces, hilos y telas eran fabricados por trabajadores individuales en sus propios hogares, que mantenían relaciones con comerciantes ambulantes que servían las materias primas y vendían el hilo hilado o la tela tejida una vez terminado el trabajo.

Un invento tras otro

Cuando la mecanización de los procesos de tejeduría sustituyó a las técnicas transmitidas de generación en generación, los trabajadores se vieron reemplazados por máquinas que podían ser manejadas por trabajadores no cualificados, incluidos niños. En la primera mitad del siglo XVIII, una sucesión de inventos transformó las distintas etapas de los procesos de obtención, preparación, hilado y tejido de la fibra, lo que puso en marcha el sistema de fábricas y la estandarización de herramientas, piezas y mano de obra, y produjo un salto en la producción altamente rentable.

Cuando Arkwright puso en práctica su nueva tecnología a gran escala, eligió el algodón. Era popular por su facilidad de lavado y su capacidad para absorber tintes, así como para tejer un tejido fino y diáfano conocido como muselina. Por entonces, la producción de estos tejidos se centraba en la India; como los países europeos eran incapaces de fabricar productos de la misma calidad, los gobiernos imponían aranceles y prohibiciones a las importaciones para proteger sus industrias nacionales.

Las Leyes del Calicó de 1700, 1720 y 1721 habían ilegalizado en Gran Bretaña la importación, venta y uso de tejidos de algodón. Pero cuando Arkwright adquirió los recursos y la tecnología para producir algodón, pudo presionar al gobierno británico para que derogara esas leyes, y sus fábricas empezaron a trabajar hilando enormes cantidades de algodón.

En 1779, el hilandero de Lancashire Samuel Crompton perfeccionó la tecnología de la hiladora Jenny y la hidráulica al inventar la «mula Jenny», que mejoró de nuevo el proceso y produjo el algodón más

Y como Arkwright y Whitney fueron los semidioses del algodón, un Tiempo tan prolífico traerá un inventor a cada planta.
Ralph Waldo Emerson
Fortuna de la República **(1878)**

fuerte y fino necesario para tejer la muselina.

Telares mecánicos

En 1784, el clérigo británico Edmund Cartwright inventó el primer telar mecánico, una herramienta muy necesaria para igualar la velocidad a la que ahora podía hilarse el algodón. Habiendo oído hablar del espectáculo popular de la máquina de ajedrez conocida como «el Turco», construida por el inventor húngaro Wolfgang von Kempelen en 1770, Cartwright pensó que se podía fabricar una máquina que reprodujera los complejos movimientos del proceso de tejido. Aunque más tarde se descubrió que «el Turco» era un truco, Cartwright consiguió lanzar al mercado un primer telar mecánico rudimentario en 1784 e introdujo diversas mejoras en los años siguientes.

En poco tiempo, los telares mecánicos fueron capaces de producir tejidos lisos. Sin embargo, los diseños más complejos, incluidos los tejidos de seda de alta calidad, seguían siendo labor de tejedores expertos. Los diseños se desarrollaban tras conversaciones con comerciantes, siguiendo tendencias populares o inspirándose en tejidos importados. Los diseñadores pintaban los » diseños en papel cuadriculado para que los tejedores los plasmaran.

Una vez trazado el diseño, el proceso de tejer los patrones también era complejo. Históricamente, los tejedores expertos usaban cantos mnemónicos para recordar los dibujos, mientras que el funcionamiento de un telar de tiro requería un ayudante (el tirador de lazos) que se sentaba en la parte superior y levantaba manualmente los hilos de urdimbre según el dibujo. La parte de un telar conocida como semple controlaba el dibujo; tenía que programarse cada vez que se utilizaba un nuevo diseño. Philippe Lasalle, un exitoso diseñador de Lyon (Francia), dio un gran paso hacia la mecanización de la tejeduría de patrones cuando, a finales del siglo XVIII, inventó un semple desmontable que podía almacenar y transferir un diseño de un telar a otro.

Partiendo de la idea de Vaucanson de utilizar tarjetas perforadas, fue el tejedor y comerciante francés Joseph-Marie Jacquard quien finalmente mejoró el sistema de tejer patrones y patentó el telar Jacquard en 1804. Utilizando tarjetas perforadas –con una tarjeta, perforada o no, por cada hilo–, su sistema binario programaba eficazmente el telar para seguir cualquier dibujo. Aunque bastante rudimentario en su primera versión, el telar podía reproducir con fiabilidad patrones complejos mediante un gran número de tarjetas perforadas unidas entre sí. El mecanismo textil de Jacquard se considera el precursor de la informática moderna, ya que su método binario inspiró a Charles Babbage para elaborar los planos de su máquina analítica en 1837.

De Francia a Londres

El costoso y especializado diseño textil se había concentrado largo tiempo en zonas donde había materiales y mano de obra cualificada para tejer la tela. El sur de Francia contaba con esta mano de obra, pero

Los beneficios derivados de la maquinaria de sir Richard Arkwright eran tan considerables […] que la maquinaria se empleaba las veinticuatro horas del día.
Sir Robert Peel (1816)

la persecución religiosa hizo que los hugonotes protestantes, muchos de ellos tejedores, huyeran del país y se establecieran en Spitalfields, en el este de Londres. A principios del siglo XVIII, mucho antes de la aparición de la tejeduría de patrones, ya habían surgido de esta floreciente

El telar

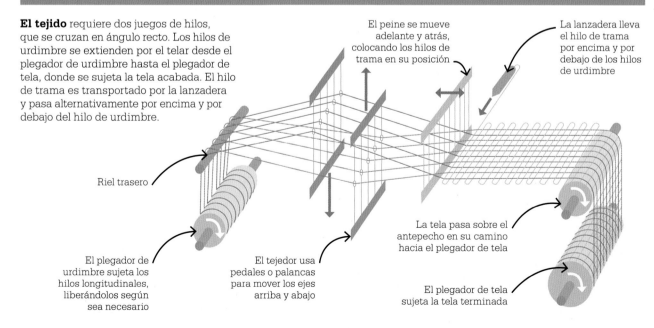

El tejido requiere dos juegos de hilos, que se cruzan en ángulo recto. Los hilos de urdimbre se extienden por el telar desde el plegador de urdimbre hasta el plegador de tela, donde se sujeta la tela acabada. El hilo de trama es transportado por la lanzadera y pasa alternativamente por encima y por debajo del hilo de urdimbre.

El peine se mueve adelante y atrás, colocando los hilos de trama en su posición

La lanzadera lleva el hilo de trama por encima y por debajo de los hilos de urdimbre

Riel trasero

El plegador de urdimbre sujeta los hilos longitudinales, liberándolos según sea necesario

El tejedor usa pedales o palancas para mover los ejes arriba y abajo

La tela pasa sobre el antepecho en su camino hacia el plegador de tela

El plegador de tela sujeta la tela terminada

Este diseño floral de seda tejida, creado en 1740 por Anna Maria Garthwaite, famosa por la precisión botánica de sus motivos, se expone en el Victoria and Albert Museum de Londres.

comunidad de diseñadores y fabricantes textiles muchos tejedores de talento, entre ellos James Leman, que dejó un álbum con casi cien diseños para tejidos de seda, y Anna Maria Garthwaite, notable por sus hábiles diseños y sus meticulosos registros de diseños en lo que era una industria dominada por los hombres. Un siglo después de Leman y Garthwaite, la introducción del telar de Jacquard en comunidades tejedoras como la del este de Londres permitió producir a bajo coste y en grandes cantidades patrones que hasta entonces estaban reservados a los ricos, haciéndolos accesibles al consumidor de clase media.

Un oficio perdido

Aunque las innovaciones en el sector textil democratizaron el acceso a la moda, la riqueza obtenida por los industriales fue acompañada de repercusiones negativas en otros ámbitos. Los trabajadores textiles salieron especialmente perjudicados: el empleo cualificado y relativamente bien remunerado fue sustituido por un trabajo monótono en condiciones de calor, polvo y ruido. Los derechos laborales eran mínimos y en las fábricas textiles trabajaban incluso niños menores de diez años. Algunos trabajadores protestaron contra los nuevos inventos rompiendo máquinas. Los luditas organizaron la más eficaz de estas acciones en los años 1811–1813, pero fueron sofocadas por la fuerza, y muchos participantes fueron ahorcados o deportados a Australia.

En EE. UU., la producción masiva de algodón se alimentó en gran parte de mano de obra esclava. En 1794, el inventor estadounidense Eli Whitney había creado un dispositivo llamado desmotadora de algodón que tiraba de las vainas de algodón a través de una pequeña rejilla para separar las semillas con más rapidez. El aumento de la producción y de las posibilidades de obtener beneficios contribuyeron a perpetuar la esclavitud y la trata. Los europeos buscaron más beneficios en sus territorios coloniales. La exportación de textiles más baratos de Gran Bretaña a India –así como la imposición de aranceles a las exportaciones indias– diezmó la industria nacional india.

El movimiento Arts and Crafts, que surgió en Gran Bretaña en la segunda mitad del siglo XIX e incluyó a diseñadores como William Morris, respondió a la homogeneidad del diseño y a la devaluación de la artesanía volviendo la vista hacia los métodos preindustriales y la destreza individual. Hoy en día, sin embargo, el diseño para la producción en serie en fábricas sigue siendo el método dominante en la industria textil, y el proceso se ha hecho cada vez más rápido y barato en los más de 250 años transcurridos desde que Arkwright abrió sus fábricas. ∎

PERFECCIÓN ARTÍSTICA A ESCALA INDUSTRIAL
CERÁMICA PRODUCIDA EN SERIE

D urante el siglo XVIII, la producción de cerámica experimentó una revolución en Gran Bretaña. Lo que había sido una actividad artesanal y doméstica se transformó en una industria de pleno derecho. Este cambio fue impulsado por innovaciones técnicas y por personas con mentalidad empresarial, y condujo a la eficiente producción en serie de cerámica. Surgió una red de fabricantes y minoristas que creó una demanda de estos artículos en todo el país.

En el siglo anterior, la demanda de artículos domésticos había sido satisfecha mayormente por peque-

La cerámica jaspeada consiste en gres mate sin esmaltar. Este plato presenta un típicamente intrincado relieve blanco sobre un fondo «azul Wedgwood».

ñas alfarerías locales, mientras que los de lujo se importaban de Asia oriental en grandes cantidades. Pero, a partir de 1680, el condado inglés de Staffordshire se convirtió en un centro de producción de cerámica doméstica. Esto se debió sobre todo a su ubicación: tenía fácil acceso a materias primas esenciales, como el carbón, y los yacimientos de arcilla locales satisfacían las necesidades de las pequeñas alfarerías familiares.

De la artesanía a la industria
Entre 1720 y 1760, la fabricación de cerámica en Staffordshire se expandió rápidamente, en parte debido a los nuevos métodos de producción. La adopción de moldes de yeso de París para vaciar y prensar formas cerámicas permitió el empleo de trabajadores menos cualificados y que la cerámica pudiera adaptarse fácilmente a los gustos y modas cambiantes.

Sin embargo, a partir de 1760, el proceso de producción empezó a hacerse más complejo. En cada etapa surgieron estrictas divisiones del trabajo y funciones especializadas como el vaciado, la fabricación de moldes, la inmersión en esmalte, el pulido, el grabado y el embalaje. A medida que estos procesos se volvían más téc-

Véase también: Los inicios de la producción en serie 64–65 ▪ El movimiento Arts and Crafts 112–119 ▪ Diseño de servicios 270–271

nicos, requerían más espacio y herramientas especializadas. Como resultado, los fabricantes más grandes empezaron a dominar la industria.

En 1769, el alfarero y empresario Josiah Wedgwood abrió una fábrica de cerámica, Etruria, a las afueras de Stoke-on-Trent, en Staffordshire. Su ambición era crear la fábrica más moderna que existiera, y lo consiguió al reunir bajo un mismo techo todos los procesos necesarios para la producción de cerámica en serie. Aunque este enfoque no era totalmente nuevo, la fábrica de Wedgwood se distinguió por racionalizar y simplificar todos los procesos.

Situada cerca del recién construido canal de Trent y Mersey, Etruria se beneficiaba de los bajos costes de transporte. Mantenía un meticuloso control de calidad y casi todos los artículos que producía cumplían las normas establecidas. Wedgwood fue pionero de un enfoque único al integrar la producción, la comercialización y la venta al por menor de sus productos.

Fama mundial

Wedgwood fabricaba una cerámica accesible y atractiva para la clase media emergente. Su sofisticada red de distribución le permitía suministrar productos a una amplia clientela con relativa facilidad. Las siguientes generaciones de fabricantes ampliaron la gama de cerámicas de Wedgwood para incluir porcelana y loza estampada por transferencia, consolidando la reputación de Gran Bretaña como fabricante de cerámica práctica y asequible en todo el mundo. ▪

Josiah Wedgwood

Nacido en 1730 en el seno de una familia de alfareros de Staffordshire, Wedgwood revolucionó la industria de la cerámica con sus innovadoras técnicas de producción y comercialización.

Tras fundar su empresa en 1759, se hizo famoso por su innovadora cerámica. Aplicó una mente científica a su trabajo, estudiando la mejor temperatura necesaria dentro del horno para cocer cerámica sin provocar accidentes. Era meticuloso a la hora de conseguir los colores y texturas adecuados para sus cerámicas y esmaltes.

En 1768, tras lograr que la reina Carlota comprara su loza de color crema, la rebautizó como «cerámica de la reina» y se asoció con el comerciante Thomas Bentley, que dirigía la sala de exposiciones de cerámica en Londres y mantenía a Wedgwood informado de las últimas tendencias metropolitanas.

Wedgwood fue un ferviente abolicionista, y es recordado por su medallón antiesclavista de 1787, que incluye el lema: «¿No soy un hombre y un hermano?». Murió en 1795, y su nombre es sinónimo de la elegante cerámica que dominó.

Los **costes de transporte** entre las distintas fases de fabricación son **más bajos**.

El **proceso de principio a fin es más rápido**, con poca pérdida de tiempo entre cada fase de fabricación.

Alojar todos los **elementos de producción en un mismo lugar** tiene muchas ventajas.

La calidad se puede controlar con facilidad durante todo el proceso, ya que el producto permanece *in situ*.

Los empleados trabajan en **un puesto en el que destacan**, como el torneado o el grabado, en lugar de hacerlo en cada fase del proceso.

LAS OBRAS DE LA LUZ
TEORÍA DE LOS COLORES

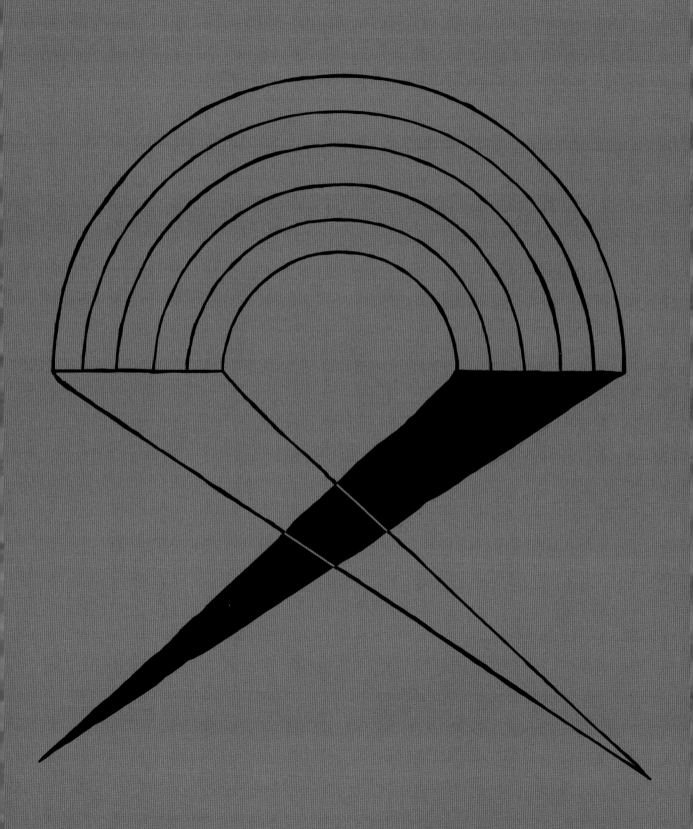

En ocasiones se hace referencia a la teoría del color como el arte y la ciencia del color. Se trata más bien de un marco utilizado para describir cómo interactúan los colores entre sí, cómo pueden combinarse y cómo suscitan respuestas emocionales y psicológicas. El sistema que conocemos en la actualidad se remonta en gran medida al filósofo y escritor alemán Johann Wolfgang von Goethe, que lo desarrolló a principios del siglo XIX.

Alquimia y color

Las primeras teorías sobre el color se basaban más en especulaciones que en observaciones experimentales. Así, por ejemplo, en el siglo IV a. C., el filósofo griego Aristóteles sugirió que todos los colores se originan a partir de «rayos celestes» que encarnan tanto la luz como la oscuridad, y asoció cada color a uno de los cuatro elementos: fuego, tierra, aire y agua.

Modelos elementales similares persistieron a lo largo de la Edad Media. Los alquimistas de la época ampliaron las asociaciones del color para incluir los cuatro humores (los fluidos corporales que se creía que influían en el comportamiento humano), los órganos corporales, las estaciones del año e incluso las direcciones, como parte de lo que ellos entendían como un «universo integrado». Por su parte, el médico suizo Paracelso, pionero de la medicina del siglo XVI, opinaba que los colores eran reflejos de cualidades fundamentales de la naturaleza y que el color, utilizado junto con la música y las hierbas, tenía poderes curativos.

Un enfoque racional

Hacia finales de la Edad Media, estas teorías empezaron a perder prestigio. A principios de la Edad Moderna creció el interés por la observación empírica y el estudio de los fenómenos naturales. Aunque el misticismo y la metafísica seguían siendo populares, los enfoques más racionales y científicos empezaron a transformar la forma de entender el mundo y sentaron las bases de la Ilustración del siglo XVIII.

El polímata italiano Leonardo da Vinci fue uno de los primeros en proponer una alternativa a la jerarquía aristotélica del color, desafiando las ideas imperantes. Para mezclar mejor los pigmentos en su pintu-

**Johann Wolfgang
von Goethe**

Nacido en Fráncfort (Alemania) en 1749, Goethe fue escritor, poeta y filósofo. Estudió derecho, pero halló su verdadera pasión en la literatura y las artes. Sus primeras obras, como *Las penas del joven Werther* (1774), fueron ampliamente aclamadas; su obra más conocida, *Fausto*, publicada en dos partes en 1808 y 1832, es una obra fundamental de la literatura alemana. Compositores como Beethoven y Wagner pusieron música a sus poemas.

Además de su actividad literaria, Goethe llevó a cabo importantes contribuciones a diversos campos científicos, como la anatomía y la botánica, así como a la teoría del color. Sus estudios botánicos, en particular *La metamorfosis de las plantas* (1790), revolucionaron la comprensión de la morfología vegetal. Y sus exploraciones sobre la percepción del color desafiaron el pensamiento científico predominante e inspiraron posteriores desarrollos en este campo.

Goethe murió en 1832 y es reconocido como uno de los mayores intelectuales alemanes de todos los tiempos.

ra, se propuso comprender mejor el color. Observó cómo interactuaban los colores y dejó consejos prácticos para los pintores: «Las prendas negras hacen que las carnaciones sean [...] más blancas de lo que son [...] mientras que las rojas las hacen palidecer».

Aristóteles había sugerido que todos los colores eran resultado del juego de luces y sombras –o mezclas de blanco y negro–, pero en su *Tratado de la pintura*, escrito en las décadas de 1480–1490, Da Vinci enumeró seis «colores simples que sirven de base»: blanco, amarillo, verde, azul, rojo y negro. Al mismo tiempo, sin embargo, Da Vinci seguía asociando los colores con los cuatro elementos: «amarillo por la tierra, verde por el agua, azul por el aire, rojo por el fuego».

En su tratado, Da Vinci investigó la luz como fenómeno físico. Aunque muchos creían que los colores eran cualidades inherentes a los objetos, él reconoció que la percepción del color estaba influida por otros factores, como las condiciones de iluminación, los efectos atmosféricos

«

Si es cierto que solo conocemos la cualidad de los colores mediante la luz [...] sale por consecuencia que el pintor debe mostrar la verdadera cualidad de cada color en los parajes iluminados.
Leonardo da Vinci
Tratado de la pintura (c. 1482–1499)

Isaac Newton lleva a cabo su experimento sobre la luz en este grabado del siglo XIX. Utilizó un prisma para refractar un rayo de luz procedente de un agujero en una contraventana, y la luz se dividió en los colores del arcoíris.

y las propiedades del ojo humano. Exploró la idea de que los colores podían entenderse en términos de reflexión y absorción de la luz. Mientras que los filósofos consideraban el blanco como la «causa» o el «receptor» del color y el negro como su privación, Da Vinci escribió que ambos eran colores esenciales para el pintor. Además de sus estudios sobre el matiz, también distinguió entre claridad («valor») y saturación («croma»). En conjunto, estos innovadores planteamientos le permitieron alcanzar una comprensión del color mucho más completa que la de épocas anteriores.

Avance científico

La Ilustración transformó por completo la forma de entender el mundo natural. Un gran avance en la ciencia del color se produjo en 1672, cuando el matemático y físico inglés Isaac Newton publicó su primer y controvertido artículo sobre experimentos con prismas. Newton hizo pasar un rayo de luz solar a través de un cristal y demostró que la luz blanca se componía de siete colores, que podían identificarse y ordenarse: rojo, naranja, amarillo, verde, azul, añil y violeta. Newton fue también el primer científico que utilizó la palabra «espectro» para designar esta gama de colores.

Las investigaciones llevadas a cabo por Newton demostraron que los colores no eran propiedades inherentes a los objetos, sino el resultado de la interacción entre luz y materia, lo que invalidaba la teoría formulada por Aristóteles, aún aceptada por muchos estudiosos de la época. Newton también observó que cada color se refractaba (o » «doblaba») en ángulos diferentes que podían medirse. Esto proporcionó un marco cuantitativo para comprender el comportamiento de la luz y el color, haciendo avanzar los estudios hacia un enfoque más riguroso y científico. En 1704, Newton documentó sus descubrimientos, incluido el experimento del prisma, en *Opticks*, su tratado sobre la luz, que se considera uno de los libros científicos más influyentes jamás escritos y sigue siendo una piedra angular de la física moderna. En esta obra, Newton definió tres grupos de colores –primarios, secundarios y terciarios– e incluyó el primer círculo cromático, disponiendo los siete colores en segmentos.

El círculo cromático

El círculo cromático de Newton proporciona una guía aproximada del concepto de mezcla aditiva de colores, el proceso por el que los colores se mezclan sumando sus respectivos espectros luminosos. Newton explicó que el color resultante vendría determinado por el «número de rayos» de luz de cada color que intervienen en la mezcla. Utilizó esta idea para explicar el proceso de combinación de diferentes colores de luz para crear nuevos colores: por ejemplo, el magenta se obtiene por la superposición de luz roja y azul. También mostró que cada color tiene un complementario, otro color que produce el gris cuando se mezclan los dos. Este descubrimiento demostró que el color podía utilizarse de manera racional para conseguir efectos premeditados, y es la base de todas las teorías de la armonía cromática conocidas.

Varios artistas del siglo XVIII se inspiraron en los revolucionarios trabajos de Newton, entre ellos Joseph Wright, pintor inglés conocido por su espectacular uso de la luz y la sombra. Wright sentía un gran interés por los avances científicos de su época. Sus cuadros documentan el paso de la alquimia a una comprensión más empírica del mundo natural, y captan la tensión entre estas ideas científicas y los valores religiosos de la época. Sus cuadros presentan a menudo escenas iluminadas por fuentes de luz artificial, como velas o lámparas, que le permitían hacer uso de las teorías de Newton y explorar la interacción de luz y color.

En 1708, el grabador alemán Jakob Christoffel Le Blon utilizó la teoría de Newton para desarrollar una nueva técnica de impresión combinando el color y el grabado a media tinta. Creó tres planchas de metal, cada una para un color primario (amarillo, rojo y azul), y las usó para imprimir una imagen en una misma hoja. Los tres colores originales se combinaban en la página para producir una amplia gama de colores distintos. Esta técnica sigue siendo la base de los procesos actuales de impresión en color.

Colores y emociones

A principios del siglo XIX, Johann Wolfgang von Goethe desafió las teorías de Newton: llevó a cabo su propia investigación sobre el color espectral utilizando el experimento del prisma, pero llegó a la conclusión de que los colores eran producto de la interacción entre luz y oscuridad, apoyando la antigua teoría de que el color procedía del blanco y el negro. En su *Teoría de los colores* (1810), Goethe sostenía que la oscuridad

Esquemas de color

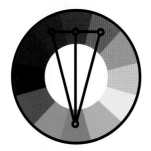

Los colores complementarios se sitúan uno frente al otro en el círculo cromático; así, el rojo y el verde. Son complementarios divididos un color base y los dos colores adyacentes a su complementario en el círculo.

Un esquema de color análogo incluye tres colores adyacentes cualesquiera del círculo. Se encuentra con frecuencia en la naturaleza y crea un aspecto visualmente agradable. Estos colores armonizan entre sí de forma natural, proporcionando una sensación de cohesión.

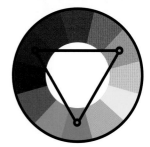

Un esquema de color triádico presenta tres colores espaciados por igual en el círculo cromático. Suele dominar un color, mientras que los otros dos sirven como acentos. Este esquema crea una paleta equilibrada pero vibrante, y se emplea a menudo en el arte.

Un esquema monocromático tiene un único color base que puede ajustarse añadiendo blanco, negro o gris para crear diferentes matices, sombras y tonos. Puede crear un aspecto armonioso y equilibrado.

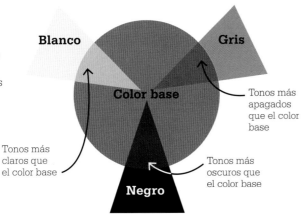

Blanco

Gris

Color base

Tonos más apagados que el color base

Tonos más claros que el color base

Tonos más oscuros que el color base

Negro

es parte integrante del color, no la ausencia de luz. En particular, discrepaba de la insistencia de Newton en que el color era una propiedad objetiva. Se resistía a reducir el color a un fenómeno puramente físico o químico, pues lo veía como una experiencia holística, que abarca tanto la percepción sensorial como la respuesta emocional que suscita. Aunque la ciencia en la que se basaba su modelo fue refutada posteriormente, su enfoque general del color sigue vigente. Su círculo cromático simétrico, dividido en seis tonalidades distintas –tres primarias y tres secundarias–, se basa en este concepto del color como resultado de la percepción.

A diferencia del diagrama de colores basado en el espectro de Newton, que se derivaba de un conocimiento científico de la luz, la disposición de Goethe respondía a la observación y la introspección personal. Cada color primario está emparejado con un color secundario «diametralmente opuesto»: amarillo con violeta, azul con naranja y magenta con verde. Esto refleja la teoría de Goethe de que los colores interactúan entre sí de una manera dinámica y armoniosa, que es ex-

perimentada por el ojo y la mente humanos.

Estas ideas sobre el color estaban profundamente integradas en los puntos de vista de Goethe sobre la estética: creía que comprender el color era fundamental para cualquiera interesado en la expresión visual. Su planteamiento resonó entre los artistas que compartían su idea de una conexión profunda entre color y sentimiento. El pintor británico J. M. W. Turner incluso rindió homenaje a Goethe creando un par de cuadros poco después de publicarse la traducción inglesa de *Teoría de los colores* en 1840: uno, titulado *Luz y color*, utiliza los colores más cálidos y brillantes del círculo cromático de Goethe; el otro, *Sombra y oscuridad*, contrasta colores fríos y cálidos.

El legado de Goethe

El químico francés Michel Eugène Chevreul desarrolló los principios de Goethe sobre la armonía del color. Como director de tintorería de la fábrica de tapices Gobelins de París, Chevreul publicó en 1839 su teoría del «contraste simultáneo», según la cual la percepción del color depende de su proximidad

a otro color que lo complementa o que contrasta con él. Su teoría fue inestimable para revitalizar la vivacidad de los tapices en los que trabajaba, que se había apagado con el tiempo. Aunque esta idea ya había sido explorada por los artistas, fue el enfoque científico de Chevreul, combinado con el uso del círculo cromático de Goethe –por entonces ampliado a 72 colores–, lo que dio credibilidad a la teoría.

En 1905, el pintor y profesor estadounidense Albert Munsell amplió la teoría de Chevreul. Introdujo las clasificaciones de «croma» (intensidad del color) y «valor» (luminosidad) para construir un modelo tridimensional del color, que representó como una esfera.

La paleta del artista

La idea del color de Goethe siguió informando la pintura europea. En la Francia de finales del siglo XIX, los artistas compartían un interés común por lograr efectos psicológicos mediante la manipulación «científica» del color. El pintor posimpresionista Vincent van Gogh se esforzaba por expresar el intenso brillo del paisaje provenzal bañado por el sol: «No hay azul sin amarillo y sin naranja». Van Gogh sugería »

Para que el color se produzca son necesarias luz y sombra, claridad y oscuridad [...] luz y ausencia de luz.
Johann Wolfgang von Goethe
Teoría de los colores (1810)

El óleo *Granja en Provenza* (1888), de Vincent van Gogh, muestra cómo utilizaba el pintor el color para expresar su respuesta emocional al entorno.

con ello que los colores solo pueden entenderse en relación unos con otros. Su afirmación de que había intentado «expresar las terribles pasiones del corazón humano por medio del rojo y el verde» sirvió de catalizador para los artistas que buscaban aprovechar la capacidad del color para expresar y simbolizar emociones.

A principios del siglo xx, artistas y diseñadores asociados a la Bauhaus de Weimar (Alemania) realizaron nuevos avances en el desarrollo de un «lenguaje cromático». Una figura clave fue el diseñador suizo Johannes Itten, cuyos escritos mezclan la especulación con un estudio empírico de los principios del diseño cromático. Itten compartía la creencia de Goethe de que el color tiene el poder de despertar emociones. Asignó a los colores cualidades como «cálido» y «frío», y los asoció con las distintas estaciones del año. Su sistema se sigue utilizando hoy en el arte y el diseño y ha encontrado aplicaciones en diversos campos, como la decoración del hogar y la peluquería. Con el tiempo, el lenguaje del color ha madurado hasta convertirse en un vocabulario tan práctico como poético.

La psicología del color

La exploración de Goethe sobre el color y el estado de ánimo desempeñó un papel clave en la aparición de la psicología del color. Su círculo cromático va acompañado de términos evocadores, como «bello» y «noble», que transmiten las cualidades emocionales de cada color. Propuso que los colores suscitan respuestas sensoriales específicas, y que estas están profundamente ligadas a la experiencia humana y a los contextos culturales. Por ejemplo, asoció el azul con la calma y la melancolía, y el amarillo con la calidez y la alegría.

A partir de las ideas de Goethe, en el siglo xx psicólogos como Carl G. Jung profundizaron en el conocimiento sobre cómo afecta el color a la percepción y el comportamiento humanos. Jung integró el simbolismo del color en su sistema de «psicología analítica», y propuso que ciertos colores evocan arquetipos universales dentro de la psique humana. Escribió: «El color es la lengua materna del subconsciente […] expresa las principales funciones psíquicas del hombre». Jung propuso una teoría que clasificaba los tipos de personalidad en relación con cuatro energías distintas: rojo fuego, azul frío, verde tierra y ama-

Teoría aditiva y sustractiva del color

La teoría aditiva explica cómo se producen los colores combinando distintas cantidades de luz roja, verde y azul. Por ejemplo, el amarillo se produce con luz verde y roja. Los tres colores se combinan para formar el blanco.

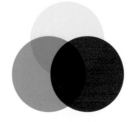

La teoría sustractiva explica cómo se pueden producir colores visibles absorbiendo determinadas longitudes de onda de la luz blanca usando pigmentos cian, magenta y amarillo. Los tres colores se combinan para formar el negro.

rillo sol. Estos colores estaban dispuestos en una cuadrícula, con ejes que representaban la introversión/ extraversión y el pensamiento/sentimiento.

El color en la educación

La teoría del color de Goethe también se aplicó en la educación y la terapia artística. Según Rudolf Steiner, filósofo, esoterista y pedagogo austriaco, los individuos están formados por intrincadas redes de aspectos físicos, espirituales y emocionales interconectados con el mundo natural. Steiner enseñó que se podía lograr un equilibrio armonioso mediante el empleo del color y la música en la educación. Defendía el uso de colores específicos en los entornos educativos para favorecer el bienestar cognitivo y emocional de los alumnos. Por ejemplo, opinaba que los colores cálidos, como el amarillo y el naranja, fomentaban la creatividad y el entusiasmo, mientras que los colores fríos, como el azul y el verde, favorecían la atención y la concentración. Hoy, las teorías de Steiner siguen aplicándose en la terapia artística, donde el trabajo creativo con el color permite

Quien quiera llegar a ser un maestro del color tendrá que ver, sentir y experimentar cada uno de los colores por sí solo y en sus infinitas combinaciones con todos los demás.
Johannes Itten
El arte del color (1961)

Los tipos de personalidad de Jung corresponden a cuatro colores: el azul frío es precavido y reflexivo; el verde tierra es afectuoso y estable; el amarillo sol es divertido y dinámico; el rojo fuego es seguro de sí e impulsivo. Cada color tiende hacia la introversión o la extroversión, y hacia el sentimiento o el pensamiento.

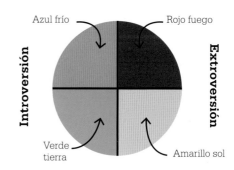

expresar y explorar emociones de forma no verbal.

Una herramienta en los negocios

En el siglo XXI, la teoría del color se ha consolidado como una herramienta esencial en el mundo de los negocios. Los estudios de mercado han puesto de relieve el importante papel del color a la hora de determinar qué compran los clientes y cómo se sienten atraídos por los distintos productos.

El color desempeña un papel importante en las marcas. Por ejemplo, no es casualidad que empresas populares de comida rápida como McDonald's tengan logotipos rojos y amarillos, pues se cree que estos colores estimulan el apetito. Otros colores, como, por ejemplo, el rojo de Coca-Cola, el azul de Facebook y el rosa de Barbie, se han convertido en iconos culturales contemporáneos. Además de facilitar el reconocimiento de estos productos, estos colores contribuyen a la creación de significados simbólicos en nuestro subconsciente mediante un proceso conocido como «aprendizaje asociativo».

La psicología del color también se aplica a otros campos, como la terapia médica, el deporte o el diseño

de juegos. Las empresas reconocen que la calidad del entorno de trabajo influye en la productividad y el rendimiento de sus empleados. Del mismo modo, hospitales y prisiones constatan la influencia de los colores en la salud mental de pacientes y presos. Las empresas de pinturas, ropa y cosméticos ofrecen gamas que tienen en cuenta los aspectos terapéuticos del color.

En la actualidad, es ampliamente reconocido que el color afecta a las emociones y el estado de ánimo. Aunque se ha comprobado que ciertos colores pueden desencadenar reacciones emocionales o físicas específicas, es importante señalar que los mismos colores pueden tener connotaciones tanto positivas como negativas, y que su percepción puede variar de una persona a otra. Aunque algunas asociaciones son universales, se entiende que hay diferencias notables entre culturas y que los colores han ido cambiando de significado a lo largo de la historia. La influencia del color en las personas también varía en función de factores como la edad, el sexo y el contexto.

No existe una teoría exacta y universal del color, pero, como señaló Goethe de manera acertada: «El gris es el color de la teoría». ∎

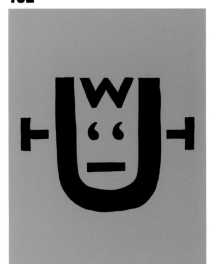

¡¡¡MONSTRUOSIDADES TIPOGRÁFICAS!!!
FUENTES SIN REMATE

omún en las inscripciones de monumentos antiguos, la serifa o remate es un pequeño trazo añadido al extremo de las letras romanas. Además de ornamental, cumple un propósito funcional, formando un vínculo que ayuda a unir las letras en palabras. En los tipos metálicos, crea un fino espacio en blanco entre los trazos principales de las letras, lo que hace más legibles los caracteres.

Ya sean talladas en piedra o impresas, la mayoría de las letras del alfabeto latino se han inspirado en la

La esencia de la nueva tipografía es la claridad. Esto la pone en deliberada oposición a la antigua tipografía, cuyo objetivo era la «belleza».
Jan Tschichold
La nueva tipografía (1928)

caligrafía ornamentada, las mayúsculas cuadradas romanas o las letras góticas. Por ello, durante los tres primeros siglos y medio de la imprenta en Europa, los tipos con serifa fueron el estilo predominante.

Desarrollos de impresión

A principios del siglo XIX, la revolución industrial supuso un profundo cambio en la tecnología de impresión. Los procesos de fundición de tipos (producción de letras individuales), composición tipográfica e impresión pasaron de ser artesanales a mecanizarse. La mayor velocidad de la prensa automatizada permitió imprimir miles de ejemplares en el tiempo que antes se tardaba en imprimir solo unas pocas docenas. La proliferación del material impreso tuvo un impacto espectacular en la alfabetización.

Las empresas podían anunciar sus productos y servicios a un público más amplio a un coste relativamente bajo. Como resultado, los impresores empezaron a distinguir entre la impresión de libros y la comercial, conocida como *«jobbing»*. Esta nueva impresión requería una nueva estética. Los tipos de letra diseñados en siglos anteriores para largas secciones de texto parecían

Véase también: Tipos móviles y diseño gráfico temprano 70–77 ▪ Mensajes políticos 164–169 ▪ Bauhaus 170–171 ▪ Movimiento moderno 188–193

inadecuados para las exigencias del moderno medio publicitario, que requería tipos más grandes, más audaces y llamativos.

En 1803, el tipógrafo británico Robert Thorne fue uno de los primeros en experimentar con una letra gruesa *(«fat face»)*, un tipo con remate y un diseño sumamente atrevido. Una variante de este concepto consistía en eliminar por completo los remates. William Caslon introdujo esta idea en 1816, creando un tipo de letra sin remates caracterizado por un trazo de grosor uniforme que seguía las proporciones de las mayúsculas romanas clásicas.

Probablemente influido por la fascinación de la época por la arquitectura y el arte del antiguo Egipto, Caslon bautizó su tipo de letra como «egipcio». Sus detractores lo tacharon de «grotesco», por considerarlo malformado y monstruoso, mientras que

otros se refirieron a él como «gótico». Fue el fundador de la tipografía inglesa, Vincent Figgins, quien acuñó en 1832 el término *«sans serif»* (sin serifa, sin remate o «de palo seco»).

El nuevo estilo fue adoptado en Europa y EE. UU., y a mediados de siglo se veía en todas partes, desde carteles y rótulos de tiendas hasta folletos y titulares de periódico, si bien se utilizaba sobre todo para títulos y, ocasionalmente, pies de foto.

Una cara moderna

El uso de los tipos sin serifa se disparó a principios del siglo xx con la aparición del movimiento moderno. Inspirado por la maquinaria industrial y la producción en serie, este movimiento provocó un cambio, de estilos ornamentados a tipos que enfatizaban la uniformidad. Varios de los tipos de letra sin serifa más reconocidos surgieron durante este periodo, como Futura, que se caracteriza por su simplicidad geométrica, y Helvetica, conocida como neogrotesca. Ambas tuvieron un papel importante en la configuración del paisaje visual del diseño moderno. ▪

William Caslon IV

Nacido en 1780, William Caslon IV era bisnieto del diseñador tipográfico inglés William Caslon I, fundador de la Caslon Type Foundry y creador del tipo de letra homónimo. En 1807 se hizo cargo de la empresa de su padre y en 1816 lanzó el primer tipo de letra sin serifa producido comercialmente. Bautizado como Two Lines English Egyptian (conocido comúnmente como Caslon Egyptian), era un tipo de letra solo mayúscula. Las «dos líneas» se referían al tamaño del cuerpo del tipo, que equivale a unos 28 puntos. En uno de los libros de muestras de la fundición, las formas sencillas y audaces de las letras Caslon se mostraban con el texto de ejemplo «W CASLON JUNR LETTERFOUNDER». Varios impresores se decantaron por esta letra, entre ellos Richard Taylor, que publicaba títulos científicos y académicos en su establecimiento de Red Lion Court, en Londres. Hoy, en el número 2 de la calle Fleet, una placa recuerda a Caslon, fallecido en 1869.

Una elegante pareja se apoya en unas grandes letras sin serifa que deletrean *été* («verano» en francés), en este cartel de 1925 que refleja el glamur de la era *art déco*.

BUSCO LA ANTIGÜEDAD, NO LA NOVEDAD

HISTORICISMO Y NEOGÓTICO

D esde mediados del siglo XVIII, Gran Bretaña fue testigo de una fuerte corriente de conciencia del pasado, llamada «historicismo», que fue importante para la arquitectura y el diseño porque provocó una serie de resurgimientos históricos, entre ellos el estilo neogótico.

Algunos arquitectos ofrecían a sus clientes la posibilidad de elegir entre planos inspirados en diferentes estilos del pasado. Así, un mismo ayuntamiento podía imaginarse en estilo neoclásico o neoegipcio.

Los *Contrastes* de Pugin

Una figura central del movimiento neogótico fue el arquitecto y escritor británico Augustus Pugin, quien creía fervientemente que el diseño tenía responsabilidades sociales, morales y nacionales.

Como muchos de sus coetáneos, Pugin estaba alarmado por el rápido ritmo del cambio social, cultural y tecnológico que afectaba a Gran Bretaña por entonces. De hecho, consideraba que la sociedad en que vivía había fracasado moralmente.

En su libro *Contrasts* (1836), Pugin comparó distintos tipos de edificios contemporáneos con otros similares de la Edad Media. El enfoque era muy visual. Una lámina ilustrada contrasta un elegante hospicio medieval con una prisión contemporánea; otra muestra una mísera posa-

La torre del reloj del palacio de Westminster, que alberga la campana conocida como Big Ben, fue diseñada por Pugin en estilo neogótico, con abundante ornamentación y una alta aguja.

Véase también: Cerámica producida en serie 92–93 ▪ El movimiento Arts and Crafts 112–119 ▪ Modernismo catalán 134–135 ▪ Deutscher Werkbund 162 ▪ Estilo romántico nacionalista 163 ▪ Bauhaus 170–171

da de finales del periodo georgiano, encajonada entre una hilera de casas adosadas, junto al equivalente medieval, con amplios miradores y una acogedora bodega de cerveza. El mensaje de Pugin era claro: si el diseño y la arquitectura son un reflejo de la sociedad en la que se producen, entonces la vida moderna es mala y la medieval era buena.

Arte y valores sociales

Aunque las opiniones de Pugin se centraban sobre todo en el estilo, las preocupaciones que planteaba también afectaban a las esferas social y política.

El historiador del arte británico John Ruskin compartía las opiniones de Pugin. Exploró la relación entre arte y trabajo, criticando el modelo fabril por deshumanizador. Por el contrario, creía que la irregularidad y variedad del estilo gótico favorecían la individualidad del artesano, que podía expresar su libertad creativa y encontrar la realización artística a través de su trabajo. Ruskin creía que esa sensación de realización –e incluso de placer en el traba-

Los estilos historicistas

que se popularizaron durante la época victoriana solían basarse en hallazgos arqueológicos de la época.

Neorrománico Los edificios con arcos de medio punto y torrecillas evocaban la arquitectura del Imperio romano.

Neoclasicismo Popular desde mediados del siglo XVIII, este estilo se remonta a la Grecia y la Roma antiguas.

Baronial escocés Esta interpretación caledonia de la Edad Media dio como resultado mansiones tipo castillo y edificios con torreones.

Italianizante Logias, miradores, cúpulas y aleros en voladizo se inspiraban en las villas rurales de la Italia medieval.

Neogótico Inspirado en los edificios religiosos medievales con ventanas ojivales, este estilo influyó también en el mobiliario.

Neoegipcio Este estilo se inspiraba en motivos relacionados con el antiguo Egipto. Luego inspiró a los orfebres del *art déco*.

Neorrenacentista En el mobiliario, este estilo se caracterizó por mesas con tapa de mármol, patas estriadas y motivos de volutas.

jo– implicaba que la obra en sí podía considerarse buena.

Al establecer un vínculo entre las condiciones en que se producían el diseño y la arquitectura y el valor moral atribuido a ese trabajo, Ruskin

y Pugin apuntaban contra el capitalismo industrial y las condiciones laborales que soportaban muchas personas en el siglo XIX. Estos valores inspirarían la obra de William Morris y el movimiento Arts and Crafts. ▪

Moral y diseño

Augustus Pugin, que se convirtió al catolicismo en 1834, asociaba el periodo bajomedieval con una época mítica anterior a la Reforma, de valores verdaderos y formas arquitectónicas al servicio de la fe cristiana. Percibía el arte gótico propio de aquella época pasada como moralmente superior a los estilos «paganos» populares en su tiempo, en especial el neoclasicismo, y creía que adoptarlo ayudaría a reconstruir Gran Bretaña como una cristiandad católica gótica.

Para Pugin, el desorden estilístico era un síntoma del desorden social. Se oponía a los «engaños baratos de magnificencia» –es decir, hacer que materiales de mala calidad parecieran caros– que tentaban a las clases bajas. Estos engaños tenían que ver con los métodos de producción en serie, y abarcaban desde los moldes, que eliminaban la variedad, hasta el revestimiento (para ocultar la construcción de un objeto), como el uso de chapas de madera.

Este plato de pan fue diseñado por Pugin c. 1850. El borde ostenta una máxima en letras góticas sobre no desperdiciar la comida, lo que le añade un toque moralizante.

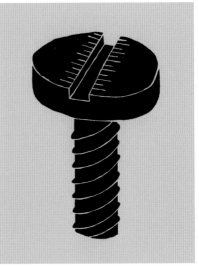

DIMENSIONES ESTRICTAMENTE DEFINIDAS
PIEZAS INTERCAMBIABLES

EN CONTEXTO

ENFOQUE
Las piezas normalizadas pueden ensamblarse para crear un producto final complejo

CAMPO
Diseño industrial, diseño de producto

ANTES
1791 La Asamblea francesa acepta una propuesta de norma uniforme de pesos y medidas.

1800 Henry Maudslay desarrolla el primer torno práctico para cortar tornillos, que permite estandarizar los tamaños de las roscas.

DESPUÉS
1913 Henry Ford introduce la primera cadena de montaje móvil, con piezas normalizadas e intercambiables.

1960 En la 11.ª Conferencia General de Pesas y Medidas se adopta oficialmente el Sistema Internacional de Unidades (SI).

A inicios del siglo XVIII, los artesanos que trabajaban en oficios de precisión como la relojería descubrieron las ventajas de crear componentes de tamaño estándar. Esto no solo garantizaba la precisión, sino que permitía al usuario sustituir piezas con facilidad. Entre los primeros en beneficiarse de esta innovación estuvieron los fabricantes de armas, ya que el desarrollo de piezas intercambiables permitía repararlas con rapidez y volver a utilizarlas.

El uso de patrones idénticos facilitaba la creación de piezas de fundición similares. Las plantillas también podían utilizarse para reproducir formas en madera y metal. Sin embargo, lograr la uniformidad en el ensamblaje planteaba un reto mayor. Mediado el siglo XIX, el inge-

---

Las piezas se **fabrican individualmente** y se recortan **a mano** para adaptarlas a cada arma: esto exige **mucha mano de obra y es ineficaz.**

↓

Las piezas fabricadas con **medidas precisas** están **diseñadas para ajustarse perfectamente al arma.**

↓

Las armas y sus piezas pueden **dimensionarse con precisión** y fabricarse con las **mismas medidas.**

↓

Se pueden **producir en serie** piezas pequeñas para cualquier arma de ese modelo, lo que hace **más rápida y eficiente** su producción.

Joseph Whitworth

Nacido en Stockport (Inglaterra) en 1803, Joseph Whitworth era hijo de un clérigo. Desde muy joven mostró talento para la ingeniería. Trabajando como aprendiz en la fábrica de algodón de su tío, observó que la maquinaria se averiaba con frecuencia debido a componentes mal ajustados.

Pasó a trabajar para el ingeniero londinense Henry Maudslay, fabricando máquinas-herramienta de precisión. Tras trabajar para otros mecánicos e ingenieros, en 1833 se trasladó a Manchester. Allí fundó su propia empresa, en la que fabricaba tornos y otras máquinas-herramienta de alta calidad.

Whitworth trabajaba con tolerancias de una milésima de pulgada (el «mil»), lo que requería una precisión sin precedentes. En la década de 1850 ya era famoso: ocupaba el cargo de presidente de la Institución de Ingenieros y era un filántropo destacado, sobre todo por su apoyo a la formación en ingeniería.

Fue investido baronet en 1869 y murió en 1887. La escala Whitworth para la medición de roscas sigue siendo una norma británica.

niero Joseph Whitworth, de Manchester, desarrolló una unidad de medida estandarizada para los tamaños y pasos de rosca utilizados en brocas, tornillos y pernos. Whitworth tenía buen ojo para la precisión, y ya había ideado un método para comprobar la planitud absoluta de las superficies metálicas. La escala Whitworth, introducida en 1841, sigue siendo en la actualidad una medida estándar británica para las roscas.

Innovación militar

Whitworth obtuvo reconocimiento nacional durante la guerra de Crimea (1853–1856), por desarrollar un rifle muy eficaz. Asimismo, la Royal Navy utilizó sus técnicas para construir rápidamente una gran flota de cañoneras. Aunque los cascos eran relativamente sencillos de construir en los astilleros británicos, la producción de máquinas de vapor fiables para 120 buques en solo 90 días planteaba un verdadero reto. La solución fue desmontar dos máquinas existentes y enviar cada pieza a un taller o fundición, donde se hicieron las copias necesarias. Así se garantizó la entrega de suficientes piezas de motor idénticas para construir y desplegar la flota de cañoneras en el plazo previsto.

Ingeniería de precisión

En las máquinas de vapor, los componentes se dilatan a distintas velocidades. Esto hace que sea crucial calcular meticulosamente la tolerancia de cada elemento: cuánto puede dilatarse o contraerse aceptablemente. La aparición de herramientas de medición más sofisticadas, como los calibres ajustables, junto con un

conocimiento cada vez mayor de la metalurgia, permitió a los ingenieros realizar mediciones muy exactas y posibilitó una mayor precisión en la fabricación.

A pesar de ser la primera nación industrial, Gran Bretaña empezó a quedarse rezagada con respecto a otros países a finales del siglo XIX, debido en parte a su enfoque *laissez-faire* de la industria, que provocó una inversión insuficiente. En cambio, en EE.UU. los métodos de producción se revolucionaron con el «sistema americano de fabricación», que imponía la inclusión de la tolerancia (la desviación aceptable) en los planos de diseño, garantizando que cada pieza fabricada pudiera instalarse sin ajustes o sustituirse por otra idéntica. Este principio de intercambiabilidad allanó el camino para la fabricación en serie que conocemos en la actualidad. ∎

Joseph Whitworth presentó varias de sus máquinas, entre ellas la taladradora radial de la foto, en la Exposición Internacional de Londres de 1862.

LA INTERSECCIÓN DE IMAGEN, PALABRA, NÚMERO Y ARTE

VISUALIZACIÓN DE DATOS

EN CONTEXTO

ENFOQUE
Representación gráfica de estadísticas

CAMPO
Diseño gráfico, diseño de la información

ANTES
1765 Joseph Priestley, químico y filósofo británico, crea el primer gráfico cronológico para mostrar la duración de la vida de personajes famosos de la historia.

DESPUÉS
1900 En la Exposición Universal de París, el sociólogo estadounidense W. E. B. Du Bois expone innovadoras visualizaciones de datos, entre ellas una que muestra la diferencia en la esperanza de vida entre blancos y negros.

2023 Aunque el Gobierno de EE. UU. declara el fin de la emergencia de salud pública por covid-19 el 11 de mayo, el *New York Times* sigue actualizando semanalmente sus gráficos de seguimiento en línea.

Cuando un brote mortal de cólera asoló Inglaterra por primera vez a finales de 1831, la teoría predominante (sin base científica) en la comunidad médica era que la enfermedad se propagaba a través del aire tóxico y maloliente –el «miasma en la atmósfera»– causado por las aguas residuales y la materia en descomposición. En 1848–1849 se produjo una segunda epidemia; cuando la tercera oleada azotó el Soho londinense en 1853–1854, el Dr. John Snow, anestesista y epidemiólogo pionero británico, se propuso demostrar sus sospechas de que el cólera no se transmitía por el aire, sino a través del agua contaminada.

La tarea del diseñador es dar acceso visual a [...] la revelación de lo complejo.
Edward R. Tufte
The Visual Display of Quantitative Information (2001)

Esto contradecía todas las teorías establecidas en la época, y Snow tuvo la difícil tarea de convencer a sus colegas médicos y a los funcionarios públicos de que las muertes no se detendrían hasta identificar y atajar la verdadera vía de transmisión.

Gráficos de datos

En 1854, Snow elaboró un mapa del Soho en el que señalaba con cruces las once bombas de agua del distrito y con puntos las muertes por cólera. Al examinar el gráfico de dispersión sobre el mapa, se hizo evidente que el cólera se daba casi exclusivamente entre quienes vivían cerca (y bebían) de la bomba de agua de la esquina de las calles Broad y Cambridge. Armado con esta representación visual de los datos de la epidemia, Snow logró convencer a la Junta de Guardianes, encargada del bienestar y el auxilio de la población local, de que retirara la manivela de la bomba contaminada para ponerla fuera de servicio.

La enfermera, estadística y reformadora británica Florence Nightingale utilizó unos años más tarde un método similar para dar vida a las cifras estadísticas. Durante la guerra de Crimea, observó que en el hospi-

Véase también: Tipos móviles y diseño gráfico temprano 70–77 ▪ Diseño de la información 144–145 ▪ Bauhaus 170–171

El diagrama de la rosa de Nightingale muestra cuántos soldados británicos murieron cada mes por heridas (rojo), enfermedades infecciosas (azul) y otras causas (negro) entre abril de 1854 y marzo de 1856.

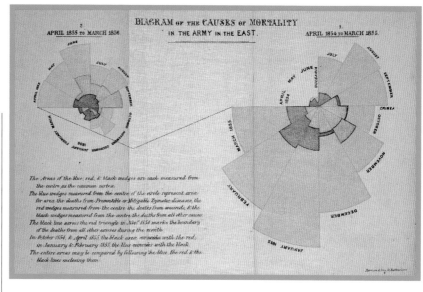

tal morían más soldados por infecciones contagiosas que por heridas en el campo de batalla. En 1858 recopiló datos sobre mortalidad por enfermedades contagiosas, heridas y otras causas y utilizó gráficos lineales, diagramas de dispersión y otros recursos gráficos para presentar la información. Su gráfico más conocido, el llamado «diagrama de la rosa de Nightingale», utilizaba una visualización llamada diagrama de área polar para resumir estadísticas complejas de forma sencilla y persuasiva, utilizando el color para dar énfasis.

Uso actual

Ilustrar las estadísticas médicas de forma clara y eficaz sigue siendo de vital importancia, como se demostró durante la pandemia de covid-19. A partir de 2020, la Agencia de Seguridad Sanitaria de Reino Unido y otros organismos de salud pública de todo el mundo empezaron a publicar datos sobre la pandemia. En gráficos de fácil lectura se mostraban las cifras de infecciones, hospitalizaciones y muertes, junto con los porcentajes de población vacunada y otros datos relevantes, todo de forma gráfica. Al desglosar la información en mapas regionales codificados por colores y gráficos de series temporales, de barras y circulares, el lector podía ver las estadísticas más pertinentes de un vistazo.

La visualización de datos contribuyó a comprender la naturaleza de la covid-19. Además, el seguimiento de las tendencias nacionales y mundiales ayudó a controlar la pandemia, al ofrecer soluciones que podían haber sido menos claras de presentarse en columnas de cifras. ▪

Presentar la información

En 1644, el cartógrafo holandés Michael van Langren dibujó lo que se considera el primer gráfico estadístico. Como cosmógrafo y matemático real del rey Felipe IV de España, utilizó un sencillo dibujo con estimaciones de la longitud entre Toledo, en España, y Roma, en Italia, para demostrar que había formas mejores y más precisas de calcular esta coordenada.

En 1786, al introducir los gráficos lineal, de barras, de sectores y circular, el ingeniero escocés William Playfair creó un lenguaje universal de fácil comprensión, útil tanto para la ciencia como para el comercio, y cambió para siempre la forma de ver los datos.

La visualización de datos permite ver cifras o hechos como información real y vívida, al revelar lo que de otra manera permanecería invisible: evidenciar una tendencia a la baja en las ventas; señalar una disparidad de ingresos en barrios colindantes; o mostrar qué poblaciones de aves han disminuido en un determinado periodo de tiempo.

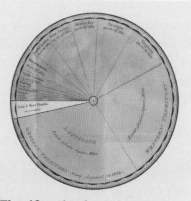

El gráfico circular de Playfair de los estados, territorios y provincias de EE. UU. (en 1805) ofrece una clara imagen visual de su tamaño relativo.

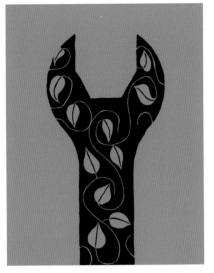

DECORAR LO UTILITARIO
MOVIMIENTO DE REFORMA DEL DISEÑO

EN CONTEXTO

ENFOQUE
La decoración es secundaria con respecto a la forma

CAMPO
Diseño de producto, diseño textil, interiorismo, arquitectura

ANTES
1836 El Comité Asesor Parlamentario de las Artes informa sobre la baja calidad del diseño británico.

1837 Se inaugura en Londres la primera Escuela Gubernamental de Diseño. En 1896 se convierte en el Royal College of Art.

DESPUÉS
Décadas de 1860 a 1910
El movimiento Arts and Crafts promueve los productos hechos a mano, la artesanía tradicional y la vuelta a diseños más sencillos.

1918–1939 En el periodo de entreguerras se desarrolla el movimiento moderno en arte y diseño.

En la década de 1830, la revolución industrial había empezado a transformar Gran Bretaña. La rápida expansión de la industria ayudó a crear una nueva clase media dispuesta a gastar sus ingresos en los numerosos productos domésticos –como muebles, cerámica y adornos– ahora disponibles.

Sin embargo, no todo el mundo estaba satisfecho con estos productos. Se temía que la producción en serie hubiera reducido el nivel de calidad, sobre todo si se comparaban los productos británicos con los europeos. Al mismo tiempo, hubo una reacción contra el uso excesivo de ornamentación y color, y contra la mezcla indiscriminada de estilos y motivos que se había convertido en norma en el diseño.

Elevar los estándares de diseño

Entre los defensores del movimiento de reforma del diseño figuraban el funcionario y diseñador Henry Cole, el pintor Richard Redgrave y el arquitecto y teórico Owen Jones. Los tres participaron estrechamente en la iniciativa de las Escuelas Gubernamentales de Diseño: una red de escuelas patrocinadas por el Estado en toda Gran Bretaña fundada en 1837 con el objetivo de elevar el nivel de diseño de los productos manufacturados.

Defendían un «equilibrio entre belleza y utilidad» y hacían hincapié en la importancia de diseños que pudieran producirse fácilmente en serie. Con el apoyo del príncipe

Este sillón de caoba fue diseñado por Owen Jones c. 1867–1870 para el propietario de unos grandes almacenes. Como gran parte de su obra, incorpora elementos de arte no occidental.

Véase también: El movimiento Arts and Crafts 112–119 ▪ *Art nouveau* 132–133 ▪ Deutscher Werkbund 162 ▪ Bauhaus 170–171 ▪ Movimiento moderno 188–193 ▪ Diseño G Plan 226–227

El libro de Jones incluye ejemplos de arte y diseño de distintas épocas, como estas columnas y capiteles del antiguo Egipto.

The Grammar of Ornament

Owen Jones fue una figura clave en la reforma del diseño, que ayudó a formular los principios de ornamentación que conformaron el marco de enseñanza en las Escuelas Gubernamentales de Diseño británicas.

En 1856 amplió esos principios en *The Grammar of Ornament*, libro de referencia sobre diseño global e histórico que pretendía identificar los principios comunes del diseño a través de la historia.

Jones ilustró ejemplos de ornamentación procedentes de diversas fuentes históricas y geográficas, con especial atención a la decoración islámica, y expuso 37 principios generales derivados de esos ejemplos. Sostenía que el ornamento debía «basarse en la observación de los principios que regulan la disposición de las formas en la naturaleza». Su libro fue pionero en la teoría moderna del color, y sus teorías sobre patronaje plano, geometría y abstracción continúan influyendo en los diseñadores.

Alberto, esposo de la reina Victoria, elaboraron una serie de pautas formales para el diseño moderno, con tres principios básicos: la decoración debía ser secundaria con respecto a la forma; la forma debía estar dictada por la función y los materiales; y el diseño debía inspirarse en la ornamentación histórica inglesa y no occidental, así como en formas vegetales y animales que pudieran traducirse en motivos geométricos sencillos. Se animaba a los alumnos a estudiar y reelaborar motivos de culturas no occidentales y a examinar la naturaleza para entender cómo adaptar sus formas en lugar de simplemente copiarlas.

Nace el diseño industrial

En 1856, Owen Jones amplió estos principios en su libro de referencia sobre diseño, *The Grammar of Ornament*. Buscaba desarrollar un estilo moderno, y sus patrones, que con frecuencia se basaban en teselados lineales, tuvieron gran influencia en el diseño textil y de papel pintado. Las ideas de Jones fueron continuadas por su protegido Christopher Dresser, quien, a finales de la década de 1850, desarrolló una metodología de diseño que era visual e industrialmente radical, y creó una gama de artículos para el hogar, como jarrones, jarras y teteras, funcionales pero bellos. Con ello fue pionero del «diseño industrial», creando piezas asequibles y bien diseñadas que podían fabricarse en serie. Aunque el movimiento de reforma del diseño solo tuvo un éxito limitado a la hora de refinar los estilos que compraban los clientes victorianos, preparó el camino para otros diseñadores de finales del siglo XIX e inicios del XX, como el Werkbund y la Bauhaus alemanes. ▪

Los objetos inspirados en el movimiento de reforma del diseño incluyen piezas decorativas, pero son principalmente funcionales. Este jarrón de Richard Redgrave de 1847 es para uso cotidiano.

Una guirnalda de nenúfares alude al uso del objeto como contenedor de agua

Las asas tienen forma de hojas de planta, pero se pueden agarrar

La base del jarrón tiene el diseño de raíces vegetales

El trabajo de pintura no es excesivamente detallado, sino que utiliza líneas simples y colores lavados

UN GOZO PARA EL CREADOR Y PARA EL USUARIO

EL MOVIMIENTO ARTS AND CRAFTS

EN CONTEXTO

ENFOQUE
Revivir la artesanía

CAMPO
Arquitectura, diseño, metalistería, artesanía

ANTES
1836 Augustus Pugin, codiseñador del palacio de Westminster, defiende la importancia de la artesanía y la tradición en la arquitectura.

1853 John Ruskin sostiene que solo un retorno a la artesanía puede revertir el colapso moral provocado por las prácticas industriales.

DESPUÉS
1919 El arquitecto alemán Walter Gropius funda la escuela de arte Bauhaus, que hace hincapié en la importancia de la función.

1925 Influido por Ruskin y William Morris, el filósofo japonés Yanagi Sōetsu funda el movimiento Mingei, que pretende preservar la artesanía tradicional.

El movimiento Arts and Crafts surgió en Gran Bretaña en torno a la década de 1860 y se convirtió en la fuerza dominante del diseño en el país durante casi medio siglo. El movimiento extendió su influencia por todo el mundo, floreciendo en Europa y Norteamérica entre 1880 y 1920.

Inspirado por las ideas de figuras británicas como el historiador Thomas Carlyle, el crítico de arte John Ruskin y el diseñador William Morris, el movimiento fue una respuesta al declive percibido en las artes decorativas como consecuencia de la industrialización. Los implicados abogaban por un retorno a la artesanía, una estrecha relación entre el creador y los materiales, y el acceso a las artes para todos como medio de mejorar la vida de las personas.

Más que un estilo claramente definido, Arts and Crafts constituía un enfoque del proceso de fabricación y una ideología sobre una forma de vida. El resultado fue una producción dispar, con obras ricamente ornamentadas y otras de una absoluta sencillez.

Además, era un movimiento simultáneamente conservador y radical. Por un lado, valoraba los mé-

No tengas nada en tu casa que no sepas que es útil o que no creas que es hermoso.
William Morris

todos artesanales tradicionales e idealizaba la Edad Media como una época de integridad moral. Por otro, promovía modos de vida y de trabajo alternativos, y muchos de sus practicantes abrazaron una «vida sencilla» en la campiña inglesa.

La influencia de William Morris

Los principios rectores del movimiento Arts and Crafts surgieron de las ideas desarrolladas por William Morris en la década de 1850 como parte del Birmingham Set, un grupo de estudiantes de la Universidad de Oxford que aunaban el amor por lo

---

William Morris

Nacido en 1834 en Londres, Morris fue un diseñador enormemente influyente que desarrolló la visión estética y social del movimiento Arts and Crafts.

En su época de estudiante se vio muy influido por la defensa de los valores medievales del historiador Thomas Carlyle y por el rechazo del crítico de arte John Ruskin a la fabricación industrial en favor de un retorno a la artesanía. Partiendo de estas ideas, Morris promovió el diseño funcional honesto, el uso de formas naturales en los motivos decorativos y la importancia del trabajo manual creativo. Puso

en práctica estos principios en Morris, Marshall, Faulkner & Co., la empresa que cofundó en 1861.

En 1883 se afilió al partido socialista Federación Democrática; sin embargo, sus opiniones se volvieron cada vez más radicales, y un año después sería uno de los fundadores de la Liga Socialista, que abogaba por una revolución proletaria mundial. Murió en 1896.

Obras clave

1882 *Hopes and Fears for Art: Five Lectures.*

Véase también: Fabricación de textiles 84–91 ▪ Historicismo y neogótico 104–105 ▪ Esteticismo 120–121 ▪ Cerámica artística 122–123 ▪ *Art nouveau* 132–133 ▪ Bauhaus 170–171 ▪ *Art déco* asiático 184–185

El papel pintado Pimpinela,
diseñado por William Morris en 1876, presenta hojas y flores arremolinadas. Luce en Kelmscott House (Londres), donde Morris vivió de 1879 a 1896.

que consideraban los valores caballerescos y precapitalistas de la Edad Media con un compromiso de reforma social.

En 1859, Morris empezó a poner en práctica estas ideas diseñando el mobiliario de Red House, su nueva vivienda en Bexleyheath (Londres), construida por el arquitecto británico Philip Webb.

En 1861, como resultado directo de la experiencia de diseñar para Red House, Morris y sus amigos fundaron la empresa Morris, Marshall, Faulkner & Co. Se describían a sí mismos como «obreros de las bellas artes» y pretendían reformar la actitud británica ante la producción. La empresa producía principalmente artículos domésticos –muebles, textiles, papel pintado y metalistería– que pronto se hicieron populares. También obtuvo lucrativos encargos para diseñar vidrieras para edificios eclesiásticos. En 1875, Morris tomó el control total de la empresa y la rebautizó como Morris & Co.

El Art Workers' Guild
En la década de 1880, una nueva generación de fabricantes y diseñadores había hecho suyos los ideales de Arts and Crafts y creado numerosas asociaciones y comunidades artesanales. Entre ellas se encontraba el Art Workers' Guild, un grupo de debate fundado en 1884 por un grupo de jóvenes arquitectos y diseñadores con el objetivo de romper las barreras entre las bellas artes y las artes aplicadas, y elevar el estatus de diseñadores y artesanos. »

El movimiento Arts and Crafts surge para revivir la artesanía como reacción a la industrialización.

Una **fuerte conciencia social** lleva a experimentar con **modos de vida alternativos**, como las comunidades artesanales.

El enfoque Arts and Crafts influye en **todos los aspectos del diseño**, desde la **arquitectura** y el paisajismo hasta la **joyería** y la moda.

Productos mal elaborados inundan el mercado y el **público pierde la confianza** en los artículos hechos a mano.

El movimiento **declina**, pero sus ideas sobre cómo hacer buen diseño **al alcance de todos** y proteger el medio ambiente **aún perduran.**

Mujeres artistas

El movimiento Arts and Crafts coincidió en Gran Bretaña con importantes avances sociales para la mujer, como las Leyes de Propiedad de las Mujeres Casadas de 1870 y 1882, la expansión de la formación artística para mujeres y la agitación por el sufragio femenino. Además, el propio movimiento fue notable por las oportunidades profesionales que ofreció a las artesanas. Algunas desarrollaron carreras de éxito en colaboración con miembros de su familia, como Georgie Gaskin, que fabricaba joyas con su marido, Arthur Gaskin, y Margaret Macdonald, que trabajó junto a su marido, Charles Rennie Mackintosh, en una serie de interiores. Entre las que se establecieron por cuenta propia figuran la diseñadora de jardines Gertrude Jekyll y la artista Phoebe Traquair, creadora de joyas, bordados y murales.

Las diseñadoras y artesanas también florecieron en EE. UU.: de los 160 artesanos cuyas obras se expusieron en la primera exposición de Arts and Crafts organizada en EE. UU., en 1897, la mitad eran mujeres.

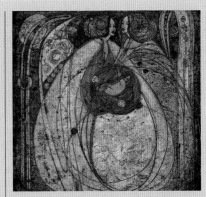

El corazón de rosa de Margaret Macdonald se expuso por primera vez en la Exposición Internacional de Arte Decorativo Moderno de Turín en 1902.

Aunque tenía su sede en Londres, participaban personas de toda Gran Bretaña.

Pronto quedó claro que el mundo del arte establecido no consideraba las artes decorativas lo suficientemente importantes como para justificar una exposición. Por ello, en 1887, con el fin de dar a conocer al público el trabajo de los miembros del gremio, un grupo de ellos creó la Arts and Crafts Exhibition Society. Era la primera vez que se utilizaba el término *«arts and crafts»* («artes y oficios») y, al hacerlo, el movimiento encontró su nombre.

La sociedad celebró su primera exposición en Londres en 1888. Fue todo un éxito, y entre 1889 y 1916 organizaría otras diez exposiciones.

Conciencia social

Las ideas del movimiento Arts and Crafts atrajeron especialmente a aquellos con conciencia social y aversión al materialismo y el consumismo. Muchos de los implicados se interesaron por la educación, convencidos de que la vida de las clases trabajadoras mejoraría si recibían una mejor educación y formación cultural.

Charles Robert Ashbee, arquitecto, diseñador y reformador social, fue especialmente influyente en este sentido. En 1888 fundó el Guild and School of Handicraft (Gremio y Escuela de Artesanía) en los barrios marginales del East End londinense. Era una cooperativa que reunía a artesanos locales para diseñar y fabricar artículos de madera, metal y cuero, y encarnaba muchas de las ideas de Arts and Crafts: seguía el modelo de los gremios medievales; pretendía dar a los trabajadores satisfacción por su trabajo artesanal; y era un experimento de nuevas formas comunitarias de trabajar y vivir.

Si no se reconoce el arte en el objeto más humilde, las artes no pueden estar en buenas condiciones.
Walter Crane
Of the Revival of Design and Handicraft (1893)

En 1902, inspirado por la idea de una vida sencilla en el campo, Ashbee trasladó a unos 50 artesanos y sus familias desde Londres hasta la localidad de Chipping Campden, en Costwold (Gloucestershire), para crear una comunidad experimental. Pero el gremio no prosperó allí y se liquidó en 1908.

En 1884, la reformadora social Eglantyne Louisa Jebb fundó la Home Arts and Industries Association (Asociación de Artes e Industrias Domésticas). Su objetivo era animar a las clases trabajadoras a dedicarse a la artesanía, no con fines lucrativos sino para proporcionarles actividades de ocio y mejorar su gusto y sentido del valor moral. En 1889 contaba con 450 clases, 1000 profesores y 5000 alumnos, y fue casi tan influyente como el Art Workers' Guild en el desarrollo del movimiento Arts and Crafts, especialmente en zonas rurales.

Un movimiento dominante

En 1890, los estudios y talleres de Arts and Crafts estaban activos en muchas partes de Inglaterra, y el movimiento también empezaba a tener un fuerte impacto en Escocia. Varios grandes almacenes de lujo, como Liberty en Londres, empezaron a vender artículos de Arts and Crafts, desde telas hasta muebles. Las revistas también promocionaban el trabajo de sus diseñadores y arquitectos, que se convirtieron en nombres muy conocidos.

A finales del siglo XIX, Arts and Crafts era el estilo dominante en Gran Bretaña y afectaba a todas las facetas del diseño, desde la arquitectura y el paisajismo hasta la decoración de interiores y la moda.

Edificios y jardines

Muchos de los protagonistas del movimiento Arts and Crafts, como Philip Webb, William Lethaby y Charles Voysey, habían estudiado arquitectura. Se propusieron reformar esta disciplina con un enfoque centrado en la simplicidad de la forma y la construcción, y en materiales vernáculos de buena calidad, como la piedra, el ladrillo, la madera y la paja. También adoptaron técnicas apropiadas para crear obras que reflejaran tanto el entorno local como las necesidades de los usuarios.

La creencia en la importancia de la conexión entre un edificio y su entorno hizo que en Gran Bretaña el

Comparación de principios	
Estética dominante	**Arts and Crafts**
Diseños ornamentados y elaborados que priman la estética sobre la funcionalidad	Enfoque centrado en la practicidad y la utilidad, con la función como principio clave
Énfasis en el exceso, los detalles intrincados y los adornos opulentos	Expresión honesta de materiales y artesanía
Gusto por las formas florales exuberantes y los motivos orientales, como pagodas y aves exóticas	Motivos inspirados en la naturaleza, pero con un enfoque más sobrio y geométrico
Colores oscuros y pesados y estampados ricos y contrastados	Paletas de colores terrosos y apagados, que realzan los tonos naturales
Artículos producidos en serie como resultado de los avances tecnológicos y la industrialización	Énfasis en la importancia de la artesanía y la dignidad del trabajo, aprecio de los productos hechos a mano
El estatus social y la riqueza se exhiben a menudo a través de diseños ostentosos	Deseo de poner el diseño al alcance de todos

movimiento Arts and Crafts tuviera un impacto duradero en el diseño de jardines. En la época victoriana, los jardines habían sido otro medio para exhibir la riqueza del propietario, y se caracterizaban por incluir plantas exóticas y diseños geométricos de vivos colores. Por el contrario, los jardineros de Arts and Crafts, como el irlandés William Robinson, promovieron el uso de especies autóctonas y la plantación natural, inspirándose en los setos y prados locales.

Una de las asociaciones más influyentes del movimiento fue la formada por el arquitecto Edwin Lutyens y la diseñadora de jardines Gertrude Jekyll. Trabajaron juntos en el diseño de la casa y los jardines de Jekyll en Munstead Wood, cerca de Godalming, en Surrey. Jekyll llegó a diseñar unos 400 jardines, a menudo en colaboración con Lutyens. Su trabajo se caracterizó por un sutil enfoque pictórico, colores radiantes y parterres de flores resistentes.

Interiorismo

Muchos de los diseñadores de Arts and Crafts trabajaban en un amplio abanico de disciplinas diferentes, como la arquitectura, el mobiliario y la decoración mural, en un esfuerzo por crear un interior armonioso «total». Solían inspirarse en formas vegetales, que usaban de forma natural. Además, querían que los materiales se usaran con honestidad, de modo que cualquiera pudiera »

Los jardines de Hestercombe, en Somerset (Inglaterra), diseñados por Edward Lutyens y Gertrude Jekyll en 1904. Los macizos y los senderos de piedra realzan la vista de la casa.

saber, con solo mirar un objeto, cómo se había fabricado y de qué estaba hecho; y los detalles de construcción –como las marcas de martillo en el trabajo del metal– se dejaban a menudo a la vista como recordatorio de que la pieza se había hecho a mano.

Ropa y joyas

El enfoque integral de Arts and Crafts también incluía ideas sobre la moda. Sus promotores rechazaban la elaborada ropa femenina de principios de la época victoriana, con su silueta antinatural basada en corsés ajustados y crinolinas pesadas y voluminosas. Abogaban en cambio por un «vestido racional»: ropa sencilla que no exigiera prendas interiores ceñidas y que siguiera la forma natural del cuerpo.

Las mujeres de Arts and Crafts llevaban vestidos confeccionados con materiales suaves y ligeros –como el algodón fino o la seda, o un lino basto sin blanquear conocido como holanda–, tal vez adornados con bordados hechos a mano. Sus vestidos carecían de una cintura definida y a menudo se basaban en estilos medievales idealizados.

Los diseños de joyas extravagantes –a menudo inspirados en

Este precioso colgante, con delicados motivos vegetales de plata engastados con gemas en cabujón, muestra cómo los diseñadores Georgie y Arthur Gaskin se inspiraban en la naturaleza.

descubrimientos arqueológicos contemporáneos y con diamantes y materiales exóticos como el marfil y el coral– se consideraban ostentosos y se rechazaban. En su lugar, los diseñadores de Arts and Crafts se inspiraban en las formas naturales y utilizaban esmaltes y piedras semipreciosas, a menudo en forma de cabujón, sugiriendo una cualidad orgánica.

Estilo artesano americano

En EE. UU., al igual que en Gran Bretaña, el movimiento Arts and Crafts fue el complemento estético de un impulso para mejorar la sociedad a través de la reforma social. Sus ideales se reinterpretaron de diversas maneras, y el estilo arquitectónico, de diseño de interiores y de artes decorativas del periodo comprendido entre 1910 y 1925 se conoce generalmente como «artesano americano».

Una figura crucial del movimiento en EE. UU. fue el fabricante de muebles, diseñador y editor Gustav Stickley. Sus muebles reflejaban sus ideales de sencillez, honestidad en la construcción y veracidad de los materiales. En 1901 empezó a publicar la revista *The Craftsman*, que se convirtió en un importante vehículo de promoción de la filosofía Arts and Crafts y ejerció una gran influencia en el desarrollo de la arquitectura artesana americana. Las páginas de la revista incluían planos arquitectónicos de casas caracterizadas por las plantas abiertas y el uso de materiales tanto naturales como innovadores. Un excelente ejemplo de arquitectura de estilo artesano americano, aunque a gran escala, es el

Ciudades jardín

Las ideas de Arts and Crafts inspiraron el movimiento de las ciudades jardín de inicios del siglo xx, impulsado por el urbanista británico Ebenezer Howard con el fin de resolver el problema de la vivienda a medida que la población se trasladaba a las ciudades. Aprovechando las ventajas del campo y la ciudad y evitando sus inconvenientes, las ciudades jardín debían ser autosuficientes y dar la misma prioridad a vivienda, industria, comercio y servicios.

Construida en 1903 por Barry Parker y Raymond Unwin, Letchworth, en Hertfordshire (Inglaterra), fue la primera ciudad jardín. Ambos compartían la creencia de Howard de que la clase trabajadora merecía una vivienda mejor, y estaban influidos por las ideas de William Morris y su énfasis en que el buen diseño fuera accesible a todos. Así, Letchworth se diseñó con unos estándares de alta calidad, aunque los arquitectos ignoraron el diseño simétrico de Howard y aplicaron uno más orgánico, según los principios de Arts and Crafts.

El edificio Spirella de Letchworth albergó una fábrica de corsés. Se diseñó pensando en el bienestar de sus trabajadores, con biblioteca, espacios para hacer ejercicio y duchas.

Esta mesa de roble de Gustav Stickley refleja el gusto del diseñador por la construcción sencilla y robusta. Tenía una cubierta de cuero opcional y se vendía en su catálogo como «mesa de biblioteca».

Castillo en las Nubes, que fue diseñado por J. Williams Beal entre los años 1913 y 1914. Situada en las montañas Ossipee de Nuevo Hampshire, esta mansión de 16 habitaciones combina la madera de roble, el granito rosa local y otros materiales naturales con métodos de construcción entonces modernos, como el vertido de hormigón y el uso de vigas de acero.

Frank Lloyd Wright y los arquitectos de la Escuela de la Pradera (1890–1916) también se esforzaron por desarrollar un estilo arquitectónico autóctono en línea con el movimiento Arts and Crafts. Este estilo, muy común en el Medio Oeste de EE. UU., se caracteriza por sus fuertes líneas horizontales y largas cubiertas planas, sus interiores abiertos y fluidos, y sus hileras de ventanas dispuestas para crear la ilusión de una pared de cristal. La Casa Robie de Chicago es quizá el diseño más famoso de Wright.

Fortunas divergentes

A principios del siglo xx, los diseños de Arts and Crafts se copiaban para fabricar artículos en serie en fábricas que utilizaban métodos industriales. Al mismo tiempo, la proliferación de productos hechos a mano de calidad desigual provocó una pérdida de confianza del público en los artículos artesanales.

Los eventos organizados por la Arts and Crafts Exhibition Society dejaron de ser rentables en la década de 1910, y el ímpetu progresista del movimiento empezó a perder fuerza. Bajo el control de los artistas más veteranos, la sociedad rechazó el papel comercial y la colaboración con los fabricantes, encerrándose en una celebración purista de lo hecho a mano. La situación se deterioró aún más durante la Primera Guerra Mundial, que cerró muchos de los pequeños talleres que habían constituido la columna vertebral del movimiento Arts and Crafts.

Aunque Arts and Crafts se estancó en Gran Bretaña, talleres artesanales de toda Europa continental continuaron desarrollando las ideas

Para estar completos, debemos vivir en todos los tiempos: pasado, futuro y presente.
Ernest Gimson
Arquitecto y diseñador
(mayo de 1916)

del movimiento, innovando en el campo del diseño y forjando alianzas con la industria. La Deutscher Werkbund (Asociación Alemana de Artesanos), fundada en 1907 como asociación entre diseñadores y fabricantes, se convirtió en un agente clave en el desarrollo de la arquitectura y el diseño industrial modernos, en especial a través de la escuela Bauhaus. En Gran Bretaña, sin embargo, el movimiento Arts and Crafts no consiguió cambiar y fue superado.

El movimiento Arts and Crafts ejerció una gran influencia en las artes en Europa hasta la década de 1930, cuando fue desplazado por el movimiento moderno. No obstante, siguió inspirando a artesanos, diseñadores y urbanistas mucho tiempo después. De hecho, muchas de las ideas actuales sobre la protección de la naturaleza frente a los estragos de la industrialización, la conciliación de la vida laboral y familiar y el diseño de calidad al alcance de todos tienen su origen en el movimiento Arts and Crafts. ∎

NADA ES REALMENTE BELLO SI NO ES INÚTIL
ESTETICISMO

EN CONTEXTO

ENFOQUE
Belleza en los objetos

CAMPO
**Interiorismo, diseño
de producto, arte**

ANTES
1856 Christopher Dresser
contribuye con una lámina
botánica de hojas y flores
a la célebre publicación de
Owen Jones *The Grammar
of Ornament*.

1858 El Tratado de Amistad y
Comercio anglo-japonés inunda
Gran Bretaña con elementos de
la cultura japonesa.

DESPUÉS
1907–1908 El pintor austriaco
Gustav Klimt termina *El beso*.
Su obra presenta características
decorativas y simbólicas
asociadas al movimiento
esteticista.

1951 Los organizadores
laboristas del Festival
de Gran Bretaña buscan
celebrar la belleza de los
objetos cotidianos.

El movimiento esteticista británico, activo entre 1860 y 1900, creía en la supremacía de la belleza sobre la utilidad. En cierta medida, el esteticismo fue una reacción a la fealdad percibida en la industrialización y a la moralización social del movimiento Arts and Crafts. Para muchos de sus defensores –entre los que se encontraban los diseñadores Edward William Godwin y Christopher Dresser, el escritor Oscar Wilde y el artista estadounidense James McNeill Whistler–, el esteticismo ofrecía un enfoque diferente, celebrando el diseño bello pero sin buscar un significado más profundo, valorando «el arte por el arte». Era individualista, inconformista, bohemio, romántico y hedonista. En oposición al enfoque igualitario de William Morris sobre el propósito social del diseño, los esteticistas, principalmente de clase alta y media, sostenían que la cultura era para las élites de una sociedad elegante, y desde luego no para todo el mundo.

Motivos e influencias

Los diseños que surgieron del esteticismo representaron un alejamiento de la ornamentación pesada y oscura asociada a la época victoriana, hacia formas más ligeras, sencillas y elegantes. Aunque el movimiento era estilísticamente diverso, presentaba una serie de motivos recurrentes, como el lirio, el girasol y la pluma de pavo real.

Uno de los mejores ejemplos que se conservan del interiorismo esteticista es la Sala del Pavo Real, diseñada por Whistler para un rico mecenas británico a mediados de la década de 1870. Su finalidad era servir de comedor para exhibir una colección de porcelana china azul y blanca, pero el diseño de Whistler fue mucho más allá. Creó un tipo de interior radicalmente distinto, impregnado de azules, verdes y do-

> Veo todo mi trabajo como
> una obra de arte. Un edificio
> es para mí como un cuadro
> para un pintor o un poema
> para un poeta.
> **E. W. Godwin**

La extravagante Sala del Pavo Real fue mal recibida por el mecenas de Whistler, Frederick Leyland, que se opuso a su coste. Whistler solo recibió la mitad de la remuneración acordada.

rados que reflejaban la belleza del pavo real, y con elementos de las artes de Asia oriental, en particular de Japón.

Al igual que su amigo Whistler, E. W. Godwin sentía una profunda admiración por el arte japonés. Sus diseños de muebles, elegantemente lineales, fusionaban estilos británicos tradicionales con influencias asiáticas. El aparador Godwin, fabricado en 1867–1870, es un innovador ejemplo de este estilo anglojaponés, que combina aspectos funcionales –como estantes ajustables y superficies duras fáciles de limpiar– con elementos sencillos y lineales propios de una sensibilidad moderna.

Belleza y negocio

La obra de Godwin se acerca estilísticamente a la de otra figura asociada al esteticismo: Christopher Dresser, que también se inspiró en Japón. Pero, a diferencia de sus contemporáneos, que ponían la belleza por encima de la utilidad, Dresser concilió los valores estéticos con los intereses comerciales.

Considerado por algunos como el primer diseñador industrial, Dresser diseñó una amplia gama de artículos –como papeles pintados, cerámica, textiles, muebles de hierro fundido y alfombras– para más de 30 firmas internacionales. Sus trabajos en metal, en particular, se caracterizan por la sencillez de formas, la ausencia de ornamento, un meticuloso análisis de la función y una gran atención a la facilidad de uso. Su rechazo de la artesanía y su reconocimiento de los beneficios de la industrialización hacen que se le considere un precursor de la era Bauhaus. ▪

El legado esteticista

El estigma que rodeó a Oscar Wilde y su procesamiento por indecencia grave en 1895 marcó el principio del fin del movimiento esteticista. El escritor irlandés había encabezado el esteticismo en la literatura, y creía que esta debía ofrecer nada más que belleza, sin fines didácticos.

Aunque salpicado de escándalos, el esteticismo allanó el camino a los movimientos artísticos y de diseño del siglo xx. Sus ideas y estilos inspiraron a Gustav Klimt y a los secesionistas vieneses, y su exaltación de la belleza es visible en la obra *art nouveau* de artistas como el pintor e ilustrador checo Alphonse Mucha y el vidriero y joyero francés René Lalique.

Al rehacer el mundo doméstico de la clase media británica y reformular la relación entre el artista y la sociedad, además de unir las bellas artes y las artes decorativas, el esteticismo supuso un paso importante entre el historicismo victoriano y el movimiento moderno.

Un banco de peces adorna la Oléron de Lalique, de 1927. Su alegre decoración de objetos cotidianos revela la influencia del esteticismo.

BELLEZA DE FORMAS Y COLORES SUAVES
CERÁMICA ARTÍSTICA

EN CONTEXTO

ENFOQUE
**Mérito artístico
de la cerámica**

CAMPO
Diseño de producto

ANTES
1851 La Gran Exposición de
Arte e Industria de Londres
provoca una reacción contra
los artículos fabricados en serie.

1854 Japón abre sus fronteras
para facilitar los acuerdos
comerciales con Occidente.

DESPUÉS
1861 William Morris y
sus socios fundan Morris,
Marshall, Faulkner & Co.,
fabricante y minorista de
mobiliario y artes aplicadas,
que acerca los artículos de
Arts and Crafts al gran público.

1925 París acoge la
Exposición Internacional
de Artes Decorativas e
Industriales Modernas,
que señala la llegada del
movimiento *art déco*.

Surgida en parte como reacción a la cerámica producida en serie de la primera mitad del siglo XIX, la cerámica artística hizo del artesano —el alfarero o decorador— un creador, y del objeto, una expresión de su visión artística. Las tendencias estilísticas que surgieron a partir de la década de 1860, como el movimiento Arts and Crafts en Gran Bretaña, desempeñaron un papel fundamental en el fomento del aspecto artesanal de la producción cerámica.

La cerámica artística incluye objetos elaborados por artistas individuales y por pequeños talleres, así como otros producidos por grandes fábricas, muchas de las cuales añadieron a su producción más comercial artículos fabricados en taller. Una de las primeras empresas británicas en hacerlo fue Doulton, de Londres, conocida por sus artículos sanitarios. Reconociendo la creciente popularidad de la cerámica artística, en 1871 Henry Doulton estableció un convenio con la cercana Escuela de Arte de Lambeth, dando así a jóvenes artistas la oportunidad de trabajar en un taller en expansión.

La cerámica artística consideraba su obra como una pieza decorativa que podía utilizarse en interiores para crear un conjunto estilísticamente coherente junto con muebles, metalistería, pinturas y esculturas. Los manuales de decoración de interiores, como *Hints on Household Taste* (1869) de Charles Locke Eastlake, recomendaban la integración de cerámicas sencillas —incluidas piezas antiguas y de segunda mano— en los ambientes domésticos.

Influencias culturales
Las fuentes de inspiración de los ceramistas victorianos iban desde el Renacimiento italiano hasta las culturas norteafricanas y orientales. La simplicidad de las formas

Nuestro primer fin
declarado es hacer todo
lo posible para producir
artículos bellos y artísticos
que puedan utilizarse.
Harold Rathbone
**«The Industrial Aims of Della
Robbia Pottery Ltd.» (1896)**

Véase también: Cerámica producida en serie 92–93 ▪ El movimiento Arts and Crafts 112–119 ▪ *Art nouveau* 132–133 ▪ *Art déco* asiático 184–185

japonesas, en particular, encajaba a la perfección con el nuevo interés por los productos sencillos y bien hechos. El gres fabricado en Seto durante el periodo Edo (1603–1868), en el que los esmaltes se aplicaban de forma libre, apeló al nuevo gusto por el adorno abstracto, sobre todo en Francia.

El japonismo –término genérico que designa la influencia de la estética japonesa– se reflejó en la mayoría de los movimientos de cerámica artística. En EE. UU., por ejemplo, Rookwood Pottery, fundada en 1880 por Maria Longworth Storer, produjo piezas con esmaltes e imágenes japonesas, como animales y flores naturalistas.

Otros alfareros se vieron muy influidos por las artes cerámicas de Asia occidental y el norte de África.

El londinense William De Morgan, que comenzó su carrera pintando azulejos, platos y fuentes, se esforzó por perfeccionar el uso de un vidriado metálico e iridiscente conocido como lustre, técnica surgida en el siglo IX en Mesopotamia y luego extendida a Egipto y Persia.

Della Robbia Pottery fue fundada por el artista Harold Rathbone y el escultor Conrad Dressler en 1894 en Birkenhead, cerca de Liverpool. Se inspiró en la producción de la familia italiana de escultores del mismo nombre, que trabajaron la terracota vidriada en la Florencia de los siglos XV y XVI. ▪

Esta bandeja de William De Morgan, decorada con dragones y flores estilizadas, refleja el interés del artista por el estilo persa.

Théodore Deck

Figura clave de la cerámica artística francesa, Deck nació en Alsacia en 1823. Se formó como químico y escultor, y abrió su primer taller de cerámica en 1856.

Deck estaba decidido a recrear los efectos superficiales de la cerámica de Asia occidental y el norte de África, en particular los de la cerámica de Íznik fabricada en Turquía entre los siglos XV y XVII. Estos efectos incluían esmaltes de brillantes turquesas, rojos y verdes, colores que no eran de uso corriente en la cerámica francesa de la época. Sus recreaciones de esos estilos se hicieron muy populares, y sus piezas de cerámica eran muy buscadas y apreciadas tanto por particulares como por museos.

En reconocimiento a su contribución a la producción cerámica, en 1887 fue nombrado director artístico de Porcelana de Sèvres, el principal fabricante de cerámica de Francia desde el siglo XVIII. Paralelamente a su trabajo en la fábrica, mantuvo su propio estudio independiente. Murió en Sèvres en 1891.

EXCITA LA MENTE Y LA MANO IRÁ AL BOLSILLO

COMERCIALIZACIÓN VISUAL

Cada vez que visitamos una tienda, nos encontramos comercialización visual: productos expuestos de forma atractiva para incitarnos a comprarlos. Esta técnica de venta ha existido probablemente desde que se venden productos; pensemos en el ágora de la antigua Grecia, donde la gente acudía a curiosear y socializar, además de comprar productos.

Las formas más simples de comercialización visual incluyen la exposición de frutas y verduras en un puesto de mercado, o de especias y textiles en un zoco o bazar de Oriente Medio. La revolución industrial supuso una explosión del comercio mundial, con el desarrollo de redes ferroviarias y marítimas internacionales impulsadas por el vapor para el transporte mundial de mercancías en cantidades sin precedentes, así como un aumento del dinero y el ocio entre las poblaciones de Europa y Norteamérica. Esto condujo a la creación de tiendas, escaparates y, en la actualidad, sitios web y aplicaciones cuidadosamente diseñados. Como resultado, la comercialización visual ha evolucionado hasta convertirse en una especialidad que permite a las empresas moldear la experiencia del consumidor con gran precisión.

Primeras galerías comerciales

Hasta hace relativamente poco, las calles de las ciudades no eran lugares agradables. El tráfico de caballos producía suciedad y malos olores. El rápido crecimiento urbano de los siglos XVIII y XIX empeoró las cosas. Por ello, era necesario crear espacios seguros, limpios y cómodos en los que el consumidor pudiera disfrutar de un paseo tranquilo.

Una solución de gran éxito en París fue la inserción de galerías comerciales techadas –o pasajes– a través de manzanas urbanas, conectando calles paralelas. Los carruajes dejaban a los compradores en una u otra entrada. El Passage du Caire de París, cuyo nombre evocaba un bazar oriental, se inauguró en 1798 y fue la primera galería que tuvo éxito. En Londres, el primer ejemplo fue la Burlington Arcade, de 1819.

Los suelos limpios y pulidos de las galerías permitían a los clientes pasear y curiosear sin ensuciarse la ropa. Pero lo más importante era el uso de grandes ventanas de vidrio plano pulido, producidas industrial-

El ambiente de Le Bon Marché en 1872 era grandioso y lujoso gracias a sus elegantes fachadas, su luminoso espacio y su decorado diseño interior.

Le Bon Marché

Los primeros grandes almacenes de París abrieron en 1852, cuando el comerciante de telas Aristide Boucicaut y su esposa se hicieron cargo de la tienda Le Bon Marché («El Buen Trato»), que vendía tejidos y artículos novedosos. Transformaron la tienda en una «catedral» del comercio moderno, en la que moda, complementos y artículos de diseño para el hogar se presentaban junto a exposiciones de arte y cultura.

Mediada la década de 1860, el éxito de la tienda exigió un local más amplio. Se contrató a los arquitectos Louis-Auguste Boileau y Alexandre Laplanche, que crearon un complejo con armazón de hierro y cúpulas acristaladas sobre atrios, accesibles por escaleras que conectaban los departamentos. Parte de la obra interior fue realizada por Gustav Eiffel.

Las obras comenzaron en 1869 y acabaron en 1905. Tras un incendio en los años veinte, la tienda se reconstruyó en estilo *art déco* y reabrió en 1923. Le Bon Marché sigue recibiendo a los compradores de hoy.

Véase también: *Art nouveau* 132–133 ▪ Feria Mundial de Chicago 138–139 ▪ Creación de marca 200–207 ▪ La experiencia del usuario en línea 294–299

A BAZAAR.

Bazar del Soho Esta imagen satírica de George Cruikshank (1792–1878) capta el bullicio del bazar y muestra a los clientes inspeccionando los fastuosos escaparates y aprovechando la ocasión para ver y dejarse ver.

mente y sujetas por marcos de fábrica formados por esbeltas piezas de hierro fundido, para las fachadas de las tiendas y las claraboyas de los techos de las galerías. El método de fabricación del vidrio plano se descubrió en Francia a mediados del siglo XVII y se industrializó en el XVIII. Esta innovación en las técnicas de exposición dio lugar a que se popularizara la expresión *faire du lèche-vitrines* («mirar escaparates») para referirse al acto de ir de compras.

El auge del bazar
Otra novedad de principios del siglo XIX fue el bazar comercial, nombre tomado de la palabra persa para mercado, que reflejaba la fascinación por las culturas orientales surgida entre los siglos XVIII y XIX. El primero fue el

del Soho de Londres, establecido en 1816, y era una especie de mercado: un espacio diáfano, a menudo en varios niveles y con muchos mostradores, alquilados a diferentes minoristas que vendían distintos tipos de artículos, sobre todo decorativos. El término «bazar» daba una impresión de exotismo, y a veces las fachadas y la decoración interior reflejaban los estilos de Oriente Próximo.

La disposición de los bazares permitía a los clientes circular y curiosear libremente. Además de los puestos de venta, los bazares acogían espectáculos y exposiciones, como muestras de arte, de animales o de maravillas y curiosidades científicas. La más famosa de estas exposiciones fue la colección de figuras de cera que Madame Tussaud expuso por primera vez en el Royal London Bazaar de Gray's Inn Road y, a partir de 1835, en el bazar de Baker Street. Estas novedades contribuyeron a convertir las compras en una actividad de ocio en vez de una simple necesidad.

Grandes almacenes
La tercera innovación, y la que más éxito tendría en el siglo XX, fueron los grandes almacenes. Se trataba de una gran tienda de propiedad única que alojaba varias salas de ventas separadas, cada una de las cuales vendía una categoría concreta de productos. Un ejemplo temprano fue Debenham's en Londres, »

Su creación proporcionó una nueva religión; las iglesias, abandonadas poco a poco por una fe vacilante, habían sido sustituidas por este bazar.
Émile Zola
El Paraíso de las Damas (1883)

que abrió en 1778 y vendía pieles, mercería, joyas, adornos, perfumes, sombreros y vestidos. En términos de organización, el concepto de grandes almacenes tenía la ventaja de la escala, ya que los operadores podían comprar y vender al por mayor, mientras que los compradores podían encontrar la mayoría de los artículos que deseaban bajo un mismo techo. En estas tiendas, la atención se centraba en el interior: las zonas de venta se organizaban con expositores alrededor de su perímetro, atrayendo a los clientes y sumergiéndolos en la experiencia de la venta al por menor, mientras que el personal de ventas, elegantemente uniformado y siempre servicial, fomentaba la compra.

Un modelo para el nuevo espacio comercial a gran escala no fue una zona comercial en absoluto, sino la Gran Exposición de Londres de 1851, que se instaló en un gigantesco edificio provisional de vidrio y hierro fundido, conocido como Crystal Palace, en Hyde Park. Constaba de tres plantas con galerías abiertas alrededor de un gran atrio central que permitían disfrutar de unas vistas espectaculares de las exposiciones.

La entrada de L'Art Nouveau en su inauguración en 1895. La *boutique* tenía vidrieras diseñadas por Henri de Toulouse-Lautrec y Louis Comfort Tiffany, que complementaban el arte japonés y moderno que se vendía en la tienda.

La estructura abierta también permitía a los asistentes ver y dejarse ver. Aunque los artículos no estaban a la venta, aquella disposición sirvió de prototipo para la siguiente generación de grandes almacenes.

Los nuevos espacios comerciales –galerías, bazares y grandes almacenes– atraían a una clientela más amplia que las tiendas tradicionales. Surgieron en un periodo de gran transformación social. La industrialización y la urbanización habían propiciado la expansión de la clase media, que se veía tentada por la publicidad y la presión social a gastar su salario en artículos que se consideraban símbolos de un estatus mayor. A menudo, el objetivo era imitar el gusto de la clase alta: el lujoso atuendo y los espléndidos interiores de la aristocracia, hechos a mano, ahora podían imitarse con bastante precisión utilizando procesos industriales.

La publicidad también desempeñó un papel cada vez más crucial en el comercio minorista. Los periódicos incluían páginas de seductoras ofertas, las vallas y los carteles publicitarios proliferaban en las fachadas de los edificios, y los propios locales se adornaban por fuera y por dentro para inducir a comprar.

Los propietarios de los nuevos espacios comerciales buscaban sobre todo atraer a las mujeres. Hasta entonces, se consideraba inseguro e indecoroso que las mujeres salieran a la calle sin compañía, pero los grandes almacenes en particular se esforzaron por promocionarse como entornos acogedores, seguros

Vendí desde las ventanas más mercancía [...] de lo que pagué en salarios y en gastos de limpieza.
The Autobiography of Francis Place
(1972)

y respetables en los que era posible curiosear o socializar a solas o con amigas. Además, empleaban a muchas vendedoras. En esta época también aparecieron cafeterías y aseos femeninos, que contribuyeron a que la experiencia de compra fuera más agradable y cómoda para las clientas.

El encanto de la *boutique*

En el extremo opuesto a los grandes almacenes estaba la *boutique*: una pequeña tienda que vendía ropa o complementos de alta costura. Esta fue otra innovación surgida en París, cuando en 1895 un minorista, Siegfried Bing, decidió abrir una *boutique* separada de su tienda principal, a la que llamó Maison de l'Art Nouveau. La entrada estaba flanqueada por gigantescos jarrones de hierro fundido que contenían girasoles, símbolo de juventud y belleza, mientras que la decoración interior y la publicidad presentaban tallos y zarcillos con exageradas curvas de látigo. L'Art Nouveau no solo se convirtió en el lugar preferido de la juventud parisina, sino que dio origen al estilo *art nouveau*.

Mucho después, en el Londres de 1950–1960, las modernas *boutiques* especializadas en moda adoptarían muchas formas. Además, a diferencia de los grandes almacenes, las *boutiques* podían redecorarse periódicamente con las últimas tendencias. Tiendas como Bazaar, dirigida por Mary Quant, Biba, creada por la diseñadora de origen polaco Barbara Hulanicki, y la «*boutique* sicodélica» Granny Takes A Trip establecieron el *«swinging London»* como centro del mundo de la moda.

Escaparates

La expresión francesa *faire du lèche-vitrines* sugiere cómo el deseo era provocado por las seductoras exhibiciones de mercancías. Desde principios del siglo XIX, mirar escaparates se convirtió en una actividad de ocio de la que disfrutaban no solo los clientes potenciales, sino también personas que solo podían soñar con comprar los lujos expuestos.

Desde el principio, los comerciantes aprovecharon los grandes

Una joven de principios del siglo XX mira con anhelo el escaparate de una tienda de moda. Muchas personas disfrutan yendo de compras, con el placer de curiosear y la recompensa de adquirir algún capricho.

escaparates para atraer clientes. Un visitante de Londres describió en 1786 un escaparate de «sedas, cretonas y muselinas» drapeadas en largos pliegues para mostrar su caída como parte de un vestido. Los escaparates también se adornaban con maniquíes de tamaño natural con las prendas a la venta, y otros artículos dispuestos en escenarios que mostraban o ayudaban a los clientes a imaginar cómo podían utilizarse. Uno de los ejemplos más llamativos fue el de la lujosa tienda londinense de alimentación Fortnum & Mason, que, tras ganar una medalla de oro en la Gran Exposición del Crystal Palace, reprodujo en su escaparate su muestra de los «frutos de la tierra».

Durante el siglo XX, el escaparatismo se hizo cada vez más sofisticado y se encargó a grandes artistas la creación de escaparates. En Nueva York, los grandes almacenes de lujo Bonwit Teller, en la Quinta Avenida, contrataron en 1939 al surrealista Salvador Dalí, pero sus escaparates con maniquíes escasamente vestidos y representaciones del «complejo de Narciso» no fueron bien recibidos por el público. Dalí, »

Harry Gordon Selfridge

Nacido en Ripon (Wisconsin, EE. UU.) en 1858, Selfridge empezó su carrera como reponedor en los grandes almacenes Marshall Field de Chicago. Fue ascendiendo a lo largo de 25 años hasta convertirse en socio menor.

En 1906, de vacaciones en Londres, observó que no había allí grandes almacenes como los de EE. UU. o París, así que invirtió 400 000 libras en crear uno. Lo construyó en el extremo oeste de Oxford Street, y su publicidad tuvo tanto éxito que la policía tuvo que contener a la multitud el día de la inauguración. La tienda abrió al son de trompetas.

Selfridge's fue la primera tienda londinense en emplear a un escaparatista. En el interior, Selfridge tenía la mercancía expuesta al alcance de los clientes; además, hizo de la tienda un espacio público seguro para que las mujeres socializaran y compraran.

Las condiciones políticas y económicas de los años treinta hicieron que Selfridge perdiera el control del negocio en 1941. Murió en 1947, pero el modelo comercial que creó ha influido en tiendas de todo el mundo.

Maniquíes

Los maniquíes son figuras humanas de tamaño natural que se usan para exponer ropa y tejidos. Se crearon por primera vez para modistas y sombrereros en el siglo xv, pero su uso se generalizó con la revolución industrial. Los modelos, hechos de papel maché o cera, eran tan realistas que algunas tiendas tenían que cubrir sus escaparates por pudor mientras cambiaban la ropa de los maniquíes.

Las formas de los maniquíes han cambiado con las exigencias de la moda. Por ejemplo, las modelos de la década de 1950 tenían curvas como la figura de la actriz Marilyn Monroe, mientras que en los años noventa las formas eran mucho más esbeltas. Recientemente ha surgido la preocupación de que el uso de formas muy delgadas pueda afectar negativamente a la imagen corporal de personas susceptibles. En 2007, España promulgó una ley que prohibía el uso de maniquíes de talla inferior a la 38. Hoy en día, muchos maniquíes siguen siendo altos y delgados, pero algunos minoristas han empezado a utilizar modelos más «inclusivos» que reflejan diferentes tallas corporales.

furioso, trató de retirar la bañera que formaba parte de una escena y, junto con la bañera, se estrelló contra el cristal del escaparate. Otros artistas que trabajaron más tarde para Bonwit Teller fueron Jasper Johns y Andy Warhol.

En Londres, los grandes almacenes Selfridge's de Oxford Street se hicieron mundialmente famosos por sus escaparates. Inaugurados en 1909, tenían la fachada de escaparates más larga jamás vista en Reino Unido hasta entonces, y los escaparates formaban parte integrante del «teatro» de la experiencia minorista. Hasta hoy, la inauguración de nuevos escaparates de Selfridge's es un acontecimiento en el panorama comercial londinense.

En los centros comerciales que se extendieron desde EE. UU. a todo el mundo a partir de la década de 1940, grandes almacenes famosos, como Macy's en Nueva York o GUM en Moscú, ofrecían diferentes experiencias comerciales. En la actualidad, los ejemplos más grandes y glamurosos están en Oriente Próximo y el Sureste Asiático, donde ir de compras se ha convertido en la principal actividad de ocio. En estos contextos, la expresión arquitectónica suele estar supeditada a la identidad de marca, y las fachadas de las tiendas sirven como gigantescas vallas publicitarias de las grandes firmas de la moda.

Diseños interiores

En las tiendas del siglo XVIII, la sala de ventas era un lugar donde el tendero y el cliente discutían posibles compras, y gran parte de la mercancía se guardaba en una trastienda y solo se sacaba cuando se necesitaba. En cambio, los grandes almacenes de finales del siglo XIX y

Diseño de tiendas

Los minoristas utilizan distintos métodos para atraer a los clientes y guiarlos por la tienda, de modo que vean otros productos además de los artículos que pretendían comprar. Este diagrama muestra una distribución típica con zonas de interés.

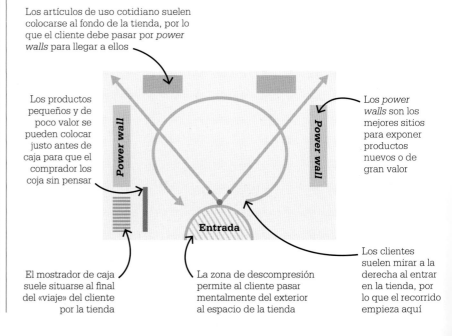

Los artículos de uso cotidiano suelen colocarse al fondo de la tienda, por lo que el cliente debe pasar por *power walls* para llegar a ellos

Los productos pequeños y de poco valor se pueden colocar justo antes de caja para que el comprador los coja sin pensar

Los *power walls* son los mejores sitios para exponer productos nuevos o de gran valor

El mostrador de caja suele situarse al final del «viaje» del cliente por la tienda

La zona de descompresión permite al cliente pasar mentalmente del exterior al espacio de la tienda

Los clientes suelen mirar a la derecha al entrar en la tienda, por lo que el recorrido empieza aquí

Power wall

Power wall

Entrada

Una tienda Apple en Tokio. Apple utiliza un diseño limpio y minimalista y una iluminación clara y suave para reflejar su identidad de marca. Las demostraciones y la asesoría del personal ayudan al cliente a sacar el máximo partido de su compra.

principios del XX exponían una amplia gama de productos y utilizaban recursos como el color, la iluminación y la decoración para ofrecer a los visitantes una experiencia multisensorial, tanto si estaban allí para comprar como si no.

Selfridge's, en Londres, se diseñó desde el principio para crear esa atmósfera. Harry Gordon Selfridge, el fundador, importó ideas de EE. UU. para hacer de la compra un placer y una aventura, y no solo una actividad práctica. El cliente no solo podía comprar, sino también curiosear. La mercancía se ponía a su alcance para que pudiera tocarla y examinarla a su antojo. Una iluminación suave acentuaba los artículos expuestos. Con audacia, los mostradores de perfumería y cosmética, productos muy rentables y considerados parte del cuidado personal de una mujer, se trasladaron al frente de la tienda. Además de decorar el interior, Selfridge organizaba exposiciones científicas y educativas para atraer visitantes: expuso el avión en el que el francés Louis Blériot acababa de realizar el primer vuelo a través del canal de la Mancha, atrayendo así a más de 150 000 visitantes.

A principios del siglo XX, los minoristas estadounidenses empezaron a aplicar técnicas psicológicas para animar a los clientes a comprar. El estudio de los factores cognitivos y emocionales en el comportamiento de los clientes condujo al desarrollo de medidas de «orientación» para atraerlos a un espacio comercial y guiarlos por él; por ejemplo, en una tienda de bricolaje, diseñando el recorrido para que los clientes encuentren rápidamente lo que necesitan o, por el contrario, para que se detengan en los expositores donde se muestran los productos más novedosos o atractivos. Los expositores proporcionan puntos de interés, mientras que los espacios despejados permiten relajarse y examinar más detenidamente ciertos artículos.

Al igual que la fachada de la tienda, la marca puede desempeñar un papel fundamental para atraer al cliente y hacer que se interese por los productos; las tiendas de Apple son un buen ejemplo, con el logotipo de Apple bien visible tanto en el escaparate como en los dispositivos expuestos.

La influencia de internet

Desde la década de 1990, el auge de las compras por internet ha hecho que la tienda escape de sus límites físicos y esté en todas partes. Los sitios web de minoristas llevan la compra al hogar del cliente. La página de acceso del sitio web es la «entrada de la tienda», donde se da la bienvenida al cliente. Puede tener imágenes atractivas o una galería de productos. También puede incluir un botón que lleve a los artículos nuevos o destacados. Los productos se agrupan para aumentar el impacto, y el sitio puede estar diseñado para llevar a artículos asociados con el producto que se quiere comprar. Por último, algunos sitios tienen una selección de artículos para tentar al comprador antes de pasar por caja. ∎

Las tiendas en París y en un bazar de Estambul son distintas, pero todas son maravillosas.
Iris Apfel
Revista *Elle* (2015)

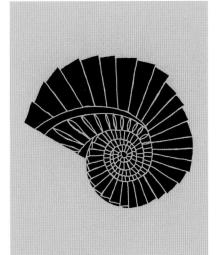

ELABORADO, INTRINCADO Y CAPRICHOSO, COMO LA NATURALEZA MISMA
ART NOUVEAU

EN CONTEXTO

ENFOQUE
Un diseño inspirado en las formas naturales

CAMPO
Arquitectura, diseño gráfico, artes decorativas, tipografía, interiorismo

ANTES
Décadas de 1860–1870
Las xilografías de artistas japoneses como Hiroshige y Hokusai inspiran a muchos artistas occidentales.

Décadas de 1860–1910
El movimiento británico Arts and Crafts pone énfasis en la artesanía y se inspira en la naturaleza.

DESPUÉS
Décadas de 1920–1930 Los diseñadores *art déco* utilizan formas geométricas atrevidas, colores brillantes y motivos de culturas no occidentales.

Décadas de 1960–1970
El renovado interés por el *art nouveau* influye en el arte sicodélico del Flower Power.

El *art nouveau* se considera a menudo el primer movimiento artístico moderno con espíritu internacional. Se extendió por Europa y EE. UU. desde sus epicentros en Bruselas, París y Múnich, y se aplicó a disciplinas que iban desde la arquitectura hasta la joyería.

El movimiento recibió diferentes nombres en los distintos países: *art nouveau* en Francia y Bélgica, Jugendstil en Alemania, Secesión en Austria, y modernismo en España. Cada país desarrolló sus propios rasgos, pero todos compartían características similares: un sentido de dinamismo y movimiento, a menudo expresado mediante las distintivas

El *art nouveau* es el arte de lo femenino, de lo sensual, de lo emocional.
Louis Comfort Tiffany

curvas de látigo, las líneas sinuosas y las formas orgánicas fluidas, la asimetría y el uso de materiales modernos.

Formas naturales
Al igual que el movimiento Arts and Crafts, el *art nouveau* se inspiraba en la naturaleza. Sin embargo, mientras que los diseñadores de Arts and Crafts solían utilizar flores y otros elementos naturales de forma realista, el *art nouveau* empleaba formas vegetales estilizadas, con delicados zarcillos y líneas arremolinadas que acentúan la sensación de movimiento.

Otro rasgo común a ambos movimientos es la representación de mujeres jóvenes con drapeados clásicos y cabellos sueltos; pero en el *art nouveau*, sus cuerpos suelen ser sensuales y exóticos, incluso eróticos. Asimismo, mientras que los diseñadores de Arts and Crafts abogaban por el uso honesto de los materiales, el *art nouveau* se complacía en disfrazar los materiales para añadir riqueza al efecto.

Ejemplos clásicos del *art nouveau* son los ornamentados carteles de Alphonse Mucha, las pinturas eróticas y ricamente decoradas de Gustav Klimt, los seductores dibu-

La entrada de la estación de metro parisina de Porte Dauphine, diseñada por Guimard, tiene una marquesina de cristal en forma de abanico que recuerda a una libélula y sinuosos motivos florales en los paneles laterales.

jos de Aubrey Beardsley, el lujoso cristal y las joyas de René Lalique, la arquitectura curvilínea de Victor Horta y Paul Hankar, o las entradas de las estaciones de metro de París diseñadas por Hector Guimard.

Entre los primeros diseños *art nouveau* que atrajeron la atención internacional se hallan dos edificios construidos en Bruselas en 1893: la Casa Tassel, de Horta, y la Casa Hankar, de Hankar. Ambas presentaban una decoración de hierro forjado y unos estilizados motivos florales que se convirtieron en la firma del movimiento, y propiciaron una oleada de artes decorativas en el nuevo estilo.

Auge y caída

El estilo se popularizó aún más en 1895, cuando el marchante de arte alemán Siegfried Bing abrió la Mai-

son de l'Art Nouveau en París. La galería, que contaba con interiores del arquitecto belga Henry van de Velde y vidrieras de Louis Comfort Tiffany, exponía cerámicas, grabados, muebles y otras obras de diseñadores *art nouveau*. Más tarde, en 1900, la Exposición Universal de París sirvió de escaparate internacional al movimiento y desató una moda mundial.

Con todo, la popularidad del estilo fue efímera. Muchos diseñadores *art nouveau* abusaron de la decoración, lo que dio lugar a críticas de extravagancia. En los años previos a la Primera Guerra Mundial, el *art nouveau* fue sustituido por el movimiento moderno, que enfatizaba la función sobre la forma y propugnaba la eliminación de ornamentos innecesarios. ▪

Aubrey Beardsley

Nacido en Brighton (Reino Unido) en 1872, este ilustrador contribuyó significativamente al desarrollo del estilo *art nouveau*. Se vio influido por el pintor prerrafaelita Edward Burne-Jones, que lo animó a matricularse en la escuela de arte, y por una visita a París en 1892, durante la cual descubrió el cartelismo de Henri de Toulouse-Lautrec y la estética de las xilografías japonesas.

Producía sus ilustraciones como grabados lineales en blanco y negro, lo que permitía una

reproducción fácil y una amplia difusión. *La falda de pavo real*, que Beardsley creó en 1893 para ilustrar la obra *Salomé*, de Oscar Wilde, es un magnífico ejemplo. Su estilo era elegante y sofisticado, con líneas fluidas y sinuosas; no obstante, sus dibujos también eran subversivos, irreverentes, provocativos y, con frecuencia, obscenos, lo que lo convirtió en uno de los artistas más controvertidos de la época.

Beardsley murió en 1898 de tuberculosis, a la edad de 25 años, en Menton, en el sur de Francia.

LA LÍNEA RECTA ES DEL HOMBRE, LA CURVA PERTENECE A DIOS
MODERNISMO CATALÁN

El modernismo fue un movimiento artístico y cultural surgido en Cataluña a finales del siglo XIX. Se basó en el movimiento de renovación popular conocido como *Renaixença* («renacimiento» en catalán), que buscaba revitalizar la cultura catalana y desarrollar formas locales de arte y diseño.

Fuertemente asociado al estilo *art nouveau*, el modernismo compartía su uso de la asimetría, las formas dinámicas y los colores vibrantes. Fue un movimiento radical que rechazaba los valores tradicionales y pretendía utilizar el arte para cambiar la sociedad.

Lujo y adorno

Al igual que el *art nouveau*, el modernismo se inspiró en el movimiento británico Arts and Crafts y en el neogótico. Se caracterizaba

El Palau de la Música Catalana, diseñado por el arquitecto Lluís Domènech i Montaner, es una sala de conciertos profusamente decorada con cerámica y vidrieras.

Véase también: El movimiento Arts and Crafts 112–119 ▪ Estilo romántico nacionalista 163 ▪ Futurismo 175 ▪ Movimiento moderno 188–193

El modernismo celebra la identidad cultural de Cataluña, distinguiéndola de la de España.

Utiliza una mezcla de **colores vivos y llamativos**.

Es muy **ornamental**, con formas inspiradas en la naturaleza.

Hace referencia a **la historia, el folclore y la artesanía** catalanes.

Antoni Gaudí

Nacido en la ciudad catalana de Reus en 1852, Gaudí se formó como maestro antes de estudiar en la Escuela Superior de Arquitectura de Barcelona, donde se graduó en 1878. Recibió la influencia de John Ruskin y del movimiento Arts and Crafts, así como del arte tradicional hispanomusulmán y de la arquitectura gótica.

Hacia 1900, Gaudí había desarrollado un estilo muy personal, integrando en su arquitectura la cerámica, las vidrieras y el hierro forjado. Gracias a un profundo estudio de la geometría, incorporó innovadores arcos y curvas a sus edificios, a los que añadió una rica decoración orgánica.

Su obra más famosa es tal vez la Sagrada Familia, en la que trabajó durante 40 años y que quedó inacabada a su muerte en 1926. Su finalización está prevista para 2026 bajo la dirección del arquitecto Jordi Faulí i Oller.

Obras clave

1883-presente Sagrada Familia.
1906 Casa Batlló.
1912 Casa Milà.
1914 Park Güell.

por el empleo de elementos históricos y por un uso efectista de la ornamentación, con motivos inspirados en la naturaleza y la vida rural, todo ello profundamente arraigado en la tradición catalana. Los colores vivos, los azulejos, los motivos y adornos árabes y las formas sorprendentes y dinámicas contribuían a dar una impresión general de color y exuberancia.

Los ricos industriales catalanes abrazaron con entusiasmo el modernismo, encargando casas, iglesias, parques, fábricas y edificios de apartamentos en Barcelona y otros lugares. Arquitectos, pintores, escultores y artesanos recibieron ayudas económicas que les permitieron dar rienda suelta a su imaginación y crear obras singulares y espectaculares.

Definiendo una ciudad

Aunque el movimiento modernista catalán abarcó todas las disciplinas artísticas, encontró su máximo desarrollo en la arquitectura. El más famoso de sus arquitectos es Antoni Gaudí, entre cuyas obras principales se cuentan la extraordinaria basílica de la Sagrada Familia, la Casa Batlló y la Casa Milà. Otros arquitectos importantes fueron Josep Puig i Cadafalch, que diseñó edificios como la Casa Amatller (1900) y la Casa de les Punxes (1905); y Lluís Domènech i Montaner, destacado político y director de la Escuela de Arquitectura de Barcelona, que proyectó obras como el Hospital de Sant Pau, complejo de edificios iniciado en 1905 que muestra reminiscencias de la arquitectura islámica, y el Palau de la Música Catalana (1908).

La estrecha colaboración de estos arquitectos con algunos de los mejores artesanos de la época dio lugar a todo un legado de edificios extraordinarios que contribuyó a transformar Barcelona en una de las ciudades más singulares de Europa.

Alrededor de 1910 se impuso una versión más conservadora del nacionalismo catalán y el modernismo cayó en desgracia. Sin embargo, la huella que el movimiento dejó en Cataluña y en Barcelona en particular se refleja en el hecho de que siete edificios de Gaudí y dos de Domènech i Montaner han sido declarados Patrimonio de la Humanidad por su valor arquitectónico excepcional. ▪

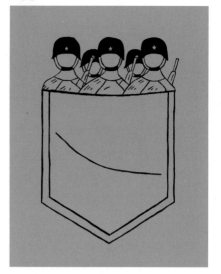

UN EJÉRCITO DE UN SOLO HOMBRE QUE CABE EN EL BOLSILLO

HERRAMIENTAS MULTIFUNCIONALES

EN CONTEXTO

ENFOQUE
Una pequeña herramienta con muchas funciones

CAMPO
Diseño de producto, diseño industrial

ANTES
201–300 a. C. Se fabrican pequeños utensilios que facilitan diversas tareas, como cortar y comer alimentos.

1889 El ejército suizo adopta un nuevo fusil que requiere un destornillador para desmontarlo para su limpieza y mantenimiento.

DESPUÉS
1983 Tim Leatherman presenta la Pocket Survival Tool, una multiherramienta basada en unos alicates en lugar de un cuchillo.

2009 Sale a la venta la multiherramienta oscilante, con diversos accesorios para tareas de bricolaje, desde lijar hasta cortar y serrar.

Una herramienta multifuncional es un instrumento de mano que incorpora varias funciones en una sola unidad. En el siglo II, los romanos disponían de herramientas multifuncionales que se desplegaban para sacar un tenedor, una espátula, un palillo, un punzón y un cuchillo.

Desde finales del siglo XVIII, los cuchilleros de Sheffield (Inglaterra) producían los llamados cuchillos de deportista. Estas multiherramientas incluían hojas y otros artilugios úti-

---

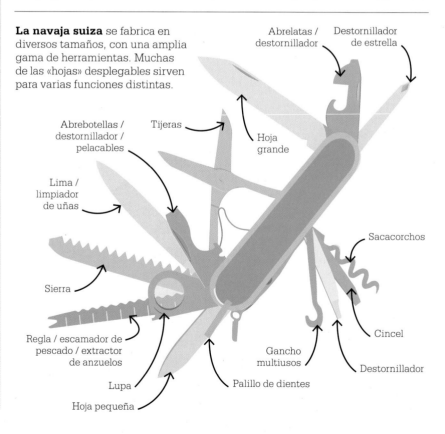

La navaja suiza se fabrica en diversos tamaños, con una amplia gama de herramientas. Muchas de las «hojas» desplegables sirven para varias funciones distintas.

Abrelatas / destornillador

Destornillador de estrella

Abrebotellas / destornillador / pelacables

Tijeras

Hoja grande

Lima / limpiador de uñas

Sacacorchos

Sierra

Cincel

Regla / escamador de pescado / extractor de anzuelos

Gancho multiusos

Destornillador

Lupa

Palillo de dientes

Hoja pequeña

les (sacacorchos, escariador, taladro, uñeta para cascos, etc.) que se desplegaban por la parte superior e inferior del mango. Destinadas a clientes adinerados, estas herramientas se fabricaban a menudo con materiales nobles como nácar, carey y plata. En la Gran Exposición de 1851 se exhibieron cuchillos de este tipo, y ese mismo año el escritor estadounidense Herman Melville describió uno en su novela *Moby Dick*.

La navaja suiza

La herramienta multifuncional más conocida es probablemente la navaja suiza, que data de la década de 1890. Se diseñó en origen para los soldados del ejército suizo, que necesitaban una herramienta de bolsillo para abrir conservas y un destornillador para el mantenimiento de sus fusiles.

La primera remesa fue producida en 1891 por un fabricante alemán porque ninguna empresa suiza tenía la capacidad de producción necesaria. Conocida como Modell 1890, la navaja contaba con hoja, escariador, abrelatas y destornillador, y el mango era de una madera oscura.

La navaja más multifuncional es la Swiss Army Giant Knife 2007, que contiene 87 herramientas y ofrece 141 funciones diferentes.
Libro Guinness de los Récords (2007)

Ese mismo año, Karl Elsener, propietario de una empresa suiza de equipos quirúrgicos (rebautizada Victorinox en 1921), también empezó a fabricar la Modell 1890 y a suministrarla al ejército. Una segunda empresa suiza, más tarde conocida como Wenger, lanzó un producto similar en 1893 y compartió el contrato con el ejército desde 1908 hasta 2005, cuando Victorinox la adquirió. Sin embargo, fue Else-

ner quien desarrolló la navaja hoy omnipresente.

En 1897, Elsener obtuvo una patente para una versión mejorada de la Modell 1890. La mejora incluía un nuevo mecanismo de resorte que permitía montar herramientas a ambos lados del mango. La navaja, a la que llamó Schweizer Offiziers und Sportmesser (navaja suiza para oficiales y deportistas), era más ligera y compacta que la Modell 1890. Elsener la vendió directamente al público. Al año siguiente introdujo la empuñadura roja con el logotipo de la cruz blanca, diseño basado en el escudo de Suiza.

Un nombre polivalente

Durante la Segunda Guerra Mundial, las navajas de Elsener atrajeron la atención de los soldados estadounidenses, que las llamaban simplemente navajas suizas. Desde entonces, ese nombre ha devenido un sinónimo de utilidad y adaptabilidad, y la navaja en sí se ha convertido en un icono del diseño que ha inspirado otras herramientas multifuncionales. ▪

Karl Elsener

Nacido en Schwyz (Suiza) en 1860, Elsener se formó como cuchillero antes de abrir su propia fábrica en Ibach en 1884, y empezó a producir cuchillos y material quirúrgico.

Decepcionado por el hecho de que las navajas para el ejército suizo se encargaran a un fabricante alemán, en 1891 puso su fábrica a trabajar en la fabricación de aquellas con el fin de conseguir él mismo el contrato. Sin embargo, no pudo competir con la empresa alemana

en costes, y en 1896 su empresa se encontraba al borde de la quiebra.

Se salvó de la ruina al desarrollar y patentar una versión mejorada de la navaja en 1897: la primera navaja suiza. Aunque esta nueva herramienta no fue encargada por el ejército, resultó muy popular tanto entre los militares como entre la población civil.

Elsener murió en 1918, pero su empresa Victorinox sigue fabricando estas navajas.

EL MÁS GRANDIOSO COMPENDIO DEL TRABAJO Y EL PENSAMIENTO MUNDIAL

FERIA MUNDIAL DE CHICAGO

EN CONTEXTO

ENFOQUE
Las exposiciones internacionales destacan las innovaciones y refuerzan el orgullo nacional

CAMPO
Diseño de producto, ingeniería, arquitectura, interiorismo

ANTES
1851 La Gran Exposición de Londres exhibe muestras de la industria británica.

1889 En el marco de la Exposición Universal de París, se abre al público la Torre Eiffel.

DESPUÉS
1937 La Unión Soviética y la Alemania nazi compiten por la atención en la Expo de París.

2010 Unos 73 millones de visitantes asisten a la Exposición Universal de Shanghái, que explora la importancia de la urbanización en el siglo XXI.

Después del éxito de la Gran Exposición de Londres de 1851, las grandes exposiciones culturales e industriales se sucedían cada vez con más frecuencia. Acoger una de ellas era un signo de fortaleza nacional; y tener el pabellón más admirado, un motivo de orgullo.

A finales del siglo XIX, EE. UU. había empezado a desafiar el dominio cultural e industrial de Europa. La primera gran exposición estadounidense, celebrada en Filadelfia en 1876, resultó una decepción. Sin embargo, la Exposición Mundial Colombina de 1893 –también conocida como la Feria Mundial de Chicago–

Me quedé atónito ante la maravillosa variedad de artículos extraños, instructivos y hermosos que se exhibían.
A. B. Humphrey
(26 de junio de 1893)

fue un gran éxito y se convirtió en un símbolo del creciente poderío y capacidad tecnológica del país. Fue la exposición más grande y concurrida de su época y atrajo a visitantes de todo el mundo.

Dominio estadounidense

Chicago, con su población diversa y su ubicación estratégica en la intersección de las principales rutas ferroviarias y marítimas, era la ciudad ideal para acoger el acontecimiento. Su elemento central, situado en Jackson Park, era un conjunto de pabellones con cúpulas pintadas de blanco, diseñados en un estilo neoclásico Beaux Arts por el arquitecto Daniel Burnham y otros. Estos pabellones, rodeados de jardines y estanques, vinieron a conocerse colectivamente como la «Ciudad Blanca».

El estilo y la disposición de la Ciudad Blanca reflejaban fielmente los principales edificios y espacios de Capitol Hill, en Washington D. C., y es que el diseño de la exposición pretendía reflejar los ideales y la hegemonía de la cultura estadounidense. Aunque la feria era oficialmente una celebración del cuarto centenario del desembarco de Cristóbal

Véase también: Movimiento de reforma del diseño 110–111 ▪ El movimiento Arts and Crafts 112–119 ▪ *Art nouveau* 132–133 ▪ Diseño industrial 146–147

Una vista panorámica de la Feria Mundial de Chicago muestra cómo se combinaron espacios expositivos, jardines y estanques para ofrecer una visión sorprendentemente moderna de EE. UU.

Colón en América, su verdadero propósito era demostrar la preeminencia estadounidense en la ingeniería, la ciencia y las bellas artes.

Cultura de exclusión

La feria reflejaba la cultura dominante en EE. UU. en aquella época, fundamentalmente blanca y masculina. A pesar de las presiones de grupos afroamericanos, los organizadores se negaron a incluir contribuciones no blancas en la Ciudad Blanca: estas se ubicaron en una zona separada, que también contenía una serie de muestras etnográficas de pueblos de todo el mundo, que eran presentados como «exóticos» o «salvajes».

La feria también mostró diseños claramente modernos. Así, el arquitecto de Chicago Louis Sullivan diseñó el Edificio del Transporte con el aspecto de una moderna estación de ferrocarril estadounidense, con su característica decoración naturalista aplicada generosamente en la fachada. Por su parte, el vidriero de Nueva York Louis Comfort Tiffany creó una capilla cuyas vidrieras mostraban la fina artesanía de su empresa. El pabellón del estado de Idaho tenía un aspecto rústico y estaba amueblado al estilo Arts and Crafts.

Junto a las exposiciones científicas, de ingeniería y de artes decorativas, la feria incluyó un vasto parque de atracciones con la primera noria. Esta combinación de educación y entretenimiento tuvo un éxito tan rotundo que se repitió en la mayoría de las grandes exposiciones posteriores, incluida la Exposición Universal de Chicago de 1933, que celebró el centenario de la ciudad. A la de 1893 asistieron 27 millones de visitantes y generó cuantiosos beneficios. ∎

Inventos de la feria

Desde la primera Gran Exposición de Londres de 1851, las ferias mundiales han servido de plataforma para que científicos, ingenieros y fabricantes muestren sus inventos. La atracción más destacada de la feria de Chicago de 1893 fue una rueda giratoria de 80 m de diámetro, diseñada por Gale Ferris Jr. La noria podía transportar hasta 2160 espectadores a la vez, ofreciéndoles vistas panorámicas de la ciudad mientras giraba lentamente. Ferris la concibió como la respuesta de Chicago a la Torre Eiffel, que había sido lo más notable de la Exposición Universal de París de 1889.

En el extremo opuesto de la escala de espectacularidad, el estadounidense Whitcomb Judson exhibió la primera cremallera, que promocionó como el «cierre universal». Desde 1893, las norias han seguido siendo las favoritas de los parques de atracciones, y las cremalleras han hallado innumerables aplicaciones.

La noria de Ferris tenía 36 cabinas, y cada una podía acomodar hasta 60 pasajeros. La noria tardaba 20 minutos en dar dos vueltas.

LA ERA D INDUSTR

1900–1950

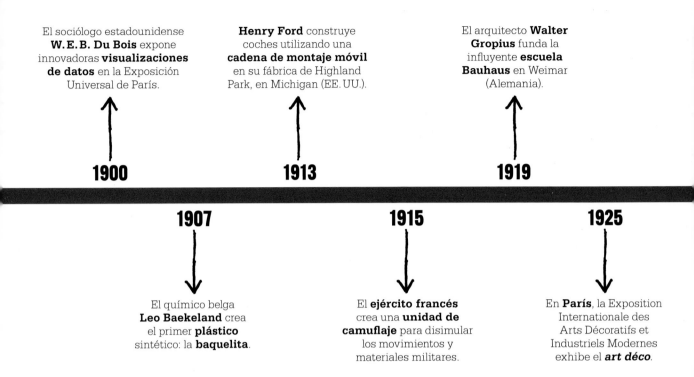

El sociólogo estadounidense **W. E. B. Du Bois** expone innovadoras **visualizaciones de datos** en la Exposición Universal de París.

Henry Ford construye coches utilizando una **cadena de montaje móvil** en su fábrica de Highland Park, en Michigan (EE. UU.).

El arquitecto **Walter Gropius** funda la influyente **escuela Bauhaus** en Weimar (Alemania).

1900

1913

1919

1907

1915

1925

El químico belga **Leo Baekeland** crea el primer **plástico** sintético: la **baquelita**.

El **ejército francés** crea una **unidad de camuflaje** para disimular los movimientos y materiales militares.

En **París**, la Exposition Internationale des Arts Décoratifs et Industriels Modernes exhibe el *art déco*.

La mecanización de muchas industrias manufactureras durante el siglo XIX implicó que, en los países que habían abrazado la industrialización, el mundo de 1900 pareciera un lugar muy distinto al de tan solo 50 años antes. Industriales como Henry Ford continuaron innovando para aumentar la velocidad y la eficacia del proceso de fabricación, mientras que una nueva generación de «diseñadores industriales» pasó a primer plano, adaptando sus diseños y creando productos aptos para la producción en serie en fábricas.

En Austria-Hungría y Alemania surgieron la Secesión vienesa (1897) y la Deutscher Werkbund (1907) para fomentar la cooperación entre el arte y la industria, y en este objetivo tuvieron un éxito considerable. Una de las figuras más desta-

cadas de la Werkbund fue el arquitecto y diseñador Peter Behrens, a quien el fabricante alemán de electrodomésticos Allgemeine Elektrizitäts-Gesellschaft (AEG) encargó la creación de una identidad completa para la empresa y los electrodomésticos que producía. Fue un ejemplo temprano y muy exitoso de creación de marca *(branding)*, que dio formas estéticas coherentes a los objetos de la nueva era eléctrica.

El movimiento moderno

Alemania salió de la catástrofe de la Primera Guerra Mundial como una república y Rusia se había convertido al comunismo. En ambos casos, el deseo de un nuevo comienzo alentó el espíritu vanguardista: en los ámbitos del arte, la arquitectura y el diseño, los más

radicales sostenían que se necesitaba una nueva cultura visual para una nueva era impulsada por la tecnología. En Rusia, la economía posrevolucionaria se contrajo, lo que limitó la posibilidad de imponer la llamada estética «constructivista» en una nación tan grande. Mientras tanto, en Alemania, la escuela Bauhaus de Weimar fue pionera en un nuevo enfoque experimental de la educación en arte y diseño, y se convirtió en un semillero de innovadores desarrollos estéticos y constructivos.

La Bauhaus, la Secesión vienesa y otros grupos, como L'Esprit Nouveau en Francia y De Stijl en los Países Bajos, dieron lugar al llamado movimiento moderno, también conocido como racionalismo o estilo internacional. Para sus representantes se trataba de algo más que

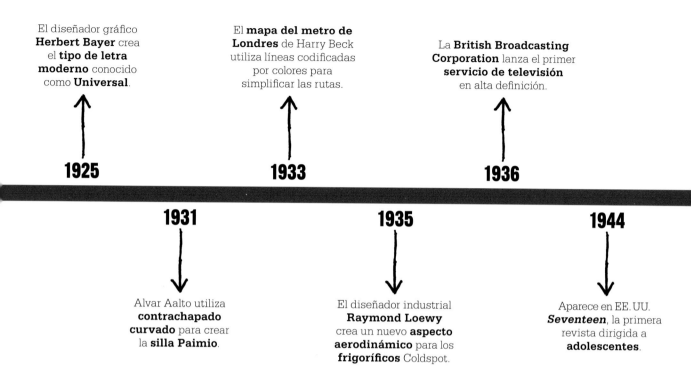

El diseñador gráfico **Herbert Bayer** crea el **tipo de letra moderno** conocido como **Universal**.

1925

El **mapa del metro de Londres** de Harry Beck utiliza líneas codificadas por colores para simplificar las rutas.

1933

La **British Broadcasting Corporation** lanza el primer **servicio de televisión** en alta definición.

1936

1931

Alvar Aalto utiliza **contrachapado curvado** para crear la **silla Paimio**.

1935

El diseñador industrial **Raymond Loewy** crea un nuevo **aspecto aerodinámico** para los **frigoríficos** Coldspot.

1944

Aparece en EE. UU. *Seventeen*, la primera revista dirigida a **adolescentes**.

---

una mera cuestión estética: también había una dimensión moral que implicaba vincular arte, diseño y arquitectura con la reforma cultural y política. Estas ideas, sin embargo, se acomodaban mejor a la retórica que a la realidad.

Desarrollo de materiales

Los nuevos materiales desarrollados a principios del siglo xx, como el plástico y la madera contrachapada curvada, resultaban especialmente adecuados para la aparente sencillez de la estética moderna. Alvar Aalto y Charles y Ray Eames fueron algunos de los diseñadores que exploraron sus posibilidades. Entre sus creaciones hay una serie de sillas y otros muebles que se han convertido en clásicos del diseño moderno.

Las primeras fibras sintéticas también se crearon en este periodo. El nailon (1935), el poliéster (1941) y la fibra acrílica Orlon (1950) abrieron nuevas posibilidades en el diseño de moda y textil.

Problemas económicos

El crac de Wall Street de 1929 y la Gran Depresión que siguió afectaron de una manera especial a Alemania, que se encontraba económica y políticamente inestable desde el final de la Primera Guerra Mundial. La victoria del partido nacionalsocialista de Adolf Hitler en 1933 significó la imposición del tradicionalismo estilístico, por lo que, temiendo la persecución, la vanguardia del país –incluidos muchos miembros de la Bauhaus– huyó al extranjero.

Mientras tanto, en EE. UU., diseñadores emprendedores ofrecían sus servicios a fabricantes en apuros que esperaban que un estilo novedoso pudiera estimular el consumo y recuperar el crecimiento. El avance de la tecnología y la búsqueda de la velocidad popularizaron una estética aerodinámica que se aplicó ampliamente. En 1924, Alfred P. Sloan Jr., de General Motors, ideó el concepto de «obsolescencia dinámica»: hacer de los retoques de diseño un acontecimiento anual. Con ello, esperaba animar a los propietarios a invertir en un vehículo nuevo y estimular la demanda de nuevos modelos.

Esta época turbulenta llegó a su fin en 1939 con el estallido de la Segunda Guerra Mundial, que desvió el diseño y la industria del comercio al apoyo del esfuerzo bélico. ∎

144

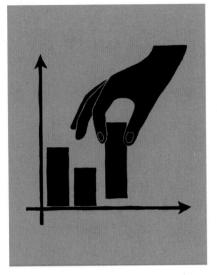

PONGO LOS HECHOS EN GRÁFICOS
DISEÑO DE LA INFORMACIÓN

EN CONTEXTO

ENFOQUE
**Interpretación y
presentación de datos**

CAMPO
**Diseño gráfico,
diseño de orientación**

ANTES
3500 a. C. Los comerciantes
sumerios imprimen imágenes
en jarras de arcilla para indicar
su contenido.

1610–1612 El astrónomo
italiano Galileo Galilei traza
la posición de las manchas
solares mediante diagramas.

DESPUÉS
1941 El diseñador gráfico checo
Ladislav Sutnar y el arquitecto
danés Knud Lonberg-Holm
aportan el espíritu de la Bauhaus
a un catálogo de construcción.

2011 La diseñadora italiana
Giorgia Lupi crea en su agencia
Accurat visualizaciones de
datos que van más allá de la
infografía básica y demuestran
que los datos pueden ser más
atractivos y asequibles.

El uso de datos para contar historias tiene su origen en la historia y la sociología. En la Exposición de París de 1900, W. E. B. Du Bois y su equipo de exalumnos de la Universidad de Atlanta presentaron un estudio social para destacar los logros de los negros estadounidenses en un difícil contexto de racismo y discriminación. La exposición incluía unas 60 tablas coloreadas y otros gráficos estadísticos.

Un gráfico de colores que ilustra un conjunto de datos permite al espectador ver en un instante lo que las cifras dicen de un modo confuso. El diseño de la información es la herramienta que traduce los datos en bruto a una forma visual más accesible. Para comunicar con eficacia, se basa en el diseño gráfico, el diseño de la experiencia del usuario y la psicología cognitiva.

Mientras que la visualización de datos presenta estos en bruto, permitiendo al usuario sacar sus propias conclusiones, el diseño de la información es subjetivo por naturaleza. Cuenta una historia mostrando los datos de forma lógica e ilustra las relaciones entre datos mediante una disposición jerárquica del contenido.

Capas y basura gráfica
En el siglo XX, el diseño de la información se convirtió en un rico lenguaje que revelaba la belleza de la información. Un ejemplo temprano es el *Atlas geo-gráfico mundial*, creado en 1953 por el artista austriaco-estadounidense Herbert Bayer para conmemorar el 25.º aniversario de la Container Corporation of America. Su visión sobre las amplias posibilidades comunicativas de un atlas le llevó a introducir capas que presentaban una gran cantidad de información diversa —desde flora y fauna hasta estadísticas comerciales y censales— sobre mapas tradicionales.

En los años setenta, el diseñador gráfico británico Nigel Holmes dio a conocer la infografía a un gran

El mayor valor de una imagen es que nos obliga a fijarnos en lo que no esperábamos ver.
John Tukey
Exploratory Data Analysis (1977)

Véase también: Visualización de datos 108–109 ▪ Bauhaus 170–171
▪ La experiencia del usuario en línea 294–299

número de lectores gracias a su trabajo en el departamento de mapas y gráficos de la revista *Time*. Holmes prefería llamar a su trabajo «gráfico explicativo», y lo describía como una mezcla de palabras e imágenes combinadas de forma que unas no pueden entenderse sin las otras.

El enfoque visualmente integrado –y a veces irreverente– de Holmes tuvo sus críticos, como el estadístico estadounidense Edward Tufte. En 1982, en *The Visual Display of Quantitative Information*, el primero de sus muchos títulos sobre la importancia de la claridad en la presentación de la información visual, Tufte advertía a los diseñadores que tuvieran cuidado con lo que él llamó «*chartjunk*» (basura gráfica): datos acicalados que aportan poco a la comprensión del lector.

Visualización informática

La extensión de la informática ha puesto a disposición de los usuarios volúmenes de datos cada vez mayores –estadísticas sanitarias, información financiera, tendencias inmobiliarias, etc.–, introduciendo la visualización de datos en la cultura común del diseño.

En 2008, el *New York Times* utilizó tecnología desarrollada por IBM para lanzar su Visualization Lab, que permitía a los lectores explorar en profundidad los datos facilitados por los editores y utilizarlos para elaborar sus propios cuadros, gráficos y mapas. Además, publicó innovadores diseños informativos que ilustraban desde cómo se propagó el fuego en Notre Dame de París en 2019, hasta versiones del «antes» y el «después» de la calle Saray, en Antioquía (Turquía), tras un terremoto. ▪

En su mapa esquemático del metro de Londres de 1933, Harry Beck mostró cómo se cruzaban las diversas líneas, codificadas por colores, en vez de ubicar geográficamente las estaciones.

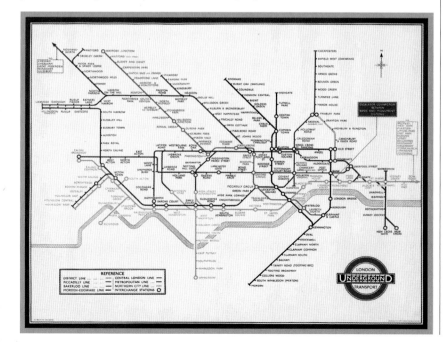

W. E. B. Du Bois

Nacido en Great Barrington (Massachusetts, EE.UU.) en 1868, Du Bois se licenció en historia por la Universidad de Harvard. En 1895 se convirtió en el primer afroamericano en obtener un doctorado en Harvard. Conocido sobre todo por su libro *Las almas del pueblo negro* (1903), fue también uno de los fundadores de la Asociación Nacional para el Progreso de las Personas de Color (NAACP) en 1909.

Fue uno de los primeros defensores del uso de la visualización de datos para iluminar una verdad difícil. Se ocupó de poner de relieve la opresión de los negros estadounidenses reuniendo y cotejando información sobre sus vidas «dentro del Velo».

Creó el programa de sociología de la Universidad de Atlanta (Georgia), reconocida hoy como la primera escuela de sociología estadounidense, e impartió allí clases en las décadas de 1930 y 1940. Murió en Ghana, donde vivió varios años, en 1963.

Obras clave

1899 *El negro de Filadelfia: Un estudio social.*
1903 *Las almas del pueblo negro.*

LA CURVA MÁS BONITA QUE CONOZCO ES LA CURVA DE VENTAS
DISEÑO INDUSTRIAL

EN CONTEXTO

ENFOQUE
Diseño de productos para la producción en serie

CAMPO
Diseño de producto, diseño de mobiliario, ingeniería

ANTES
1769 Josiah Wedgwood abre la fábrica Etruria en Staffordshire (Inglaterra) y crea un proceso de fabricación racionalizado para sus cerámicas.

1837 El gobierno británico crea escuelas de diseño para mejorar la calidad de los productos fabricados en serie.

DESPUÉS
1956 IKEA introduce los muebles para montar, con un enfoque del interiorismo doméstico que se ha convertido en sinónimo de un estilo de vida en auge.

Década de 2000 Apple presenta el iPod (2001) y el iPhone (2007), redefiniendo la forma en que consumimos medios y nos comunicamos con los demás.

Un cepillo de dientes son 28 gramos de materia [...] hechos para deshacerse de los restos de carne entre los dientes. Cada gramo de materia debe prestar su servicio lo mejor posible.
Philippe Starck
Le Monde (1994)

Antes de la primera revolución industrial, la fabricación de productos dependía de artesanos cualificados. A fines del siglo XIX e inicios del XX, la llamada segunda revolución industrial supuso un cambio global hacia la producción en serie impulsada por máquinas.

La disciplina del diseño industrial surgió como respuesta a este cambio. Obligados a adaptar sus creaciones al nuevo tipo de producción, los diseñadores también aplicaron una estética moderna a los objetos funcionales y cotidianos. La famosa frase de Raymond Loewy «la fealdad no vende» resume esta filosofía.

A medida que crecía el impacto del diseño industrial, los diseñadores perfeccionaron el arte de aplicar a sus procesos tanto el instinto creativo como los conocimientos técnicos. El resultado fue un dinamismo renovado en el diseño de todo tipo de productos.

Diseños icónicos

Muchos fabricantes contrataron a diseñadores con visión de futuro para desarrollar nuevos productos. Esto llevó a una estrecha asociación de las empresas con las personas que dirigían sus departamentos de diseño.

El sueco Ivar Jepson trabajaba para la empresa de pequeños electrodomésticos Sunbeam, con sede en Florida (EE. UU.). Su Mixmaster, la primera batidora eléctrica, salió a la venta en 1930 y pronto se convirtió en un elemento esencial en muchos hogares estadounidenses. Con dos brazos desmontables y una serie de accesorios, como una cortadora y un exprimidor, ahorraba tiempo, dinero y esfuerzo en la cocina.

Sunbeam también encargó aparatos al diseñador italoamericano Alfonso Iannelli. Su tostadora eléctrica T-9, presentada en la Feria Mundial de

Véase también: Comunicación escrita 34–41 ▪ Transporte y movilidad 32–33 ▪ Los inicios de la producción en serie 64–65 ▪ Creación de marca 200–207

Nueva York de 1939, se convirtió en un icono hasta el punto de protagonizar la portada de un número de 1948 de *The Saturday Evening Post*, obra del estadounidense Norman Rockwell.

Como muchos diseñadores de mediados de siglo, Iannelli se vio influido por el principio de la Bauhaus de que la forma debe seguir a la función. Esta filosofía siguió resonando a lo largo del siglo XX, dando forma a las ideas de diseñadores como Dieter Rams, jefe de diseño de la empresa alemana Braun entre 1961 y 1997.

Tiempos de guerra

Durante siglos, la guerra ha sido clave para la innovación en diversos campos, desde la medicina hasta la tecnología. A medida que el armamento se hacía más complejo y requería un manejo más preciso, los diseñadores industriales empezaron a interesarse más por la interacción entre humanos y máquinas, y por la floreciente disciplina de la ergonomía.

Un ejemplo de diseño ergonómico en el ámbito militar es la ametralladora alemana MG 42, lanzada en 1942.

La Polaroid modelo 95, diseñada por el inventor estadounidense Edwin Land, fue la primera cámara con autorrevelado disponible en el mercado.

Sencilla de usar y fiable, también era fácil de fabricar en serie, y fue tal su éxito que sigue fabricándose hoy.

Funcionalidad cotidiana

El diseño industrial ha moldeado muchos aspectos de la vida cotidiana, así como de la historia cultural. La llegada de la cámara Polaroid en 1948 permitió al usuario documentar su vida con más espontaneidad que nunca; y el lanzamiento de los reproductores de vídeo domésticos en los años setenta conllevó una forma nueva de ver películas y programas de televisión, y creó un mercado de masas para el material grabado.

En el siglo XXI, los diseñadores industriales continúan trabajando con el objetivo de crear productos estéticamente agradables, funcionales y fáciles de manejar. ▪

El *walkman* de Sony, lanzado en 1979, fue el primer reproductor de casetes portátil que permitió escuchar música durante los desplazamientos.

Raymond Loewy

Llamado a menudo «el padre del diseño industrial», Loewy nació en París en 1893 y se trasladó a EE. UU. en 1919. Obtuvo la nacionalidad estadounidense en 1938.

Su trabajo pionero tuvo un impacto duradero en el campo del diseño industrial, e incluye la creación en 1955 de la característica botella contorneada de Coca-Cola, con su forma curvilínea y ergonómica y su llamativo logotipo blanco.

Célebre por sus diseños automovilísticos, Loewy trabajó durante más de 20 años para la empresa Studebaker, dirigiendo un equipo que diseñó el Starlight Coupe (1947) y el Avanti (1962), entre otros. También diseñó el autobús Greyhound Scenicruiser, que se ha convertido en un símbolo clásico de los viajes en EE. UU., y contribuyó al diseño de los colores distintivos del avión presidencial estadounidense Air Force One.

Su obra sigue siendo un ejemplo de la importancia de la utilidad, la elegancia y la intemporalidad en el diseño industrial. Murió en Mónaco en 1986, a los 92 años.

ARTE POR
39 CÉNTIMOS
PLÁSTICO

EN CONTEXTO

ENFOQUE
Un material omnipresente que cambió la vida moderna

CAMPO
Diseño de producto, diseño de materiales

ANTES
1893 El químico francés Auguste Trillat fabrica galalita sumergiendo caseína de proteína láctea en formaldehído.

Década de 1890 La producción comercial de petróleo crece espectacularmente en EE.UU.

DESPUÉS
1965 Stephanie Kwolek, química estadounidense, desarrolla el kevlar, una fibra sintética excepcionalmente dura y resistente al calor.

1993 La marca de ropa para actividades al aire libre Patagonia crea prendas de forro polar con botellas recicladas.

2017 Se comercializan *spifes* (cucharas-cuchillo) bioplásticos fabricados con residuos de kiwi.

Los recursos de **petróleo y gas** se explotan como **combustible**.

Sus **subproductos** incluyen compuestos orgánicos con **poco valor como combustible**.

Los químicos usan estos subproductos para **crear polímeros**.

Los polímeros constituyen la base de la industria de los plásticos sintéticos.

E l plástico es el caballo de batalla de la economía moderna: es prácticamente imposible para la mayoría de la población mundial evitar usarlo a diario. La innovación en materiales que supuso la invención del plástico ha afectado a casi todos los aspectos de la vida.

El primer plástico sintético, la baquelita, fue creado en 1907 por el químico belga Leo Baekeland. Formada a partir de una reacción química entre dos compuestos orgánicos (fenol y formaldehído), se popularizó rápidamente por sus cualidades especiales: puede moldearse y endurecerse en cualquier forma, no conduce la electricidad y es resistente al calor. Más de tres décadas después de su descubrimiento, se convirtió en una alternativa sintética indiscutible a materiales tradicionales como la madera, la piedra o el metal. Se usaba para fabricar una amplia gama de

Leo Baekeland

Nacido cerca de Gante (Bélgica) en 1863, Leo Baekeland fue un químico e inventor cuyo trabajo sentó las bases de la industria del plástico. Emigró a EE.UU. en 1889, donde trabajó como químico asesor, y, cuatro años más tarde, inventó Velox, el primer papel fotográfico de éxito comercial. Gracias al éxito de Nepera, la empresa química que fundó para comercializar Velox, estableció su propio laboratorio a principios del siglo xx.

Baekeland se propuso explorar otras áreas prometedoras para la investigación química y empezó a experimentar con resinas sintéticas. Sus trabajos con fenol y formaldehído le llevaron a la revolucionaria invención de la baquelita en 1907. Esta creación le valió el reconocimiento como pionero en el campo de la ciencia y la ingeniería de materiales, y fue nombrado profesor de la Universidad de Columbia. En 1939 vendió la General Bakelite Company, que había fundado tres décadas atrás, al gigante químico estadounidense Union Carbide. Desde entonces vivió recluido hasta su muerte, ocurrida en 1944.

Véase también: Utensilios para cocinar y comer 30–31 ▪ Los inicios de la producción en serie 64–65 ▪ Tejidos de seguridad 244–247 ▪ Diseño ecológico 258–265 ▪ Materiales sostenibles 302–307

Gracias a los plásticos se han salvado innumerables vidas en el sector sanitario […] y se ha revolucionado el almacenamiento seguro de alimentos.
Erik Solheim
Programa de las Naciones Unidas para el Medio Ambiente (2018)

Este teléfono de la serie 800, de los años sesenta, tiene una carcasa de plástico ABS: es fuerte, ligera, resistente a los arañazos y menos quebradiza que su precursora de baquelita.

artículos, como radios, utensilios de cocina, interruptores, botones o juguetes. En 1944, la producción mundial era de unas 178 000 toneladas.

El material se prestaba a la creatividad en el diseño y, al no ser conductor, era ideal para aislar equipos eléctricos. Dio lugar a un nuevo género de diseño. Por ejemplo, el modelo de teléfono 162 de la GPO, introducido en Reino Unido en 1929, tenía la forma de una brillante pirámide de baquelita negra. Más tarde aparecieron modelos en rojo, marfil y verde. Pero el material tenía sus limitaciones: era frágil, imposible de remoldear una vez endurecido, relativamente pesado y solo estaba disponible en una gama limitada de colores.

La revolución de los polímeros

La creación de un plástico sintético marcó el inicio de una revolución para la industria química, que históricamente se había concentrado en la fabricación de tintes para telas y explosivos. El éxito comercial de la baquelita inspiró a la industria a investigar y desarrollar la química de los polímeros, lo que, en la década de 1930, condujo a la creación de distintos tipos de plástico sintético con propiedades diversas.

En 1933, los químicos británicos Eric Fawcett y Reginald Gibson descubrieron por accidente el polímero polietileno mientras investigaban en las instalaciones de ICI en Northwich (Reino Unido). La producción a gran escala empezó en las fábricas de DuPont y Union Carbide en EE. UU. durante la Segunda Guerra Mundial. Mientras experimentaba con residuos de polietileno, Earl Tupper, empleado de DuPont, descubrió que podía fabricar con él vasos, platos y recipientes irrompibles y ligeros. Creó su propia empresa y, en 1947, diseñó una gama de utensilios de cocina de polietileno. Estos productos –conocidos como Tupperware– eran flexibles, duraderos y resistentes a los productos químicos, y la revista *House Beautiful* los describió como capaces de «soportar casi cualquier cosa». Tupperware introdujo una gama de productos domésticos herméticos que revolucionaron el almacenamiento y la conservación de alimentos gracias a su exclusivo sello, patentado por Tupper en 1949. Tupperware sigue siendo popular: sus recipientes mantienen los alimentos frescos durante más tiempo y contribuyen a la comodidad de la vida doméstica moderna.

El PET (tereftalato de polietileno), un derivado del polietileno, se convirtió en uno de los productos básicos de la fabricación de plásticos tras entrar en producción a inicios de » la década de 1950. Resistente y ligero, era ideal para fabricar muchos productos. Puede moldearse por soplado para fabricar botellas y otros recipientes, estirarse para crear envases alimentarios o hilarse para producir tejidos duraderos y resistentes a los detergentes, como el dacrón y el tergal, que se utilizaban para ropa de cama, prendas de vestir y cortinas.

Los diseñadores contemporáneos han utilizado el PET en proyectos creativos, como las cubiertas para paneles solares que les dan el aspecto de vidrieras –del diseñador neerlandés Marjan van Aubel– o las cortinas decorativas de los arquitectos neerlandeses Beyond Space. Además, es fácilmente reciclable: la silla 111 Navy de la empresa estadounidense de muebles Emeco, fabricada con unas 170 botellas recicladas, es ya un clásico del diseño.

Diversidad funcional

Otro plástico que apareció en la década de 1950 fue el polipropileno, cuyas propiedades incluían ser muy duro pero semiflexible, translúcido y resistente al calor. Los diseñadores lo han utilizado para fabricar herramientas, piezas de automóviles y muebles, como la famosa silla Panton (1967) del danés Verner Panton: basada en su anterior silla S, está hecha de una sola pieza de polipropileno moldeado por inyección, curvada para adaptarse al cuerpo.

Los químicos de la posguerra produjeron otras variedades de plástico, cada una con sus propias ventajas. Por ejemplo, el PVC es resistente a la luz, los productos químicos y la corrosión, y se utiliza en la fabricación de tuberías, canalones y marcos de ventanas. El poliuretano es un material flexible pero que ofrece soporte, y se usa en colchones y tapicerías. La licra, otro producto de poliuretano, puede estirarse repetidamente sin sufrir daño. El poliestireno, por su ligereza y baja conductividad térmica, se utiliza para aislar edificios y alimentos calientes, así como para embalar objetos frágiles.

Estos nuevos materiales ofrecían una mayor funcionalidad y durabilidad que abrían nuevas posibilidades al diseño creativo. El plástico se convirtió en parte integral de la vida

Según Naciones Unidas, cada año se producen unos 430 millones de toneladas de plástico. Se prevé que esta cantidad se triplique de aquí a 2060.
Leslie Kaufman
Bloomberg News (2023)

cotidiana y desempeñó un papel fundamental en el auge de la cultura de consumo.

La fabricación masiva de artículos de plástico permitió crear productos asequibles y desechables, en consonancia con la demanda creciente de comodidad y accesibilidad. Su ligereza hacía de él un material ideal para el envasado, reduciendo los costes de transporte y el consumo de energía. En el ámbito sanitario, se extendió el uso de artículos de plástico estériles y desechables, contribuyendo a los avances en higiene médica.

La industria del plástico es ahora global. Los materiales y productos plásticos se han convertido en componentes importantes del comercio internacional. Los países con capacidades de fabricación avanzadas exportan productos plásticos, lo que contribuye al crecimiento económico.

Más allá de sus usos utilitarios, el plástico se ha abierto camino en el arte y la expresión cultural. Artis-

Los cangrejos ermitaños usan cada vez más residuos plásticos –en vez de conchas de moluscos desechadas– para protegerse. Millones de toneladas de plástico acaban cada año en los océanos del mundo.

tas y diseñadores lo han adoptado por su versatilidad y lo han utilizado para crear instalaciones que reflejan la estética de la era moderna. Cada vez más, estas instalaciones emplean plástico desechable reciclado para poner de relieve los problemas creados por el plástico de un solo uso.

Problemas de eliminación

Aunque los plásticos han aportado beneficios innegables, han tenido un coste medioambiental considerable. La contaminación por plásticos empezó a ser un problema en los océanos del mundo ya en la década de 1960. La durabilidad que los hace tan útiles también significa que persisten en el medio ambiente durante años más allá de su vida útil. Una eliminación inadecuada y una infraestructura de reciclado insuficiente han provocado niveles nefastos de contaminación plástica en ríos y océanos y en el paisaje. Los residuos plásticos pueden tardar entre 20 y 500 años en descomponerse, e incluso entonces no desaparecen del todo: los trozos se hacen cada vez más pequeños.

A demanda de la cultura de consumo, el uso generalizado de plásticos de un solo uso en bolsas, botellas y envases se ha convertido en un le-

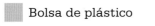
Bolsa de plástico

Vaso de café para llevar

Pajita de plástico

Anillos de plástico de *pack* de latas

Botella de plástico

Pañales desechables

Cepillo de dientes de plástico

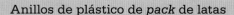

| 0 | 100 | 200 | 300 | 400 | 500 |

NÚMERO DE AÑOS

La velocidad de descomposición de los artículos de plástico depende de la estructura química del material, así como de factores ambientales como la exposición al oxígeno o a la luz solar.

gado definitorio del siglo XX. La comodidad de estos artículos desechables, unida a la falta de concienciación sobre sus consecuencias medioambientales, ha contribuido a una crisis mundial de residuos, bien documentada en la exposición Waste Age (2021–2022) del Museo del Diseño de Londres. Los vertederos rebosan de plásticos no biodegradables y los ecosistemas marinos se asfixian debido a los residuos plásticos.

Soluciones sostenibles

La producción de plásticos está estrechamente vinculada a la industria petroquímica. En torno al 99 % de los plásticos se obtienen de combustibles fósiles, sobre todo petróleo y gas natural. La extracción, el refinado y la transformación de estos recursos suponen un 3,4 % de las emisiones mundiales de gases de efecto invernadero. Los esfuerzos para hacer frente al impacto medioambiental del plástico han orientado la industria mundial hacia el desarrollo de prácticas más sostenibles, y empiezan a surgir plásticos biodegradables e innovaciones en las técnicas de reciclado para crear sistemas de consumo y producción más sostenibles. ∎

Fundación Ellen MacArthur

Comprometida con la creación de una economía circular que reduzca residuos y contaminación y regenere la naturaleza, la Fundación Ellen MacArthur aboga por un sistema económico que ofrezca mejores resultados para las personas y el medio ambiente, y contemple todas las etapas de la vida de un producto, antes y después de llegar al cliente. Una economía circular de los plásticos implica reciclar, reutilizar y minimizar los residuos, fomentando la sostenibilidad y la responsabilidad medioambiental en la producción y en el consumo. Es un enfoque vital para frenar la contaminación por plásticos y además ofrece grandes beneficios económicos, sociales y climáticos. Según la fundación, para 2040 una economía circular podría reducir el volumen de plásticos que acaban en nuestros océanos en un 80 % y las emisiones de gases de efecto invernadero en un 25 %, generar un ahorro de 200 000 millones de dólares al año y crear 700 000 puestos de trabajo.

Ellen MacArthur es una regatista británica que ha batido dos veces el récord de la vuelta al mundo en solitario más rápida.

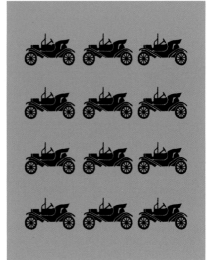

CUALQUIER COLOR, SIEMPRE QUE SEA NEGRO

FORD MODELO T

Los primeros automóviles modernos fueron desarrollados en las décadas de 1880 y 1890 por el ingeniero mecánico Karl Benz en Mannheim (Alemania) y por los hermanos fabricantes de bicicletas Charles y Frank Duryea en Massachusetts (EE. UU.). Sin embargo, estos vehículos eran artículos de

Este cartel británico de 1912 para el Ford Modelo T destaca su asequibilidad y fiabilidad, promocionando el coche como adecuado para cualquier uso.

lujo, solo al alcance de los ricos. El coche que llevó el automovilismo a las masas fue el Ford Modelo T.

Henry Ford fundó la Ford Motor Company en 1903 y lanzó su primer coche, el Modelo A, ese mismo año. Durante los años siguientes, trabajó para perfeccionar su visión de un coche fiable, asequible, fácil de mantener y que pudiera circular por los caminos de tierra de las zonas rurales de EE. UU. Esto se materializó en el Modelo T, que empezó a fabricarse a pequeña escala en octubre de 1908.

Práctico y popular
El Modelo T estaba disponible en varios colores y carrocerías, todas ellas construidas sobre el mismo chasis. El motor funcionaba con combustibles de uso común en las zonas rurales, como gasolina, etanol o queroseno, usado en los tractores. El coche también podía funcionar como motor portátil, por ejemplo, para alimentar una trilladora o una bomba de agua.

Como otros automóviles de la época, el Modelo T se montaba originalmente a mano. En su primer mes, la fábrica produjo solo once coches. En 1910, Ford había producido 12 000 unidades y tenía dificultades para satisfacer la demanda. Su respuesta fue abrir una nueva fábrica y

Véase también: Los inicios de la producción en serie 64–65 ▪ Piezas intercambiables 106–107 ▪ Obsolescencia programada 176–177

La planta Ford de Highland Park, en Michigan, fue la primera con una cadena de montaje móvil, con trabajadores asignados a tareas específicas.

poner en marcha una nueva cadena de montaje móvil. En 1914, el negro se convirtió en su color estándar, en parte porque era la pintura de secado más rápido de la época.

Transporte asequible

El nuevo método de producción de Ford redujo el tiempo de fabricación de un Modelo T de 12,5 horas a 93 minutos. Esto llevó a un aumento espectacular de la producción y a una reducción sustancial de los costes, lo que permitió a Ford rebajar el precio de un Modelo T de 825 dólares (precio de un coche fabricado a mano en 1908) a 360 dólares (para un vehículo producido en serie en 1916). En 1925 se montaban hasta dos millones de unidades al año, y el precio bajó aún más, a solo 260 dólares.

Los precios más bajos pusieron por primera vez el automóvil al alcance de millones de personas. Ford también abrió fábricas en otros países, convirtiendo el Modelo T en el primer automóvil mundial.

Apreciado por su bajo coste, durabilidad, versatilidad y facilidad de mantenimiento, el Modelo T fue un gran éxito: se fabricaron más de 15 millones de unidades. Sin embargo, mediada la década de 1920, otros fabricantes empezaron a vender coches más elegantes, y el Modelo T pronto se consideró anticuado. Las ventas cayeron y su producción cesó en 1927. ▪

Cualquier hombre con un trabajo estable debería, si así lo deseara, poder tener su propio coche.
Henry Ford

Henry Ford

Nacido en una granja de Michigan (EE. UU.) en 1863, Ford se trasladó a Detroit a los 16 años para formarse como maquinista. En 1891 empezó a trabajar como ingeniero en Edison Electric, experimentando con motores de gasolina en su tiempo libre. Tras algunos fracasos empresariales, fundó la Ford Motor Company en 1903 y lanzó el Modelo T en 1908.

En un esfuerzo por satisfacer la abrumadora demanda del Modelo T, Ford introdujo nuevos métodos de producción en serie, como grandes fábricas, piezas intercambiables estandarizadas y, en 1913, cadenas de montaje móviles. A fin de asegurarse una mano de obra estable, motivada y comprometida, en 1914 aumentó el sueldo de sus empleados de 2,34 a 5 dólares diarios, repartidos entre salario y prima; en 1926 redujo la semana laboral a cinco días.

Ford fue un pionero y un innovador. Revolucionó la industria automovilística y, más que ningún otro individuo, fue responsable de la forma tan profunda en que el automóvil configuró el siglo xx. Murió en Dearborn (Michigan) en 1947.

EL PODER DE UNIR A LAS PERSONAS

MARCAS DEPORTIVAS

EN CONTEXTO

ENFOQUE
Identidades de equipo y uso de las marcas en el deporte

CAMPO
Diseño gráfico, diseño de identidad, señalización

ANTES
Siglo I d. C. La emisión de entradas se usa para controlar el número de asistentes a acontecimientos en el Coliseo de Roma.

Principios del siglo XIX El deporte pasa de actividad informal y recreativa a evento organizado y comercializado, con un énfasis creciente en los beneficios económicos.

DESPUÉS
1920 El cartel diseñado para los Juegos Olímpicos celebrados en Amberes muestra por primera vez los aros olímpicos.

2022 La final de la Copa Mundial de Fútbol –el mayor evento deportivo del mundo– es seguida por televisión en directo por 1500 millones de personas.

Además de la sensación de bienestar que produce practicar o ver un deporte, el reto de la competición y el afán por alcanzar nuevas marcas personales, el deporte es también un gran negocio.

Millones de personas siguen competiciones de fútbol, tenis o golf. Los colores de un equipo, cuya finalidad es ayudar a los jugadores a identificar a sus compañeros en el campo, también ayudan a unir a los aficionados para apoyar una causa común. La demanda de *merchandising* crea oportunidades de patrocinio: de deportistas individuales, de equipos o de acontecimientos deportivos.

Del fútbol a la Fórmula 1
Uno de los primeros ejemplos de marca deportiva data de 1858. Las reglas establecidas por el Sheffield Football Club establecían que cada jugador debía llevar una gorra roja y otra azul marino, «un color para cada equipo durante el juego». De las gorras pronto se pasó a las equipaciones de fútbol estandarizadas, con los colores del equipo y un logotipo que creaba una identidad visual reconocible. En 1975, otro equipo de fútbol británico, el Leeds United, empezó a vender réplicas de las equipaciones a sus aficionados, y así nació una nueva industria.

La comercialización del deporte a través de la creación de marca ha ele-

El logotipo de los anillos olímpicos, creado en 1913, se utilizó por primera vez en carteles y banderas para los Juegos de 1920 en Amberes (Bélgica). Los de 1916 se habían cancelado debido a la Primera Guerra Mundial.

Nike no quiere hacer productos para todos, quiere hacer productos para campeones.
Simon Sinek
Huffington Post (2010)

vado el protagonismo de varias disciplinas. Superestrellas del baloncesto como Michael Jordan y LeBron James han trascendido la cancha para ser poderosos embajadores de marca que respaldan y publicitan a empresas de alimentación y bebidas, además de marcas de ropa deportiva, a cambio de grandes contratos de patrocinio. El logotipo distintivo, los productos y el alcance mundial de la NBA han convertido el baloncesto en un importante fenómeno cultural.

Las escuderías de Fórmula 1, como Ferrari y Mercedes, han cultivado una estética de alto rendimiento y una imagen de lujo, creando un atractivo que se amplifica con patrocinios de alto perfil. Cada hueco del equipamiento de sus pilotos –del casco al calzado– lleva el nombre de un patrocinador, al igual que cada parte de los coches que conducen.

Logotipos deportivos

Las marcas han convertido el deporte en un espectáculo mundial, han hecho de deportistas y equipos entidades comercializables, ampliando las bases de aficionados y generando un éxito comercial duradero para empresas como Adidas, Puma y Nike. El logotipo Swoosh de Nike, obra de la diseñadora Carolyn Davidson, es una simple pero dinámica marca de verificación que se asocia al instante con el compromiso de Nike con el rendimiento, la innovación y el espíritu de su lema, «Just Do It».

Los Juegos Olímpicos también cuentan con una marca visual reconocible al instante. Los cinco anillos entrelazados de diferentes colores,

Nike adoptó su logotipo Swoosh en 1971. Se inspiró en las alas de la diosa griega de la victoria, que da nombre a la marca.

un diseño de Pierre de Coubertin, representan los continentes habitados y la unidad de los deportes. La marca va ahora mucho más allá, e incluye tipos de letra, mascotas y señalización diseñados para captar la imaginación de los aficionados al deporte de todo el mundo. ▪

Adi Dassler

El fundador de la empresa alemana de ropa deportiva Adidas, Adolf «Adi» Dassler, nació en Herzogenaurach (Baviera, Alemania) en 1900. Empezó como zapatero, pero en 1924 creó con su hermano mayor Rudolf una fábrica de zapatos especializada en calzado deportivo. Sus inventivos diseños incluían botas de fútbol con tacos y zapatillas de atletismo con clavos, famosas por ser las que llevó el velocista estadounidense Jesse Owens en los Juegos Olímpicos de Berlín de 1936.

Tras la Segunda Guerra Mundial, los hermanos se

enemistaron y disolvieron la empresa. En 1948, Adi fundó Adidas, mientras que Rudolf fundó Puma, firma rival de ropa deportiva. Adidas pronto se convirtió en el mayor fabricante europeo de ropa deportiva; hoy es el segundo del mundo, por detrás de Nike. El logotipo de las tres rayas y el énfasis en la tecnología punta se han convertido en sinónimos de la marca. Dassler, fallecido en 1978, tuvo un papel fundamental en el diseño de ropa deportiva por su compromiso con los productos de alto rendimiento y diseño atractivo.

INVISIBLE PARA EL ENEMIGO

PATRONES DE CAMUFLAJE

El camuflaje es el arte de ocultar o disimular a personas o equipos haciéndolos pasar desapercibidos. Inspirado en las estrategias de supervivencia del mundo animal, hoy en día es especialmente importante en el ámbito militar.

Los humanos han utilizado técnicas básicas de camuflaje desde tiempos remotos. Los cazadores prehistóricos utilizaban carbón o pigmentos para pintarse la cara y el cuerpo y vestían pieles y cuernos de animales para acercarse lo más posible a sus presas sin ser detectados.

En la Antigüedad hay relatos sobre su uso para ocultar barcos: los piratas mediterráneos pintaban sus

Véase también: Pigmentos y colores 20–21 ▪ Motivos geométricos islámicos 66–69 ▪ Teoría de los colores 94–101 ▪ Cultura juvenil 230–233 ▪ Materiales inteligentes 314–317

Camuflaje animal

En la naturaleza, los animales utilizan diversas tácticas para reducir su visibilidad. Algunos usan el color para mimetizarse con el entorno, mientras que otros se ocultan con ramitas, conchas u otros objetos. Algunos se disfrazan de otro objeto para protegerse de los depredadores; por ejemplo, las alas de algunas polillas tienen el aspecto de hojas muertas. Los patrones disruptivos, como manchas, rayas u otras marcas no repetitivas, son una característica importante, ya que ayudan a romper el contorno del animal. Además, en movimiento, pueden confundir a los depredadores; por ejemplo, en una manada de cebras, las rayas contrastadas reducen la capacidad del depredador para calcular la velocidad y dirección de su presa.

En un entorno militar, estas estrategias se han traducido en uniformes de colores o estampados acordes con el entorno en el que se despliegan, o en el empleo de camuflaje disruptivo para romper el contorno de los buques en la Segunda Guerra Mundial.

Un dragón de mar foliado se camufla perfectamente sobre un fondo de algas gracias a los largos apéndices en forma de hoja de su cuerpo.

naves de azul grisáceo, y Julio César utilizó barcos de reconocimiento de color verde azulado durante la guerra de las Galias (58–50 a. C.).

Aprender de la naturaleza

El camuflaje animal se convirtió en tema de investigación a mediados del siglo XIX. En su libro de 1890 *The Colours of Animals*, el zoólogo británico Edward Poulton describió distintos tipos de camuflaje, entre ellos, la coloración, que permite al animal confundirse con el fondo, y el mimetismo, que lo disfraza de otro objeto.

En 1892, el zoólogo británico Frank Beddard identificó otra forma de camuflaje: el contrasombreado. Por ejemplo, un pez con la superficie superior oscura y la inferior más clara será más difícil de ver desde arriba, ya que se confunde con el fondo marino, y desde abajo, pues se confunde con el cielo.

El artista estadounidense Abbott Thayer fue uno de los primeros en describir los patrones disruptivos, una técnica que se utiliza para romper los contornos de un objeto. Aunque vio que estas técnicas de camuflaje podrían tener aplicaciones militares, no consiguió que se adoptaran.

Caqui militar

Antes del siglo XIX, la mayoría de los ejércitos vestían a sus soldados con uniformes de colores brillantes –como las casacas rojas británicas– diseñados para acentuar su visibilidad. Se creía que esto mejoraba la moral de las tropas e intimidaba al enemigo. También facilitaba que los soldados se reconocieran en el combate cuerpo a cuerpo. Sin embargo, a principios del siglo XIX el rifle sustituyó al mosquete por su mayor alcance y precisión, y la ocultación personal en la batalla se convirtió en algo esencial.

Durante las guerras napoleónicas (1803–1815), dos regimientos de fusileros británicos que servían como tiradores descartaron sus casacas rojas para adoptar chaquetas verdes menos llamativas. El verde también fue utilizado por las unidades de fusileros en la guerra de Secesión estadounidense (1861–1865).

En 1848, el Cuerpo de Guías, un regimiento del ejército indio británico dirigido por el teniente William Hodson, fue el primero en adoptar los uniformes caquis. *Khaki* significa «color tierra» en urdu, y se pensó que el tono pardo apagado ayudaría a hacer a las tropas «invisibles en una tierra polvorienta». Otros regimientos siguieron el ejemplo y, para la segunda guerra bóer (1899–1902), todo el ejército británico usaba uniformes caquis.

Otras grandes potencias siguieron el ejemplo británico: EE.UU. »

Hemos de creer que estos colores son de utilidad a estos insectos y aves para librarse de peligros.
Charles Darwin
El origen de las especies (1859)

adoptó el *olive drab* (verde oliva), Italia, el *grigio-verde* (gris-verde), y Alemania, el *feldgrau* (gris de campaña). Al estallar la Primera Guerra Mundial, solo el ejército francés seguía vistiendo uniformes llamativos de chaqueta azul y pantalón rojo; y ante el elevado número de bajas en el frente occidental, se sustituyeron rápidamente por prendas de color azul grisáceo.

Equipo de camuflaje

La Primera Guerra Mundial introdujo un nuevo elemento en la guerra: el reconocimiento aéreo. Esto significaba que tropas, armamento y edificios podían verse desde arriba.

En 1915, el ejército francés creó la primera unidad del mundo dedicada al camuflaje bajo la dirección del artista Lucien-Victor Guirand de Scévola. Los miembros de esta innovadora unidad eran conocidos como *camoufleurs*, nombre derivado del término que significa «disfrazarse» en la jerga parisina. Muchos de ellos eran escenógrafos de teatro y artistas, como los cubistas Georges Braque y André Mare. Crearon los primeros patrones de camuflaje y los utilizaron para ocultar material y movimientos militares al enemigo. Al principio,

Los científicos reflexionan sobre la razón de los **colores en el reino animal**.

→ **Ejércitos** de todo el mundo empiezan a utilizar **tonos apagados en los uniformes**.

↓

Se realizan experimentos sobre el **camuflaje de vehículos militares**.

← **Artistas** ayudan a desarrollar lo que hoy se consideran **patrones de camuflaje**.

↓

El camuflaje se convierte en un básico de la moda.

los *camoufleurs* pintaban vehículos y armamento con patrones diseñados para confundirse con el paisaje, e intentaban disimular los edificios con redes cubiertas de hojas y lonas pintadas. A medida que avanzaba la guerra, sus técnicas se hicieron más complejas: por ejemplo, utilizaban cabezas de papel maché para atraer el fuego de los francotiradores y disfrazaban los puestos de observación como árboles. Otros ejércitos no tardaron en crear sus propias unidades de camuflaje.

Los ejércitos francés y británico también experimentaron con el uso de prendas de camuflaje pintadas a mano para especialistas como los francotiradores, pero no existía una producción masiva de material de camuflaje para uniformes. En 1917, Alemania empezó a utilizar lo que se considera el primer tejido de camuflaje estampado –un diseño de rombos, formado por polígonos de forma irregular en diferentes colores– para cubrir aviones. En 1918, Alemania fue también pionera en el diseño de camuflaje estandarizado para uso personal en forma de un patrón de astillas quebradas conocido como Buntfarbenanstrich 1918, que se utilizó en cascos de acero.

Camuflaje en el mar

El camuflaje se extendió también a los mares. Los británicos ya habían intentado ocultar sus buques de guerra pintándolos de tonos azules que combinaban con el cielo y el mar... y fracasaron. En 1917, el artista británico Norman Wilkinson desarrolló

André Mare

Nacido en Argentan (Normandía, Francia) en 1885, Mare estudió arte y diseño en París, donde se integró en el movimiento de vanguardia cubista junto a sus amigos Fernand Léger, Robert Delaunay y Marcel Duchamp. En 1912, Mare fue responsable del diseño de los interiores de la Maison Cubiste, instalación colaborativa diseñada para exponer arte cubista.

Durante la Primera Guerra Mundial se unió a la recién creada unidad de camuflaje del ejército francés. Junto a otros artistas, dirigió el desarrollo de técnicas de camuflaje en un entorno militar. Aplicó los principios de la coloración disruptiva, usando formas derivadas del cubismo, para engañar al ojo quebrando la forma del armamento. Su *Cubisme et camouflage, 1914–1918* es una serie de cuadernos ilustrados inspirados en sus experiencias en tiempos de guerra.

Tras la guerra desarrolló una exitosa carrera como diseñador y fue uno de los creadores del estilo *art déco*. Murió en 1932.

la técnica alternativa del camuflaje disruptivo, que consistía en pintar los buques de guerra con audaces rayas, remolinos y zigzags. El objetivo no era hacer menos visible el barco, sino quebrar su forma, dificultando así que los submarinos alemanes pudieran calcular con precisión su tamaño, velocidad y distancia. Otras armadas aliadas adoptaron también esta estrategia de engaño óptico, aunque nunca se demostró su eficacia.

Segunda Guerra Mundial

Las técnicas de camuflaje desarrolladas en la Primera Guerra Mundial se ampliaron durante la segunda. Todos los bandos utilizaron el camuflaje, sobre todo para defenderse de los ataques aéreos.

Por primera vez, los uniformes de camuflaje se usaron también a gran escala, aunque a menudo solo por unidades especializadas, mientras que la mayoría de los soldados aliados siguieron vistiendo trajes de faena monocolores. A partir de 1942, los paracaidistas y los marines británicos vistieron un mono llamado «Denison smock», que presentaba un patrón conocido como Brushstroke, con amplias franjas de color como brochazos (de ahí el nombre), que se fundía per-

El camuflaje no es ni un misterio ni una broma. Es una cuestión de vida o muerte, de victoria o derrota.
Roland Penrose
The Home Guard Manual of Camouflage (1941)

fectamente con los entornos naturales. En 1944–1945, se utilizó el mismo patrón en la ropa de la infantería en Europa y en la de las tripulaciones de tanques. También fue la base del diseño Tiger Stripe usado en la guerra de Vietnam.

El primer uso generalizado del camuflaje por parte del ejército estadounidense se remonta a 1942, con la introducción del camuflaje verde moteado para la guerra en el Pacífico. Los soldados también usaban cremas de camuflaje facial y redes para cascos.

Alemania fue el país que más desarrolló y usó los diseños de camuflaje para uniformes producidos en serie. A sus soldados se les entregaba una amplia gama de uniformes de camuflaje, incluidos capotes reversibles para mimetizarse con el paisaje en las distintas estaciones, con un lado para primavera/verano y el otro para un invierno nevado.

Evolución en la posguerra

En la década de 1960, los británicos desarrollaron el Disruptive Pattern Material (DPM), que podía imprimirse en diferentes colores para adaptarse a distintos tipos de terreno, ya fuera desierto, bosque o laderas nevadas. En 2010, sus fuerzas armadas adoptaron el Multi-Terrain Pattern (MTP), pero el DPM sigue siendo uno de los diseños más copiados del mundo. Otro diseño influyente vino de Alemania en los años setenta: el Flecktarn («camuflaje moteado») es un patrón disruptivo de cinco colores desarrollado para su uso en zonas boscosas. Austria, Ucrania y China adoptaron diseños similares.

Hasta ahora, los intentos de diseñar un patrón que se adapte a todos los entornos han sido infructuosos. Sin embargo, los motivos pixelados diseñados digitalmente han resuelto el problema de hacer un patrón que funcione tanto a corta como a larga distancia. El objetivo ahora es desarrollar camuflajes «inteligentes» capaces de cambiar para adaptarse al entorno circundante; camuflajes capaces de eludir las cámaras infrarrojas, térmicas e hiperespectrales; y materiales capaces de curvar las ondas de luz para hacer invisibles objetos o personas. ■

El crucero ligero francés *Gloire* navega por el Mediterráneo en 1944, pintado desde el casco a las torretas con las audaces líneas geométricas típicas del camuflaje disruptivo.

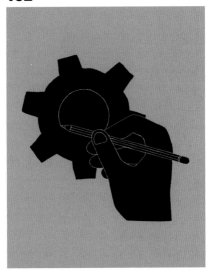

LA COOPERACIÓN DE ARTE, INDUSTRIA Y ARTESANÍA

DEUTSCHER WERKBUND

undada en Múnich en 1907 por el arquitecto alemán Hermann Muthesius, la Deutscher Werkbund («Asociación Alemana del Trabajo») era un colectivo de artistas, arquitectos, diseñadores e industriales que se centró en unificar la artesanía y los oficios tradicionales con la producción en serie. No era en sí misma un movimiento creativo, sino una iniciativa patrocinada por el Estado cuyo objetivo era mejorar la posición económica de Alemania en el mundo forjando alianzas entre fabricantes y diseñadores de productos.

Fomentar nuevas ideas

La creación de la Deutscher Werkbund fue fundamental para la historia del diseño y el desarrollo de la arquitectura moderna. Muchas de las técnicas e ideas del movimiento moderno se presentaron en su primera exposición, en 1914. Fue en la Werkbund donde el diseñador Walter Gropius desarrolló los principios fundacionales de la escuela Bauhaus. En 1929 se había convertido en una alianza de casi 3000 artesanos e industriales, pero se vio obligada a disolverse tras la llegada de los nazis al poder en 1933. ∎

Las exposiciones –como la realizada en Basilea (Suiza) que anuncia este cartel de 1917– fueron una oportunidad para promover el trabajo de artistas vinculados a la Deutscher Werkbund.

Véase también: El movimiento Arts and Crafts 112–119 ▪ Diseño industrial 146–147 ▪ Movimiento moderno 188–193 ▪ *Mid-century modern* 216–221

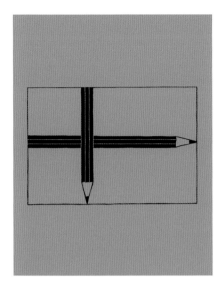

DEBEMOS SER FINLANDESES
ESTILO ROMÁNTICO NACIONALISTA

A fines del siglo XIX, las ideas nacionalistas se extendieron rápidamente por Europa, fomentando la creencia de que un Estado debía construirse en torno a un pueblo y a su lengua, cultura, religión y costumbres. Estas ideas influyeron en el arte, la arquitectura y el diseño de la época, en especial en Escandinavia, donde, en torno a 1900, surgió un estilo conocido como romántico nacionalista.

Inspirado en la tradición

En un esfuerzo por suscitar el orgullo nacional, artistas, diseñadores y arquitectos se inspiraron en la artesanía y las técnicas de construcción locales tradicionales. Adoptaron motivos ornamentales arraigados en el folclore nacional y a menudo representaron plantas y flores autóctonos. Este estilo romántico nacionalista se utilizó en muchos edificios públicos, como el Museo de Arte de Gustaf Nyström en Turku, Finlandia (1904), o la iglesia Engelbrekt de Lars Israel Wahlman en Estocolmo, Suecia (1914). Algunos de los temas que definían el *art nouveau* –como el én-

El Ayuntamiento de Estocolmo, con su torre de 106 m de altura, se construyó con técnicas de ladrillo tradicionales del norte de Europa. La torre está rematada con las tres coronas del escudo de armas sueco.

fasis en las formas orgánicas– eran pertinentes para el romántico nacionalista, y se incorporaron a la arquitectura de edificios como la Estación Central de Helsinki de Eliel Saarinen (1919) y el Ayuntamiento de Estocolmo de Ragnar Östberg (1923). Muchos de estos edificios presentan elementos como puertas, marcos de ventanas e incluso desagües adornados con motivos folclóricos. ∎

Véase también: El movimiento Arts and Crafts 112–119 ▪ *Art nouveau* 132–133 ▪ Modernismo catalán 134–135 ▪ Bauhaus 170–171 ▪ Movimiento moderno 188–193

ELLOS MANEJAN LOS HILOS QUE CONTROLAN LA MENTE DEL PÚBLICO

MENSAJES POLÍTICOS

A principios del siglo XX, el diseño se convirtió en un recurso clave para la difusión de mensajes de revolución y reforma política en Europa y EE. UU. Se había utilizado durante mucho tiempo para vender productos, pero empezó a extenderse la idea de que los diseñadores tenían el deber moral de impulsar el progreso social y político. Los carteles gráficos con mensajes políticos claros y contundentes, y los productos con emblemas identificables, se usaron para promocionar partidos políticos, reclutar soldados y difundir ideas entre el público. Los mensajes políticos y su versión más manipuladora, la propaganda, se convirtieron en una poderosa herramienta en los periodos de guerra y en tiempos de paz.

La Primera Guerra Mundial
El estallido de la Primera Guerra Mundial hizo necesarias campañas publicitarias en muchos países para fomentar la recaudación de fondos, el reclutamiento militar y la búsqueda de voluntarios para las industrias de apoyo. Los mensajes políticos de la época se transmitían a menudo a través de carteles: algunos positivos

Los carteles de la Unión Soviética usaban colores llamativos y diseños sencillos e impactantes. Este de 1929 muestra a un trabajador que se libera de las cadenas y alza una bandera con el perfil de Lenin.

y esperanzadores, utilizados para estimular la producción; otros que adoptaban un tono desafiante para unir a la población contra las fuerzas enemigas. Solo en EE. UU. se produjeron en poco más de dos años unos 20 millones de carteles, casi uno por cada cuatro ciudadanos.

Los años de entreguerras vieron surgir movimientos artísticos como

Véase también: Teoría de los colores 94–101 ■ Diseño de la información 144–145 ■ Estilo romántico nacionalista 163 ■ Futurismo 175 ■ Movimiento moderno 188–193 ■ Cultura juvenil 230–233

De Stijl, el constructivismo, el dadaísmo, el futurismo o el surrealismo en respuesta a las crecientes tensiones políticas en toda Europa. En esta época aumentó la propaganda –utilizada para manipular la opinión pública, a menudo con información sesgada o engañosa–, y los artistas y diseñadores propusieron una visión moderna y a veces revolucionaria del futuro.

El arte de la seducción

En las décadas de 1920 y 1930, las economías se hundieron, se produjeron revoluciones y extremistas políticos como Benito Mussolini en Italia y Adolf Hitler en Alemania empezaron a ganar influencia política. Las poblaciones de estos países se vieron seducidas por unas narrativas visuales y una iconografía que enseguida se hicieron familiares y que se asociaban a determinados partidos políticos, que adoptaron técnicas que antes eran exclusivas de industrias y empresas para crearse una identidad gráfica y difundir su versión de la información a través de todos los medios de comunicación disponibles. Usaron formatos tradicionales como carteles, periódicos, películas y publicidad: saturaban los medios con imágenes y palabras de un líder heroico, señalaban un enemigo al que vilipendiar y lanzaban sus mensajes de forma constante.

El diseño también se utilizó de otras formas para transmitir mensajes políticos. El entorno urbano, los productos domésticos cotidianos e incluso la ropa se impregnaban de la identidad política del partido gobernante. Grandes espectáculos como mítines y marchas, actos culturales como óperas, exposiciones, banderas, esculturas y fachadas de edificios públicos se encargaban de difundir ampliamente los mensajes del partido en el poder.

Propaganda en la Unión Soviética

La Revolución bolchevique de 1917, que condujo a la formación de la URSS, se vio impulsada en parte por la propaganda impresa, cuyos elementos visuales estaban influidos por los emergentes movimientos »

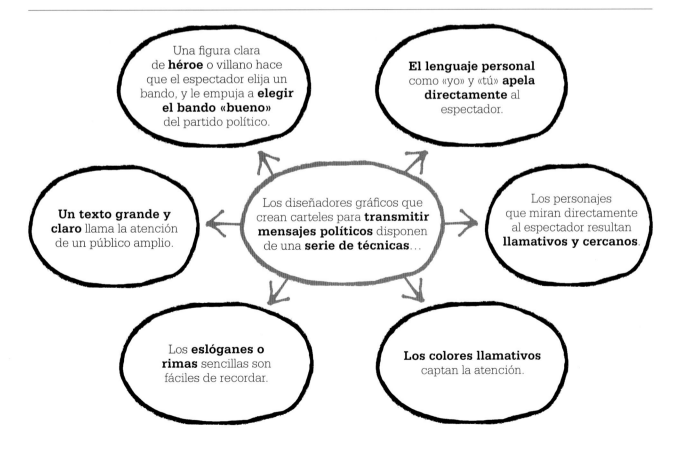

Una figura clara de **héroe** o villano hace que el espectador elija un bando, y le empuja a **elegir el bando «bueno»** del partido político.

El lenguaje personal como «yo» y «tú» **apela directamente** al espectador.

Un texto grande y claro llama la atención de un público amplio.

Los diseñadores gráficos que crean carteles para **transmitir mensajes políticos** disponen de una **serie de técnicas**…

Los personajes que miran directamente al espectador resultan **llamativos y cercanos**.

Los **eslóganes o rimas** sencillas son fáciles de recordar.

Los colores llamativos captan la atención.

> La manipulación consciente e inteligente de los hábitos y opiniones organizados de las masas es un elemento importante en la sociedad democrática.
> **Edward Bernays**
> *Propaganda* (1928)

literarios y artísticos de vanguardia. Carteles, revistas, libros y exposiciones mostraban una iconografía y una tipografía atrevidas. Diseñados por artistas y fotógrafos como El Lisitski, Aleksandr Ródchenko, Varvara Stepánova y Vladímir Tatlin, estas obras contenían un texto mínimo para llegar a una población mayoritariamente analfabeta. Las películas también fueron clave para la propaganda soviética, al transmitir información disfrazada de entretenimiento de masas.

Un elemento característico de la propaganda soviética fue el fotomontaje. Era una forma nueva de manipular y transformar imágenes ordinarias para crear mensajes alternativos; a través del fotomontaje, la verdad podía mezclarse hábilmente con la fantasía. Iósif Stalin, como líder de la URSS, hizo pegar imágenes suyas en fotografías de su popular predecesor Vladímir Lenin, para insinuar que eran amigos íntimos y compañeros políticos. También hizo borrar de fotografías antiguas a dirigentes y burócratas depurados, como si nunca hubieran existido. Por ejemplo, cuando Nikolái Yezhov, un eminente oficial de la policía secreta, cayó en desgracia en 1938, los censores lo borraron de todas las fotografías, incluida una en la que aparecía con Stalin.

Referencia a imperios pasados

Benito Mussolini inició su ascenso al poder en Italia sobre la misma época de la Revolución de Octubre. Su ideario incluía un plan estético cuidadosamente alineado con el fin de una revolución. Los mensajes de su partido, el Nacional Fascista, mostraban una mezcla de estilo futurista con símbolos derivados de la antigua Roma e imágenes de él mismo: la cabeza redonda, el distintivo mentón prominente y la boca curvada hacia abajo. El *fascio* romano –un haz de varas con una hoja de hacha sobresaliente, portado por un *lictor* (funcionario romano)– se convirtió en un símbolo de autoridad en la Italia fascista, y aparecía en carteles, monumentos y fachadas de edificios. Los tipos de letra de bordes afilados y ángulos rectos expresaban velocidad y progreso a la manera de los futuristas, y el alfabeto romano clásico fue sustituido por letras de esténcil.

Un enfoque sistemático

Mientras que el enfoque fascista de creación de marca fue ecléctico y variado, los mensajes del partido nacionalsocialista (más conocido como partido nazi) que surgió en Alemania en los años treinta tenían un lenguaje visual estrictamente prescrito.

Adolf Hitler encontró inspirador el enfoque integral de la propaganda de Mussolini y lo llevó aún más lejos de una forma rígidamente dirigida. Publicado en 1936, el manual de marca oficial nazi, *Organisationbuch der NSDAP*, especificaba exhaus-

Adoctrinar a los jóvenes

Dirigirse a los jóvenes fue una estrategia común usada por los partidos políticos en el siglo xx. Las mentes jóvenes y maleables podían llenarse de mensajes que pronto cristalizaban como verdades aceptadas.

En Italia, organizaciones juveniles fascistas, como la Opera Nazionale Balilla (ONB), organizaban actividades como eventos deportivos, actividades culturales y entrenamiento militar. La propaganda se dirigía a los jóvenes a través de revistas y libros de texto ilustrados con imágenes fascistas. Los certificados educativos también se decoraban con emblemas fascistas como el águila imperial, dagas estilizadas y siluetas de Mussolini.

Los mensajes políticos para niños se extendieron también al diseño de la ropa. Se animaba a los jóvenes fascistas a llevar uniformes adornados con insignias diseñadas para atraer a su grupo de edad, distintivos que proclamaban al mundo su apoyo al partido.

Los uniformes de la ONB imitaban los de los fascistas adultos. Las chicas llevaban camisas blancas con el logotipo de la ONB; los chicos, camisas negras.

Uno de los carteles políticos más famosos es el de James Montgomery Flagg *I Want You for the U. S. Army*, de 1917. En lugar de contratar a un modelo, Flagg utilizó su propio rostro para el Tío Sam.

blico fervoroso y los planos contrapicados de Hitler, que lo hacían parecer divino y monumental.

Segunda Guerra Mundial y posguerra

Durante la Segunda Guerra Mundial, los diseñadores volvieron a crear carteles para promover el apoyo popular al esfuerzo bélico, despertar el patriotismo, demonizar al enemigo y levantar el ánimo del público en una época de muerte y privaciones. Los carteles compartieron protagonismo con otros medios, en especial la radio y la prensa. La mayoría de los carteles se imprimían utilizando la nueva técnica de producción en serie del foto-offset, que permitía el uso de la fotografía en los carteles. Desarrollado en la URSS en la década de 1920, se volvió tan común en la propaganda política en todo el mundo como lo había sido la ilustración.

Más tarde, durante la turbulenta década de 1960, el diseño gráfico desempeñó un papel fundamental en los carteles y publicaciones de los movimientos contra la guerra, por los derechos civiles, feministas y ecologistas. Mensajes crudos y combativos exigían un futuro diferente y transmitían el rechazo del *statu quo*. Tales mensajes atrajeron a un público inquieto y hambriento de cambio, pero grupos opositores también los utilizaron para provocar represalias. Los mensajes políticos continúan difundiéndose hoy a través de carteles, de la radio, la televisión, internet y las redes sociales, y la propaganda evoluciona con los avances de la tecnología de IA. ∎

tivas normas de marca para todo, desde las publicaciones hasta el diseño y el mobiliario de los bloques de viviendas de los trabajadores. Con una iconografía que incluía flechas, relámpagos, espadas y águilas, así como la esvástica, la marca nazi utilizaba audaces toques de rojo junto con negros intensos para transmitir agresivamente su poder político.

El diseño gráfico no fue la única herramienta de creación de marca empleada por los nazis; el espectáculo público también se convirtió en un medio de propaganda. Conscientes de que la pompa influiría en las masas, los dirigentes del partido organizaban desfiles de hasta cinco horas con más de 30 000 soldados. El público se sentía intimidado y asombrado por la magnitud y el volumen de tales actos.

El cine también se convirtió en un agente de propaganda: *El triunfo de la voluntad* (1934), de Leni Riefenstahl, se considera uno de los mejores ejemplos de propaganda cinematográfica jamás producidos. Utilizaba técnicas innovadoras, como los primeros planos de un pú-

James Montgomery Flagg

Nacido en Nueva York en 1877, Flagg fue un prolífico dibujante e ilustrador. Su obra se publicó por primera vez en la revista infantil *St. Nicholas* cuando tenía 12 años. Estudió en la Art Students League de Nueva York entre 1894 y 1898, antes de asistir a escuelas de arte en Francia y Reino Unido. En la década de 1900 ya era conocido como ilustrador y había publicado sus obras en varias revistas, periódicos y libros. Sin embargo, su creación más famosa fue un cartel de reclutamiento para el gobierno realizado durante la Primera Guerra Mundial (y reutilizado durante la segunda): *I Want You for the U.S. Army*. En él aparece el Tío Sam, un símbolo popular de EE. UU., apuntando con el dedo al espectador. Flagg realizó 46 carteles políticos para el gobierno estadounidense entre 1917 y 1919, además de sus otros trabajos. Murió en Nueva York en 1960.

Obras clave

1917 *I Want You for the U.S. Army.*
1917 *Wake Up, America!*
C. 1935 *Your Forests – Your Fault – Your Loss.*

ARTE EN LA INDUSTRIA
BAUHAUS

EN CONTEXTO

ENFOQUE
Unificar la artesanía y las bellas artes en una única expresión creativa

CAMPO
Diseño de producto, diseño gráfico, arquitectura

ANTES
1891 William Morris se implica en la Arts and Crafts Exhibition Society.

1907 Se crea la Deutscher Werkbund. Entre sus fundadores figuran Joseph Maria Olbrich, Richard Riemerschmid, Bruno Paul y Peter Behrens.

DESPUÉS
1956 Charles y Ray Eames diseñan su famoso sillón con reposapiés, uno de los diseños más populares del estilo *mid-century modern*.

1976 Dieter Rams esboza sus *Diez principios para el buen diseño*, basados en ideas del Manifiesto de la Bauhaus de Walter Gropius, de 1919.

Fundada en Weimar (Alemania) en 1919 por el arquitecto Walter Gropius, la Staatliches Bauhaus –conocida como la Bauhaus– fue una escuela de arte radical. Su objetivo era reimaginar el mundo material unificando la artesanía y las bellas artes. Gropius expuso su intención para la escuela en su manifiesto: «Arquitectos, escultores, pintores: ¡todos debemos volver a la artesanía!». También afirmó: «No hay diferencia esencial entre el artista y el artesano». La escuela inició un movimiento fundamental para el pensamiento contemporáneo sobre el arte, el diseño y la arquitectura.

Nuevos estándares
Bajo el lema de «la forma sigue a la función», los estudiantes y profesores de la escuela transitaron por la línea entre el arte y la artesanía, estableciendo nuevos puntos de referencia para lo que se consideraba un buen diseño. Desafiaron los límites del metal y la madera, el vidrio, los textiles y las prácticas artísticas, y abrazaron la innovación tecnológica.

La Bauhaus reunió **tres campos distintos** para crear un movimiento que reflejara la **unidad de todas las formas de arte**.

Se alentaba a los **artistas** a **explorar** las posibilidades de la **artesanía y el taller para su obra**.	**Los diseñadores** debían contemplar **todos los elementos** de su trabajo, incluido el **arte de los objetos funcionales**.	**La tecnología** debía usarse para **facilitar la producción en serie** y hacer los productos **más accesibles**.

Véase también: El movimiento Arts and Crafts 112–119 ▪ Deutscher Werkbund 162 ▪ Diseño para el cambio social 180–181 ▪ *Mid-century modern* 216–221

Walter Gropius

Nacido en Berlín en 1883, Gropius estudió arquitectura en institutos técnicos de Múnich (1903–1904) y Berlín (1905–1907). En 1907 se afilió a la Deutscher Werkbund. Al año siguiente empezó a trabajar para el arquitecto y diseñador industrial Peter Behrens, junto a Ludwig Mies van der Rohe y Le Corbusier. En 1910 fundó su propio estudio de arquitectura, dedicado a la construcción de fábricas y edificios de oficinas, y compartió su enfoque en *Evolución de la arquitectura industrial moderna* (1913).

Tras la Primera Guerra Mundial, fue nombrado maestro de la Escuela de Artes y Oficios del Gran Ducado de Sajonia, en Weimar, escuela que transformó en la Bauhaus en 1919 y que dirigió hasta 1928. En 1934 huyó de la Alemania nazi, pasando por Italia y Reino Unido antes de llegar a EE. UU. en 1937. Murió en Boston en 1969, a los 86 años.

Obras clave

1925–1926 Edificio de la escuela Bauhaus de Dessau.
1937 Casa Gropius.
1949–1950 Centro de Posgrado de Diseño de Harvard.

Consideraban la producción en serie como una oportunidad para crear un diseño accesible a las masas.

Aunque la Bauhaus proclamaba la igualdad de género, la realidad fue a menudo diferente. A las mujeres se las solía orientar hacia prácticas que eran tradicionalmente oficios femeninos, como el tejido. Una de ellas fue Anni Albers –ampliamente reconocida como la diseñadora textil más destacada del siglo XX–, que dirigió el taller de tejido de la escuela entre 1931 y 1932. Según su propio testimonio, fue disuadida de asistir al taller de vidrio. Los tapices de Albers y, más tarde, sus obras impresas utilizaban patrones experimentales y composiciones gráficas acordes con la funcionalidad y las líneas limpias que proponía la Bauhaus.

Cierre forzoso

La Bauhaus cobró importancia en una época de enormes cambios globales y tuvo que adaptarse al tumultuoso escenario político de la Europa de entreguerras. En 1925, la escuela se trasladó de Weimar a Dessau, y en 1932, a Berlín. En abril de 1933, la presión del régimen nazi obligó a su director, Ludwig Mies van der Rohe, a cerrar la Bauhaus. Los nazis

Esta elegante tetera fue creada por la escultora Marianne Brandt, cuyo trabajo en metal se centró en objetos cotidianos. Sus formas simplificadas son características del diseño de la Bauhaus.

condenaron a artistas de la escuela como Paul Klee y Vasili Kandinski por «degenerados» y trataron la institución como un caldo de cultivo de la ideología comunista. Antiguos alumnos y profesores, como Otti Berger, Friedl Dicker-Brandeis y Richard Grune, fueron asesinados durante el Holocausto.

El legado de la Bauhaus

Algunos talentos de la Bauhaus, como Marcel Breuer, Anni Albers y su marido Josef Albers, huyeron a EE. UU. Allí continuaron su labor y sentaron las bases de movimientos artísticos y de diseño posteriores, como el *mid-century modern* y el estilo internacional o racionalismo.

Walter Gropius y Mies van der Rohe también emigraron y continuaron su trabajo. Hoy se les considera pioneros de la arquitectura moderna, y su influencia visionaria, junto con el legado de la Bauhaus, ha dado forma al mundo moderno. ▪

EL ARTE DE LA RELACIÓN

PAISAJE URBANO

EN CONTEXTO

ENFOQUE
Elementos visuales y funcionales que conforman las calles urbanas

CAMPO
Diseño urbano, urbanismo, arquitectura

ANTES
618–907 En la China de la dinastía Tang, las calles de las ciudades eran rectas y ordenadas.

Siglo XVII Las grandes calles ceremoniales de Europa se convierten en un signo de poder y orden durante el Barroco.

DESPUÉS
Siglo XXI Se introducen tecnologías de ciudades inteligentes, como sistemas de gestión del tráfico, alumbrado público LED e infraestructuras basadas en sensores.

2019 Se extiende el concepto de «ciudad de 15 minutos»: la promoción de barrios donde los residentes pueden acceder a servicios e instalaciones en 15 minutos a pie o en bicicleta.

El término «paisaje urbano» se emplea para referirse al aspecto general de una calle. Incluye gran parte de lo que un transeúnte ve en ella: desde edificios y árboles hasta barandillas y bancos.

El mobiliario urbano es un componente clave del paisaje urbano. Abarca una variedad de objetos presentes en los espacios públicos: objetos relacionados con el transporte, como aparcabicicletas y paradas de autobús; con los servicios públicos, como las fuentes; y con la comunicación, como señales y buzones. Las comunidades han creado mobiliario urbano a lo largo de la historia, y aunque algunos objetos quedan obsoletos

---

La calle debe **dar prioridad a la circulación** de personas y vehículos.

Cada elemento debe cumplir **altos estándares** de diseño y fabricación.

El espacio debe **organizarse por función**, no por proporción o simetría.

El diseño del entorno urbano y del paisaje de las calles debe **enriquecer la vida de las personas**.

Los edificios deben ser fáciles de usar y **sencillos de recorrer**.

Las calles y el mobiliario urbano se deben **planificar** antes de construirse.

Se debe buscar la **belleza** en todas las cosas.

Esta fotografía histórica de Tunbridge Wells (Reino Unido) incluye elementos típicos de un paisaje urbano, como árboles ornamentales, barandillas decorativas y espacio para socializar.

—como los abrevaderos para caballos—, se sustituyen por otros modernos que responden a las necesidades del momento, como las estaciones de carga para vehículos eléctricos.

Visiones urbanas

A inicios del siglo XX, diseñadores británicos se propusieron mejorar el aspecto de las calles del país. Frank Pick, responsable de la red de transportes de Londres, pretendía conseguirlo mediante estaciones bien diseñadas, con señalización y marcas atractivas. Su objetivo era transformar la calle en una obra de arte. El historiador del arte Nikolaus Pevsner y el arquitecto Gordon Cullen compartían este enfoque escenográfico. Concebían el paisaje urbano como un cuadro o un escenario, y los principios que desarrollaron –que luego se conocerían como Townscape– se basaban en las investigaciones de Pevsner sobre la jardinería paisajista del siglo XVIII. La idea era sencilla: la planificación debía estar al servicio de las vistas que crea. Cullen creía que la ciudad debía ser un entorno para un ser humano completo, que «exige el dramatismo que puede liberarse a su alrededor desde el suelo, el cielo, los edificios, los árboles [...] mediante el arte de la relación».

Hoy se entiende que un paisaje urbano bien diseñado debe ser integrador, sostenible, conectado y equitativo. Las calles tienen usuarios con necesidades, velocidades, capacidades y deseos diversos. Existe una mayor conciencia y aprecio de la importancia del espacio público al aire libre y del paisaje urbano compartido. Aunque puede ser difícil para los diseñadores satisfacer todas las necesidades –las personas con discapacidad visual, por ejemplo, suelen estar mal atendidas en entornos diseñados para ciclistas–, son muchos los beneficios que se obtienen cuando el paisaje urbano sirve a múltiples usuarios. ■

El movimiento de las ciudades jardín

La importancia de integrar espacios verdes en las ciudades se reconoce desde hace más de un siglo. El movimiento Garden City de Ebenezer Howard, que fue fundado en 1899, surgió del descontento con el hacinamiento y las enfermedades de las ciudades británicas. Se concibió como una unión progresiva entre la ciudad y el campo, con los aspectos positivos de la vida urbana –empleo, transporte e infraestructuras– combinados con los del campo: espacio, aire fresco y acceso a la naturaleza. Como modelo alternativo de planificación urbana, tuvo una gran influencia, y en EE.UU., Japón, Brasil, Israel, Singapur o Sudáfrica pueden hallarse ejemplos. Aunque más tarde se criticó a las ciudades jardín por destruir el campo y por su uso ineficiente del suelo, el movimiento sigue existiendo. Hoy día, su objetivo es integrar espacios verdes en las zonas e infraestructuras urbanas; por ejemplo, mediante el uso de huertos comunitarios en las azoteas.

Una vista aérea de la ciudad jardín de Teutoburgo, en Herne (Alemania), muestra su mezcla de vida urbana y exuberante vegetación.

UN ÁRBOL BAÑADO POR LA LUZ

LUJO NATURAL

Las joyas y los objetos artísticos inspirados en formas orgánicas como la flora, la fauna o el cuerpo femenino se convirtieron en el culmen del lujo a principios del siglo XX. Uno de los diseñadores más destacados de la época fue el joyero francés René Lalique, que experimentó con una mezcla de vidrio, metales preciosos, piedras semipreciosas, nácar y esmalte para dar vida a sus visiones inspiradas en la naturaleza.

El enfoque de Lalique difería mucho del de otros diseñadores de joyas de la época, que trabajaban exclusivamente con piedras y me-

El emblema de coche Victoire (1928), de René Lalique, muestra una cabeza de vidrio *art déco*. Fue diseñada para iluminarse de modo que la luz se propagara sobre el cabello de la figura.

tales preciosos elegidos por su alto valor. En vez de eso, Lalique elegía materiales por sus características únicas, como su color o su interacción con la luz. Sus elegantes diseños se convirtieron en sinónimo de calidad y lujo.

Simplificar los diseños

Los años veinte fueron una época de crecimiento económico que permitió el florecimiento de las artes y la cultura. Lalique y sus contemporáneos –entre ellos, la arquitecta y diseñadora de muebles irlandesa Eileen Gray, el metalista francés Edgar Brandt y la casa de joyas y artículos de lujo Cartier– adoptaron la simplicidad en sus diseños, en línea con la estética *art déco* emergente.

Con este estilo sobrio, los diseñadores resaltaban la belleza y la riqueza de materiales naturales como el mármol, el vidrio, el esmalte, el cuero, el metal o la madera. En este periodo, Lalique trabajaba casi exclusivamente con vidrio, y fundó la Verrerie d'Alsace en Francia para facilitar la producción de sus diseños. ∎

Véase también: Cerámica artística 122–123 ▪ *Art nouveau* 132–133 ▪ *Art déco* asiático 184–185 ▪ Diseño de muebles basado en los materiales 186–187

LA BELLEZA DE LA VELOCIDAD
FUTURISMO

EN CONTEXTO

ENFOQUE
El diseño debe mirar hacia delante, no hacia atrás

CAMPO
Arquitectura, diseño gráfico

ANTES
Principios del siglo xx
Diseñadores del movimiento *art nouveau*, como Alphonse Mucha, René Lalique y Hector Guimard, buscan nuevas formas de expresión inspiradas en las formas orgánicas de la naturaleza.

1907 Pablo Picasso y Georges Braque rechazan la ida de que el arte debe representar la naturaleza e introducen el cubismo, fracturando los objetos en formas geométricas sobre el lienzo.

DESPUÉS
1916 Los dadaístas Marcel Duchamp y Man Ray declaran la guerra a las definiciones tradicionales del arte e incluso al pensamiento racional.

E l futurismo, movimiento artístico y social clave de principios del siglo xx, fue fundado por el poeta italiano Filippo Tommaso Marinetti con su manifiesto de 1909. Celebraba lo que los futuristas consideraban la creciente victoria de la tecnología sobre la naturaleza. Estos utilizaban las formas fragmentadas de automóviles, aviones y edificios industriales para representar la juventud, la velocidad y la violencia. Sus diseños evocaban la vida urbana moderna: los futuristas no aspiraban solo a un cambio cultural, sino a una aniquilación total del pasado.

Encontrar un estilo
El futurismo no surgió con un estilo distintivo. Su identidad visual estaba influida en gran medida por el cubismo, aunque el futurismo era más variado y ecléctico en sus expresiones. Los diseñadores gráficos futuristas exploraron los colores vivos, las formas geométricas y la tipografía poco convencional, mientras que arquitectos futuristas como Antonio Sant'Elia crearon diseños

Este número de la revista italiana de actualidad *La Rivista*, de 1935, mostraba herramientas industriales junto a una representación geométrica de la bandera italiana, al estilo gráfico del futurismo.

marcados por las líneas rectas. En su *Manifiesto de arquitectura futurista* (1914), Sant'Elia abogaba por una arquitectura de tamaño monumental y que evocara la velocidad, aunque pocos de sus diseños llegaron a realizarse. ■

Véase también: *Art nouveau* 132–133 ▪ Bauhaus 170–171 ▪ Diseño para el cambio social 180–181 ▪ Cultura juvenil 230–233

UN MUNDO DE FECHAS DE CADUCIDAD
OBSOLESCENCIA PROGRAMADA

EN CONTEXTO

ENFOQUE
Limitar la vida útil de los productos para aumentar las ventas

CAMPO
Diseño de producto

ANTES
Mediados del siglo xix Los avances tecnológicos de la revolución industrial conducen a la mecanización de la producción a gran escala.

1921 Osram funda el cártel Internationale Glühlampen Preisvereinigung para proteger los intereses de los fabricantes de bombillas.

DESPUÉS
2015 Francia es el primer país del mundo en castigar por ley las prácticas de obsolescencia programada.

2023 La Comisión Europea propone una norma de «derecho a reparar», por la que los fabricantes de productos electrónicos estarían obligados a facilitar la reparación de sus artículos.

L a controvertida práctica de diseñar productos con una vida útil deliberadamente limitada se conoce como obsolescencia programada. El término suele atribuirse a Bernard London, un agente inmobiliario ruso-estadounidense que en un ensayo de 1932 sostenía que esta estrategia empresarial podría estimular la economía de EE. UU. tras la Gran Depresión.

Mientras que la desechabilidad es un argumento de venta de la naturaleza de un solo uso de algunos productos –como guantes de látex, mascarillas o lentes de contacto–, la obsolescencia programada se aplica de forma mucho más encubierta. La mayoría de la gente la ha experimentado de primera mano con sus electrodomésticos y sus dispositivos electrónicos personales. Es la razón por la que los teléfonos inteligentes empiezan a funcionar peor un par de años después de su compra; o por la que, a pesar de que la tecnología avanza de forma constante, la vida útil de muchos electrodomésticos no ha mejorado significativamente.

Ejemplos tempranos
Aunque pueda parecer un contrasentido para el usuario final, la práctica de diseñar un producto para

que quede inservible u obsoleto en un plazo determinado tiene mucho sentido desde la perspectiva de los fabricantes, que la consideran una forma de generar ventas.

Uno de los primeros ejemplos de obsolescencia programada se dio en 1924, cuando el mercado automovilístico estadounidense estaba prácticamente saturado. Alfred P. Sloan Jr., ejecutivo de General Motors, necesi-

Un cartel de General Motors de los años treinta anuncia los «refinamientos y mejoras» aplicados a sus últimos automóviles.

Tipos de obsolescencia

La obsolescencia programada suele definirse como la práctica de diseñar un producto para que falle tras un número de usos o un periodo de tiempo determinados.

Existen diversas variantes estratégicas del concepto, cada una con sus propias herramientas e implicaciones. Algunas de las versiones más comunes son:

Obsolescencia sistémica
Los fabricantes dejan de suministrar piezas de repuesto o mantenimiento para los productos más antiguos.

Prevención de reparaciones
Los productos se fabrican con componentes frágiles que son casi imposibles de reemplazar.

Obsolescencia percibida
El *marketing* estratégico hace creer al consumidor que su producto está anticuado.

Durabilidad artificial
Reducir intencionadamente la vida útil de un producto diseñándolo para que se degrade con rapidez.

Obsolescencia legal
Los productos quedan obsoletos debido a cambios en la legislación, como la revisión de las normas de seguridad y medioambientales.

taba aumentar las ventas con urgencia, y formuló una nueva estrategia de *marketing*. La empresa introduciría cambios anuales de diseño para hacer creer a los propietarios que su vehículo se había quedado anticuado y estimular así la demanda de modelos nuevos. Sloan llamó a esta política «obsolescencia dinámica».

Otro ejercicio de obsolescencia programada comenzó en enero de 1925, cuando los fabricantes mundiales de bombillas incandescentes –entre ellos la empresa alemana Osram, la holandesa Philips y la estadounidense General Electric– formaron el cártel Phoebus. Además de establecer estrategias de reparto del mercado y de precios, acordaron en secreto reducir la vida útil media de las bombillas de 2500 a 1000 horas con el fin de aumentar las ventas.

Aunque el cártel Phoebus se disolvió al estallar la Segunda Guerra Mundial, la bombilla de 1000 horas fue su legado perdurable hasta la introducción de las lámparas fluorescentes y LED de bajo consumo, que duran entre 15 000 y 50 000 horas.

Alimentar la demanda
Mediada la década de 1950, el diseñador industrial estadounidense Brooks Stevens promovió una forma de obsolescencia programada que consistía en avivar constantemente la demanda de un producto lanzando de forma regular modelos actualizados, más elegantes, rápidos e innovadores. Las empresas tecnológicas modernas pueden atribuir en gran parte su continuo crecimiento a este concepto. De hecho, empresas como Apple, Samsung y Tesla han sido acusadas de utilizar prácticas de obsolescencia programada para crear la demanda necesaria para mantener sus negocios.

La obsolescencia programada es hoy un motor clave de la economía, pero sigue siendo una práctica éticamente controvertida. Además, contribuye en gran medida al impacto medioambiental negativo asociado a la fabricación masiva. ▪

Inculcar en el comprador el deseo de poseer algo un poco más nuevo, un poco mejor, un poco antes de lo necesario.
Brooks Stevens

COLOQUE SIEMPRE UNA PIEZA CONTROVERTIDA. DA QUE HABLAR A LA GENTE
DISEÑO DE HOSTELERÍA

El diseño hostelero, un tipo de interiorismo centrado en espacios comerciales, se asocia sobre todo con hoteles, restaurantes, bares y discotecas, aunque también se extiende a gimnasios, spas e incluso aeropuertos.

Su objetivo es enriquecer un espacio funcional creando un estilo o ambiente particular, al tiempo que se maximiza el beneficio económico.

Nueva demanda

El inicio del siglo xx trajo cambios sociales en EE. UU. y Europa. La vida era más rápida gracias a la comuni-

Un poeta podría escribir volúmenes sobre los *diners*, porque son hermosos. Están bien iluminados, con cromo, mesas de banco corrido, cuero artificial y camareras estupendas.
David Lynch
Food & Wine (2012)

cación de masas, y la liberación social hizo que un gran número de mujeres salieran de casa para socializar. Los locos años veinte fueron famosos por sus fiestas y excesos, que ni siquiera la Ley Seca pudo frenar.

El auge del tren, el automóvil y, finalmente, el avión, junto con el aumento de la renta disponible y de las vacaciones de los ciudadanos, provocó una demanda de nuevas (y más) opciones de alojamiento.

Imperios hoteleros

El empresario estadounidense Conrad Hilton compró su primer hotel en 1919. El Mobley, en Cisco (Texas), era popular entre los trabajadores de un yacimiento petrolífero cercano. Aprovechando el auge petrolero de Texas, Hilton siguió comprando inmuebles, y poco a poco construyó un imperio que se convirtió en una cadena de hoteles.

El primer hotel con el nombre Hilton fue también el primero construido desde cero. Diseñado por el estudio de arquitectura Lang and Witchell, el Hilton de Dallas abrió sus puertas en 1925. El edificio de ladrillo, en forma de U y con 14 plantas, era innovador por el hecho de concentrar sus servicios, conductos de lavandería y ascensores incluidos,

Véase también: Diseño industrial 146–147 ▪ Promoción de los viajes 182–183 ▪ Diseño de muebles basado en los materiales 186–187 ▪ Creación de marca 200–207 ▪ *Mid-century modern* 216–221 ▪ Diseño de iluminación 222–223

El espacioso vestíbulo del hotel Waldorf Astoria de Nueva York, comprado por Conrad Hilton en 1949, es la quintaesencia del estilo *art déco*.

en la fachada oeste, que daba al sol poniente, mientras que la mayoría de las habitaciones daban al este, para evitar el calor abrasador de Texas.

A Hilton le siguieron otros empresarios, con cadenas competidoras como Sheraton (fundada en 1937), Marriott (1957) y Hyatt (1957) acumulando gran número de hoteles bajo sus marcas. Mientras que la decoración de los grandes hoteles de finales del XIX se inspiraba en castillos y palacios, las cadenas hoteleras tendían a uniformar los interiores para que los clientes se sintieran como en casa en cualquiera de sus cientos de sucursales.

Además de las cadenas hoteleras, el auge del sector de la hostelería también propició la transformación de antiguos hoteles y la apertura de nuevos establecimientos con interiores inspirados en gran variedad de estilos, desde el *art nouveau* hasta el de la Bauhaus. Este periodo también vio la profesionalización de la industria del interiorismo, en gran parte gracias a los esfuerzos de Dorothy Draper, que diseñó muchos lugares emblemáticos de la hostelería entre las décadas de 1930 y 1960.

Comida y bebida

Muchos de los restaurantes, cafés y bares que abrieron sus puertas en esta época para atender a una población cada vez más móvil también optaron por la nueva tendencia de diseño. La ubicación, la clientela y el tipo de comida que se servía influían en el diseño interior de los locales. Así, en los años veinte florecieron en EE. UU. nuevos tipos de restaurantes informales, como cafeterías, salones de té, autocines y bares clandestinos, mientras que establecimientos ya existentes, como el clásico *diner*, adquirieron una nueva estética maquinista inspirada en los trenes. ▪

Dorothy Draper

Dorothy Draper (de soltera Tuckerman), una de las interioristas más influyentes del siglo XX, nació en 1889 en el seno de una familia acomodada del condado de Orange, en el estado de Nueva York.

Pese a no tener más formación ni experiencia que la de decorar su propia casa, en 1925 montó un negocio de diseño de interiores y permaneció al frente del mismo hasta su jubilación en 1960. Entre sus clientes se contaban muchos establecimientos de lujo, como el hotel Arrowhead Springs de San Bernardino, en California (1938–1939), el Mayflower de Washington D. C. (1941), y el Palácio Quitandinha de Petrópolis, en Brasil (1942–1944).

Draper aprovechó todos los estilos decorativos, tomando prestado libremente de cualquier época o lugar; al hacerlo, creó su propio estilo, al que llamó barroco moderno. Rechazando cualquier tipo de reduccionismo o minimalismo, combinaba colores y estampados en un derroche de exuberancia que se conoció como el «toque Draper». Cuando murió, en 1969, era una celebridad.

LA ABOLICIÓN DEL ARTE
DISEÑO PARA EL CAMBIO SOCIAL

EN CONTEXTO

ENFOQUE
**Producción creativa
con fines sociales**

CAMPO
**Diseño gráfico, diseño
de producto, arquitectura**

ANTES
1907 Un grupo de artistas y
diseñadores alemanes crea la
Deutscher Werkbund, cuyo
objetivo es aplicar técnicas
industriales a la artesanía
tradicional.

1917 Comienza la Revolución
rusa, que conduce al nacimiento
de la Unión Soviética, donde el
arte se convierte en propaganda.

DESPUÉS
Década de 1960 Los artistas
Jan Kubíček y Vladislav Mirvald
encabezan el movimiento
constructivista en
Checoslovaquia.

1979 La artista estadounidense
Barbara Kruger desarrolla
sus obras basadas en textos,
inspiradas en el trabajo de
Ródchenko.

El diseño como medio para el cambio social, que surgió como algo fundamental en la industria creativa a principios del siglo XX, es un enfoque del arte y el diseño que aborda y pretende resolver problemas sociales, políticos o económicos. En la mayoría de los casos, este diseño rechaza la estética por la estética, centrándose en cambio en el impacto de una imagen, producto o edificio en los individuos y las sociedades que lo experimentarán.

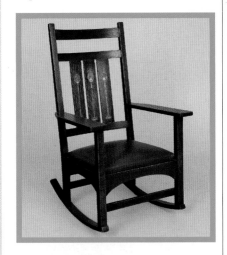

En esta mecedora de estilo misión, creada por Harvey Ellis en 1903, la única decoración son las incrustaciones de cobre y bronce en el respaldo.

Se pueden reconocer ejemplos de un enfoque social del arte y el diseño ya en el movimiento Arts and Crafts de finales del XIX. Surgido como respuesta a los efectos deshumanizadores de la industrialización, este movimiento intentó contrarrestar la inhumanidad de la producción en masa defendiendo la artesanía y el diseño de objetos que fueran a la vez estéticamente agradables y altamente funcionales.

Influencia de la Bauhaus

En 1919, el arquitecto berlinés Walter Gropius fundó la escuela Bauhaus con el objetivo principal de unificar arte, artesanía y tecnología para inspirar la creación de soluciones de diseño más funcionales y accesibles.

El enfoque de la Bauhaus se centraba en mejorar las condiciones de vida de las masas. Un ejemplo célebre de este tipo de diseño social es la urbanización Weissenhof, en la ciudad alemana de Stuttgart, construida en 1927 y supervisada por el arquitecto de la Bauhaus Ludwig Mies van der Rohe. Creada como respuesta a la acuciante escasez de viviendas en Alemania tras la Primera Guerra Mundial, la urbanización plasmó los principios de accesibilidad y funcio-

Véase también: El movimiento Arts and Crafts 112–119 ▪ Deutscher Werkbund 162 ▪ Mensajes políticos 164–169 ▪ Bauhaus 170–171 ▪ Creación de marca 200–207

Reduje la pintura a su conclusión lógica y expuse tres lienzos: rojo, azul y amarillo. Afirmé: este es el fin de la pintura.

Aleksandr Ródchenko
Sobre sus obras
monocromáticas de 1921

nalidad en sus 21 edificios, diseñados por diversos arquitectos europeos, entre ellos Le Corbusier, Victor Bourgeois y Peter Behrens.

Constructivismo soviético

El diseño para el cambio social también fue clave en el desarrollo de la recién creada Unión Soviética. El constructivismo surgió durante los años de la Revolución de Octubre de 1917, pero alcanzó su madurez en las décadas de 1920 y 1930, con un enfoque del diseño que reflejaba la visión del gobierno soviético de una sociedad más igualitaria.

Los constructivistas rechazaron los aspectos emocionales y estéticos del arte, subrayando la importancia de la función. Las imágenes, los productos y la arquitectura socialmente útiles que crearon reflejaban el paisaje cada vez más industrial y reforzaban los valores comunistas

Este boceto del arquitecto soviético Alekséi Shchúsev para un complejo gubernamental en la ciudad uzbeka de Samarcanda, de 1929, presenta edificios cúbicos, torres cilíndricas y otros elementos típicamente constructivistas.

fusionándolos con los rituales de la vida cotidiana.

Entre los promotores de este tipo de arte y diseño funcionales se encontraba Aleksandr Ródchenko. En la Exposición Internacional de París de 1925 presentó una instalación llamada *Club de Trabajadores*, compuesta por elementos de mobiliario de madera –entre ellos, una mesa de lectura y otra de ajedrez– que representaban un espacio modelo donde las clases trabajadoras podían realizar actividades educativas y de ocio.

Otros ejemplos notables de diseño constructivista son los materiales de propaganda de El Lisitski y los tejidos de Varvara Stepánova, cuyas atrevidas formas geométricas, limitada paleta de colores y énfasis en la funcionalidad por encima de la decoración marcaron un cambio radical respecto a los diseños previos inspirados en la naturaleza. El lenguaje de formas abstractas típico del arte experimental de Aleksandra Ekster también contribuyó a definir el movimiento constructivista. ▪

Aleksandr Ródchenko

Nacido en San Petersburgo, en el Imperio ruso, en 1891, Ródchenko fue una figura clave de la vanguardia rusa y miembro fundador del movimiento constructivista. Su formación artística empezó en 1910 en la Escuela de Arte de Kazán, donde conoció a la diseñadora textil Varvara Stepánova, que luego sería su esposa. En 1914 ingresó en el Instituto Stróganov de Moscú, famoso por su programa de artes decorativas y aplicadas.

Célebre por sus atrevidas composiciones, en 1921 contribuyó con tres lienzos monocromáticos (*Rojo puro*, *Amarillo puro* y *Azul puro*) a la exposición de arte abstracto 5x5=25 celebrada en Moscú, y declaró que esas obras representaban la muerte de la pintura.

Su trabajo incluyó cubiertas de libros, carteles y anuncios. Su influencia resulta evidente en el trabajo de artistas contemporáneos como Barbara Kruger, de cuyo estilo se han apropiado marcas de la cultura juvenil del siglo XXI como Supreme. Ródchenko murió en 1956.

VELOCIDAD, SEGURIDAD Y COMODIDAD
PROMOCIÓN DE LOS VIAJES

EN CONTEXTO

ENFOQUE
Vehículos diseñados para ofrecer comodidad en espacios reducidos

CAMPO
Diseño de transportes, diseño industrial

ANTES
1830 Se inaugura el primer ferrocarril interurbano de pasajeros del mundo. Trenes de vapor recorren la línea entre Liverpool y Manchester, en Reino Unido.

DESPUÉS
1964 Se inaugura en Japón el Shinkansen, también conocido como tren bala: el primer tren de alta velocidad del mundo, y circula entre Tokio y Osaka.

Década de 1990 Para mejorar su sustentación, los aviones empiezan a utilizar materiales ligeros. Se usa fibra de carbono para el fuselaje, y una aleación ligera de aluminio y litio sustituye a las piezas de aluminio.

Hasta principios del siglo XX, los viajes en tren eran bastante desagradables, con malos asientos, gases de combustión, ruidos chirriantes y descarrilamientos frecuentes. Aunque la tecnología ferroviaria mejoró, persistía la percepción de que viajar en tren era peligroso. La industria ferroviaria tenía unos costes crecientes y un problema de imagen que debía resolver para atraer pasajeros.

Los avances en ingeniería dan lugar a **trenes más rápidos, seguros** y con **mayor capacidad** para los clientes…

… pero la imagen del tren como un medio de transporte inseguro, incómodo y sucio obliga a **animar a la gente** a utilizarlo.

Los vagones se **rediseñan** por dentro y por fuera para hacer **más cómodo y atractivo** el viaje en tren.

Marcas llamativas y carteles que sugieren **glamur y sofisticación** tientan a los clientes a subir a los trenes.

El tren se convierte en un medio de transporte popular y lujoso.

Véase también: Transporte y movilidad 32–33 ▪ Ford Modelo T 154–155 ▪ Aerodinámica 196–199 ▪ Creación de marca 200–207 ▪ Identidad corporativa 234–235

Los carteles de la empresa Pullman de 1927 usaban un grafismo estilizado y la moda de la época para presentar su servicio de Londres a Vichy (Francia) como una forma lujosa de viajar.

Una nueva imagen

Para atraer a los clientes más adinerados, los trenes debían diseñarse cuidadosamente y presentarse como un medio de transporte respetable. Las locomotoras se hicieron más elegantes: sus calderas se revistieron con carcasas lisas; las cúpulas y chimeneas se adornaron con latón y cobre; y las compañías ferroviarias añadieron sus colores distintivos. El diseño de los vagones evolucionó desde compartimentos de ocho o doce plazas, según la clase, a coches con pasillos laterales y conexiones tipo concertina que daban acceso a los aseos y al vagón restaurante. La Compagnie Internationale des Wagons-Lits lanzó una red de trenes de lujo, entre ellos el Orient Express, y los coches-cama Pullman, con opulentos salones, se introdujeron en Europa y EE. UU.

En la década de 1930 empezaron a aparecer trenes diésel y eléctricos. General Motors fabricó elegantes locomotoras con cubiertas inclinadas y curvas, y su diseñador, Leland A. Knickerbocker, eligió unos llamativos colores para la compañía. Los vagones mirador con aire acondicionado permitían a los pasajeros disfrutar del paisaje, y algunos tenían compartimentos con literas para dormir.

Despega el transporte aéreo

En la década de 1950, los viajes en avión atrajeron a las personas acomodadas pero con poco tiempo. Una vez más, se recurrió al diseño para convencer a los pasajeros potenciales de que el nuevo modo de viajar era seguro y respetable. Cada aerolínea encargaba una identidad visual única, y esta imagen de marca estaba presente en los folletos de viaje, el diseño de los billetes, la señalización de los aeropuertos y los mostradores de la compañía. Diseñadores industriales e interioristas diseñaron cuidadosamente el interior de las cabinas según la estética moderna de la época.

A medida que crecía la popularidad del transporte aéreo, el ferrocarril intentó competir con él. Una nueva generación de trenes de alta velocidad imitaba a los aviones en la aerodinámica, y el diseño interior de los vagones también emulaba el de las cabinas de los aviones. Las filas de asientos con respaldo alto y portaequipajes encima se convirtieron en la norma tanto en el avión como en el tren. ▪

Diseños textiles para el transporte

En la década de 1920, Frank Pick, de London Transport, vio la oportunidad de influir en el gusto del público. Contrató a artistas modernos para diseñar carteles que promocionaran los viajes, y al arquitecto Charles Holden para diseñar nuevas estaciones con iluminación, señalización y publicidad cuidadosamente integradas.

También contrató a las prestigiosas diseñadoras textiles Marion Dorn y Enid Marx para diseñar la tapicería de tranvías, autobuses y vagones de metro. Estas consideraron que los colores fuertes y saturados destacarían sobre la suciedad superficial, por lo que su tapicería inicial utilizó rojo, negro y verde contrastados. Los colores se tejían en una tela de lana resistente, conocida como moqueta, y los diseños brillantes y repetitivos eran ideales para animar el interior de los vehículos. Su trabajo resultó muy influyente, y aún hoy se aprecian ecos de sus ideas en la tapicería del transporte público británico.

La tapicería de moqueta aún se usa en el transporte público de Londres. Este estampado presenta un patrón geométrico que representa ciertos puntos de referencia de Londres.

UN ESPÍRITU, UNA ACTITUD
ART DÉCO ASIÁTICO

La Exposición Internacional de Artes Decorativas e Industriales Modernas celebrada en París en 1925 fue un gran escaparate de las artes decorativas y estableció el estilo *art déco*. Con formas geométricas y líneas limpias, el *art déco* se popularizó en Europa y EE. UU., y se extendió hacia el este, a Japón, China y la India, donde se combinó con estilos de diseño locales en una mezcla de lo antiguo y lo nuevo.

Un signo de prosperidad

En 1926, el auge del consumo en Japón fomentó el gusto por los artículos de lujo europeos y la cultura estadounidense. El príncipe Yasuhiko, hijo del emperador Hirohito, había asistido a la exposición de París, e invitó a Henri Rapin y René Lalique a diseñar una nueva mansión *art déco* en Tokio. Pronto se construyeron hoteles, grandes almacenes y cines *art déco* en Tokio, Yokohama, Osaka y Kobe, así como barcos de pasajeros con interiores *art déco*.

Muchos edificios y barcos *art déco* japoneses fueron destruidos durante la Segunda Guerra Mundial o por terremotos. El Hikawa Maru, un barco de pasajeros de la década de 1930 con elegantes salones *art déco*, es un raro superviviente y se conserva como recuerdo de la influencia de este estilo en Japón.

Diseños cosmopolitas

Shanghái, el mayor puerto de China, también experimentó una gran expansión y auge económico en el pe-

El Teatro Cathay de Shanghái, construido en 1932, fue uno de los primeros cines de la ciudad. Presenta las formas geométricas y las elegantes líneas verticales típicas del *art déco*.

Véase también: Historicismo y neogótico 104–105 ▪ El movimiento Arts and Crafts 112–119 ▪ *Art nouveau* 132–133 ▪ Movimiento moderno 188–193 ▪ Diseño urbano 248–249

László Hudec

Nacido en Banská Bystrica, en Austria-Hungría (hoy Eslovaquia), en 1893, Hudec estudió arquitectura en la Universidad de Budapest y se licenció en 1914. Sirvió en el ejército austrohúngaro durante la Primera Guerra Mundial, pero en 1916 fue capturado por las fuerzas rusas y trasladado a Siberia como prisionero de guerra. En 1918 logró escapar durante un traslado y llegó a pie a la frontera entre Rusia y China. Utilizó documentos falsos para cruzar la frontera y desde allí viajó a Shanghái.

Hudec encontró empleo en R. A. Curry, un estudio de arquitectura estadounidense en Shanghái, y en 1925 estableció su propio estudio. Durante los 15 años siguientes, fue responsable de muchos de los mejores edificios *art déco* de Shanghái, incluido el primer rascacielos de la ciudad en 1931.

En 1947 se trasladó a Italia, y en 1950, a EE. UU., donde trabajó en la facultad de Arquitectura de la Universidad de California. Murió en 1958 a causa de un infarto durante un terremoto.

riodo de entreguerras. Ya de por sí una ciudad muy cosmopolita, un gran número de emigrantes de Europa del Este se instalaron allí, llevando consigo ideas vanguardistas sobre arquitectura y diseño.

A mediados de la década de 1920, el empresario Victor Sassoon encargó a los arquitectos Palmer & Turner de Shanghái el diseño del hotel Cathay. Terminado en 1929, fue el primer gran edificio *art déco* de la ciudad y el primero de varios hoteles de lujo que se construyeron allí. Luego aparecerían más edificios *art déco*, como salones de baile, grandes almacenes, cines y bloques de apartamentos. Un ejemplo destacado es el hotel Park, de 20 plantas, terminado en 1934. Fue diseñado por el arquitecto László Hudec, que se inspiró en los rascacielos neoyorquinos.

Un nuevo estilo para un nuevo distrito

En Bombay también se produjo una revolución arquitectónica. El escocés John Begg cofundó en 1917 el Instituto Indio de Arquitectos, que formó a la generación de profesionales indios

que, mediada la década de 1930, diseñaron casi todos los edificios de la nueva zona de la bahía. Sus cines, bloques de apartamentos y edificios comerciales, de estilo *art déco*, destacaban por sus modernas esquinas curvas, balcones salientes de hormigón, parasoles, estrías y alerones. En la década de 1940, el maharajá Umaid Singh contrató al artista polaco Stefan Norblin para diseñar los in-

teriores de un nuevo palacio en Jodhpur. Norblin pintó murales *art déco* y eligió exuberantes muebles de este estilo, creando espacios grandiosos y modernos que contrastaban con el exterior tradicional del palacio.

Los diseños *art déco* de las principales ciudades de Japón, China e India reflejaban la cultura próspera y abierta al exterior que inspiraba este estilo. ▪

Los edificios *art déco* suelen presentar ciertos rasgos que los distinguen de otros edificios, como las líneas rectas y las formas geométricas, y en ejemplos más tardíos, los rasgos aerodinámicos. Grabados y esculturas estilizados les añaden atractivo visual.

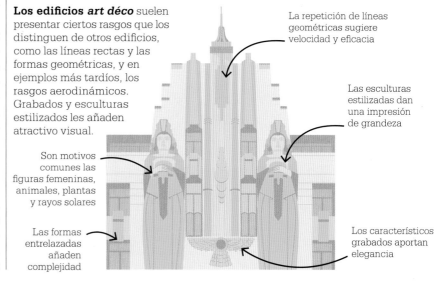

La repetición de líneas geométricas sugiere velocidad y eficacia

Las esculturas estilizadas dan una impresión de grandeza

Son motivos comunes las figuras femeninas, animales, plantas y rayos solares

Los característicos grabados aportan elegancia

Las formas entrelazadas añaden complejidad

EXPERIMENTOS CON MADERA

DISEÑO DE MUEBLES BASADO EN LOS MATERIALES

EN CONTEXTO

ENFOQUE
Manipulación de materiales para crear muebles estéticos

CAMPO
Diseño de muebles, diseño de producto, arquitectura

ANTES
1919 Se funda en Alemania la escuela Bauhaus. Su lema, «arte en la industria», anima a algunos de sus miembros a experimentar con materiales y tecnología.

1925 Marcel Breuer crea su silla Wassily, basada en un armazón de tubo de acero.

DESPUÉS
1965 El diseñador danés Verner Panton desarrolla su silla apilable, usando plástico en lugar de madera o acero.

1985 La silla SingSingSing del diseñador japonés Shiro Kuramata se basa en una lámina de acero plegada.

La ligereza, estabilidad y maleabilidad del contrachapado curvado han influido en el diseño de muebles. Se fabrica a partir de finas capas –o «chapas»– de madera que se encolan entre sí con las vetas de cada capa en direcciones alternas para aumentar su resistencia. La aplicación de calor y presión permite manipular el contrachapado para darle formas complejas.

Entre los pioneros de los muebles de madera contrachapada en el siglo XIX figura el ebanista germano-austriaco Michael Thonet, que diseñó una silla de madera curvada en 1870. Dos fabricantes estadounidenses también experimentaron con el

El «pequeño Paimio», o sillón 42, fue diseñado por Alvar Aalto en 1932 para su uso en un sanatorio. Su asiento y respaldo están formados por una sola pieza de madera contrachapada.

material: Isaac Cole creó una silla de madera contrachapada de una sola pieza *c.*1873, y George Gardner presentó sus muebles de contrachapado curvado en la Exposición del Centenario de Filadelfia en 1876. Pero fue en la década de 1930 –con la producción industrial e inventos como la prensa en caliente y la cortadora rotativa de chapa– cuando los muebles de contrachapado empezaron a fabricarse en su forma moderna.

Innovación en contrachapado
El arquitecto y diseñador finlandés Alvar Aalto empezó a experimentar con el contrachapado moldeado a finales de los años veinte, junto con su esposa, la arquitecta Aino Aalto. Su primera silla era un asiento de madera contrachapada curvada con armazón de metal, pero cuando desarrollaron la silla Paimio en 1931–1932,

habían aumentado la resistencia de la madera hasta tal punto que las patas y los reposabrazos de la Paimio podían fabricarse también en contrachapado. El sillón 406 (1939) fue el primero en tener un diseño en voladizo que combinaba madera contrachapada con cinchas de lino. Estos diseños revelaron el enorme potencial del contrachapado moldeado.

El taller de carpintería de la escuela Bauhaus fue otro lugar importante para los experimentos con el contrachapado moldeado, y en los primeros años lo dirigió el propio fundador de la Bauhaus, Walter Gropius. Tras el cierre de la escuela por los

nazis en 1933, el responsable de su taller de muebles, Marcel Breuer, se exilió en Londres, donde produjo varias piezas de contrachapado, como su silla corta y su sillón, ambos de 1936.

Obras maestras modernas
En EE. UU., Charles y Ray Eames empezaron a trabajar con madera contrachapada tras la colaboración de Charles con el arquitecto finlandés Eero Saarinen en el diseño de un conjunto de muebles de madera premiados en 1940. Los Eames construyeron en su apartamento una máquina para curvar y laminar madera. Una escultura de contrachapado moldeado realizada por Ray Eames en 1943 muestra cómo se podía prensar el material para darle formas tridimensionales. En 1946 diseñaron el LCM (Lounge Chair Metal), usando dos paneles de contrachapado moldeado para formar el asiento y el respaldo, soportados por un armazón cromado. Este es uno de los sillones de madera moldeada fabricados por los Eames, que son clásicos del diseño *mid-century modern*; otro es el sillón Eames de 1956, uno de los diseños más reconocibles de la época. ▪

Alvar Aalto

Nacido en Kuortane (Finlandia) en 1898, Aalto fue arquitecto y diseñador, figura clave del estilo *mid-century modern*. Estudió arquitectura en la Universidad Politécnica de Helsinki antes de fundar su propio estudio en 1923. Trabajó sobre todo en Finlandia, pero también llevó a cabo importantes proyectos en el extranjero. Atraído por el estilo del movimiento moderno, incorporó formas orgánicas y priorizó el uso de la madera en sus obras. En colaboración con su primera esposa, la arquitecta Aino Aalto, trabajó en proyectos como el Sanatorio Paimio (1933) y la Casa Aalto (1936), para la que diseñó no solo la estructura, sino también sus interiores, mobiliario, iluminación y cristalería. Esta colaboración también produjo innovaciones en el diseño de muebles, como la silla Paimio. Aalto murió en 1976, a los 78 años, en Helsinki.

Obras clave

1932 Taburete apilable modelo 60.
1932 Silla Paimio.
1939 Sillón 406.

LA FORMA SIGUE A LA FUNCIÓN

MOVIMIENTO MODERNO

EN CONTEXTO

ENFOQUE
Utilizar el diseño para hacer del mundo un lugar mejor

CAMPO
Diseño gráfico, diseño de producto, arquitectura, interiorismo

ANTES
1919 El arquitecto Walter Gropius funda la escuela de diseño Bauhaus en Weimar (Alemania).

1929 El pabellón alemán de Ludwig Mies van der Rohe para la Exposición Internacional de Barcelona presenta una planta libre y un techo flotante.

DESPUÉS
1948–1949 El arquitecto estadounidense Philip Johnson es pionero en el uso del vidrio en arquitectura en la Casa de Cristal, su casa en New Canaan (Connecticut, EE. UU.).

1965 Comienza la construcción de la urbanización Barbican, de estilo brutalista, en el distrito londinense de la City.

Un producto se diseña para realizar un trabajo o resolver un problema de forma **eficaz** y **eficiente**.

→ La **función** del objeto es más **importante** que su aspecto.

↓

La **finalidad del objeto** puede determinar **elementos del diseño**, como los materiales con los que se fabrica y **su forma**.

←

La forma sigue a la función.

El movimiento moderno, también llamado racionalismo o estilo internacional, fue una corriente estética que se basaba en una ideología progresista que pretendía barrer el viejo orden mundial e introducir una nueva sociedad inspirada por los últimos descubrimientos científicos y tecnológicos.

Este movimiento cobró impulso tras la Primera Guerra Mundial, afianzándose como una forma de reimaginar la sociedad tras años de destrucción. Su objetivo era reparar los males del mundo rediseñando los elementos más básicos de la vida: vivienda, mobiliario y enseres domésticos.

El movimiento moderno dominó la arquitectura y el diseño entre las décadas de 1930 y 1960, pero también se dejó sentir en las artes creativas –de la literatura y la pintura a la música y el cine– y en campos como la filosofía y el psicoanálisis.

Durante esta época, varios influyentes arquitectos y diseñadores europeos –entre ellos, los directores de la Bauhaus Walter Gropius y Ludwig Mies van der Rohe, y la arquitecta italiana Lina Bo Bardi– decidieron escapar de los gobiernos opresores de sus propios países y emigraron a EE. UU, Sudamérica o Australia. Esta migración contribu-

---

Le Corbusier

Nacido en La Chaux-de-Fonds (Suiza) en 1887, Charles-Édouard Jeanneret se trasladó a París a los 30 años y adoptó el nombre de Le Corbusier en 1920. En *Hacia una arquitectura* (1923) rechazó los estilos del pasado y la decoración no estructural y abogó por un enfoque funcionalista y maquinista basado en el hormigón armado y el acero. También propuso un nuevo urbanismo funcionalista.

Antes de la Segunda Guerra Mundial, Le Corbusier construyó sobre todo casas individuales de líneas limpias, formas geométricas y fachadas desnudas. Tras la

guerra puso en práctica sus ideas de vivienda comunal en la Unité d'Habitation (1947–1952) de Marsella.

Le Corbusier murió en 1965. Aunque se le ha criticado por inspirar la construcción de bloques de pisos sin alma, hasta 17 de sus proyectos han sido declarados Patrimonio de la Humanidad por la UNESCO.

Obras clave

1950–1955 Notre-Dame du Haut, Ronchamp (Francia).
1951–1956 Chandigarh (India).

yó a que lo que hasta entonces había sido un movimiento básicamente europeo se convirtiera en un estilo internacional.

Idealismo de entreguerras

Las raíces del racionalismo se remontan a la Bauhaus, la escuela de arte alemana que funcionó entre 1919 y 1933, cuando la llegada del régimen nazi la obligó a cerrar.

Los arquitectos formados en la Bauhaus compartían un objetivo idealista: solucionar la escasez de vivienda de la posguerra y reconstruir Europa. Muchos diseñaron proyectos de viviendas colectivas con conciencia social, aunque no todos fructificaron. En Alemania, la Neue Frankfurt de Ernst May, un asentamiento a gran escala construido entre 1928 y 1930, contaba con bloques residen-

El Pabellón De La Warr, de 1935, es un centro cultural de estilo racionalista en Bexhill-on-Sea (Reino Unido). Es obra de los arquitectos Erich Mendelsohn y Serge Chermayeff.

ciales de alto nivel con apartamentos espaciosos, zonas verdes e instalaciones comunitarias como escuelas, teatros y parques infantiles.

La urbanización De Kiefhoek (1928–1930) del arquitecto J. J. P. Oud, en Róterdam (Países Bajos), constaba de unas 300 casas de dos plantas y tres dormitorios. Construida para familias obreras, incluía una iglesia e instalaciones como parques infantiles, tiendas y una sala de calderas.

Nuevos materiales, nuevas formas

Los racionalistas adoptaron el hormigón armado, el acero y otros materiales innovadores que, junto con los avances de la ingeniería, dieron lugar a nuevas formas arquitectónicas que ya no dependían de gruesos muros de carga. El resultado fueron edificios con fachadas de cristal, tejados planos y ventanas ininterrumpidas, como la Villa Savoye, construida entre 1928 y 1931 en Poissy, al noroeste de París, por Le Corbusier y su primo Pierre Jeanneret.

Espacio, luz y orden. Son cosas que el hombre necesita tanto como el pan o un lugar donde dormir.
Le Corbusier

Los diseños del arquitecto finlandés Alvar Aalto también aprovecharon las nuevas tecnologías y el espíritu del movimiento moderno, pero prescindieron de las restricciones materiales del racionalismo y usaron la madera. Rodeado de la madera de los bosques finlandeses, Aalto creía que los materiales naturales podían aportar calidez y humanidad a formas »

estructuralmente modernas, como en su edificio del Sanatorio de Paimio (1933).

Interiorismo

Le Corbusier consideraba que una casa era una «máquina para vivir en ella», es decir, una herramienta en la que la funcionalidad pesa más que la decoración. Se inspiraba en el pragmatismo puro de la ingeniería moderna, argumentando que sus resultados suelen ser bastante bellos. De hecho, esta época también se conoce como la era de las máquinas, en la que diseñadores industriales como el estadounidense Henry Dreyfuss crearon artículos destinados a mejorar la vida en el hogar, ya fueran relojes, tostadoras o aspiradoras. Como en la arquitectura, la estética del diseño de la era de las máquinas favorecía el acero y todo lo mecánico.

El ideal del hogar funcional también impulsó las innovaciones en el mobiliario, y los diseñadores experimentaron con materiales como el acero y el contrachapado curvados. La arquitecta y diseñadora de muebles irlandesa Eileen Gray fue una de las primeras en desarrollar muebles con tubos de acero inoxidable curvados. Su mesa auxiliar E-1027 la diseñó para su propia casa, y estaba concebida para servir el té a sus invitados de pie, en lugar de inclinarse sobre una mesa baja.

Alvar Aalto y su esposa Aino pasaron cinco años experimentando con el moldeado de la madera. Esto les llevó a desarrollar varios clásicos del diseño de los años treinta, como el sillón en voladizo modelo 31 y el taburete con patas en L.

Diseño gráfico y De Stijl

El movimiento moderno cambió el diseño gráfico y la tipografía, que pasaron de estilos decorativos que llenaban todo el espacio disponible a un enfoque más sobrio y estructurado. Los diseñadores se ciñeron a una cuadrícula, usaron bloques de color, fuentes sin serifa y gran cantidad de espacio en blanco o negativo para aumentar la claridad visual.

Su enfoque es evidente en los diseños surgidos del taller de impresión de la Bauhaus, dirigido por el diseñador gráfico austriaco Herbert Bayer. Las características del estilo gráfico de la Bauhaus incluyen diseños minimalistas, composiciones geométricas y paletas de colores limitadas. Después del traslado de la Bauhaus a Dessau en 1925, Bayer

> El futuro proyecta luz; el pasado, solo nubes.
> **Eileen Gray**

desarrolló el tipo de letra Universal, una fuente sin serifa sencilla y clara, sin adornos ni mayúsculas, que se consideraban innecesarias.

Los diseñadores gráficos del movimiento moderno también se vieron influidos por el grupo neerlandés De Stijl, fundado en 1917. Este grupo –que contaba entre sus miembros con los pintores Theo van Doesburg y Piet Mondrian y los arquitectos J. J. P. Oud y Gerrit Rietveld– favoreció la simplicidad y la abstracción, reduciendo los elementos a formas geométricas puras y colores primarios. Esta estética reflejaba su visión utópica de una era moderna de orden y armonía. Se pueden ver ejemplos gráficos en la revista *De Stijl* y en el tipo de letra De Stijl de

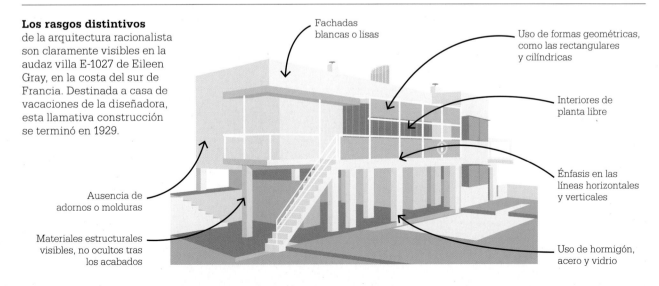

Los rasgos distintivos de la arquitectura racionalista son claramente visibles en la audaz villa E-1027 de Eileen Gray, en la costa del sur de Francia. Destinada a casa de vacaciones de la diseñadora, esta llamativa construcción se terminó en 1929.

Fachadas blancas o lisas

Uso de formas geométricas, como las rectangulares y cilíndricas

Interiores de planta libre

Énfasis en las líneas horizontales y verticales

Uso de hormigón, acero y vidrio

Ausencia de adornos o molduras

Materiales estructurales visibles, no ocultos tras los acabados

El sillón modelo 41, o sillón Paimio, forma parte de una serie de diseños de muebles creados por Alvar Aalto a principios de los años treinta usando contrachapado moldeado.

Theo van Doesburg, basado en la geometría del cuadrado.

Más allá del movimiento moderno

Surgido en la década de 1950, el brutalismo fue un estilo arquitectónico que llevó un paso más allá el uso del hormigón y las formas geométricas del racionalismo. El brutalismo, cuyo nombre procede de *béton brut* («hormigón en bruto» en francés), se caracteriza por el uso abundante de hormigón sin acabado que da a las estructuras una apariencia monolítica. Sus edificios tienen un aspecto imponente y pesado, con formas repetitivas formadas por elementos prefabricados y ventanas pequeñas.

Utilizado a menudo para edificios de gran o mediana altura, hospitales y universidades, se puede encontrar en toda Europa, incluido el Reino Unido; en la URSS y otros países comunistas de la época, como Yugoslavia, Checoslovaquia y Bulgaria; y más allá. Algunos ejemplos famosos son la Unité d'Habitation de Marsella, concebida en 1920 y terminada en 1952 por Le Corbusier; y las torres Litchfield, tres edificios de hormigón para alojamiento de estudiantes en la Universidad de Pittsburgh, en Pensilvania (EE. UU.), diseñados por Deeter & Ritchey (1963).

Un legado perdurable

A fines del siglo XX, el racionalismo y, sobre todo, el brutalismo fueron criticados por no tener en cuenta el emplazamiento y el clima, y por ser responsables de una serie de monótonas urbanizaciones. Sin embargo, en el siglo XXI estos edificios han vuelto a ser apreciados, y lo que se consideraba feo ahora es celebrado. Así, en arquitectura, interiorismo, mobiliario y diseño gráfico, vuelven a estar de moda las líneas limpias, la funcionalidad y el uso de nuevos materiales que propuso el movimiento moderno. ∎

El edificio La Pyramide (1968–1973), del arquitecto italiano Rinaldo Olivieri, fue uno de los primeros rascacielos de Abiyán (Costa de Marfil).

Racionalismo africano

La influencia del movimiento moderno en África comenzó mediada la década de 1940, cuando los arquitectos británicos Maxwell Fry y Jane Drew llevaron el estilo a las colonias británicas de Ghana, Nigeria, Gambia y Sierra Leona. El estilo proliferó gracias al trabajo de arquitectos invitados de Europa, EE. UU. y la diáspora africana, que colaboraron en proyectos con arquitectos locales.

A medida que el continente experimentaba un proceso de descolonización –32 países africanos reclamaron su independencia entre 1957 y 1966–, los edificios racionalistas adquirieron un papel simbólico como indicadores de una floreciente identidad nacional.

Aunque estas construcciones son en su mayoría edificios públicos –bancos, salas de conferencias y universidades–, también hay bloques de apartamentos, torres de agua y mezquitas creadas con este estilo. Muchos de estos edificios se inclinan hacia el brutalismo, con geometrías pesadas y un abundante uso del hormigón.

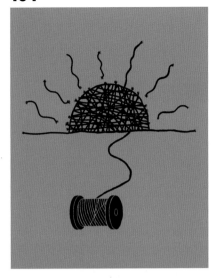

UNA NUEVA PALABRA Y UN NUEVO MATERIAL

LOS ALBORES DE LOS TEJIDOS SINTÉTICOS

EN CONTEXTO

ENFOQUE
Primeras fibras artificiales

CAMPO
Textiles, moda, diseño industrial

ANTES
1665 El polímata inglés Robert Hooke teoriza que una sustancia similar a la que segregan los gusanos de seda podría hilarse para obtener una tela parecida a la seda.

1884 El inventor británico Joseph Swan fabrica un hilo de celulosa tratada para bombillas.

DESPUÉS
1958 Joseph Shivers, químico estadounidense, crea el elastano (licra) en DuPont.

Década de 1960 El químico japonés Miyoshi Okamoto, de Toray Industries (Japón), inventa el primer material de microfibra.

2012 La empresa biotecnológica Genomatica (EE.UU.) crea un BDO de base biológica, componente clave de los productos sintéticos de origen vegetal.

Aunque su producción implica a menudo un procesamiento y un tratamiento considerables, los tejidos naturales proceden de una fuente animal o vegetal. En cambio, las fibras sintéticas o artificiales se crean en un laboratorio. Los primeros tejidos sintéticos pretendían imitar el aspecto y el tacto de las fibras naturales. Esta búsqueda empezó en la década de 1850, cuando se extendió por Francia una enfermedad infecciosa en las colonias de gusanos de seda, afectando a la producción de seda. El impacto económico fue tan grave que el gobierno encargó al químico Louis Pasteur que hallara una forma de detener la propagación de la enfermedad.

Seda de celulosa

La primera «seda artificial» rudimentaria la desarrolló en 1855 el químico suizo Georges Audemars, que sumergió una aguja en una solución de pulpa de corteza de morera y caucho para crear hilos similares a la seda. Pero este método era demasiado lento para ser comercialmente viable.

En 1884, el químico francés Hilaire de Chardonnet desarrolló una alternativa más eficaz basada en la celulosa. Su «seda Chardonnet» se creaba con ácido sulfúrico y copias de las glándulas hiladoras del gusano hechas de vidrio. Por desgracia, se retiró del mercado por ser inflamable.

La investigación en textiles sintéticos continuó en el siglo XX por la necesidad de alternativas en caso de

Stockings of the sheerer era...

Wolsey
Wolsey Ltd Leicester
nylon

Las medias de nailon se presentaron en la Feria Mundial de Nueva York de 1939. Su popularidad llegó a provocar disturbios en 1945–1946, cuando volvieron a las tiendas tras la guerra.

En más de cuatro mil años, los textiles solo han conocido tres desarrollos básicos. El nailon es el cuarto.
Revista *Fortune* (1938)

escasez de materiales naturales, pero también por el deseo de «mejorar» los tejidos naturales, haciéndolos más resistentes, duraderos o elásticos.

Un nuevo material

La primera fibra totalmente sintética fue creada en 1935 por el químico estadounidense Wallace Carothers en DuPont. Carothers investigaba sobre polímeros, materiales formados por largas cadenas de moléculas repetidas. Consiguió sintetizar una sustancia viscosa y elástica de la que podía extraer fuertes filamentos de poliamida 6-6 (nailon), parecidos a la seda, que se extendían a lo largo de los pasillos del laboratorio.

En las décadas siguientes llegaron más sintéticos: en 1941, los químicos británicos John Rex Whinfield y James Tennant Dickson crearon el poliéster; y en 1950, DuPont desarrolló la primera fibra acrílica de éxito comercial, el orlón. Innovaciones posteriores han dado lugar a grandes avances en los tejidos de alto rendimiento.

El auge de la «moda rápida» de bajo coste en los noventa estuvo relacionado con la popularidad de la ropa de fácil cuidado hecha con tejidos sintéticos.

miento, como los utilizados en ropa deportiva. Por ejemplo, la elasticidad adicional que ofrece el elastano permite un movimiento sin restricciones, y la tecnología de evacuación de la humedad –el tejido expulsa el sudor en lugar de absorberlo– aumenta enormemente la comodidad durante la actividad física.

Otras propiedades técnicas deseables son la repelencia al agua y la resistencia a manchas, bacterias y abrasión. Cualidades como estas han animado a los consumidores a abrir las puertas de sus armarios a los tejidos sintéticos, y el poliéster es ahora la fibra para prendas de vestir más utilizada en el mundo.

Alternativas ecológicas

Los tejidos sintéticos son una fuente importante de contaminación mundial: se fabrican a partir del petróleo, mediante procesos que consumen mucha energía, y tardan mucho en descomponerse. No obstante, la popularidad de las propiedades asociadas a los sintéticos está animando a los diseñadores a explorar alternativas fabricadas a partir de fuentes recicladas o de base biológica. ∎

Wallace Carothers

Nacido en Burlington (Iowa, EE. UU.) en 1896, Wallace Hume Carothers atribuyó su interés por la ciencia a una serie de libros del químico Robert Kennedy Duncan.

A la edad de 19 años, Carothers se matriculó en el Tarkio College de Misuri con la intención de estudiar literatura inglesa. Después de cambiarse a la química, sus aptitudes pronto quedaron claras y, siendo todavía estudiante, se le pidió que se hiciera cargo del departamento de química de la universidad. Tras graduarse y doctorarse en la Universidad de Illinois, Carothers se trasladó a Harvard en 1926 para enseñar química orgánica.

Su reputación como pensador original hizo que el gigante químico DuPont se pusiera en contacto con él y le invitara a dirigir su departamento experimental en Wilmington (Delaware). Al principio rechazó el puesto, temiendo que su frágil salud mental fuera un obstáculo, pero finalmente aceptó en 1928. En 1937, dos años después de inventar el nailon, Carothers se suicidó sin llegar a conocer las repercusiones de su trabajo.

FUNCIONALISMO DINÁMICO
AERODINÁMICA

EN CONTEXTO

ENFOQUE
El diseño aerodinámico puede aplicarse a productos de gran consumo

CAMPO
Diseño de vehículos, diseño de producto

ANTES
1899 Camille Jenatzy bate un nuevo récord de velocidad con su vehículo aerodinámico, *La Jamais Contente*.

Década de 1920 Los avances en la tecnología del acero facilitan la fabricación de formas curvas a muchas escalas. Incluso se construyen buques de pasajeros con superestructuras redondeadas.

DESPUÉS
1953 General Motors desarrolla el Firebird I, el primero de una serie de prototipos de automóviles inspirados en los aviones de combate. Incluyen características como aletas traseras, sin utilidad alguna.

La aerodinámica, definida como el proceso de dar forma a un objeto para que se mueva con mayor eficiencia a través de un líquido o un gas, ha tenido gran influencia en el diseño del siglo XX. Aunque con frecuencia se asocia con la década de 1930, cuando los diseñadores la utilizaron para dar a los productos un aspecto futurista, sus orígenes se remontan a finales del siglo XIX, época de notables avances en diversos campos de la ciencia y la ingeniería, como la hidrodinámica, que mejoró la eficiencia de los cascos de los barcos, y la aeronáutica, que permitió los primeros vuelos propulsados.

Véase también: Ford Modelo T 154–155 ▪ Obsolescencia programada 176–177 ▪ Promoción de los viajes 182–183 ▪ Mejorar las cosas 286–287

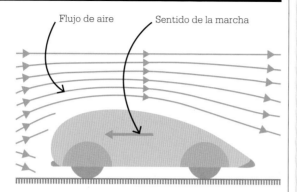

La forma de «lágrima», redondeada en la parte delantera y apuntada en la trasera, minimiza la resistencia al viajar a gran velocidad. Los coches y otros vehículos de las décadas de 1930 y 1940 solían adoptar esta forma, a pesar de que pocos alcanzaban velocidades que pudieran beneficiarse plenamente de ella.

Tanto los cascos de los barcos como los fuselajes de los aviones se enfrentan al moverse a una resistencia que aumenta enormemente con la velocidad. Los ingenieros descubrieron que la forma de «lágrima», caracterizada por un frente redondeado y una parte trasera afilada y puntiaguda, minimiza esta resistencia. Estos conocimientos se aplicaron eficazmente en el ámbito militar durante la Primera Guerra Mundial, influyendo en el diseño de los cascos de buques de guerra y submarinos, de los fuselajes de aviones, y de torpedos y bombas.

Diseño inspirado en la velocidad

En el periodo de entreguerras, la búsqueda de la velocidad y la emoción de batir récords cautivaron la imaginación de diseñadores y arquitectos. El arquitecto suizo-francés Le Corbusier quedó seducido por el funcionalismo de la nueva fábrica de automóviles de Fiat en Turín, con su pista de carreras sobre la cubierta para probar los vehículos. Su contemporáneo alemán Erich Mendelsohn trató de condensar la esencia de la velocidad en sus diseños de edificios comerciales, generando una sensación de euforia en el punto de compra.

En los años veinte, Mendelsohn viajó a EE. UU. a bordo del transatlántico Columbus. Sus formas curvas le causaron una honda impresión e inspiraron sus diseños para los cines, grandes almacenes y sedes corporativas que construyó más tarde en Berlín y otros lugares. En Francia, una estética similar caracterizada por formas alargadas horizontalmente sería conocida como *«moderne»*.

Un salvavidas económico

La Gran Depresión de los años treinta planteó un reto a las empresas estadounidenses: ¿cómo estimular la demanda en una economía en apuros? También se enfrentaban a otro problema: sus productos estaban tan bien fabricados que no necesitaban sustituirse con frecuencia.

Ante esta situación, Raymond Loewy, diseñador industrial francés emigrado a EE. UU. en 1919, propuso una solución novedosa. Su idea era rediseñar aquellos productos, creando diseños tan atractivos que quienes pudieran permitírselo se sintieran movidos a comprar los últimos modelos. La teoría se puso a prueba con su exitoso rediseño de los frigoríficos Coldspot, a los que dio unas formas elegantes y curvilíneas. **»**

Aerodinámica en la arquitectura

Erich Mendelsohn, nacido en Olsztyn, en la actual Polonia, en 1887, fue un arquitecto alemán que se dio a conocer con su radical diseño para la Torre Einstein de Potsdam (Alemania), de 1917. Las formas curvilíneas de la torre estaban pensadas para una construcción de hormigón vertido, pero como esta tecnología no era muy conocida, se usó ladrillo con un revestimiento de estuco para darle sus formas fluidas.

Mendelsohn se hizo famoso por sus grandes almacenes, cines y edificios de oficinas. Su estilo incorporaba formas cilíndricas y cuboides, y horizontales exageradas. En 1933 huyó de la Alemania nazi a Gran Bretaña, donde, junto con el arquitecto ruso-británico Serge Chermayeff, diseñó el Pabellón De La Warr en Bexhill-on-Sea, un sorprendente ejemplo de arquitectura racionalista. Mendelsohn se trasladó a EE. UU. en 1941, donde permaneció hasta su muerte en 1953.

La Torre Einstein formaba parte de un parque científico dedicado a investigar las teorías del físico Albert Einstein.

Gracias a los avances en ingeniería, **los vehículos pueden ir más rápido** que nunca.

El público es **seducido por la velocidad** y por los vehículos que le permiten ir más rápido.

Los diseñadores de vehículos aplican la **aerodinámica a su trabajo**, lo que se traduce en un ligero aumento de la velocidad y un aspecto más dinámico.

La **aerodinámica se convierte en un estilo de moda, incluso para productos inmóviles.**

Loewy llegó incluso a crear un «diagrama de evolución del diseño» para ilustrar cómo diversos productos adoptarían progresivamente formas simplificadas en el futuro. La idea era que los consumidores que quisieran estar a la última tendrían que hacer nuevas compras cada año. Podría decirse que este planteamiento marcó el inicio de la cultura del consumo de usar y tirar.

¿La forma sobre la función?

Tras su éxito con los frigoríficos, Loewy fue contratado por la Penns-

Este cartel publicitario de 1935 para la New York, New Haven and Hartford Railroad muestra el Comet, un tren diésel-eléctrico aerodinámico, que estaba revestido de aluminio barnizado.

ylvania Railroad para aerodinamizar sus locomotoras exprés utilizadas para arrastrar trenes de prestigio, como el 20th Century Limited, que unía Nueva York y Washington D. C. Los publicistas de los ferrocarriles estaban encantados con la nueva y dinámica imagen creada por Loewy. Los ingenieros, sin embargo, señalaron que la capa extra de acero no solo hacía las locomotoras más pesadas y menos eficientes, sino que dificultaba el acceso a piezas mecánicas vitales.

A finales de la década de 1930, un buen grupo de diseñadores industriales estadounidenses compartían el enfoque de Loewy, como Henry Dreyfuss, diseñador de la aspiradora Hoover Modelo 150, y Walter Dorwin Teague, que diseñó una serie de cámaras de gran éxito para Kodak. Aunque los diseños que produjeron fueron muy populares, los críticos argumentaron que no eran especialistas y carecían de los conocimientos profesionales de ingenieros y arquitectos. Estos diseñadores, afirmaban los críticos, se limitaban a

crear nuevas carcasas para objetos cuyas formas básicas habían sido diseñadas y concebidas por expertos.

Cuando la economía empezó a recuperarse a finales de los años treinta, el concepto de aerodinamismo se impuso. La gente podía vivir en un chalet de estilo moderno, decorado con motivos aerodinámicos en el papel pintado, las alfombras y las cortinas, y amueblado con asientos, mesas y lámparas aerodinámicos. Podía conducir un coche aerodinámico hasta un cine aerodinámico y comer en un restaurante aerodinámico. De hecho, la aparición de la comida rápida fue otra manifestación del deseo de «aerodinamizar» la vida cotidiana. Ni siquiera el proceso de la digestión escapó a esta tendencia, y los últimos productos farmacéuticos pretendían aerodinamizar este proceso natural.

La tendencia llegó al absurdo. En Dinamarca, donde el tocino es uno de los principales productos de exportación, la industria agrícola afirmó haber criado un cerdo aerodinámico. Y cuando salió a la venta un sacapuntas cromado en forma de lágrima, un objeto inmóvil que no necesitaba aerodinámica alguna, los detractores del estilo sintieron que su escepticismo estaba justificado.

A pesar de estas críticas, a finales de la década de 1940, la aerodi-

El Mercedes-Benz 540K Streamliner fue un modelo único construido en 1938 para una carrera entre Berlín y Roma. Se diseñó para optimizar el rendimiento aerodinámico en la conducción de largas distancias a altas velocidades.

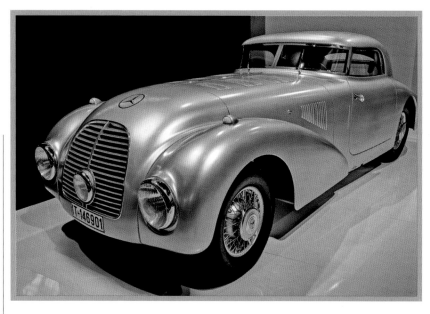

námica se había convertido en una estrategia popular y eficaz para que los productos destacaran y triunfaran en el mercado. Esto se personificó en 1949, cuando Raymond Loewy apareció en la portada de la revista *Time* con el titular: «Él aerodinamiza la curva de ventas».

Una nueva generación

En la mayoría de los casos, los vehículos de la década de 1930 rara vez alcanzaban velocidades suficientes para que la carrocería aerodinámica supusiera una ventaja significativa. Sin embargo, en los años sesenta apareció una nueva generación de coches, trenes, aviones y naves espaciales que realmente necesitaban diseños aerodinámicos.

El avión Boeing 707 y el tren bala japonés Shinkansen personificaron esta nueva era. Aunque eran muy diferentes en la ingeniería subyacente, ambos adoptaron formas externas similares: sus conos frontales eran clave para minimizar la resistencia y la turbulencia.

Los ingenieros utilizaron túneles de viento para probar los diseños de los vehículos, empleando penachos de humo para emular turbulencias y remolinos. Estas investigaciones mejoraron la velocidad y la eficiencia general de los vehículos; pero esta atención a la aerodinámica conllevó una homogeneidad de diseños que apenas distinguía a las marcas.

En los últimos años, los artefactos aerodinámicos de mediados del siglo XX se han convertido en codiciados objetos de coleccionista, que se valoran no solo por su atractivo estético, sino también por lo que representan: una época de optimismo y progreso tecnológico. Reflejan una época en la que grandes transatlánticos surcaron los océanos, los trenes superaron por primera vez los 160 km/h, los aviones de línea redujeron el mundo y se lanzaron cohetes al espacio. ∎

Paul Jaray

Nacido en Viena en 1889, Jaray estudió ingeniería en su ciudad natal antes de trasladarse a Friedrichshafen, en Alemania. Allí diseñó hidroaviones y dirigibles Zeppelin, y desarrolló un túnel de viento para probar y mejorar los perfiles aerodinámicos de sus diseños de fuselaje.

En 1922 aplicó estos principios al diseño de un automóvil que reducía la resistencia al viento. Tuvo tanto éxito que decidió centrarse en los vehículos de carretera. En 1927 cofundó un estudio en Zúrich (Suiza) para diseñar carrocerías de automóvil.

Sin embargo, sus conceptos radicales no consiguieron impresionar a los fabricantes de automóviles tradicionales.

Jaray tuvo más éxito con el fabricante checoslovaco Tatra, que en 1936 puso en producción su diseño de carrocería aerodinámica. Con su carrocería exclusiva, sus tres faros y su lujoso interior, el T87 fue muy bien recibido. Este elegante vehículo inspiró a Ferdinand Porsche en el diseño del Volkswagen Escarabajo y de muchos automóviles de posguerra. Jaray murió en 1974.

EL DISEÑO ES EL SILENCIOSO EMBAJADOR DE TU MARCA

CREACIÓN DE MARCA

EN CONTEXTO

ENFOQUE
Reconocimiento y valor para empresas y servicios

CAMPO
Identificación de marca, *marketing*, publicidad, diseño de logotipos, diseño gráfico

ANTES
3100–500 a. C. En las antiguas Mesopotamia, Egipto, Grecia y Roma, los artesanos utilizan símbolos para mostrar la propiedad de sus creaciones.

Siglos XII–XIV En Europa, la marca evoluciona como medio de garantizar la calidad y el cumplimiento de las normas.

DESPUÉS
Décadas de 1980 y 1990 La era digital transforma las marcas con la aparición del ordenador y, más tarde, de internet.

Siglo XXI Las redes sociales moldean las relaciones entre marcas y consumidores, ofreciendo nuevas plataformas de interacción.

Más allá de un logotipo, una marca abarca la percepción holística que la gente tiene de una empresa, producto o servicio, desde sus valores y su reputación hasta la conexión emocional con sus clientes. La creación de marca (*branding*) es el proceso de crear y gestionar esta percepción a través de elementos como el diseño del producto, la identidad visual, la mensajería y la experiencia del cliente.

Crear una marca potente exige invertir para cultivar la relación con el público, generar lealtad y mantener la relevancia en el mercado. La autenticidad y la coherencia también son cruciales: si una marca promociona su compromiso con la sostenibilidad y se descubre que realiza prácticas perjudiciales para el medio ambiente, puede perder su reputación.

El valor de marca se establece cuando existe una estrecha correlación entre la imagen que una empresa se propone crear y la forma en que su público recibe ese mensaje. Un elevado valor de marca significa que es más probable que los consumidores elijan esa marca en lugar de otra debido a los beneficios que asocian con ella. Tal es el caso de Coca-Cola. La omnipresente lata roja

> Los productos, como las personas, tienen personalidad, y esta puede hacerlos triunfar o fracasar en el mercado.
> **David Ogilvy**
> *Ogilvy y la publicidad* (1983)

con el logotipo blanco se reconoce al instante, y el producto se ha convertido en sinónimo de refresco de cola de calidad en la mente de los consumidores.

Orígenes históricos

El nacimiento del *branding* como lo conocemos hoy se remonta a finales de la década de 1940, cuando la industria de muchos países estaba pasando de la producción de guerra a la producción en tiempos de paz tras la Segunda Guerra Mundial. Coca-Cola fue una de las muchas empresas que trataron de afianzar su posición en el mercado mediante una publicidad enérgica, y comprendió el valor de crear una marca fuerte.

Las marcas ya existían mucho antes de 1940. El término proviene de la práctica de marcar el ganado con un hierro candente para identificar al propietario. La marca era a menudo una sola letra o una combinación de letras: una abreviatura del nombre del granjero. Cuando un ganadero era conocido por su calidad, su marca era buscada en el mercado.

La práctica de marcar el ganado para indicar la propiedad ya se usaba en Egipto *c.* 2700 a.C. Los antiguos egipcios también marcaban a los esclavos.

Véase también: Identidad corporativa 234–235 ▪ Comercialización visual 124–131 ▪ El poder de unir a las personas 156–157 ▪ Los albores de la televisión 208–211 ▪ Diseño de exposiciones 288–289

Otro precursor del *branding* es el emblema heráldico, surgido en la Edad Media. Antes de generalizarse la alfabetización, imágenes como blasones, escudos y estandartes configuraron un lenguaje simbólico que representaba a los ejércitos y las familias nobles de un país, así como conceptos como la lealtad, la habilidad artesanal o la calidad.

Haciéndose eco de este estilo, las asociaciones profesionales de artesanos y comerciantes conocidas como gremios desarrollaron sus propios emblemas, que plasmaban en sellos, contrastes y marcas de agua. Estos símbolos denotaban el cumplimiento de unas normas de calidad específicas. Los gremios imponían normas sobre quién podía llevar sus insignias, y sus miembros debían cumplir ciertas leyes y reglas.

Producción en serie
Antes de la revolución industrial, los clientes podían pedir a un tendero whisky escocés, encaje francés u otros productos identificados únicamente por su origen geográfico. Sin embargo, con la aparición de la

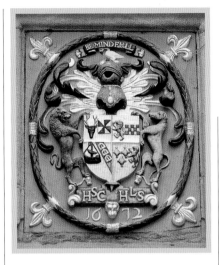

producción en serie en la segunda mitad del siglo XVIII, los productores comprendieron que necesitaban distinguir sus productos de los de la competencia. Disponer de una identidad visual distintiva –un logotipo o símbolo junto al nombre de la empresa– se convirtió en algo esencial para el reconocimiento; facilitaba al consumidor recordar y solicitar un determinado artículo en las tiendas, y reforzaba el vínculo entre la empresa y el producto.

Los escudos familiares, como este de Hugh Campbell y Henrietta Stewart en el castillo de Cawdor, en Escocia, de 1672, fueron una forma temprana de marca mucho antes de que las empresas comercializaran productos.

A menudo, los primeros logotipos se hacían eco de la heráldica. En 1787, la empresa británica de té Twinings ideó un logo en mayúsculas bajo el blasón de un león, basado en el escudo de armas de la familia fundadora, y ese logo se ha seguido usando desde entonces. Otras empresas siguieron la tradición de los gremios, utilizando signos y símbolos visuales que identificaban claramente los servicios o productos vendidos, como una herradura para un herrero o una llave para un cerrajero.

Envases normalizados
En la década de 1850, el comercio de productos manufacturados empezó a rebasar la distribución regional, lo que creó nuevos retos y oportunidades. Hasta entonces, los minoristas habían comerciado con productos secos, frescos y curados a granel, »

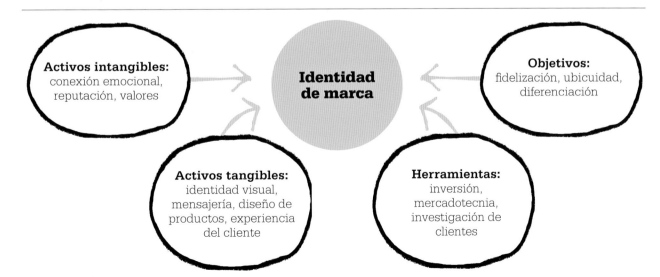

Activos intangibles:
conexión emocional, reputación, valores

Identidad de marca

Objetivos:
fidelización, ubicuidad, diferenciación

Activos tangibles:
identidad visual, mensajería, diseño de productos, experiencia del cliente

Herramientas:
inversión, mercadotecnia, investigación de clientes

pesándolos y envasándolos en la tienda bajo demanda. Con una distribución más amplia, les resultó más fácil suministrar productos preenvasados, tarros y latas de tamaños y pesos estándar.

Los tamaños normalizados permitieron a los fabricantes fijar su propia estrategia de precios, en lugar de dejarla en manos del minorista, lo que les dio más control. La uniformidad de los productos envasados permitió a los minoristas tener más existencias, lo que aprovecharon para ofrecer varias marcas en cada categoría. La relación entre minoristas y clientes cambió: aunque las tiendas ya no podían ofrecer el mismo nivel de servicio personal, ahora ofrecían más opciones.

Forjar una identidad visual

Para competir en el lineal, la identidad visual de un producto tenía que esforzarse más que nunca. La cromolitografía, una nueva técnica de impresión en color patentada en 1837, permitió a los fabricantes imprimir directamente sobre hojalata y papel para que sus productos destacaran. Bovril, Cadbury, Rowntree y Oxo fueron de los primeros fabricantes de productos secos en adoptar envases de marca.

Tu marca es lo que la gente dice de ti cuando no estás presente.
Jeff Bezos
Fundador de Amazon

Al principio era difícil para los productos envasados en fábrica competir con productos locales conocidos, lo que llevó a los primeros comercializadores a utilizar la «personalidad de marca» para generar confianza. Logotipos de empresas como las farmacias británicas Boots (1883) o Coca-Cola (1887) utilizaban la cursiva spenceriana para sugerir la firma de un fundador, lo que implicaba una garantía personal de calidad. Otras usaron mascotas para suavizar la imagen de marca y aportarle calidez humana. Por ejemplo, el fabricante estadounidense de cereales Quaker Oats (1877) recurrió a la figura de un cuáquero del siglo XVII para denotar honradez e integridad; y la empresa francesa de neumáticos Michelin (1894) creó el alegre personaje humanoide Bibendum a partir de neumáticos blancos.

El envase también sirvió de lienzo para mensajes publicitarios y promesas de marca: «absolutamente puro», afirmaba Cadbury en 1892, mientras que Bovril se promocionaba como «potente y vigorizante» en 1894. Coca-Cola, por su parte, prometía «revivir y sostener», posicionándose como un tónico y, por tanto, diferente de otros refrescos.

A medida que el *branding* se hacía cada vez más sofisticado, las

Los fabricantes han usado motivos humanos y animales, colores vivos y tipografía imaginativa en los envases para crear marcas memorables y reconocibles al instante.

empresas empezaron a exigir protección jurídica contra la copia o la falsificación de sus logotipos. En 1862, el Parlamento británico introdujo la Ley de Marcas de Mercancías, que, desarrollada a partir de las patentes gremiales, tipificaba como delito la imitación de otra marca.

En 1875 se promulgó la Ley de Registro de Marcas, de mayor alcance: los fabricantes podían registrar sus logotipos, firmas y otros elementos identificativos en la Oficina de Patentes del Reino Unido. La primera marca registrada, el 1 de enero de 1876, fue el logotipo de la cervecera Bass Brewery, con sede en Burton-upon-Trent. Se trataba de un simple triángulo rojo, que sigue apareciendo en las botellas y latas de cerveza.

La psicología de las marcas

En 1900, la agencia de publicidad estadounidense J. Walter Thompson (JWT) publicó un anuncio en el que explicaba a sus clientes potenciales la importancia de tener una marca potente. En él se afirmaba que el consumidor compra una empresa y sus valores, más que limitarse a adquirir un producto.

Durante este periodo, las agencias de publicidad pasaron gradualmente de ser intermediarios entre empresas y publicaciones con espacio publicitario, a prestar un servicio más completo que incluía redacción y diseño. Para convencer a las empresas de que contrataran estos servicios, las agencias investigaban por qué los consumidores compraban determinadas marcas; así podían adaptar sus mensajes para reforzar o cambiar comportamientos. Estos estudios produjeron conocimientos sociales, antropológicos y psicológicos que aún se aplican a la estrategia de marca.

El teórico estadounidense Edward Bernays fue decisivo a la hora de desarrollar la idea de que se podía influir en las compras a través de la psicología. En los años veinte se inspiró en las ideas de su tío, el fundador del psicoanálisis Sigmund Freud, para aprovechar el poder de crear asociaciones emocionales entre productos y símbolos o ideas. Por ejemplo, en su campaña Antorchas de Libertad, asoció los cigarrillos Lucky Strike con la idea de la liberación de la mujer, vinculando el hábito de fumar a la noción de independencia.

Bernays también comprendió que recurrir a la autoridad científica y al respaldo de terceros podía aumentar la confianza del consumidor. Un ejemplo notable es su campaña de promoción del beicon para el desayuno, asociándolo con la idea de una comida abundante por la mañana. Para ello, convenció a un médico para que recomendara un desayuno copioso como opción más sana que

uno ligero. Luego reunió las respuestas de otros 5000 médicos y envió su apoyo a los medios de comunicación. Al poco, los titulares de los periódicos estadounidenses afirmaban que «4500 médicos defienden los desayunos copiosos para mejorar la salud», a menudo citando el beicon y los huevos como el ejemplo perfecto.

El auge de los medios de comunicación

En la década de 1940, las agencias de publicidad ya sabían cómo dotar a una marca de rasgos de personalidad, ya fuera diversión y juventud, o lujo y glamur. Comprendieron que se podía crear atractivo aprovechando los deseos, aspiraciones, miedos e inseguridades de la gente, y reconocieron el valor de la investigación de mercado y los estudios de consumo.

Los cambios sociales, económicos y tecnológicos que siguieron a la Segunda Guerra Mundial sentaron las bases de un nuevo tipo de relación entre el consumidor y la marca. Factores clave de esta transición fueron la adopción generalizada de la radio y la aparición de la televisión, platafor-

Acérquese lo más posible a sus clientes. Tan cerca que pueda decirles lo que necesitan mucho antes de que se den cuenta por ellos mismos.
Steve Jobs
Cofundador de Apple

mas que permitieron a las marcas llegar a un público mucho más amplio y desarrollar campañas publicitarias impactantes a través de múltiples puntos de contacto. Melodías, eslóganes y narración visual se convirtieron en parte integrante de la promoción de un producto, mientras que la coherencia a través de distintos medios fomentaba la familiaridad.

La década de 1940 también marcó la formalización de los sistemas »

El cuadro de Edouard Manet *Un bar en el Folies-Bergère* (1882) muestra un surtido de bebidas alcohólicas en el mostrador, incluidas dos botellas de cerveza Bass, identificables por el logo triangular rojo.

de identidad de marca. Las empresas publicaron extensas directrices de marca y manuales de identidad corporativa, que asesoraban a diseñadores e impresores sobre cómo aplicar la marca en distintos formatos, medios y territorios. Esto ayudó a que la comunicación visual pasara de ser una práctica intuitiva a una estratégica con requisitos estrictos.

Consultoría de marca

A medida que las marcas adquirían mayor protagonismo en la vida del consumidor, el objetivo ya no era solo vender un producto, sino crear una base de clientes fieles que se identificaran con los valores y aspiraciones de la marca. Las agencias de consultoría crecieron con rapidez gracias a campos emergentes como el comportamiento del consumidor y la identidad corporativa, para ayudar a las empresas a construir sus marcas dentro y fuera de su país.

Walter Landor, fundador de la consultora de marcas Landor Associates, con sede en San Francisco, fue una de las voces influyentes de mediados de siglo. Introdujo el concepto de «*branding* del producto total», que abarcaba toda la experiencia del cliente, del diseño del producto y el

Los equipos de *marketing* usan ruedas de puntos de contacto para mostrar cómo las personas entran en contacto con una empresa y sus productos, con el fin de reforzar su marca.

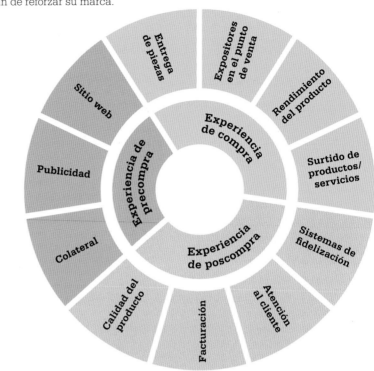

envase a las estrategias de mercadotecnia. Landor, que creía que una marca debía evocar emociones y forjar un fuerte vínculo con el consumidor, hizo hincapié en la importancia de la sencillez, la funcionalidad y la comprensión de los matices culturales. Basándose en conclusiones extraídas de la investigación sobre los consumidores, diseñadores de marcas como Landor trataban de dotar a los productos de personalidad propia. Los cigarrillos Marlboro, por ejemplo, se asociaban con la dureza y la independencia, mientras que Coca-Cola no era solo una bebida gaseosa: era felicidad, alegría y libertad en una botella. La publicidad apoyaba estos mensajes. La exitosa campaña de Coca-Cola «Hilltop» («La chispa de la vida», 1971) mostraba a jóvenes de muchas razas cantando sobre el amor y la armonía, cada uno con una botella del producto en la mano. «Llega la Navidad» (1995) mostraba un convoy de camiones iluminados atravesando la nieve para repartir el producto y completar las fiestas.

Ética

Conscientes de que el éxito de una marca puede influir en el comportamiento de las personas, muchos diseñadores se niegan a trabajar con empresas que vendan productos nocivos para la salud, promuevan la discriminación o ignoren el medio ambiente. Para otros, el diseño es una forma de activismo. Así, un «diseñador/ciudadano» se implica en prácticas socialmente responsables y solo usa sus habilidades para el diseño para contribuir positivamente a la sociedad. Encabezado por el diseñador gráfico Ken Garland, este movimiento surgió en los sesenta como parte de una reacción contra el consumismo. Su manifiesto «First Things First» («Lo primero es lo primero», 1964), firmado por 21 diseñadores británicos, era un alegato a favor de que los creativos utilizaran sus habilidades para «fines que merezcan la pena» y para «formas de comunicación más útiles y perdurables». El documento sigue vigente entre las nuevas generaciones de diseñadores: su última versión se publicó en 2020 y reunió más de 1700 firmas.

Experiencia de marca

Desde la década de 1980, los propietarios de marcas han tratado de influir activamente en la forma en que los consumidores se relacionan con ellas más allá de la compra. Hacen hincapié en que el producto es solo una parte de lo que representa su marca. Los entornos de marca, como Disneyland o las tiendas de Apple, refuerzan los valores de la marca a través de los espacios donde el consumidor interactúa con la marca y del servicio que prestan.

La publicidad también ha dejado de centrarse solo en los productos para vender una experiencia de marca holística. La campaña «Just Do It» de Wieden+Kennedy para Nike (1987) se centra en atletas e historias inspiradoras, utilizando el logotipo Swoosh de la empresa como elemento central; y la campaña «Raise Your Arches» de McDonald's (Leo Burnett Worldwide, 2023) no muestra el logo de la empresa de comida rápida hasta la última escena.

La importancia de la imagen de marca ha crecido tanto que se considera tan importante o más que la innovación del producto. La relación entre producto, mercadotecnia y marca se ha entrelazado tanto que

es imposible separar un objeto de su imagen de marca.

Las marcas actúan como una especie de lenguaje que indica a los demás nuestro estatus, aspiraciones y valores personales. Optar por una fragancia de Chanel puede indicar un gusto sofisticado y un deseo de lujo discreto, mientras que llevar unas gafas de sol de Gucci puede denotar un gusto por la moda vanguardista y llamativa y un deseo de destacar.

En la era digital

En el siglo XXI, los medios digitales ofrecen un valioso mecanismo que permite a las marcas conectar directamente con su público, pues internet y las redes sociales brindan abundantes oportunidades de participación e interacción con los clientes. En el *branding* actual se ha producido un movimiento hacia sis-

El mensaje de este anuncio de los años cincuenta –que Coca-Cola es sana, deliciosa y refrescante– se dirige claramente a las mujeres. La marca blanco sobre rojo está siempre presente en la publicidad de Coca-Cola.

El anuncio «Surfer» de Guinness, creado por el director de cine británico Jonathan Glazer, se rodó en blanco y negro en Hawái. La cerveza negra irlandesa no aparece hasta la toma final.

temas flexibles y «mundos de marca» inmersivos, que fomentan el diálogo entre marca y consumidor. Este cambio ha hecho que la creación de marca sea más dinámica y se centre cada vez más en crear experiencias que encarnen sus valores.

Al mismo tiempo, el consumidor espera autenticidad, conciencia social y medioambiental y un sentido de conexión personal de las marcas que usa. Empresas como Patagonia han destacado por integrar causas sociales en su identidad, conectando con los consumidores concienciados.

Cada vez se invierte más en sostenibilidad y responsabilidad social en las empresas. Los programas de certificación que evalúan el impacto social de una empresa, como B Corp, siguen creciendo, dando lugar a una generación de nuevas marcas basadas en el compromiso de equilibrar el beneficio con el propósito. ■

ENSOÑACIÓN AUTOMATIZADA
LOS ALBORES DE LA TELEVISIÓN

L a aparición de la televisión (TV) a inicios del siglo XX brindó a empresas públicas y privadas una nueva oportunidad de captar e informar a un público masivo. El diseño, en especial el diseño gráfico, desempeñaría un papel fundamental en el nuevo «lenguaje televisivo», pero las empresas de televisión tardaron algún tiempo en aprender a explotar todo el potencial de los gráficos y otros elementos visuales.

Los primeros sistemas de TV

El desarrollo de sistemas de transmisión y recepción de imágenes se remonta a finales del siglo XIX, y el término «televisión» fue acuñado en 1900 por el científico ruso Constantin Perskyi. Más tarde, en 1923, el inventor escocés John Logie Baird ideó el primer sistema completo de televisión, basado en un proceso mecánico de transmisión de imágenes.

Baird realizó la primera exhibición pública de transmisión televisiva el 26 de enero de 1926, mostrando imágenes de rostros humanos en la Royal Institution de Londres. En 1928 creó su propia empresa, y al año siguiente ayudó a establecer compañías en Alemania y Francia. Mientras tanto, inventores estadounidenses, japoneses y rusos desarrollaban variaciones de su sistema. En 1927, Bell Telephone Laboratories creó en EE.UU. el primer sistema que incluía sonido sincronizado. Estos sistemas mecánicos fueron sustituidos por la TV electrónica en los años treinta, cuando surgieron los primeros canales de televisión pública.

La transmisión televisiva en Europa y Rusia se vio interrumpida por la Segunda Guerra Mundial, tras la cual la televisión se extendió por todo el mundo. En 1936, la BBC inauguró el primer servicio de TV en alta definición, transmitiendo imágenes en blanco y negro con una resolución de 405 líneas. Desde el punto de vista del diseño, la televisión en blanco y negro tenía requisitos similares a las películas en blanco y negro, ya que las imágenes debían tener un contraste muy definido para asegurar su legibilidad. Esto significaba, por ejemplo, que los textos debían ser grandes y en negrita, que las ilustraciones debían tener formas sencillas y definidas y el mínimo detalle, e incluso que los presentadores debían llevar un maquillaje grueso en tonos blancos, grises y negros. La mala calidad de algunos receptores (televisores) también era un problema; las imágenes debían filmarse con el foco en el centro, porque algunas pantallas perdían enfoque en los bordes o cortaban parte de la imagen. »

Estudio D en los estudios Lime Grove de la BBC, en Londres, durante la primera emisión en 1950. El estudio emitía varios programas, sobre todo de actualidad.

William Golden

Nacido en Nueva York en 1911, Golden trabajó diseñando publicidad para periódicos en Los Ángeles y luego en Nueva York en la editorial Condé Nast. En 1937 se incorporó a Columbia Broadcasting System (CBS), la principal emisora de radio de EE.UU. y, desde 1941, también de televisión. En 1940 fue nombrado director artístico.

A medida que la TV se convertía en un medio de comunicación de masas tras la Segunda Guerra Mundial, las cadenas necesitaban una identidad distintiva. Frank Stanton, el presidente de CBS, consideró que su logo estático no era eficaz, por lo que en 1951 Golden diseñó el famoso «ojo». El círculo que encierra un ojo, con el nombre de la marca en la «pupila», sugería tanto el acto de ver como un globo terráqueo, indicando un amplio alcance de contenidos. Se usaron formas animadas y estáticas del logo para toda la publicidad de CBS.

Golden murió en 1959, y la Sociedad Nacional de Directores Artísticos de EE.UU. le concedió el título de Director Artístico del Año en 1960.

Obras clave

1951 Logotipo «Eye» de CBS.

Diseñar para TV

A partir de la experiencia adquirida en la industria cinematográfica de Hollywood y en el teatro de Broadway, el diseño de decorados de estudio se convirtió en una especialidad importante, aunque a menudo ignorada. Había dos enfoques principales: por un lado, los diseños naturalistas, que intentaban reflejar escenas reales, por artificiosas que fueran; por otro, los «abstractos», diseñados para generar una atmósfera o sensación más que una escena reconocible. Una categoría afín era el diseño de decorados para programas de variedades y juegos, inspirados en los de los musicales de Hollywood.

Las nuevas técnicas permitieron que los elementos de los programas parecieran más dinámicos. Por ejemplo, una cámara de tribuna (una cámara montada en una plataforma móvil) podía utilizarse para acercar o alejar la imagen, o hacer panorámicas para dar sensación de movimiento. Para rodar escenas de acción, la TV tomó prestados los conocimientos del cine y utilizó una cámara montada en un carro llamado *dolly* para permitir un seguimiento fluido de sujetos en movimiento.

Siempre digo que el cine es arte, el teatro es vida y la televisión es mobiliario.
Kenny Leon

Texto y gráficos

Al principio, los elementos gráficos de los programas de TV, como títulos, subtítulos, ilustraciones y créditos, seguían los estilos utilizados en el cine y la prensa escrita. El diseño gráfico no llegó a considerarse una disciplina independiente de la escenografía o la promoción y el *marketing* hasta la década de 1950.

El primer diseñador gráfico especializado en TV fue William Golden, director artístico de la cadena estadounidense CBS, que utilizó el grafismo para definir la identidad de la cadena, sobre todo mediante la creación de un distintivo logotipo en forma de ojo. Otro pionero fue

Saul Bass, diseñador que trabajó en Hollywood e ideó las primeras secuencias de títulos cinéticas, en las que texto e imágenes en movimiento se integraban para crear una atmósfera, muy notablemente en *Vértigo*, de Alfred Hitchcock (1958). La influencia del trabajo de Bass llevó a la creación de secuencias de títulos que se convirtieron en parte integrante del programa: un buen ejemplo es la serie *Star Trek*, emitida por primera vez en 1966, que presentaba una animación de la nave espacial USS Enterprise volando a través de las estrellas, con créditos de texto en movimiento y la voz en *off* de la estrella William Shatner.

Mientras tanto, en Reino Unido, la BBC contrató por primera vez a un diseñador gráfico a tiempo completo en 1954, pero pasaron otros diez años antes de que tuviera su propio departamento de diseño gráfico.

El texto y los gráficos empezaron a desempeñar un papel cada vez más importante en la transmisión de información y la creación de narrativas visuales. En las retransmisiones deportivas y los informativos, se usó el *chyron* –una tira de texto que corría por la base de la pantalla– para dar noticias de última hora. Los ele-

Imágenes y música

En la era «muda» del cine (de mediados de la década de 1890 a principios de la de 1930), las bandas sonoras de las películas eran interpretadas en directo por músicos en la sala, al igual que en los teatros y los *music-halls*. Los «palacios del cine» más grandiosos contaban con orquestas y directores, mientras que en las salas más modestas, un pianista tocaba la música de acompañamiento, con frecuencia empleando su imaginación para evocar las emociones sugeridas

por las imágenes de la pantalla. Comedia, tragedia, romance, terror y suspense podían realzarse con composiciones adecuadas. A partir de entonces, las empresas de radio y TV emplearon orquestas de estudio para tocar melodías emblemáticas y música incidental durante las emisiones en directo. Aún hoy, la BBC cuenta con más de 400 músicos profesionales. Los telespectadores están tan acostumbrados a la música incidental que quizás la dan por supuesta, pero sigue siendo vital para transmitir sentimientos y verosimilitud.

En una sala de cine de Nueva York, en 1925, una banda y un pianista bajo la pantalla aportan la «banda sonora» al drama y la comedia.

Diferentes tipos de diseño/diseñadores necesarios para hacer buena TV

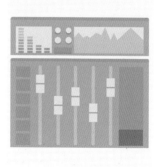

Escenógrafos: crean el escenario y el decorado de fondo donde se filma. Deben tener en cuenta cómo aparecerán el color y la textura en la pantalla.

Diseñadores de iluminación: se encargan de que el decorado y las tomas de cámara estén bien iluminados, para crear el ambiente adecuado.

Diseñadores de sonido: captan y editan los diálogos y otros sonidos. También moldean el ambiente de un programa mediante música y efectos sonoros.

Diseñadores gráficos: crean secuencias de títulos, créditos finales y otros elementos gráficos, que deben encajar con el estilo del programa y generar interés en el espectador.

mentos visuales, como gráficos e ilustraciones, también podían animarse, por ejemplo, en los boletines informativos o los programas educativos. En Reino Unido, la BBC llegó a establecer una unidad gráfica dedicada a crear elementos visuales para los programas de la Open University.

Otra vertiente importante fue la programación infantil. Los dibujos animados y las animaciones *stop-motion*, así como las películas y los programas en directo, ofrecían un margen adicional para la creatividad. En algunos casos, como el de *Sesame Street* en EE. UU., se combinaban marionetas, imágenes animadas y texto para divertir o educar a los jóvenes telespectadores.

Identidades de marca

Un elemento cada vez más importante fue el uso de sonido e imágenes para los logotipos de los canales. Estos adoptan diversas formas. Entre un programa y otro, la cadena puede mostrar un texto o gráfico animado con un sonido distintivo o una breve sintonía; algunos logos pueden ser

minipelículas elaboradas, como en los canales británicos BBC2 y Channel 4. Dentro de los programas, los logos pueden aparecer como un símbolo estático en una esquina de la pantalla (mosca), como el elegante logotipo caligráfico del canal catarí Al-Jazeera. En algunos canales, el logo forma parte de una imagen general que establece la identidad de la marca en la prensa escrita y en internet, además de en la televisión.

Diseño por ordenador y CGI

Uno de los primeros usos de la imagen generada por ordenador (CGI) se halla en la secuencia de espirales animadas al inicio de la mencionada *Vértigo*, de Alfred Hitchcock. Desde entonces, la CGI se ha utilizado cada vez más en programas de televisión y películas, por ejemplo, para crear escenarios y paisajes de gran complejidad en dramas históricos o de ciencia ficción, o para crear imágenes animadas que mejoren la visualización de deportes y juegos. Además, los ordenadores se utilizan en la generación de letras para

títulos, créditos y otros elementos de texto.

Hoy en día, las imágenes de TV forman parte de un flujo constante de 24 horas de noticias, series y otros programas, transmitidos por satélite y por internet, así como por canales de televisión terrestre. Los gráficos utilizados deben ser llamativos y atractivos para que los programas destaquen en este flujo constante de contenidos. También tienen que ser eficaces en una amplia gama de dispositivos, desde pantallas panorámicas hasta tabletas y teléfonos inteligentes.

Es posible que en el futuro los elementos de diseño gráfico desarrollados inicialmente para TV se adapten para dar forma a programas interactivos y experiencias de realidad virtual. Sea cual sea la forma que adopten, la necesidad de que los elementos visuales informen y entretengan será tan fuerte como lo fue en 1926, cuando Baird transmitió por primera vez imágenes de rostros humanos a un público espectador y dio inicio a la era de la televisión. ∎

LA ERA D CONSUM
1950–2000

EL

O

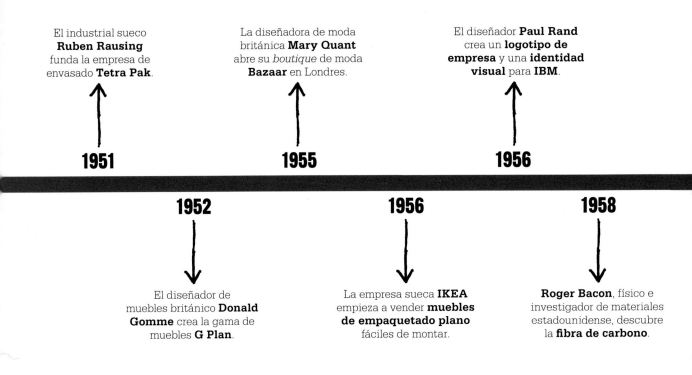

El industrial sueco **Ruben Rausing** funda la empresa de envasado **Tetra Pak**.

1951

El diseñador de muebles británico **Donald Gomme** crea la gama de muebles **G Plan**.

1952

La diseñadora de moda británica **Mary Quant** abre su *boutique* de moda **Bazaar** en Londres.

1955

La empresa sueca **IKEA** empieza a vender **muebles de empaquetado plano** fáciles de montar.

1956

El diseñador **Paul Rand** crea un **logotipo de empresa** y una **identidad visual** para IBM.

1956

Roger Bacon, físico e investigador de materiales estadounidense, descubre la **fibra de carbono**.

1958

Al terminar la Segunda Guerra Mundial, Europa estaba devastada, y EE. UU. era la superpotencia occidental emergente. La demanda sofocada por las restricciones de guerra podía ahora saciarse. Al volver a casa y formar familias, los soldados dieron lugar al llamado *baby boom*. Unos quince años más tarde, la mayoría de edad de esta oleada de jóvenes traería una cultura propia de la moda y la música que las empresas comerciales y los diseñadores aprovecharían.

La rivalidad ideológica con la URSS llevó a los gobiernos estadounidenses de posguerra a invertir en la RFA, Italia y Japón para ayudarles a reconstruirse y evitar que se unieran al bloque comunista, y estos países se convirtieron en grandes exportadores de bienes, notables por su diseño moderno.

Influencia de la Bauhaus

En la década de 1930 se dio un gran éxodo de la vanguardia europea del arte, el diseño y la arquitectura a Nueva York. Varios miembros destacados de la Bauhaus cruzaron el Atlántico para iniciar una nueva vida en EE. UU., y en la década de 1950 muchos de ellos eran docentes en facultades de arte y arquitectura del país. El racionalismo fue el lenguaje de diseño dominante en la posguerra, asociado en EE. UU. a la eficiencia. En una época de avances científicos, aviones a reacción y viajes espaciales, la estética futurista parecía muy adecuada y se aplicó ampliamente. El hecho de que muchos creadores hubieran huido de dictaduras europeas supuso que este enfoque se promoviera también como una estética de la libertad y la democracia.

Por el contrario, en la cultura controlada de la Unión Soviética de Stalin, el realismo y el neoclasicismo eran los únicos estilos oficialmente permitidos. Las supuestas virtudes democráticas del movimiento moderno seducían a muchos, pero lo cierto es que, más allá de parecer actuales, las líneas limpias servían para apoyar cualquier sistema de creencias. En la década de 1950, en cualquier caso, el nuevo diseño estadounidense reflejó la influencia moderna, desde las relucientes sedes corporativas revestidas de cristal, los hoteles Hilton de lujo y las terminales de aeropuerto hasta los muebles, los tejidos y los adornos.

En 1949, la pareja de arquitectos y diseñadores Charles y Ray Eames terminó su casa en Pacific Palisades (California). Repleta de cojines decorativos, confortables artículos

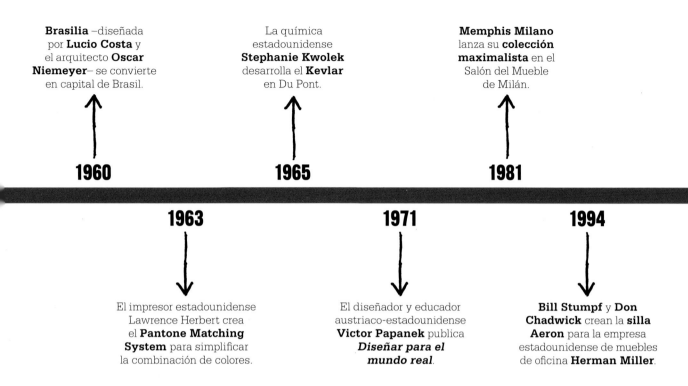

Brasilia –diseñada por **Lucio Costa** y el arquitecto **Oscar Niemeyer**– se convierte en capital de Brasil.

La química estadounidense **Stephanie Kwolek** desarrolla el **Kevlar** en Du Pont.

Memphis Milano lanza su **colección maximalista** en el Salón del Mueble de Milán.

1960

1965

1981

1963

1971

1994

El impresor estadounidense Lawrence Herbert crea el **Pantone Matching System** para simplificar la combinación de colores.

El diseñador y educador austriaco-estadounidense **Victor Papanek** publica *Diseñar para el mundo real*.

Bill Stumpf y **Don Chadwick** crean la **silla Aeron** para la empresa estadounidense de muebles de oficina **Herman Miller**.

---

de consumo, objetos de arte y chucherías, era una interpretación claramente maximalista del racionalismo, con un salón diáfano que ofrecía mucho espacio para exponer sus adquisiciones.

Consumismo posmoderno

En EE. UU., el movimiento moderno atrajo sobre todo a los miembros de una élite influyente, pero se produjeron artículos de muchos estilos en grandes cantidades. Lo futurista se yuxtaponía a menudo con lo tradicional: las modernas sillas Eames se combinaban con candelabros eléctricos barrocos y papel pintado rococó para producir un efecto de opulencia, con algo para complacer a todo el mundo.

En la década de 1960, los críticos culturales aplicaron ideas derivadas de la teoría social marxista al análisis y la crítica de los hábitos de consumo desde la perspectiva del consumidor. Antes, arquitectos y diseñadores daban por supuesta la superioridad de su propio enfoque, pero la opinión académica se inclinaba cada vez más a ver en la elección de los consumidores una cuestión de gusto y un reflejo del capital educativo y cultural acumulado por cada individuo. Es decir, que todo lo aprendido y experimentado a lo largo de la vida influye en los gustos y aspiraciones, y en las preferencias de compra.

Como el movimiento moderno tendía a dar por hechas ideas universalmente reconocidas acerca de qué es «bueno» en materia de diseño, este nuevo relativismo y los múltiples estilos que fomentó vinieron a denominarse «posmodernos». Elementos de diseño populista e incluso *kitsch* se revalorizaron en términos posmodernos, y una nueva generación de diseñadores serios ofreció soluciones a base de técnicas simbólicas y referenciales que recordaban al *pop art*. Fueron proponentes pioneros el arquitecto estadounidense Robert Venturi y el diseñador italiano Ettore Sottsass, cuyos muebles Memphis parecían esculturas contemporáneas.

El diseño posmoderno no se generalizó hasta la década de 1980, cuando en EE. UU. y Gran Bretaña los consumidores ganaron poder adquisitivo y hubo un *boom* del comercio minorista. En la década de 1990, tras el colapso de la URSS, la caída del comunismo en su territorio y en Europa del Este, y las reformas del mercado en China –instituidas por su líder comunista, Deng Xiaoping–, el consumismo pasó a ser un fenómeno global. ∎

VIDA LIMPIA.
LÍNEAS LIMPIAS

MID-CENTURY MODERN

ENFOQUE
Funcionalidad optimista

CAMPO
Arquitectura, interiorismo, diseño de producto

ANTES
Década de 1930 El estilo arquitectónico *streamline moderne* presenta formas aerodinámicas y líneas limpias.

1945 El director de la revista *Arts & Architecture*, John Entenza, lanza en EE. UU. el programa Case Study House para resolver los problemas de vivienda previstos tras la Segunda Guerra Mundial.

DESPUÉS
1981 Fundado por el arquitecto italiano Ettore Sottsass, el grupo Memphis Milano presenta su primera colección en la Feria del Mueble de Milán. La extravagante estética *kitsch* es una reacción contra el minimalismo racionalista.

Mid-century modern (modernidad de mediados de siglo) no es un término genérico para los muebles, productos y edificios diseñados a mediados del siglo XX, sino que se refiere a un movimiento de diseño concreto, en auge entre las décadas de 1940 y 1960, definido por un estilo y unos principios singulares.

El término se popularizó en 1984, al emplearlo Cara Greenberg en el título de su libro *Mid-century Modern: Furniture of the 1950s*, donde reunía numerosos ejemplos de objetos diseñados con líneas limpias, formas biomórficas, curvas en forma

Habitación de un estudiante en la Maison du Mexique de París en 1952, recreada para la exposición *Charlotte Perriand: La vida moderna*, celebrada en el Museo del Diseño de Londres en 2021.

de bumerán y una mezcla sin precedentes de materiales orgánicos y manufacturados.

Influencias de la Bauhaus

Como muchas filosofías de diseño del siglo XX, el *mid-century modern* tiene sus raíces en los principios funcionalistas de la Bauhaus. El mo-

Charlotte Perriand

Charlotte Perriand, una de las arquitectas y diseñadoras más destacadas del movimiento *mid-century modern*, nació en 1903 en París (Francia). En 1925 se matriculó en la École de L'Union Centrale des Arts Décoratifs para estudiar diseño de mobiliario.

Perriand pronto se dio a conocer por sus innovaciones en el uso de metales, vidrio y textiles. En 1927 entró a trabajar en el estudio de Charles-Édouard Jeanneret (más tarde conocido como Le Corbusier). Aunque tuvo que soportar la crueldad verbal

y el sexismo bajo su dirección, trabajó con él durante diez años. Durante ese tiempo, Perriand diseñó tres sillas célebres en colaboración con Le Corbusier y Pierre Jeanneret: el sillón LC2 Grand Confort, la silla reclinable B301 y la *chaise longue* B306.

Como comunista, a Perriand le interesaba diseñar muebles de bajo coste para la producción masiva. Ninguno de los diseños de Perriand se produjo a escala industrial, pero su nombre se ha convertido en un sinónimo del *mid-century modern*. Murió en París en 1999.

vimiento de posguerra conservaba los valores básicos del racionalismo, pero también aspiraba a combinar las técnicas de producción en serie con un mobiliario y una arquitectura que reflejaran una visión optimista del futuro de la sociedad.

En la arquitectura y el diseño de muebles, el *mid-century modern* refleja un pragmatismo y una simplicidad acordes con los relatos nacionales de la era de posguerra. En todo el mundo, pero sobre todo en EE. UU. y Europa, se animaba a la sociedad a encarar un futuro brillante basado en la seguridad de la familia nuclear y en el alejamiento de la política y la economía de las dos guerras mundiales. En lo estético, esto significaba adoptar nuevas tecnologías y materiales y dejar de lado las tradiciones ornamentales de décadas pasadas. Todo en el hogar estaba diseñado para un fin —ya fuera alimentar a los miembros de la familia o entretenerlos—, y los productos y muebles anunciados en los medios también fomentaban las aspiraciones de un estilo de vida de clase media.

Atractivo global

Aunque el *mid-century modern* suele verse como un movimiento estadounidense y europeo, tuvo un alcance más amplio, y fue adoptado en todo el mundo por quienes disponían de los medios necesarios. Los arquitectos y diseñadores latinoamericanos, por ejemplo, desarrollaron su propia versión de este lenguaje

Empleas piedra, madera y hormigón, y con estos materiales construyes casas y palacios […] Pero de repente me tocas el corazón […] Eso es Arquitectura. Entra el arte.
Le Corbusier

optimista, incorporando materiales locales y algunas influencias mesoamericanas.

Un factor que distingue al estilo latinoamericano de sus homólogos estadounidense y europeo es que en América Latina las obras solían encargarlas familias particulares, en lugar de grandes empresas. Al estar los edificios y su contenido en manos de patrimonios privados, muchos proyectos dignos de elogio en América Latina han quedado ocultos a la vista, y la historia tras su diseño, sin contar.

Entre los ejemplos visibles del *mid-century modern* latinoamericano están los proyectos del arquitecto brasileño Oscar Niemeyer, en particular los realizados en Brasilia. Construida a partir de 1956 por encargo del entonces recién elegido presidente Juscelino Kubitschek e inaugurada como capital de Brasil en 1960, Brasilia fue meticulosamente planificada. El arquitecto Lúcio Costa diseñó su trazado, y Niemeyer proyectó la mayoría de sus edificios públicos, entre ellos la residencia presidencial, el Palacio de la Alvorada, con su fachada de hormigón y vidrio; el Palacio Itamaraty, sede del Ministerio de Relaciones Exteriores, con su fachada de columnas; y la catedral de Brasilia, con aspecto de corona.

Los edificios de Brasilia, notables por su estética simple y sus líneas onduladas, encarnan una visión esperanzada del futuro, fusionando grandes estructuras con nuevas interpretaciones de las »

La catedral de Brasilia, diseñada por el arquitecto Oscar Niemeyer, se completó en 1970. Encerrada entre 16 columnas curvas de hormigón, es un ejemplo clásico de la arquitectura racionalista.

formas tradicionales. Niemeyer fue aclamado internacionalmente por su trabajo e invitado a unirse al equipo de arquitectos que diseñaba la sede de las Naciones Unidas en Nueva York.

Como la de Niemeyer, la mayor parte de la obra de la arquitecta y diseñadora italiana Lina Bo Bardi está en Brasil, adonde se mudó con su marido, Pietro Maria Bardi, en 1946. En 1951, Bo Bardi diseñó la Casa de Vidro como vivienda familiar. Emplazada entre las copas de los árboles de la selva tropical de las afueras de São Paulo, el edificio encarna una visión de utilitarismo optimista. Sus ventanales del suelo al techo y su estilo diáfano reflejan los ideales del *mid-century modern*, con una fusión de formas y materiales orgánicos y manufacturados. Bo Bardi también diseñó el Museo de Arte de São Paulo (1968) y el inmenso Centro de Lazer Fábrica da Pompéia (1977–1986).

Muebles funcionales

El diseño de muebles *mid-century modern* estuvo muy influido por la estética minimalista escandinava. Al arquitecto danés Finn Juhl se le atribuye la introducción del estilo minimalista moderno danés en EE. UU.

[El diseño es] una expresión de un propósito. Si es lo bastante bueno, luego puede ser considerado como arte.
Charles Eames
Design Q&A with Charles Eames
(1972)

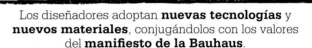
El funcionalismo de la **Bauhaus** aboga por la **sencillez estilística** en los años de entreguerras.

Los diseñadores adoptan **nuevas tecnologías** y **nuevos materiales**, conjugándolos con los valores del **manifiesto de la Bauhaus**.

Los diseños resultantes se definen por las líneas limpias, las formas orgánicas y una decoración mínima.

Los diseñadores latinoamericanos desarrollan un lenguaje moderno propio, que incluye influencias locales y **mesoamericanas**.

---

en 1951, cuando la Baker Furniture Company de Michigan empezó a fabricar sus diseños.

Las piezas sencillas y funcionales estaban a la orden del día, gracias a diseños depurados sin rasgos decorativos innecesarios. Por lo general se fabricaban con materiales naturales y asequibles, pero los diseñadores también experimentaron con materiales y técnicas nuevos, como el plástico y el contrachapado moldeado, para crear muebles de formas agradables pensados ante todo para ser cómodos.

La silla Drop, creada en 1959 por el danés Arne Jacobsen para el SAS Royal Hotel de Copenhague, es un ejemplo muy conocido. Otros son el sillón Womb (1948) y la silla Tulip (1957), del finlandés-estadounidense Eero Saarinen, esta última montada sobre una base circular para prescindir de las patas de las sillas tradicionales.

Estas piezas se centran en la comodidad y la funcionalidad, y adop-
tan las curvas suaves y las formas naturales que definen el mobiliario *mid-century modern*. Saarinen plasmó la preocupación por el biomorfismo en el sillón Womb («útero»), viendo en el recipiente del cuerpo antes de nacer el paradigma de la comodidad.

Saarinen, que se mudó de Finlandia a EE. UU. en 1923 y estudió en la Academia de Arte Cranbrook de Michigan con los diseñadores y arquitectos Charles y Ray Eames, también es conocido como uno de los arquitectos más importantes de la posguerra. Entre sus diseños premiados están la terminal de pasajeros del Aeropuerto Internacional Dulles de Washington D. C. (1962) y el elegante Arco Gateway de San Luis (1965).

Tanto Saarinen como los Eames adoptaron en su trabajo un enfoque multidisciplinar que dio lugar a algunos de los diseños de arquitectura y mobiliario más apreciados de la modernidad.

Experimentos creativos

Charles y Ray Eames se conocieron en la Academia de Arte Cranbrook y se casaron en 1941. Desde el principio su objetivo fue crear diseños multifuncionales para la vida moderna, y sus innovaciones en la concepción del diseño afectarían a muchos aspectos de la vida en EE. UU.

En 1942 y 1943, los Eames exploraron las posibilidades de los nuevos contrachapados, desarrollando experimentos anteriores de Charles y Eero Saarinen en Cranbrook. Un contrato con la Evans Product Company para fabricar férulas de contrachapado moldeado para las piernas de los soldados de la Marina estadounidense heridos durante la Segunda Guerra Mundial aportó a los Eames una experiencia valiosa en la producción en serie, que aplicaron a la fabricación de muebles para adultos y niños.

Entre sus experimentos con madera contrachapada moldeada hubo un prototipo de silla de madera. Pese a sus muchas versiones, la silla no era capaz de soportar la tensión del peso del cuerpo humano y se rompía constantemente, pero la expe-

La influencia japonesa

Con razón se atribuye al diseño *mid-century modern* haber dado forma al estilo de vida estadounidense, pero sus influencias y orígenes se remontan a rituales e ideas de diseño residencial asociados desde hace tiempo con Japón.

Muchas casas tradicionales japonesas son de un minimalismo refinado que transmite serenidad y evoca un estrecho vínculo con la naturaleza. La armonía con la naturaleza es un aspecto central del budismo zen, y en términos de diseño, se aprecia en el uso de materiales naturales, así como en los grandes ventanales y los jardines interiores típicos de las casas japonesas. Estos rasgos fueron adoptados por varios arquitectos del *mid-century modern* y están presentes en muchos edificios de posguerra.

La unión de los principios clásicos del diseño asiático con el pensamiento funcional moderno también es visible en la obra del diseñador japonés-estadounidense Isamu Noguchi, creador de muebles, edificios y cerámica.

riencia allanó el camino para que los Eames crearan las sillas que les dieron fama.

El éxito de la Fiberglass

En 1947, el Museo de Arte Moderno de Nueva York convocó el Concurso Internacional de Diseño de Mobiliario de Bajo Coste. Su objetivo era promover muebles cómodos y económicos adecuados para los pequeños apartamentos que iban siendo la norma en los años de posguerra. Los Eames vieron la oportunidad de transformar su anterior fracaso en unidades de asiento modulares que respondieran a diversas necesidades. Su silla Fiberglass, con una única carcasa moldeada, ganó el segundo premio. En 1952, Herman Miller ya anunciaba una gama completa de sillas Eames, con configuraciones que se adaptaban a todos los entornos.

Presentado en 1956, el sillón Eames se diseñó, como dijo Charles, pensando en «el aspecto cálido y cercano de un guante de béisbol usado». Concebido para aportar comodidad al cuerpo, este conjunto de sillón y reposapiés representa el epítome del mobiliario estilo *mid-century modern*.

Tanto la silla Fiberglass como el sillón Eames simbolizan todo lo que representa el diseño *mid-century modern*: la funcionalidad, un lenguaje estético optimista y la convergencia de industria y materiales naturales. ∎

El famoso sillón Eames, que viene acompañado de una otomana, presenta un asiento inclinado con gruesos cojines de cuero.

MÚSICA PARA LOS OJOS

DISEÑO DE ILUMINACIÓN

EN CONTEXTO

ENFOQUE
**Manipular la luz
para crear ambiente**

CAMPO
Arquitectura, interiorismo

ANTES
1879 El inventor estadounidense Thomas Edison, con la ayuda de Hiram Maxim y Lewis Latimer, crea la primera bombilla eléctrica de éxito comercial.

DESPUÉS
1962 Nick Holonyak, ingeniero estadounidense, inventa la primera bombilla LED visible, que emite luz roja. En la década de 1970 se desarrollan bombillas LED capaces de producir otros colores, como el amarillo y el azul.

1996 La empresa japonesa de ingeniería Nichia inventa la bombilla LED blanca. Las LED blancas se generalizan en 2006.

La mágica belleza de la iluminación eléctrica atrajo clientes a los lugares de ocio desde finales del siglo XIX. Teatros, parques de atracciones y recintos feriales utilizaban bombillas en gran cantidad para iluminar y excitar la imaginación. Con la mejora de la tecnología

El cine Titania Palast de Berlín se diseñó en 1928 usando la arquitectura de juegos de luces. En el interior destacaban una gran cúpula luminosa y unos imponentes arcos iluminados.

durante el siglo XX, hubo cada vez más elementos de iluminación en el exterior y el interior de los nuevos edificios para atraer y crear ambiente.

Iluminación de edificios

En la década de 1920, los arquitectos alemanes experimentaron con el uso de la luz en las nuevas salas de cine. En Berlín, se iluminaron con focos y se perfilaron con tiras de tubos de neón, creando la nueva estética dinámica llamada *lichtspiel*

Diseño de iluminación en la cinematografía

La iluminación es un elemento clave de la cinematografía. Las películas en blanco y negro de los primeros cineastas, a inicios del siglo xx, requerían fuertes contrastes de luz y sombra para obtener imágenes claras. Por eso se solía rodar a plena luz del día y en exteriores. El clima soleado y los espacios abiertos hicieron de California el epicentro de la producción cinematográfica en EE. UU.

Para rodar en interiores se construyeron estudios, espacios como almacenes donde podían instalarse proyectores y focos e iluminar los decorados. Las técnicas de iluminación usadas eran similares a las habituales entonces en el teatro. Así, por ejemplo, se podía crear una impresión del cielo proyectando una luz uniforme sobre telas lisas tensadas. Más adelante, los estudios contrataron a especialistas en iluminación para hacer realidad las visiones de los directores. La iluminación sigue siendo un aspecto muy importante de los efectos en el cine, y los directores de iluminación son parte integrante de la producción de cualquier película.

Los planos de iluminación se emplean en el teatro y el cine para determinar qué luces se usan, dónde y con qué efecto. Garantizan que la luz sea la correcta para cada plano o escena.

Puede utilizarse una luz de fondo que aporte luz desde detrás del personaje focal.

La luz que aporta la iluminación principal de la escena se denomina luz clave.

Para reducir el contraste, la luz de relleno reduce o elimina las sombras que proyecta la luz clave.

arkitektur («arquitectura de juegos de luces»). Los arquitectos de locales de ocio británicos adoptaron el nuevo estilo. El cine Dreamland de Margate se estrenó en 1935 con un exterior perfilado con luces de neón y una torre en forma de aleta, diseño que influyó en los cines de la cadena Odeon.

En el interior de la mayoría de estos edificios, la iluminación oculta en molduras alrededor del auditorio daba un glamur íntimo a la decoración. Ante las miles de bombillas se colocaban filtros gobo giratorios –discos troquelados de colores que proyectaban motivos o formas– que bañaban estos espacios en colores siempre cambiantes. En los vestíbulos y cafeterías se colgaban lámparas en forma de globo rodeadas de anillos de vidrio esmerilado, diseñadas para brillar como planetas sobre las cabezas de los espectadores.

Atraer a una multitud

En EE. UU., en la década de 1930, la construcción de la presa Hoover en Nevada trajo a miles de trabajadores a la zona. Los empresarios de lo que entonces era un pueblo llama-

do Las Vegas vieron la oportunidad de entretener a los trabajadores, y abrieron bares, clubes nocturnos, casinos y burdeles. El propietario de una tienda de artículos eléctricos empezó a fabricar letreros luminosos a medida para las fachadas. En la década de 1950, Las Vegas se había establecido como lugar de ocio y era cada vez más visitada, y su calle principal era un espectáculo de iluminación fantástico donde los locales competían por atraer clientela.

Un nuevo tipo de luz

La necesidad de sustituir a menudo las luces incandescentes, fluorescentes y de neón de los espacios públicos conllevaba continuos gastos de mantenimiento, pero desde principios de la década de 2000, la bombilla LED (diodo emisor de luz) es una alternativa más fiable y que ahorra energía. Combinando luces LED de distintos tonos y temperaturas de color se pueden bañar fácilmente exteriores e interiores con los colores del arcoíris. Hoy se usan mucho en arquitectura e interiores, pues facilitan la creatividad a la hora de iluminar estos espacios. ∎

Los técnicos de iluminación en rodajes en exteriores usan focos y reflectores portátiles para controlar la intensidad y la dirección de la luz.

UNA VEZ ABIERTO, DIFÍCILMENTE SE VUELCA
ENVASADO TETRAÉDRICO

El tetraedro es una pirámide de cuatro caras triangulares que puede plegarse a partir de una hoja o tubo de papel. La empresa sueca Tetra Pak aprovechó esta propiedad geométrica y diseñó una máquina que envasaba líquidos en envases de cartón en forma de tetraedro. El Tetra Pak contribuyó a revolucionar el envasado y la distribución de bebidas en una era de producción industrial de alimentos.

Desde la prehistoria se utilizaron recipientes como calabazas, jarrones de cerámica, botas de piel y botellas de vidrio para almacenar, transportar y vender líquidos. En la década de 1920, la mayoría de las tiendas de comestibles de EE. UU. vendían leche en botellas de cartón, que se enviaban aplanadas a las granjas, donde se desplegaban, llenaban y sellaban de una en una. En gran parte de Europa, la leche se vendía en botellas de vidrio que los clientes lavaban y devolvían.

La revolución del envasado

El industrial sueco Ruben Rausing fundó Åkerlund & Rausing en 1929. Centrada al principio en el embalaje de productos secos, la empresa creció en la década de 1930, y en la de 1940, Rausing buscaba un modo eficiente, higiénico y fiable para almacenar la leche. En 1944, Erik Wallenberg, empleado del laboratorio de Rausing, propuso usar tetraedros, pues se podían plegar continuamente a partir de un cilindro de papel sin desperdiciar material. La esposa de Rausing, Elisabeth, sugirió sellar los envases con la leche fluyendo por el cilindro, para así llenarlos por completo. De este modo la leche no for-

Este anuncio italiano de leche pasteurizada muestra un ejemplo del envase tetraédrico clásico de Tetra Pak. Las ventas internacionales hicieron de la empresa sueca un éxito global.

Ruben Rausing

El industrial Ruben Rausing nació cerca de Helsingborg (Suecia) en 1895. Estudió y trabajó en Estocolmo antes de recibir una beca para realizar un máster en economía en la Universidad de Columbia, en Nueva York. Allí vio en las tiendas de autoservicio los alimentos preenvasados en unidades fijas, mientras que en las tiendas de Europa se seguían pesando y midiendo los productos.

De vuelta en Suecia, Rausing cofundó en 1929 la primera empresa de envasado de Escandinavia, Åkerlund & Rausing. Estaba decidido a desarrollar envases ligeros para bebidas que sustituyeran a las pesadas botellas de vidrio, y en 1944, Åkerlund & Rausing patentó el envase tetraédrico recubierto de plástico inventado por Erik Wallenberg. Rausing fundó en 1951 Tetra Pak, cuya rápida expansión mundial comenzó en la década de 1960 y enriqueció a Rausing y a su familia.

Rausing murió en su finca de Simontorp (Suecia) en 1983, pero Tetra Pak sigue siendo la mayor empresa de envasado del mundo.

maba espuma al envasarla ni se exponía a bacterias que pudiera haber en el aire. Durante los siguientes ocho años, Åkerlund & Rausing desarrollaron máquinas que sellaban térmicamente los envases tetraédricos sin quemar el contenido. A principios de la década de 1950, la empresa había encontrado un material adecuado: una combinación de papel resistente, papel de aluminio para bloquear la luz solar y evitar que los productos se degradaran, y plástico para sellar higiénicamente el líquido.

Un éxito sellado

Tetra Pak, fundada en 1951 como filial, transformó la industria del envasado. En 1952, una central lechera local empezó a usar sus innovadores envases. Eran un 80 % más ligeros que las botellas de vidrio tradicionales, lo cual abarataba mucho el transporte.

La empresa continúa fabricando envases tetraédricos; sin embargo, su producto más popular es el Tetra Brik, un envase cuboide más fácil de apilar y manejar. Lanzado en 1963, el Tetra Brik llevó a Tetra Pak al éxito internacional y, desde la década de 1980, es una de las mayores empresas de envasado de alimentos del mundo. Los envases tetraédricos marcaron el cambio de los envases duraderos y retornables a los de un solo uso. Aunque ahora tiempo, mano de obra, espacio de transporte y combustible, el Tetra Pak produce una cantidad considerable de residuos para reciclar: es producto de una época en que lo que impulsaba las innovaciones en el diseño era la comodidad, no la sostenibilidad. ▪

Cómo se forman los envases tetraédricos

1. El papel reforzado con capas de plástico y aluminio se enrolla en un tubo continuo y se vierte líquido en su interior.

El papel se enrolla en un tubo

Se sella el tubo

2. Con el líquido dentro, se comprime el tubo y se sella con calor, cerrando un extremo de un envase individual.

3. La parte inferior del tubo se comprime y se sella en sentido perpendicular al otro sellado, formando un tetraedro.

4. Se corta la cadena de envases sellados en envases individuales llenos de líquido. Así se desperdicia muy poco material.

Se corta el envase

Se vuelve a sellar

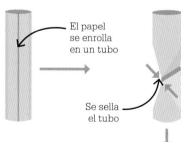

UN PLAN PARA VIVIR

DISEÑO G PLAN

F irmemente anclada en los principios del diseño *mid-century modern*, la gama británica de muebles G Plan introdujo conceptos de diseño moderno en los salones y comedores de la década de 1950, iniciando una nueva era de calidad, artesanía y economía en la industria del mueble.

La gama tiene su origen en E. Gomme Ltd., empresa fabricante de muebles fundada en 1898 por Ebenezer Gomme en High Wycombe

Los muebles G Plan contribuyeron a definir el aspecto de la Gran Bretaña de la década de 1950. Ejemplo de su diseño de inspiración moderna son esta sala de estar y comedor de 1953.

(Buckinghamshire). La empresa de Gomme adoptó las técnicas de manufactura modernas y desarrolló el concepto de conjunto de comedor. En 1922 empleaba a casi 300 personas, y siguió fabricando muebles hasta el comienzo de la Segunda Guerra Mundial, cuando el gobierno tuvo que restringir la fabricación y venta de muebles por medio del Plan de Mobiliario Utilitario.

Un tiempo de esperanza

Los años que siguieron al final de la Segunda Guerra Mundial marcaron el inicio de una era más optimista para los diseñadores británicos, cuyo talento exhibió en 1951 el Festival de Gran Bretaña, contribuyendo a impulsar la demanda de productos británicos, y al año siguiente se levantaron al fin las restricciones a la fabricación de muebles. Fue en este contexto cuando, en 1952, el director de diseño de E. Gomme Ltd., Donald Gomme –nieto de Ebenezer–, desarrolló una nueva gama de muebles para satisfacer la demanda nacional de un estilo contemporáneo.

Gomme contrató a Doris Gundry, de la agencia de publicidad J. Walter Thompson, con el objetivo

Véase también: Bauhaus 170–171 ▪ *Art déco* asiático 184–185 ▪ Diseño de muebles basado en los materiales 186–187 ▪ *Mid-century modern* 216–221

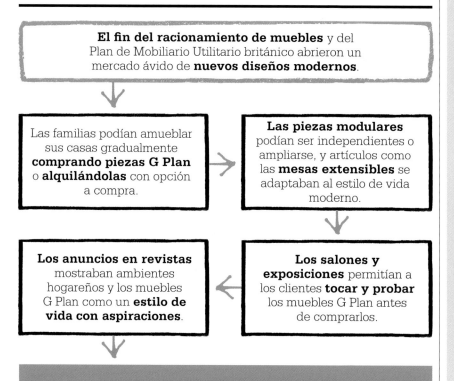

El fin del racionamiento de muebles y del Plan de Mobiliario Utilitario británico abrieron un mercado ávido de **nuevos diseños modernos**.

Las familias podían amueblar sus casas gradualmente **comprando piezas G Plan** o **alquilándolas** con opción a compra.

Las piezas modulares podían ser independientes o ampliarse, y artículos como las **mesas extensibles** se adaptaban al estilo de vida moderno.

Los anuncios en revistas mostraban ambientes hogareños y los muebles G Plan como un **estilo de vida con aspiraciones**.

Los salones y exposiciones permitían a los clientes **tocar y probar** los muebles G Plan antes de comprarlos.

G Plan era un plan para vivir.

El Plan de Mobiliario Utilitario británico

Tras el estallido de la Segunda Guerra Mundial, el gobierno británico restringió el uso de recursos esenciales, entre ellos la madera, para la industria del mueble. Desde septiembre de 1942 se prohibió la «manufactura de mobiliario civil» sin licencia, concedida solo para la producción de artículos de utilidad. En 1943, el Board of Trade publicó el catálogo del Plan de Mobiliario Utilitario, que incluía una treintena de artículos domésticos, como sillas y mesas, que se podían fabricar a bajo coste.

El principal objetivo del Plan de Mobiliario Utilitario era garantizar que los muebles se fabricasen de forma funcional y económica y ahorrar en materiales esenciales. Se estableció un conjunto de normas para el diseño, que fomentaban la sencillez, la durabilidad y la eficiencia.

E. Gomme Ltd. participó en el esfuerzo bélico fabricando armazones de aviones, y no volvió a producir muebles hasta después de la guerra.

Se necesitaba un permiso para comprar muebles y para fabricarlos. El Plan de Mobiliario Utilitario siguió en vigor hasta 1949.

de asentar la marca. A Gundry se le ocurrió el nombre de G Plan (con la G de Gomme). La gama representaba un rechazo del reciente pasado utilitarista de Gran Bretaña: los muebles de la colección, hechos en general en madera de teca, tenían una estética más moderna, caracterizada por curvas suaves, patas cónicas y tapicería refinada. Fue un cambio bien recibido, tras las limitadas y sobrias opciones de la Gran Bretaña de preguerra y los años de la guerra.

Elegancia asequible

Un aspecto clave de la gama G Plan era la flexibilidad visual y económica: quedaba bien en todo tipo de hogares y era barata. Las familias podían comprar los muebles de uno en uno a un coste razonable, e iban creando sus propias configuraciones adaptadas a sus hogares. G Plan fue uno de los pioneros del diseño modular para el mercado de masas británico.

En lugar de centrarse en la venta de sus productos a través de minoristas, el equipo de G Plan apeló directamente a la imaginación de los consumidores. Campañas publicitarias nacionales presentaron sus diseños de muebles modernos en entornos asequibles pero sutilmente inspiradores. La gama se presentaba no solo como bella y funcional, sino que además daba a los compradores la posibilidad de transformar su hogar. ∎

DESENROSCA LAS PATAS

MUEBLES DE EMBALAJE PLANO

A mediados del siglo xx se popularizó una nueva e ingeniosa forma de vender muebles directamente a los clientes. Los muebles de embalaje plano —suministrados por piezas, con sus tornillos y otros elementos de fijación, acompañados de instrucciones y, a veces, herramientas básicas para montarlos— se concibieron como una forma de mantener bajos los costes de envío y reducir la probabilidad de que los muebles sufrieran daños durante el transporte. Como los muebles se diseñan en piezas sencillas para el automontaje, el proceso de fabricación es menos complejo, y el ahorro puede repercutirse en el consumidor.

Los primeros experimentos con muebles de embalaje plano comenzaron en 1859, cuando el ebanista alemán Michael Thonet creó la silla n.º 14, hecha de seis piezas de madera que se embalaban en un contenedor plano y se montaban al recibirlas. Otro pionero de tales diseños fue el diseñador australiano Frederick

Ward, quien en 1948 desarrolló una serie de kits de muebles llamados *Timber-pack*, basados en el concepto de los patrones de confección. En EE. UU., en 1953, el ebanista de Ohio Erie J. Sauder recibió la primera patente estadounidense de muebles listos para montar, por una mesa diseñada en 1951 que podía montarse en casa sin usar pegamento ni fijaciones.

IKEA adopta el embalaje plano

Aunque no inventara el concepto de embalaje plano, ni fuera siquiera la primera empresa en vender diseños de automontaje en Suecia, la marca sueca IKEA ha dominado la historia del embalaje plano. Fundada en 1943 por Ingvar Kamprad, comenzó

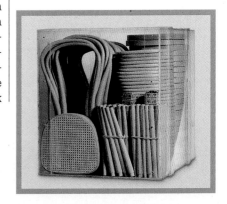

Hasta 36 sillas n.º 14 de Michael Thonet cabían en un embalaje de 1 m³, junto con todos los herrajes necesarios para montarlas, lo cual facilitaba y abarataba su exportación.

Véase también: Piezas intercambiables 106–107 ▪ Diseño de muebles basado en los materiales 186–187 ▪ *Mid-century modern* 216–221 ▪ Diseño G Plan 226–227

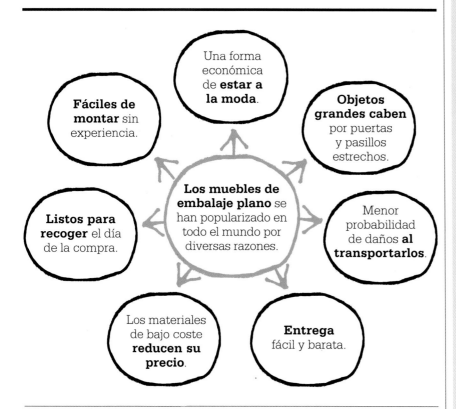

Una forma económica de **estar a la moda**.

Fáciles de montar sin experiencia.

Objetos grandes caben por puertas y pasillos estrechos.

Los muebles de embalaje plano se han popularizado en todo el mundo por diversas razones.

Menor probabilidad de daños **al transportarlos**.

Listos para recoger el día de la compra.

Los materiales de bajo coste **reducen su precio**.

Entrega fácil y barata.

Gillis Lundgren

Gillis Lundgren (Lund, Suecia, 1925) estudió en el Instituto Tecnológico de Malmö antes de incorporarse a IKEA en 1953 como su cuarto empleado.

El catalizador para el paso de IKEA a los muebles de embalaje plano llegó en 1956, cuando Lundgren tuvo dificultades para cargar una mesa en su automóvil. Se dio cuenta de que sería mucho más fácil si pudiera quitar las patas durante el transporte y volver a montar la mesa en su destino. Lundgren diseñaría más de 200 muebles para IKEA, incluidos muchos de los productos más exitosos de la empresa.

Uno de los primeros diseños de Lundgren, la mesa LÖVET, tenía un tablero en forma de hoja hecho de jacarandá y tres patas desmontables con pies recubiertos de latón. Otro diseño de Lundgren, la librería BILLY, sigue siendo un éxito de ventas de IKEA más de 40 años después de lanzarse en 1979. Lundgren continuó colaborando con IKEA como consultor tras jubilarse. Murió en 2016 a los 86 años.

Mi filosofía del diseño ha sido siempre [...] crear soluciones para el día a día basadas en las necesidades de la gente.
Gillis Lundgren
(2012)

vendiendo bolígrafos y pequeños artículos antes de lanzarse a la venta de muebles por correo. El desarrollo de una estrategia comercial basada en los embalajes planos convertiría a IKEA en un gigante mundial del mueble.

Kamprad trabajó con Ovendals, proveedor de un nuevo herraje para mesas que facilitaba el montaje, y en 1953 IKEA presentó sus primeras mesas automontables –DELFI, RIGA y KÖKSA–, que se podían pedir por catálogo y montar en casa. Solo tres años después, en 1956, el diseñador de IKEA Gillis Lundgren inspiró el giro estratégico de la empresa hacia los muebles planos con la creación de la mesa LÖVET, con patas desmontables y que se podía enviar en un paquete plano. La idea de que un cliente pudiera ir a una tienda, comprar un mueble, llevárselo a casa ese mismo día o pedir que se lo entregaran y montarlo él mismo era completamente nueva. Para los clientes, acostumbrados a esperar semanas o hasta meses a que les entregaran los muebles, la innovación de IKEA era nada menos que revolucionaria.

Un legado complejo

Desde la década de 1950, los muebles de embalaje plano son omnipresentes. El bajo coste y calidad de algunas piezas ha hecho temer que muchas acaben en vertederos. Sin embargo, podría compensar esto una menor huella de carbono gracias al uso de cajas más pequeñas para el transporte, y un desmontaje más fácil que permite más opciones de reciclaje. ▪

OPTIMISMO, ALEGRÍA Y CONFIANZA

CULTURA JUVENIL

En 1946, un artículo de la revista estadounidense *Business Week* se refería a los adolescentes del país como un mercado de «premios gordos». Los anunciantes tenían ante sí un sector demográfico muy lucrativo y sin explotar, con una actitud rebelde, ansia por diferenciarse lo más posible de la generación de sus padres y dinero para gastar.

La presión económica de la Segunda Guerra Mundial había llevado a muchos adolescentes al mercado laboral, dándoles un poder adquisitivo sin precedentes. A principios de la década de 1960, trabajos de canguro y reparto de prensa elevaron los ingresos de los jóvenes a su mayor

Los anunciantes explotan el **poder adquisitivo de los jóvenes** y empiezan a **promocionar productos dirigidos a ese grupo demográfico.**

⬇

Programas de televisión para jóvenes son una forma popular de presentar productos a un **público cautivo joven.**

⬇

Las revistas específicas de género popularizan nuevos **ideales masculinos y femeninos** para generaciones de **consumidores jóvenes.**

⬇

La cultura juvenil supera su objetivo inicial y atrae a los adultos a su esfera.

Mary Quant

La legendaria diseñadora de moda británica Mary Quant nació en Londres en 1930. Tras estudiar arte en el Goldsmith College, fue aprendiz en la tienda del sombrerero Erik Braagaard en Mayfair.

En 1955, Quant abrió la *boutique* Bazaar en King's Road, en Chelsea. Al principio vendía conjuntos comprados en el mercado mayorista, pero Quant llenó pronto los estantes de diseños propios, e inició un ciclo de producción agotador pero innovador: las ventas del día en Bazaar financiaban la tela para confeccionar de noche prendas para el día siguiente. Gracias a su enfoque artesanal, Bazaar se reabastecía continuamente con artículos nuevos para conseguir *looks* de lo más actuales. Sus minifaldas y el uso de nuevos materiales, como el vinilo de PVC, fueron clave en la escena juvenil de los años sesenta. En 1966, Quant presentó una línea de maquillaje para mujeres jóvenes, con colores vivos y texturas brillantes. Aun después de su muerte en 2023, sigue siendo una influencia poderosa en la moda.

nivel desde el fin de la Segunda Guerra Mundial. El objeto de su gasto –estimado en más de 9000 millones de dólares al año en 1958, y en 14 000 millones en 1965 solo en EE. UU.– incluía bienes producidos en masa como refrescos, ropa, discos, productos de belleza y aseo, y coches.

Durante este periodo de auge económico, el mercado adolescente no solo tenía más renta disponible y más tiempo libre que cualquier generación anterior, sino que era además cuantitativamente mayor: los millones de bebés nacidos a mediados de los años cuarenta y principios de los cincuenta, al comienzo del llamado *baby boom*, eran ahora adolescentes. En 1970, el número de *baby boomers* adolescentes en EE. UU. había alcanzado los 20 millones.

La máquina publicitaria

Durante la década de 1950, la industria publicitaria dominó el lenguaje de la televisión. Surgieron nuevos formatos de programas, como las fiestas de baile y los concursos de talentos como *Teen Twirl*, *American Bandstand* y *TV Teen Club* en EE. UU., todos ellos dirigidos a un mercado adolescente aparentemente insaciable.

La publicidad impresa tradicional, con mucho texto en tono serio sobre los beneficios del producto y fotografías monótonas, se abandonó en favor de un enfoque irónico, » mezclado con irreverencia y humor, adaptado al deseo de su público objetivo de ser visto como una generación nueva e independiente.

Revistas juveniles

Seventeen fue la primera revista en reconocer que las adolescentes constituían un grupo demográfico único, con inquietudes propias a tener en cuenta por los diseñadores y escritores. Fue la pionera de una reorientación cultural: su mensaje principal no era el servicio ni el consejo, sino el consumo, y fue decisiva para introducir a las chicas en la cultura de consumo surgida de la prosperidad de posguerra.

La revista fue un éxito inmediato, y su papel fue clave para establecer los gustos y el comportamiento de varias generaciones de chicas adolescentes. Los responsables de *marketing* de la revista crearon incluso una adolescente ficticia, Teena, a partir de datos de estudios de mercado, y enviaron un folleto titulado *Life with Teena* a las grandes marcas, instándolas a anunciarse específicamente para esta clienta.

La publicidad reflejaba y moldeaba a la vez la cultura juvenil, al tomar ideas de su amplio y hambriento

público y darles mayor difusión. Un artículo del *New York Times* de 1960 informaba de que las lectoras de *Seventeen* habían gastado casi 164 millones de dólares en regalos para familiares y amigos el año anterior.

Publicidad basada en el género

El *marketing* dirigido a los adolescentes varones adoptó inicialmente un enfoque diferente. En EE. UU.

Los Five Satins saltaron a la fama en 1956 con la canción doo-wop «In the Still of the Night». Fue uno de los primeros grupos negros en el programa de televisión *American Bandstand*.

había una gran preocupación social de padres, grupos religiosos, fuerzas del orden y el FBI por una generación perdida de «delincuentes juveniles» criados en gran medida sin supervisión entre las décadas de 1940 y 1950: sus padres habían muerto en la guerra, y sus madres se habían incorporado al mercado laboral.

En su número especial de 1957 sobre la juventud, *Cosmopolitan* hablaba de una «vasta y decidida tropa de asalto con vaqueros que nos obliga a seguir sus dictados». Las empresas tabacaleras se unieron a los fabricantes de vaqueros, chaquetas de cuero y automóviles y explotaron tales inquietudes sociales comercializando cigarrillos entre los adolescentes varones como símbolo de virilidad y rebeldía.

Los rebeldes adolescentes británicos de la década de 1960 se agruparon en dos movimientos principales: *mods* y *rockers*. Los *mods* lucían trajes y corbatas finas, montaban en *scooter* y escuchaban Motown, ska y

Bobby soxers con los calcetines hasta los tobillos que les dieron nombre reunidas para ver a su ídolo musical Frank Sinatra en 1945.

Moda estadounidense

La cultura juvenil surgió en EE. UU. a principios del siglo XX, con una estética orientada al ocio de los adolescentes varones: el estilo colegial o Ivy League. En la década de 1920, las camisas abotonadas, los pantalones chinos y los jerséis y chaquetas de punto eran la norma para los jóvenes con estilo.

La Gran Depresión y la Segunda Guerra Mundial golpearon fuerte a la juventud del país, y hasta inicios de los cincuenta los adolescentes no volvieron a expresarse a través de la ropa. Las chicas *bobby soxer*

vestían conjuntos a juego, faldas de vuelo y zapatos Oxford, y sus acompañantes seguían el *look* universitario más conservador o la estética de tipo duro de cazadora de cuero, vaqueros Levi's, camiseta blanca y tupé.

Tras la invasión británica de la década de 1960, una población entusiasta adoptó las minifaldas, los vestidos de papel y vinilo, las telas unisex de colores vivos y los vaqueros acampanados ajustados a la cadera. Los adolescentes ensayaban con la moda identidades nuevas, y las modas se sucedían rápidamente.

> Hay que devolver el golpe a todos esos viejos que intentan decirnos qué hacer. No vamos a tragar.
> **John Braden**
> *Mod* de 18 años (*c.* 1964)

grupos como The Who y Small Faces; los *rockers* iban en moto, llevaban chaquetas de cuero y tupés y escuchaban a estrellas del rock and roll estadounidense, como Gene Vincent y Eddie Cochran. El mercado de los complementos del estilo adolescente era amplio y lucrativo.

Diversidad cultural

En EE. UU., el mercado adolescente de la posguerra era predominantemente blanco y de clase media. El racismo arraigado y la desventaja económica hicieron invisibles para los anunciantes a los adolescentes negros, que ni figuraron ni fueron el objetivo de los principales medios de comunicación hasta mediados de la década de 1960, cuando el creciente movimiento del Orgullo Negro creó un mercado, por ejemplo, para productos de cuidado del cabello para los estilos afro naturales.

A finales de la década de 1960 y principios de la de 1970 surgieron programas de televisión centrados en las experiencias de los jóvenes negros, como *Soul Train*, *Room 222* y *What's Happening!!*, y los anunciantes prestaron más atención a la cultura juvenil negra. El *boom* de la música soul en la década de 1960

conllevó el auge de Motown Industries, empresa multimillonaria con divisiones de música, cine, televisión y publicaciones.

Publicidad con música

La música tuvo también un papel clave en el creciente mercado de la cultura juvenil: la llegada del sencillo de 7 pulgadas y 45 rpm y de los tocadiscos portátiles baratos la volvieron asequible, deseable y rentable.

En la década de 1960, los anunciantes usaron canciones populares en anuncios de radio y televisión para llegar a una audiencia adolescente que quería ser vista como moderna y a la moda. Un buen ejemplo es la campaña de 1961 «Now It's Pepsi, for Those Who Think Young», quizá la primera incursión de la marca en la publicidad para jóvenes. Los anuncios de la «Generación Pepsi» de 1963 se centraban tanto en vender el producto como en mostrar un estilo de vida seductor con jóvenes entregados a actividades diversas.

Coca-Cola, que venía promocionando su producto con escenas nostálgicas de la vida en las pequeñas poblaciones, se subió enseguida al carro. La campaña de 1971 «I'd Like to Buy the World a Coke», con un grupo de jóvenes cantando en lo alto de una colina, fue tan popular que el *jingle* del anuncio se volvió a grabar como una canción de dos minutos y se convirtió en un *hit*.

Actitudes influyentes

En la década de 1960, la cultura juvenil dominaba los medios populares y reflejaba los cambios sociales de un tiempo turbulento: la revolución sexual, el movimiento Black Power y un abierto feminismo. La *bouti-*

que de Mary Quant en King's Road, en Londres, ofrecía a sus clientes una ropa que marcó tendencia y fue muy copiada en otros lugares. La modelo británica Twiggy llevó su *look* de niña desamparada a las páginas de *Vogue*, junto con la heredera y *youthquaker* estadounidense Edie Sedgwick. La ropa y el diseño de carteles de conciertos, portadas de álbumes y camisetas de estrellas del rock como Jimi Hendrix, los Rolling Stones y los Beatles también influyeron en el público.

A mediados de la década de 1960, los adultos de entre 20 y 30 años adoptaron también la cultura juvenil. El estilo de vida consumista dirigido inicialmente a los adolescentes resultó tan seductor que atrajo también a un público mayor. ∎

La modelo británica Twiggy, menuda, con su pelo corto y sus grandes ojos enmarcados por negras pestañas, fue un icono de la moda en la década de 1960.

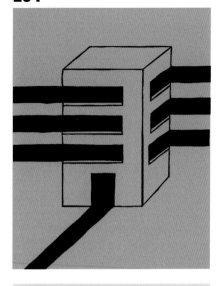

LA EXTENSIÓN GRÁFICA DE UNA EMPRESA
IDENTIDAD CORPORATIVA

EN CONTEXTO

ENFOQUE
Fidelización y confianza de los clientes

CAMPO
Creación de marca, diseño de logotipos, comunicación visual

ANTES
2000 a. C. Los artesanos empiezan a grabar marcas de cantero en tumbas y otras estructuras para identificar su taller.

Década de 1870 Las empresas empiezan a valorar la importancia del logotipo para distinguirse de la competencia.

DESPUÉS
Décadas de 1950 y 1960 Se crean agencias como Conran Design Group (1957) y Wolff Olins (1965) para el desarrollo de identidades de marca.

Década de 1990 Organizaciones culturales, ciudades y países empiezan a verse como marcas que requieren una identidad corporativa para destacar.

Al **crecer las empresas** y volverse multinacionales, el ***branding*** se vuelve **más sofisticado**.

Después de la Primera Guerra Mundial surge un **enfoque limpio y minimalista** del diseño y la arquitectura.

El racionalismo se extiende por el mundo promoviendo la simplicidad, la coherencia y el uso de la abstracción geométrica para transmitir significado.

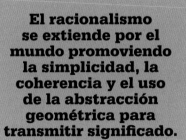

Las organizaciones adoptan un **enfoque sistemático** e introducen **manuales de identidad corporativa** para estandarizar el diseño de marca.

La identidad corporativa, un aspecto del *branding* o creación de marca, comprende los componentes de diseño que representan los valores, la misión y la visión de una organización. Incluye el logotipo, la paleta de colores, la tipografía y otros elementos visuales, como la fotografía o la ilustración. Surgió como disciplina del diseño gráfico a principios del siglo xx. Con la sofisticación creciente de las marcas y la publicidad, las empresas que querían controlar su imagen pública vieron el atractivo de un esquema visual unificado protegible por una marca registrada y reproducible con plantillas.

Behrens y la modernidad
Uno de los primeros sistemas de identidad corporativa lo diseñó en 1907 el arquitecto alemán Peter Behrens para AEG, destacado fabricante berlinés de equipos eléctricos. Behrens creó un logotipo y estableció unos principios de diseño aplicables por igual en todos los ámbitos, desde material publicitario y publicaciones de la empresa hasta embalajes y rótulos de edificios.

Ese mismo año, Behrens cofundó la Deutscher Werkbund, y durante la década siguiente desarrolló una exitosa carrera arquitectónica centrada en la reforma del diseño. Varios de los principales exponentes del racionalismo europeo, como Walter Gropius y Le Corbusier, iniciaron su carrera en su estudio.

Bajo la influencia del movimiento moderno, los sistemas de identidad corporativa se generalizaron en la década de 1950. Los valores modernos –inspirados en el lema de Mies van der Rohe «menos es más»– se adaptaban bien a empresas en rápido crecimiento que iniciaban su expansión internacional, y la simplicidad mantenía la coherencia entre nuevas líneas de productos y regiones.

Lenguaje uniforme

Diseñadores de mediados de siglo como Paul Rand en EE. UU. y Yusaku Kamekura en Japón se hicieron famosos por su capacidad de transmitir significado a través de la abstracción geométrica. Rand creía que un logotipo distintivo y atemporal y

> Si en el negocio de la comunicación la imagen es el rey, la esencia de esta imagen, el logotipo, es la joya de su corona.
> **Paul Rand**
> *Diseño, forma y caos* **(1993)**

una identidad visual bien definida eran esenciales para el éxito de una empresa, y que el diseño debía comunicar mensajes de forma eficaz, y no ser algo meramente decorativo.

El trabajo de Rand para IBM (1956–1972) se usa aún en la actualidad. Tras diseñar un logotipo que identificara y unificara a la empresa tecnológica, Rand se propuso establecer directrices claras para la tipografía, la aplicación del color y los formatos de maquetación. El proyecto se rigió por los principios de flexibilidad, versatilidad y adaptabilidad, y creó un sistema de componentes gráficos utilizables de distintas maneras. Siguiendo las mismas reglas básicas, por ejemplo, el logotipo podía aplicarse como elemento clave del diseño o como una pequeña firma. El resultado fue un lenguaje visual diverso que siempre se ajustaba a la marca y al contenido, pero que también dejaba espacio a la expresión creativa en anuncios, carteles, envases y demás material impreso.

A lo largo de la década de 1960, sistemas integrados de diseño corporativo como el de Rand para IBM se convirtieron en la norma, y el enfoque racional y sistemático impuesto por manuales de identidad corporativa o directrices de marca fue sustituyendo al método individual e intuitivo del diseñador. ▪

Logotipos

Las letras pueden disponerse de modo distintivo, incorporando las iniciales o el acrónimo de la empresa, simplificando su nombre para hacerlo reconocible.

Una marca pictórica es un símbolo gráfico o ilustración que representa la esencia de la marca sin emplear texto. Pueden ser iconos abstractos, figurativos o literales.

Una marca textual es una representación tipográfica estilizada del nombre de la marca. El texto es el elemento visual principal, y puede incorporar una idea visual simple.

En una marca combinada, el logotipo está formado por un símbolo y una marca textual. Según el contexto, estos elementos pueden aparecer por separado.

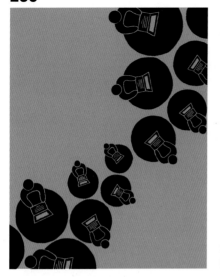

LA DISPOSICIÓN DE LAS MESAS ERA DE ALGÚN MODO ORGÁNICA
EL PAISAJE DE LA OFICINA

EN CONTEXTO

ENFOQUE
Diseño de espacios de trabajo flexibles que fomenten la colaboración

CAMPO
Arquitectura, interiorismo, diseño de mobiliario

ANTES
1726 Se termina en Londres el Old Admiralty Building, reconocido como el primer edificio de oficinas de Reino Unido.

1945 El final de la Segunda Guerra Mundial va seguido de un periodo de rápido crecimiento económico en Alemania.

DESPUÉS
Década de 2010 Ganan popularidad los espacios de trabajo ágiles, sin mesas asignadas permanentemente a los empleados.

2020 El teletrabajo generalizado durante la pandemia de COVID-19 mueve a las empresas a replantearse el uso del espacio de oficinas.

El concepto de *Bürolandschaft* (paisaje de oficina) surgió en la República Federal Alemana a principios de la década de 1950, y durante las dos décadas siguientes contribuyó a revolucionar el diseño de oficinas, proponiendo una disposición orgánica y abierta que fomentara la comunicación y la colaboración.

A principios del siglo XX, las nuevas tecnologías permitieron a las empresas construir oficinas alejadas de sus fábricas. Basándose en teorías científicas de la gestión, las empresas trataron de utilizar sus oficinas del modo más eficiente posible, con despachos independientes y departamentos segregados, agrupando densamente a los empleados para maximizar la productividad.

Rechazo del pasado
En la década de 1950, con la economía de la RFA en auge, diseñadores y directivos tenían tiempo y dinero para experimentar con nuevas ideas

El sistema Action Office, diseñado en la década de 1960 por Robert Propst para Herman Miller, era un espacio de trabajo adaptable con escritorios de altura ajustable. El uso de estanterías como tabiques definía los espacios y daba a los trabajadores cierta privacidad.

Véase también: Diseño industrial 146–147 ▪ Diseño de hostelería 178–179 ▪ Muebles de embalaje plano 228–229 ▪ Ergonomía 278–285

sobre el funcionamiento de una oficina. En 1958, los hermanos Wolfgang y Eberhard Schnelle fundaron en Hamburgo lo que se convertiría en el grupo consultor Quickborner Team, empresa especializada en crear espacios de oficina que rechazaba la configuración rígida y jerárquica del pasado en favor de un enfoque más abierto y colaborativo.

Basándose en lo que habían aprendido trabajando en el estudio de muebles paterno, los Schnelle introdujeron el concepto de paisaje de oficina, adoptando muchos de los valores igualitarios en boga en el norte de Europa. El *Bürolandschaft* se definía por los grupos de mesas abiertos, los separadores de espacios y los colores intensos, que alteraban el aspecto del espacio de trabajo tradicional.

El éxito del primer proyecto de Quickborner, para la editorial alemana Bertelsmann en 1960, marcó una nueva pauta en el diseño de oficinas en Europa. Pronto se corrió la voz, y en 1967 Quickborner cruzó el Atlántico y consiguió su primer encargo estadounidense para Du Pont.

Los proyectos de Quickborner incorporaban muchas de las carac-

La innovación surge cuando la gente se encuentra en los pasillos.
Steve Jobs
«The seed of Apple's innovation», *BusinessWeek* (octubre de 2004)

Esta oficina diseñada por Quickborner para Stadtwerke Karlsruhe muestra cómo plantas situadas estratégicamente realzan el interior y, junto con los separadores de espacios, orientan el tráfico por la planta.

terísticas fundamentales de los espacios de trabajo actuales. La meticulosa disposición de plantas, biombos y armarios para separar conjuntos aparentemente aleatorios de mesas pretendía fomentar el movimiento y la interacción, respetando a la vez el papel de cada trabajador dentro de un equipo.

Diseño flexible

En 1960, al convertirse en presidente de la empresa estadounidense de mobiliario de oficina Herman Miller, el diseñador Robert Propst se propuso mejorar el mundo laboral. Impresionado por el enfoque de los hermanos Schnelle, compartía su visión igualitaria. A base de pantallas y estanterías móviles, el sistema de mobiliario adaptable Action Office de Propst popularizó y difundió el concepto de *Bürolandschaft*, cuyo legado es evidente en los diversos sistemas modulares de mobiliario de oficina predominantes en los espacios de trabajo de hoy en día. ▪

Espacio de oficina igualitario

Después de la Segunda Guerra Mundial, países como Suecia, Dinamarca y Alemania adoptaron un enfoque más democrático del liderazgo y la gestión, basado en una cultura de consenso y cooperación entre gobiernos, empresarios y organizaciones sindicales. El concepto de oficina igualitaria, donde empleados de todos los niveles trabajaban juntos en un espacio compartido, reflejaba esta perspectiva.

El *Bürolandschaft* priorizaba la libertad y la autonomía, creando entornos basados en la actividad que permitían a los empleados elegir cómo y dónde realizar su trabajo, con zonas tranquilas para tareas que requerían concentración o espacios colaborativos para proyectos en equipo. Un uso más democrático del espacio que fomente la comunicación y la colaboración favorece la productividad y la creatividad, y el concepto se ha convertido en un pilar central de muchos diseños de oficina modernos.

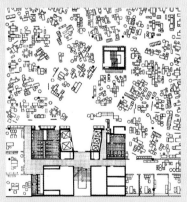

El plano de aspecto caótico de la sede central de Osram en Múnich muestra grupos de mesas divididos en secciones por recorridos definidos en lugar de por paredes.

FILAMENTOS INCRUSTADOS COMO PAJA EN LADRILLO

FIBRA DE CARBONO

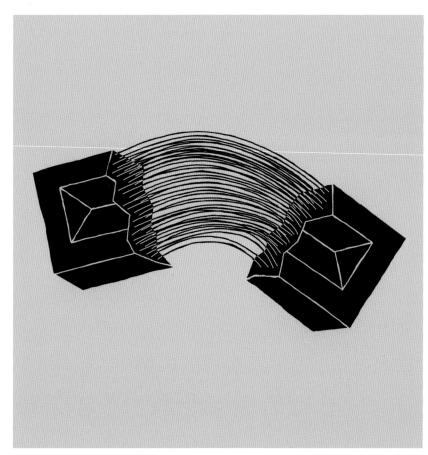

EN CONTEXTO

ENFOQUE
Un material de diseño ligero y resistente

CAMPO
Diseño de materiales, diseño de producto, ingeniería, arquitectura

ANTES
1855 El inventor británico Joseph Swan usa filamentos carbonizados mientras experimenta con bombillas incandescentes.

1879 Horneando hilos de algodón y astillas de bambú, el inventor estadounidense Thomas Edison crea las primeras fibras de carbono conocidas.

DESPUÉS
1963 Científicos del Ministerio de Defensa británico desarrollan un proceso que refuerza mucho la fibra de carbono.

1984 Van Phillips, inventor estadounidense, diseña la prótesis Flex-Foot, pierna ortopédica ligera de grafito de carbono.

También llamada filamento de grafito, la fibra de carbono está formada por fuertes filamentos cristalinos de carbono, retorcidos como hilo. Aunque es extremadamente fina (cada hebra mide entre 5 y 10 micras de diámetro, más o menos como una hebra de seda de araña), la fibra de carbono es cinco veces más resistente que el acero, el doble de rígida, y pesa aproximadamente un tercio.

La fibra de carbono puede tejerse como una tela flexible o combinarse con resina o plástico y moldearse para formar componentes sólidos.

Véase también: Los albores de los tejidos sintéticos 194–195 ▪ Prótesis y equipo médico 266–267 ▪ Impresión digital 3D 276–277

Los científicos crean **fibra de carbono** y ven un gran potencial en su **peso, resistencia y rigidez**.

→

Los investigadores siguen **desarrollando técnicas** para fabricar materiales a base de fibra de carbono.

↓

La fibra de carbono es muy solicitada para todo tipo de aplicaciones, desde componentes aeroespaciales hasta dispositivos biomédicos.

←

Atendiendo a la **sostenibilidad**, los diseñadores del siglo XXI tratan de obtener fibra de carbono de **fuentes orgánicas**.

Roger Bacon

El físico e investigador de materiales Roger Bacon nació en Cleveland (Ohio, EE. UU.) en 1926. Tras investigar sobre física del estado sólido, en 1956 empezó a trabajar en la Union Carbide Corporation. Dos años más tarde, experimentando con grafito, descubrió por accidente las primeras fibras de carbono. Estas rarezas de laboratorio tenían un diámetro diez veces menor que el de un cabello humano, pero cuando Bacon las puso a prueba y las midió, observó que su resistencia a la tracción era muy superior a la del acero.

Estas primeras fibras, con alrededor de un 20 % de carbono, eran bastante flexibles, pero muy caras de producir. En 1964, Bacon desarrolló fibras más rígidas a base de rayón, que funcionaban bien a altas temperaturas, resistían la dilatación y conducían muy poco calor. Pronto hubo una gran demanda de este material por parte de las industrias aeroespacial, de defensa y de ingeniería civil.

Bacon murió en 2007. En 2016 fue incluido en el Salón Nacional de la Fama de los Inventores.

La resistencia de la fibra de carbono tejida reside en la complejidad de su trama. Como en una malla metálica, las fibras de carbono se entretejen en ángulos distintos, luego se sumergen en plástico líquido y se prensan o calientan para fusionar todos los materiales. El ángulo del tejido y el tipo de resina combinada con la fibra –normalmente epoxi, pero a veces poliéster, éster vinílico, termoplástico o poliuretano– determinan la resistencia del compuesto final.

La fibra de carbono tiene numerosas aplicaciones en las industrias médica, aeroespacial y de la construcción, en componentes de bicicletas y artículos deportivos, o dondequiera que se necesite un material de diseño con un peso mínimo y una alta resistencia y rigidez.

Aplicaciones en automoción

Las propiedades físicas de la fibra de carbono abren posibilidades interesantes en el diseño de automóviles para reducir la dependencia del petróleo y el gas. Se calcula que sustituir los componentes de acero de un vehículo medio por otros de fibra de carbono reduciría el peso de un coche en un 60 %, el consumo total de combustible en un 30 %, y las emisiones entre un 10 % y un 20 %. Al absorber muy bien la energía de impacto, las piezas de fibra de carbono mejoran también la seguridad del vehículo.

Dado su alto coste, los componentes de carrocería de fibra de carbono se emplean sobre todo en la Fórmula 1, pero los incorporan »

Las fibras de carbono visibles en esta macrofotografía se entretejieron como la urdimbre y la trama de una tela. La apretura del tejido determina la resistencia y rigidez del material.

también algunos modelos deportivos, como el BMW M6, el Lamborghini Aventador y el Chevrolet Corvette ZR1. En 2019, Aston Martin lanzó su primera motocicleta deportiva, la AMB 001 de edición limitada, con estructura de fibra de carbono.

Otros medios de transporte

La fibra de carbono es un elemento clave en el diseño de otros medios de transporte modernos, desde aviones hasta bicicletas y monopatines.

En la década de 1960, los ingenieros comenzaron a mezclar fibras de carbono para proteger los bordes de ataque, el morro y las puntas de las alas de aviones, misiles y vehículos espaciales. Casi todos los aviones actuales contienen fibras de carbono en uno o más componentes, sobre todo en los frenos de los reactores militares y comerciales.

Los fabricantes de bicicletas usan fibra de carbono para fabricar cuadros resistentes, más rígidos y ligeros que los de cualquier otro material.

Usos arquitectónicos

La fibra de carbono ha permitido a los arquitectos reimaginar formas y métodos constructivos tradicionales y dejar atrás la rígida geometría de

> El carbono, de hecho, es un elemento singular: es el único que puede unirse en largas cadenas estables sin un gran gasto de energía.
> **Primo Levi**
> *La tabla periódica* (1975)

las estructuras de acero y el enorme peso de los edificios brutalistas de hormigón. Al no requerir tanto hormigón como las armaduras de acero, la fibra de carbono soporta cargas más pesadas, y además es inoxidable.

Entre los usos constructivos más vanguardistas de la fibra de carbono figura el Steve Jobs Theater, diseñado por Foster and Partners, en la sede de Apple en Cupertino (California, EE. UU.). El amplio vestíbulo tiene la mayor cubierta de fibra de carbono del mundo, que solo requie-

re un soporte estructural mínimo; el resto del edificio es en su mayor parte de vidrio.

En 2022, el estudio de arquitectura alemán Henn terminó el primer edificio de hormigón de carbono del mundo, para la Universidad Técnica de Dresde. La fachada en forma de arco retorcido del llamado Cube celebra la flexibilidad del material que hace posible la estructura. El interior está equipado con almohadillas aislantes, elementos calefactores y superficies táctiles interactivas que aprovechan la conductividad eléctrica de la fibra de carbono.

Aplicaciones médicas

La industria médica emplea la fibra de carbono para fabricar prótesis, instrumentos quirúrgicos ligeros y otros equipos.

La ligereza y flexibilidad de las prótesis de fibra de carbono proporcionan a los usuarios comodidad y funcionalidad. El material también se usa en implantes para cirugía ortopédica y de la columna vertebral. Una de las ventajas de estos implantes es que son seguros para su uso en escáneres de resonancia magnética y en procedimientos médicos que no admiten materiales magnéticos.

Las muletas, los andadores y las sillas de ruedas de fibra de carbono son más fáciles de manejar para sus usuarios, y su durabilidad garantiza que resistan un uso diario exigente.

Aplicaciones basadas en el diseño

La versatilidad de la fibra de carbono también ha inspirado enfoques lúdicos. En 2018, Zaha Hadid Architects reinterpretó la silla CH07 Shell del

El Steve Jobs Theater del Apple Park es un pabellón de vidrio de última generación. El techo, formado por 44 paneles radiales de fibra de carbono, crea un efecto similar al de una lente.

La bañera Vivere de Lusso, la primera del mundo hecha de fibra de carbono forjada, se inspira en el elegante deportivo Bugatti Veyron, que también emplea este material de vanguardia.

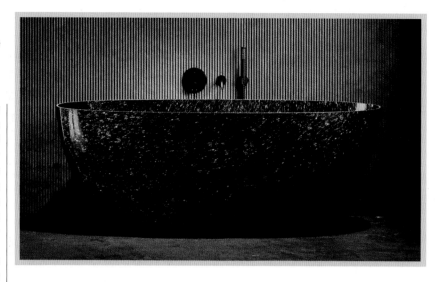

diseñador danés Hans J. Wegner, de 1963, que tiene una silueta en forma de ala en equilibrio sobre tres patas cónicas. La original utilizaba madera y cuero; la nueva versión combina las propiedades de compresión de la piedra y las propiedades de tracción de la fibra de carbono para lograr la máxima delgadez, ligereza y rendimiento estructural.

En 2023, la empresa británica de artículos para el hogar Lusso lanzó al mercado la primera bañera del mundo fabricada con una mezcla de fibras de carbono y resinas poliméricas. Resistente a los arañazos y duradera, la bañera pesa menos que los modelos de hierro fundido o acrílico, y mantiene el agua caliente durante mucho tiempo gracias a sus propiedades de retención del calor.

Desventajas de la fibra de carbono

Pese a sus muchas cualidades, la fibra de carbono tiene varios inconvenientes, siendo uno de los más importantes la dificultad de producirla masivamente, lo cual la convierte en un material muy costoso.

La fibra de carbono procede de derivados del petróleo, y producirla requiere unas ocho veces más carbono que el acero. El proceso de producción produce además gases peligrosos como amoníaco, monóxido de carbono y óxido de nitrógeno.

El reciclaje de la fibra de carbono también es difícil. El coste energético de procesarla con los principales métodos de reciclaje (térmico, químico y mecánico) es desproporcionado en relación con el valor comercial del producto final.

El reciclaje también plantea un reto al no haber hoy mecanismos para separar las fibras de materiales de desecho compuestos. Así, la fibra de carbono reciclada no es adecuada para fabricar productos con aplicaciones estructurales. El hilo híbrido y los productos no tejidos tienen un futuro prometedor para la fibra de carbono reciclada, pero los procesos actuales siguen ofreciendo un producto con bajas prestaciones mecánicas.

Para resolver algunas de estas cuestiones, los científicos están desarrollando fibras de carbono de biomateriales como la celulosa y el rayón en lugar de combustibles fósiles. La lignina, subproducto de la industria papelera presente en la mayoría de las plantas, puede convertirse en fibras de carbono. Dado su origen vegetal, elimina carbono del aire durante su ciclo de vida, en lugar de añadirlo como fuentes fósiles como el petróleo o el carbón. Pero hay que seguir investigando para mejorar la calidad de la fibra de carbono reciclada y reducir su huella ambiental y su coste, mientras se encuentran cada vez más usos de diseño para este material. ∎

Moldeo por transferencia de resina

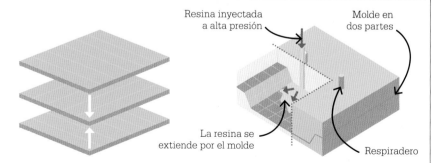

Resina inyectada a alta presión

Molde en dos partes

La resina se extiende por el molde

Respiradero

Las fibras de carbono se hilan, se enrollan en bobinas y se tejen en láminas. Las láminas se apilan con las fibras en distintas direcciones para lograr la máxima resistencia.

Las láminas se añaden a un molde que se calienta y se pone al vacío. La resina se inyecta en el molde y se endurece para formar componentes rígidos.

VUELTA A LA PUREZA, VUELTA A LA SENCILLEZ

HECHO PARA DURAR

EN CONTEXTO

ENFOQUE
Producir productos duraderos y fiables para fidelizar a la clientela

CAMPO
Diseño de producto

ANTES
Década de 1860 El movimiento Arts and Crafts promueve el uso de materiales de calidad y la construcción sólida, prefigurando la filosofía de lo hecho para durar.

1921 La empresa alemana Osram funda un cártel internacional para reducir la vida útil de las bombillas y aumentar las ventas.

DESPUÉS
1994 Herman Miller lanza la icónica silla Aeron, famosa por su durabilidad e innovación ergonómica.

Década de 2020 A tono con la creciente conciencia ambiental, el diseño industrial prioriza los materiales sostenibles, la construcción modular y la durabilidad.

Tras la Segunda Guerra Mundial, muchos países occidentales disfrutaron de largos periodos de estabilidad política y prosperidad económica. Con mayores rentas disponibles, la asequibilidad pasó a ser una preocupación secundaria, y tanto fabricantes como consumidores centraron su atención en la calidad y la durabilidad.

El movimiento *mid-century modern* promovió unas líneas limpias y sencillas y una estética funcional, al tiempo que los avances tecnológicos permitían fabricar con precisión bienes duraderos. Todo esto, combinado con una mayor conciencia de los problemas medioambientales, creó una demanda de productos que minimizaran los residuos, dando paso a la era de la fabricación duradera.

Priorizar la fiabilidad

El concepto de «hecho para durar», surgido en la década de 1960, una época de amplios cambios sociales y culturales, contempla la durabilidad de los productos obtenida mediante una fabricación de calidad y una estética atemporal.

En contraste directo con la obsolescencia programada –la controvertida práctica de diseñar un producto con una vida útil limitada que da lugar a compras repetidas a lo largo de los años–, la filosofía de construir para durar dio lugar a que los artículos se diseñaran con materiales y técnicas que resistieran el desgaste, garantizando su usabilidad a largo plazo.

La empresa alemana de electrónica Braun es una de las que mejor ha encarnado el espíritu de lo hecho

El elegante tocadiscos/radio Atelier 3 de Braun, diseño de Dieter Ramsel que llegó a las tiendas en 1962, es aún muy apreciado entre los coleccionistas.

Véase también: Utensilios de bronce 42–45 ▪ Los inicios de la producción en serie 64–65 ▪ Piezas intercambiables 106–107 ▪ Plástico 148–153 ▪ Bauhaus 170–171 ▪ Diseño para el cambio social 180–181 ▪ *Mid-century modern* 216–221

El diseño debe ser funcional, y la funcionalidad debe traducirse en estética visual.
Ferdinand A. Porsche
Diseñador del Porsche 911

para durar. Con Dieter Rams como jefe de diseño desde principios de los años sesenta, la marca se adhirió al enfoque Bauhaus, combinando simplicidad, funcionalidad y estética. Los productos de Braun presentaban líneas limpias, un estilo minimalista y una especial atención a la facilidad de uso, valores que sintonizaban con sus clientes.

Hoy día, Braun sigue promocionando sus productos –desde afeitadoras eléctricas hasta electrodomésticos de cocina– como fabricados para durar, destacando aspectos como la ingeniería de precisión, el empleo de materiales de alta gama y unas pruebas rigurosas.

Políticas medioambientales

La reparabilidad y la reciclabilidad son dos elementos esenciales en la filosofía de lo hecho para durar: poder sustituir piezas defectuosas permite prolongar la vida útil de un aparato, y reparar, en lugar de sustituir, minimiza los residuos y reduce la huella de carbono del producto.

Una estrategia de reciclaje bien planteada también contribuye al prestigio de un producto hecho para durar. El reciclaje circular, o de circuito cerrado, consiste en reutilizar material de desecho en lugar de mandarlo al vertedero: el vidrio, por ejemplo, se puede triturar, fundir y volver a moldear en botellas o botes. En 2009, el diseñador Dirk van der Kooij abrió un estudio en Eindhoven (Países Bajos) donde crea muebles duraderos, como la mesa Meltingpot, de plástico reciclado. ▪

El **crecimiento económico** de posguerra conlleva un aumento de la **renta disponible**.

El **precio** pasa a ser un **factor menos importante** que la calidad a la hora de comprar productos.

A la vez, empiezan a surgir **inquietudes medioambientales**.

Las empresas responden a la demanda de calidad de los consumidores fabricando productos duraderos.

Dieter Rams

Nacido en Wiesbaden (Alemania) en 1932, Dieter Rams es un diseñador industrial famoso por su enfoque minimalista. Después de estudiar arquitectura e interiorismo en la Escuela de Arte de Wiesbaden, se incorporó a Braun en 1955. En seis años se convirtió en su jefe de diseño y en una figura clave en la configuración del lenguaje de diseño de la empresa.

La filosofía de diseño de Rams, resumida en sus diez principios del buen diseño, aboga por la sencillez, la funcionalidad y la orientación al usuario. Sus creaciones para Braun, desde radios a cafeteras, son célebres por sus líneas limpias y su estética atemporal. Su impacto se extiende a su colaboración con la empresa de muebles Vitsoe, para la que diseñó la estantería universal 606, que se caracteriza por la adaptabilidad y la sostenibilidad.

A lo largo de su carrera, Rams se ha dedicado al diseño como un medio para mejorar la calidad de vida de las personas. Ha inspirado a toda una generación de diseñadores, y su legado está asegurado.

A UNA FINA MEMBRANA DE GOMA DE LA MUERTE
TEJIDOS DE SEGURIDAD

Durante milenios, la ropa se diseñó para proteger el cuerpo de las temperaturas extremas, la luz solar intensa, el agua y las lesiones, y para que fuera a la vez lo bastante flexible y ligera para permitir moverse con libertad. Se han estudiado y desarrollado diversos materiales, tanto naturales como sintéticos, con el fin de obtener un equipo de seguridad eficaz.

La cota de malla, una de las primeras prendas protectoras, se diseñó para el combate en el siglo III o IV a. C. Era de metal –un material obviamente resistente– pero estructurada como un tejido. Hoy se siguen usando equivalentes de la cota de malla, como componentes de armaduras

Véase también: Textiles antiguos 24–29 ▪ Fabricación de textiles 84–91 ▪ Teoría de los colores 94–101 ▪ Los albores de los tejidos sintéticos 194–195 ▪ Materiales inteligentes 314–317

Hay muy pocas personas que en su carrera tengan la oportunidad de hacer algo en beneficio de la humanidad.
Stephanie Kwolek
(2007)

resistentes a las puñaladas, trajes de buzo a prueba de tiburones y guantes para prevenir cortes.

La seda puede parecer una opción sorprendente para prendas protectoras, pero las fibras de este delicado tejido son extremadamente resistentes en proporción a su peso, y se ha demostrado que, dispuesta en capas, protege de grandes impactos. Las propiedades de resistencia de la seda se descubrieron a finales del siglo XIX. Durante una autopsia en 1881, al extraer la bala que había matado a uno de sus pacientes envuelta en un pañuelo de seda, el médico estadounidense George E. Goodfellow decidió explorar las cualidades protectoras de este material. El primer intento con éxito de crear una prenda antibalas fue el del sacerdote e inventor polaco-estadounidense Casimir Zeglen, quien probó con éxito un chaleco de este tipo en 1897. Fabricarlo era prohibitivamente caro, y nunca llegó a producirse a escala industrial.

Tela ignífuga
En la década de 1930, se equipó a muchos bomberos y trabajadores de altos hornos con trajes ignífugos de cuerpo entero de tela de amianto. La resistencia al fuego del amianto se conocía al menos desde el III milenio a. C., y los trajes contra incendios de principios del siglo XX empleaban tela de amianto o retardantes químicos como el bicarbonato de sodio o el ácido bórico. Estos trajes eran eficaces, pero pesados y engorrosos. Uno fabricado por Bells Asbestos y usado por la RAF británica, por ejemplo, pesaba 12,7 kg. »

Se emplean **materiales duros** como el metal en **prendas de protección**.

Materiales ligeros y suaves como la seda demuestran ser **suficientemente resistentes** para ofrecer protección.

Los químicos comienzan a desarrollar **nuevos tejidos protectores**, sobre todo en el campo de los **polímeros**.

Nuevos estudios exploran cómo replicar materiales naturales como la seda de araña.

Stephanie Kwolek

Hija de inmigrantes polacos, Stephanie Kwolek nació en Pittsburgh (Pensilvania, EE. UU.) en 1923. Fue una niña creativa, y creció tan interesada en la costura de su madre como en el amor de su padre por la ciencia. En 1946 se licenció en química en el Margaret Morrison Carnegie College de su ciudad natal.

Con la intención de estudiar medicina, Kwolek aceptó un puesto temporal en DuPont, empresa ya famosa por haber creado productos sintéticos como el nailon. Le gustó tanto trabajar allí que decidió quedarse hasta su jubilación en 1986. Durante ese tiempo registró al menos 17 patentes, entre ellas las del Kevlar.

Kwolek recibió numerosos premios, y en 1995 ingresó en el Salón Nacional de la Fama de los Inventores. Al año siguiente recibió la Medalla Nacional de Tecnología e Innovación. Kwolek fue también mentora de muchos jóvenes científicos. Murió en Delaware en 2014.

Investigación de polímeros

También en la década de 1930, los investigadores textiles se volcaron en la química orgánica y la investigación de polímeros de cadena larga que producían fibras resistentes y ligeras. La empresa estadounidense DuPont lideró gran parte de tales estudios, y en 1935, uno de sus investigadores, Wallace Carothers, fabricó el primer tejido totalmente sintético, el nailon, duradero y que prende con relativa dificultad.

Más tarde, la investigación sobre polímeros conduciría al descubrimiento de toda una nueva generación de tejidos de seguridad. En 1961, Wilfred Sweeny, químico escocés que trabajaba para DuPont, descubrió el Nomex, un gran avance, pues sus fibras de aramida forman una barrera impenetrable contra el calor y las llamas y, lo que es más importante, no se funden a altas temperaturas, sino que forman una «carbonilla» que ayuda a evitar que el fuego se propague al resto de la prenda. Bomberos y pilotos de carreras llevan prendas de Nomex. Desde 2020, los monos de carreras de Fórmula 1 deben resistir 12 segundos de exposición a llamas de

Cuando uno piensa en un paseo espacial, quizá visualice [...] tecnología avanzada [pero] yo veo un corrillo de ancianitas encorvadas sobre sus botes de pegamento.
Michael Collins
Astronauta del Apolo 11 (1974)

hasta 800 °C, una protección que ofrece el Nomex.

En 1965, mientras buscaba una fibra resistente y ligera para sustituir al acero en los neumáticos, la investigadora química polaco-estadounidense Stephanie Kwolek, otra empleada de DuPont, hizo un descubrimiento accidental pero espectacular. Uno de sus experimentos, realizado a temperatura ambiente, produjo una sustancia con cualidades inesperadas: era turbia, fina y cristalina, en lugar de viscosa y transparente como había esperado.

En condiciones normales, la sustancia se habría desechado, pero Kwolek, intrigada, decidió realizar pruebas. El colega encargado de hilar los materiales para convertirlos en fibra se negó al principio, por considerar la sustancia inadecuada y probablemente dañina para el equipo; pero cedió y, como recuerda Kwolek, se obtuvo algo «muy fuerte y muy rígido, distinto a todo lo que habíamos hecho antes». La fibra –el Kevlar– resultó ser al menos cinco veces más resistente que el acero, pero mucho más ligero. Hoy es el principal tejido para prendas antibalas.

Programa espacial

Durante la década de 1960, diversas empresas compitieron por el proyecto de alto riesgo y presupuesto de diseñar y fabricar trajes espaciales para el programa espacial Apolo de la NASA. La ganadora fue la empresa estadounidense ILC Industries, matriz de Playtex, conocida por sus sujetadores y fajas de látex.

Aunque la experiencia de los patronistas y maquinistas de ILC se centraba en la lencería, pudieron trasladar sus habilidades a los trajes espaciales, trabajando los materiales para ajustarlos perfectamente a las

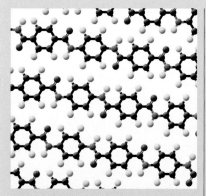

El Kevlar se compone de largas cadenas moleculares de átomos: carbono (negro), oxígeno (rojo), nitrógeno (azul) e hidrógeno (blanco).

La resistencia del Kevlar

La primera fibra en revelar las ventajas de su relación resistencia-peso fue la seda natural; pero fue el desarrollo de equivalentes sintéticos lo que llevó a la creación del Kevlar.

Las cadenas moleculares extendidas y perfectamente alineadas de la fibra de Kevlar son las que le confieren su fuerte protección contra cortes y perforaciones. Pertenece a un grupo de sustancias químicas, las poliamidas aromáticas sintéticas o aramidas, que

son muy resistentes e ignífugas: peso por peso, el Kevlar es al menos cinco veces más resistente que el acero. No se vuelve quebradizo hasta los -196 °C y no se funde hasta los 560 °C. También tiene una gran resistencia a la tracción, y se estira al menos un 2 % antes de romperse, lo cual le permite absorber la energía cinética de una bala. Entre sus otros usos, el Kevlar se incorpora a los neumáticos para reducir los pinchazos, al blindaje de los vehículos militares, y a los cascos de las lanchas rápidas ligeras.

Diseñado para mantener a salvo a un astronauta a temperaturas entre -157 y 110 °C, el traje espacial Apolo tenía numerosas capas de protección que incluían doce materiales sintéticos.

formas del cuerpo. Una de las innovaciones fue la introducción de una malla de nailon (usada antes en los sujetadores Playtex) en la goma del traje para evitar que se hinchara peligrosamente en el espacio.

Aunque se producía en la misma fábrica que los artículos de uso cotidiano, el traje espacial era de diseño avanzado, con 4000 piezas y 21 capas de materiales, varios de ellos tejidos de última generación, como la tela Beta recubierta de teflón, los poliésteres ligeros pero resistentes Mylar y Dacron, Nomex, Kapton (una poliamida resistente a temperaturas extremas) y cromel R, una aleación de níquel y cromo.

Visibilidad es seguridad

El desarrollo de materiales de alta visibilidad fue una innovación importante en los tejidos de seguridad, por sus cualidades preventivas más que protectoras. La idea surgió en 1933, a raíz de un accidente laboral que afectó gravemente a la vista del trabajador estadounidense Bob Switzer. Mientras se recuperaba en una habitación oscura, su hermano Joe, que era químico, lo entretuvo con pinturas fluorescentes. Se dieron cuenta del potencial comercial de esas pinturas, experimentaron y fundaron Day-Glo Color Corp, cuyos productos fueron los precursores de los tejidos de alta visibilidad.

Hay dos tipos principales de tejidos de alta visibilidad: los fluorescentes son eficaces de día, al amanecer y al anochecer; los retrorreflectantes son más útiles de noche. Los equipos de seguridad suelen incluir ambos tejidos: la tela

fluorescente de color sirve de fondo, y las tiras reflectantes plateadas se cosen encima.

La retrorreflexión funciona reflejando un gran porcentaje de la luz dirigida de vuelta a su fuente. Cuando los faros de un coche iluminan la chaqueta de un ciclista, por ejemplo, la luz se refleja directamente de vuelta al conductor. Los materiales retrorreflectantes, usados por primera vez en la década de 1930 en señales de tráfico y pintura vial, se incorporaron luego a diversos productos. El principal fabricante de cinta retrorreflectante, 3M, lanzó su material Scotchlite en prendas de vestir en 1951. Se trata de franjas plateadas con diminutas perlas de vidrio en la superficie que maximizan sus cualidades reflectantes.

El uso de prendas de alta visibilidad se generalizó en la década de 1960. En 1964, Scottish Rail fue la

primera entidad de Reino Unido que exigió su empleo a sus trabajadores, y hoy tienen un papel vital en la seguridad vial, al mejorar la visibilidad de ciclistas, motociclistas y peatones en condiciones de luz escasa.

Tejidos del futuro

Los geotextiles que permiten que el agua drene sin arrastrar suelo se han convertido en una herramienta muy valiosa en la construcción, así como en proyectos para mitigar la erosión costera, e incluyen opciones biodegradables diseñadas para durar un tiempo limitado. Mientras tanto, se siguen desarrollando fibras protectoras nuevas y más eficaces. Científicos indios han producido un tejido más resistente que el Kevlar añadiéndole nanotubos de carbono, e investigadores de EE. UU. y China esperan obtener otro aún más resistente –y sostenible– con seda de araña. ∎

EL ARTE DE CREAR LUGARES

DISEÑO URBANO

EN CONTEXTO

ENFOQUE
Ciudades construidas para un fin

CAMPO
Arquitectura, diseño de servicios

ANTES
1811 Los comisionados de Nueva York introducen un trazado en damero para la expansión de la ciudad, creando una red de calles rectas en lugar de seguir los contornos del paisaje.

1946 Stevenage es la primera ciudad británica construida en aplicación de la Ley de Nuevas Ciudades, para dar cabida a los habitantes de las ciudades y aliviar la presión inmobiliaria mientras se despejan las áreas urbanas bombardeadas y los barrios marginales.

DESPUÉS
1983 Ante el clima cambiante, los urbanistas de Stuttgart (Alemania) abren y protegen en la ciudad espacios verdes para mitigar el calor urbano y permitir el flujo de aire fresco.

La expresión «diseño urbano», acuñada en 1956, se refiere al diseño de pueblos, ciudades y calles. Tal diseño da forma a los entornos cotidianos donde se vive y se trabaja, y explora el modo en que los edificios, los espacios y el paisaje natural encajan entre sí.

Cómo se forman los espacios urbanos depende de los valores y prioridades de sus planificadores, de los recursos y tecnologías disponibles y del clima del lugar. Los espacios urbanos más grandes suelen ser el resultado de innumerables pequeños actos de distintas personas a lo largo del tiempo, pero algunos han sido configurados deliberadamente, ya sea desde arriba, por urbanistas, o desde abajo, por comunidades y activistas.

Diseño de arriba abajo

Inaugurada como capital de Brasil en 1960, Brasilia fue diseñada de arriba abajo en la década de 1950 por el urbanista Lucio Costa y el arquitecto Oscar Niemeyer, a quienes inspiraban los ideales urbanísticos de geometría y uniformidad de Le Corbusier. Como resultado, la ciudad se diseñó en forma de pájaro en vuelo, con —según Costa— un eje monumental y 96 supercuadras, o superbloques, que se extienden desde el centro. Cada supercuadra estaba

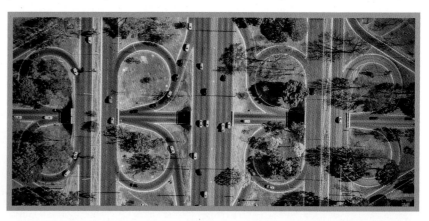

Los bucles de las carreteras que divergen y confluyen en el ala norte de Brasilia permiten al tráfico incorporarse a las autopistas elevadas o dirigirse hacia las supercuadras.

Véase también: El movimiento Arts and Crafts 112–119 ■ Paisaje urbano 172–173 ■ Diseño de hostelería 178–179 ■ *Mid-century modern* 216–221

Actividades necesarias, como ir al trabajo o a la escuela, se dan en cualquier **entorno**.

Añadir **elementos** como zonas peatonales y parques **fomenta las actividades opcionales**.

El espacio entre edificios cobra sentido por la variedad de actividades que en él se desarrollan.

La gente pasa **más tiempo** en el espacio público, de lo cual surgen **actividades sociales** espontáneas, como juegos de niños o conversaciones.

---

concebida para ser un vecindario autosuficiente.

Brasilia se concibió como una ciudad utópica del futuro, un nuevo comienzo para Brasil, y presentaba un concepto de vida urbana que priorizaba la simbología del Estado. A los primeros residentes, sin embargo, les desorientaban la repetición arquitectónica y la uniformidad, y se quejaban de una lógica espacial zonificada que carecía del bullicio de la vida callejera de otras ciudades brasileñas. Hoy Brasilia es Patrimonio de la Humanidad de la UNESCO por su innovador urbanismo.

Priorizar a las personas
En la década de 1960, el urbanista Jan Gehl recibió el encargo de rediseñar la céntrica y muy transitada calle comercial Strøget de Copenhague (Dinamarca) para convertirla en una zona peatonal. Su enfoque trataba de infundir a la ciudad valores humanos, centrando el urbanismo en las personas, ofreciendo lugares de reunión y facilitando los desplazamientos a pie o en bicicleta. Esta

filosofía se refleja en el libro de Gehl *La vida entre edificios* (1971), que dio lugar a un periodo de desarrollo urbano orientado a facilitar la vida en las ciudades. Las ideas de Gehl sobre la creación de lugares, el valor del espacio público y la prioridad de las personas sobre los automóviles son visibles en proyectos urbanísticos de todo el mundo.

La marca de la ciudad
Un elemento cada vez más importante del diseño urbano actual es la marca de la ciudad, en particular con el desarrollo de ciudades como Dubái y Abu Dhabi en Emiratos Árabes Unidos. Mientras gestionan su expansión, ambas ciudades se centran en asumir su identidad como espacios urbanos rodeados de desierto y mar, sin dejar de ser lugares deseables para vivir gracias a la oferta de espacios verdes y servicios integrados. También en Astaná (Kazajistán), que se alza en el llano junto a ríos y lagos, arquitectos de todo el mundo, como Norman Foster y Zaha Hadid, han tratado de dar forma a la identidad de la ciudad mediante una arquitectura única. ■

Ciudades legibles

El concepto de ciudad legible –un lugar fácil de recorrer y comprender– no se refiere solo a la orientación. Se trata también de cómo las vistas y los sonidos que experimentan sus habitantes les permiten formarse un mapa mental de la ciudad. Este enfoque del paisaje urbano se basa en el trabajo del urbanista Kevin A. Lynch, que analizó cómo se desplazaban los ciudadanos por tres ciudades de EE. UU. en la década de 1960. Lynch observó que empleaban una serie de símbolos y señales para «leer» la ciudad, que incluían desde olores hasta caminos y puntos de referencia. Hoy los diseñadores urbanos reconocen el valor de las vistas despejadas de lugares emblemáticos, y la importancia de los llamados caminos deseados, rutas por las que se opta naturalmente, como un atajo por una carretera que está cerca de una tienda. Estos factores contribuyen a hacer legibles y humanizar las ciudades.

Es aquella forma, color o disposición que facilita la creación de imágenes mentales del entorno claramente identificadas, poderosamente estructuradas y de gran utilidad.
Kevin A. Lynch
La imagen de la ciudad (1960)

DAME PANTONE 123
COLORES PANTONE

El color tiene un papel clave en el diseño y la comunicación visual: representa estados de ánimo, transmite emociones e influye en la percepción. Durante el siglo XX, los avances en química, impresión y manufactura multiplicaron las posibilidades cromáticas, ampliando el horizonte creativo de diseñadores de todo tipo, pero plantearon también el reto de mantener la coherencia entre distintos medios y materiales.

Hasta la década de 1960, conseguir una reproducción precisa del color era un proceso de ensayo y error, que a menudo dependía del criterio personal. La ausencia de un lenguaje cromático universal implicaba que comunicar las especificaciones entre distintas regiones e industrias fuera algo complejo y requiriera mucho tiempo.

Una nueva referencia

En 1962, Lawrence Herbert compró M & J Levine Advertising, la pequeña imprenta de Nueva Jersey donde trabajaba. Fue un momento decisivo en la historia del uso de los colores. Aplicando sus conocimientos como licenciado en química, Herbert comenzó a racionalizar el inventario de pigmentos de la empresa y a simplificar la producción de tintas de color.

Bajo su dirección, la empresa se convirtió en una autoridad internacional en color y sistemas cromáticos. En 1963, Herbert renombró la empresa como Pantone e introdujo el Pantone Matching System (PMS), que simplificó la ciencia de la mezcla de colores y estableció un código numérico para cada color, creando el primer lenguaje cromático estandarizado. Los impresores pudieron re-

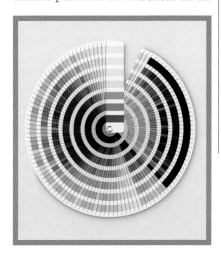

El Pantone Matching System (PMS), un abanico con una gama de tonos relacionados en cada pestaña, permite a los diseñadores identificar fácilmente los colores.

Se pueden combinar **diez pigmentos** para obtener **500 colores diferentes**.

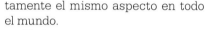

Cada **tono Pantone** tiene una **mezcla estándar** y un **número único** referente a su composición.

Pantone es el lenguaje común del mundo del diseño.

La **misma receta** se emplea en todo el mundo.

Lawrence Herbert

Nacido en EE. UU. en 1929, Lawrence Herbert es una figura visionaria en el mundo del diseño y el color, conocido sobre todo por su papel clave en el desarrollo y la popularización del Pantone Matching System (PMS).

Herbert estudió en la Universidad Hofstra de Nueva York, especializándose en biología y química, y se licenció en 1951. Cinco años más tarde empezó a trabajar como impresor en M & J Levine Advertising, donde reproducía hábilmente los colores que le traían clientes y diseñadores.

En 1962, la división de tintas e impresión que dirigía Herbert era rentable, pero la parte del negocio dedicada a la publicidad estaba endeudada. Herbert compró entonces la empresa y la rebautizó como Pantone, una fusión de la palabra griega *pan* («todo») y la inglesa *tone* («tono»).

La empresa de Herbert revolucionó la forma de entender, especificar y reproducir los colores en diversos sectores del diseño. Se jubiló en 2007, tras vender la empresa por 180 millones de dólares a X-Rite.

ducir sus existencias de pigmentos básicos de unos 60 a solo 12 gracias a las Guías Pantone, hojas compactas de cartón o plástico encuadernadas en abanico. Estas detallaban las proporciones precisas en las que mezclar los pigmentos para obtener una gama completa de 500 tintas de color, permitiendo a diseñadores, fabricantes e impresores obtener resultados uniformes. Como explicó Herbert, si alguien quería imprimir algo en Tokio, podía decir: «Dame Pantone 123» y confiar en que el 123 –un amarillo narciso– tendría exactamente el mismo aspecto en todo el mundo.

Herbert se puso entonces en contacto con importantes fabricantes de tintas y les propuso un acuerdo de licencia para producir las tintas básicas de Pantone. En dos semanas, todos menos uno habían firmado, iniciando una revolución en la impresión en color.

Dios creó el mundo en siete días [...]. Y al octavo día, llamó a Pantone para que le pusiera color.
Lawrence Herbert
New York Times Magazine **(2013)**

Más allá de la impresión

A lo largo de la década de 1960, Herbert amplió el sistema básico de la impresión a otras industrias. En 1964 presentó una herramienta para diseñadores, seguida de una aplicación para materiales de artistas al año siguiente. Diez años más tarde, Pantone entró en el mundo digital con un sistema de datos para el color informatizado. En 1988 introdujo su sistema textil, seguido de un sistema para plásticos en 1993. Hoy, el sistema se emplea en campos tan diversos como la ciencia alimentaria y la medicina para describir desde el color del vino hasta muestras de sangre, y sus colores se encuentran en todas partes, desde las banderas nacionales hasta las líneas de maquillaje. ▪

LOS CIRCUITOS INTEGRADOS TRAERÁN MARAVILLAS

MINIATURIZACIÓN

252

EN CONTEXTO

ENFOQUE
Dispositivos más compactos y potentes

CAMPO
Diseño de producto, ingeniería eléctrica, ingeniería informática

ANTES
1946 El primer ordenador programable, el ENIAC, emplea 17468 tubos de vacío.

1961 Robert Noyce patenta el primer circuito integrado de silicio o microchip.

DESPUÉS
1977 Se lanzan los primeros ordenadores personales para el mercado masivo: Apple II, Commodore PET 2001 y Tandy TRS-80.

1981 Se lanza el primer ordenador portátil de éxito, el Osborne 1.

1988 Aparece el primer ordenador portátil a pilas.

Ingenieros y tecnólogos buscan constantemente maneras de fabricar componentes eléctricos a menor escala. Cuando se ahorra espacio, los aparatos pueden contener más piezas y su diseño ser más eficiente. Este proceso se conoce como miniaturización y, sobre todo desde 1965, ha permitido que los equipos electrónicos sean más ágiles y portátiles, y ha conllevado también un aumento exponencial de la potencia de los ordenadores.

Entre finales de la década de 1940 y mediados de la de 1960, varios avances en la ingeniería electrónica impulsaron la era electrónica. La invención en 1947 del transistor de silicio (versión en miniatura de

Gordon Moore

Gordon Moore nación en 1929 en Pescadero (California, EE. UU.) y se licenció en química por la Universidad de California en Berkeley; en 1954 se doctoró en el Instituto Tecnológico de California y después realizó una investigación posdoctoral en la Universidad Johns Hopkins de Baltimore, antes de entrar a trabajar en el Laboratorio de Semiconductores Shockley.

En 1957, Moore fue uno de los «ocho traidores» que abandonaron Shockley para fundar Fairchild Semiconductor en Silicon Valley.

En 1968 fundó con Robert Noyce –coinventor del circuito integrado– la Intel Corporation, que en la década de 1970 se convirtió en fabricante de chips de memoria y circuitos informáticos de semiconductores.

En 1990 recibió la Medalla Nacional de Tecnología de EE. UU. Más tarde creó con su esposa la Fundación Gordon y Betty Moore para recaudar fondos para la conservación del medio ambiente. Murió en Hawái en 2023.

un semiconductor que amplifica y conmuta señales electrónicas) por los físicos estadounidenses Walter Brattain, John Bardeen y William Shockley fue especialmente importante. En las décadas siguientes se convirtió en un componente esencial de la tecnología en todos los campos, desde la aviación hasta las telecomunicaciones.

La era del microchip

A inicios de la década de 1960 aparecieron los circuitos integrados o microchips de silicio, que reunían todos los componentes de un circuito electrónico, transistores incluidos, a una escala diminuta. Desde básculas de baño hasta aviones a reacción, casi todos los dispositivos electrónicos actuales contienen un microchip. Sustituir las válvulas y el cableado por estos componentes diminutos (y otros inventos microelectrónicos) creó nuevas posibilidades en la electrónica y la informática. Cada año, científicos e ingenieros pudieron colocar más transistores en chips y circuitos cada vez menores, usando el silicio como material base. Muchas grandes empresas electrónicas que fabricaban productos basados en el silicio surgieron en torno a Palo Alto, en California, en un área que vino a conocerse como Silicon Valley.

La ley de Moore

En 1965, la revista *Electronics* pidió a Gordon Moore, director de investigación y desarrollo de la empresa de electrónica Fairchild Semiconductor de Silicon Valley, un pronóstico de la evolución en la década siguiente. Moore predijo que la densidad de transistores en un microchip seguiría duplicándose cada año y que el coste de fabricarlos disminuiría. Y especuló con que esto traería nuevas tecnologías, «maravillas tales como los ordenadores domésticos» y los teléfonos móviles.

La prensa no tardó en bautizar esta predicción como la ley de Moore, que representaba el poder de la »

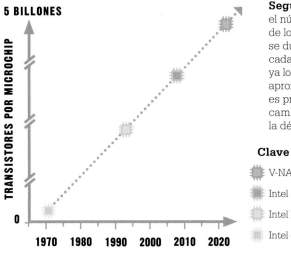

5 BILLONES

TRANSISTORES POR MICROCHIP

0

1970 1980 1990 2000 2010 2020

Según la ley de Moore, el número de transistores de los circuitos integrados se duplica aproximadamente cada dos años. Reducidos ya los transistores al tamaño aproximado de un átomo, es probable que el ritmo de cambio se ralentice durante la década de 2020.

Clave

V-NAND de Micron (2023): 5,3 billones

Intel Core i7 (2008): 731 millones

Intel Pentium (1993): 3 millones

Intel 4004 (1971): 2300

miniaturización. Diez años más tarde, Moore revisó su estimación y dijo que la densidad de transistores se duplicaría cada dos años. Al fijar nuevos objetivos en microelectrónica en función de este plazo, el sector tecnológico hizo de la ley de Moore una profecía autocumplida.

Nanotecnología

Desde la década de 1960 ha aumentado exponencialmente la densidad de los transistores y, con ella, la potencia informática. El primer circuito integrado comercial, de 1964, tenía 120 transistores. El procesador de un teléfono inteligente actual puede contener miles de millones de transistores de silicio, cada uno de solo 5 nanómetros (nm); como referencia, el grosor de una hoja de papel es de 100 000 nm.

La nanotecnología permite a los fabricantes manipular los materiales de estos transistores minúsculos a escala casi atómica. Los investigadores dedicados a reducir aún más su tamaño están llegando a los límites naturales de la física –como preveía Moore–, con lo cual el ritmo de la miniaturización ha empezado a ralentizarse. Pero empresas y unidades de investigación exploran las

posibilidades de usar minerales o elementos distintos del silicio para mejorar la eficiencia energética y condensar en los chips una potencia de cálculo aún mayor.

Hasta hace solo unas décadas, muchos de los dispositivos que emplean hoy nanotecnología –como teléfonos y relojes inteligentes– eran cosa de ciencia ficción. Se trata de superordenadores diminutos, con una memoria y una capacidad de procesamiento enormes. El iPhone 12 de Apple, lanzado a finales de 2020,

El primer ordenador programable, ENIAC, lo construyeron científicos de la Universidad de Filadelfia y se usó para crear la primera bomba de hidrógeno.

puede realizar 11 billones de operaciones por segundo, una capacidad de procesamiento 22 000 millones de veces superior a la del primer ordenador programable y de uso general, el Electronic Numerical Integrator and Computer (ENIAC). Cuando se terminó en 1946, el ENIAC pesaba 30 toneladas y ocupaba 167 m^2.

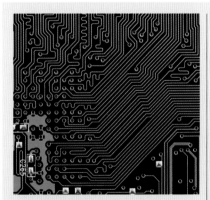

Primer plano de una PCB, con multitud de finas líneas de cobre conductor sobre una base de fibra de vidrio no conductora.

Circuitos impresos

Casi todos los dispositivos electrónicos actuales contienen una placa de circuito impreso (PCB), formada por una fina capa conductora sobre una superficie aislante, en un patrón que une componentes como fusibles, transistores y sensores.

Las placas de circuitos se desarrollaron para reemplazar el cableado convencional y ahorrar espacio y peso en los dispositivos electrónicos. Al principio se soldaban a mano, pero después de la Segunda Guerra Mundial se

imprimieron placas más fiables a máquina. Junto con otras nuevas tecnologías microelectrónicas como los transistores, las PCB permitieron diseños menores, más eficientes y más potentes en todo tipo de dispositivos.

Para producir PCB se utilizan varias técnicas de artes gráficas, como la serigrafía, el grabado ácido, la galvanoplastia y la fotolitografía. Para su diseño, antes manual, hoy los fabricantes utilizan el diseño asistido por computadora (CAD) con el fin de lograr los diseños más eficientes e imprimirlos a escala industrial.

El ENIAC estaba a un mundo de distancia de los ordenadores actuales. Un equipo de programadores pasaba un día recabándolo para cada problema complejo que debía resolver. El ENIAC –y otros similares– era engorroso, caro y diseñado sobre todo para uso militar e investigación científica. Los primeros ordenadores portátiles, disponibles en el mercado en la década de 1980, eran artículos especializados para tareas que requerían muchos cálculos matemáticos y pesaban hasta 23 kg. En la década de 2020, se han vuelto fáciles de usar, ligeros y omnipresentes.

Posibilidades creativas

Junto con la rápida evolución de la programación y el *software*, la microelectrónica contribuyó a llevar el poder de la informática a la vida cotidiana de miles de millones de personas. La miniaturización afectó también a otros ámbitos: gracias a ella fueron posibles los reproductores de música portátiles –desde el Walkman de Sony, que reproducía casetes, hasta los digitales de mp3–; y los componentes microelectrónicos han dado forma al diseño de todos los dispositivos electrónicos de hoy, ya sea una radio para la ducha, unos auriculares inalámbricos, un juguete robótico Furby o un dron.

A medida que pueden incluirse más y más funciones en un solo dispositivo, la miniaturización abre nuevas posibilidades creativas a los ingenieros electrónicos y diseñadores de productos. Algunos –como las zapatillas deportivas luminosas– son meramente lúdicos; otros han cambiado el modo como entende-

Esta radiografía coloreada muestra un marcapasos (azul claro) en el pecho de un paciente. El tamaño de estos dispositivos se ha reducido con los años, y hoy pesan solo 28 g o menos.

mos e interactuamos con el mundo. Recientemente, los chips pequeños e inteligentes han dado lugar a la «internet de las cosas» (IdC): objetos con capacidad de procesamiento, *software* y sensores conectados a internet y capaces de intercambiar datos. Desde sistemas de vigilancia agrícola hasta Fitbits, estas tecnologías están ya integradas en muchos medios y modos de vida.

La miniaturización ha facilitado algunos de los avances más impactantes de la tecnología médica. La reducción del tamaño de los componentes de silicio ha permitido desarrollar pequeños dispositivos implantables que mejoran y salvan vidas. Un ejemplo son los marcapasos, voluminosos aparatos que funcionaban con electricidad hasta finales de los años cincuenta, cuando el ingeniero electrónico estadounidense Earl E. Bakken desarrolló la primera versión portátil con pilas y transistores. Posteriormente se desarrollaron marcapasos implantables aún menores que liberaron a los pacientes de la dependencia de las máquinas externas.

Un mundo cambiante

Hoy los diseñadores pueden reducir el impacto ambiental de los productos, pues gracias a la miniaturización se necesitan menos materiales y los dispositivos emplean mucha

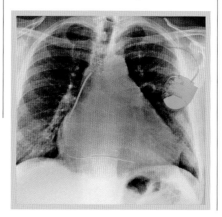

En esta era competitiva, para que un producto tenga éxito en el mercado es esencial que sea pequeño, ligero y eficiente en el consumo de energía.
Apurva Kulkarni
Ingeniera electrónica,
***Benchmark* (2019)**

menos energía. No obstante, el rápido desarrollo de la nanoelectrónica alimenta el consumo de más dispositivos en nuestra floreciente era digital, incrementando la producción de plásticos, la extracción de minerales como el cobre, el litio, el oro y el silicio, y vuelve rápidamente obsoleta la tecnología anterior. Sustituir y desechar dispositivos electrónicos con una compleja composición de metales, plásticos y minerales modificados produce residuos electrónicos difíciles de reciclar, y que a menudo acaban quemándose o languideciendo en vertederos tóxicos.

La miniaturización ha transformado la forma en que las personas interactúan con la tecnología, ha abierto el acceso a la información a través de internet y nos ha permitido conectar con otras personas de todo el mundo, aportando innumerables beneficios humanos. Esta tendencia es algo clave en la historia de la era electrónica, pero como muchos aspectos del diseño en la era del consumo, también ha contribuido a la generación de residuos a gran escala. El reto para los diseñadores es desarrollar tecnologías aún más eficientes evitando al mismo tiempo impactos negativos en nuestro planeta. ∎

COMPRENDIDOS AL INSTANTE
PICTOGRAMAS

EN CONTEXTO

ENFOQUE
Símbolos universales que trascienden el lenguaje

CAMPO
Comunicación visual, diseño gráfico, diseño de la información

ANTES
1909 Se establece en Europa el primer sistema internacional de señalización vial.

1963 GINETEX, asociación europea con sede en Francia, desarrolla un conjunto de símbolos universales como instrucciones para el cuidado de la ropa.

DESPUÉS
1979 El diseñador gráfico japonés Yukio Ota diseña una señal de salida de emergencia con una figura corriendo.

2020 Se introducen nuevos pictogramas con símbolos relativos al uso de máscaras y la distancia social ante la pandemia de COVID-19.

Los pictogramas son símbolos visuales que representan una idea, un objeto o una acción. Son una parte esencial de la vida moderna, ya que comunican a través de lenguas y culturas y están muy extendidos en muy diversos contextos, desde las etiquetas de ropa hasta los frascos de medicamentos. Son especialmente útiles en entornos globales como los aeropuertos, donde salvan fácilmente las barreras lingüísticas.

Un lenguaje común
Los sistemas de signos llegaron a la madurez en la década de 1960, cuando la globalización y el aumento de los viajes internacionales crearon una demanda de comunicación clara en entornos multilingües. Uno de los pioneros en responder a tal demanda fue el diseñador gráfico japonés Yoshiro Yamashita, quien creó un conjunto de pictogramas fáciles de interpretar para los Juegos Olímpicos de Tokio de 1964, cada uno para un deporte. Ocho años más tarde, el diseñador gráfico y tipógrafo alemán Otl Aicher creó la identi-

Pictogramas de Otl Aicher para diversos deportes en una pared del Parque Olímpico de Múnich. Sus diseños para los Juegos Olímpicos de 1972 revolucionaron las ideas sobre el uso de pictogramas en la señalización.

dad visual de los Juegos Olímpicos de Múnich de 1972. Sus estilizados pictogramas para diversos deportes y disciplinas fueron innovadores por su claridad y coherencia.

El mismo año se presentó la innovadora señalización de Aicher para orientarse en la nueva terminal central del aeropuerto de Fráncfort. Combinados con colores, sus pictogramas de característico estilo geométrico representaban las distintas partes del aeropuerto. Estos proyectos de Aicher despertaron un interés internacional, lo que lo llevó a crear un inventario de más de 700 símbolos.

Estableciendo un estándar

Ante la obvia ineficacia de que cada institución creara un conjunto de símbolos distinto para fines similares, el Departamento de Transportes de EE. UU. fue uno de los primeros organismos en desarrollar un sistema estandarizado. Un comité de diseñadores elaboró un inventario de los símbolos usados en núcleos de transporte de todo el mundo, y varios diseños de Aicher –como su hombre geométrico para los aseos masculinos– se consideraron

El objetivo del proyecto era producir un conjunto coherente e interrelacionado de símbolos para salvar la barrera lingüística y simplificar mensajes básicos.
American Institute of Graphic Arts
(1974)

un buen punto de partida para desarrollarlos. Después, los diseñadores Rajie Cook y Don Shanosky dieron un estilo gráfico uniforme a los símbolos seleccionados. El conjunto resultante de 34 símbolos para pasajeros y peatones se publicó en 1974, y se amplió a 50 en 1979. Las imágenes se hicieron de dominio público y hoy se ven por todo el mundo, por lo que a menudo se designan como la Helvetica de los pictogramas. ▪

Otl Aicher

Otl Aicher nació en Ulm (Alemania) en 1922 y estudió escultura en la Academia de Bellas Artes de Múnich. En 1953 cofundó la Escuela de Diseño de Ulm con su esposa, Inge Aicher-Scholl, y Max Bill, antiguo alumno de la Bauhaus. Aicher tuvo un papel fundamental en la configuración de la filosofía de la escuela, haciendo especial hincapié en la importancia de la colaboración interdisciplinar y la funcionalidad.

Aicher se hizo un nombre como diseñador jefe de los Juegos Olímpicos de Múnich en 1972. La identidad visual que creó para el acontecimiento, caracterizada por colores vivos y formas geométricas, sigue siendo un hito en la historia del diseño deportivo. Sus pictogramas, claros y simples, fueron elogiados por su carácter democrático, universal e integrador.

Aicher hizo también aportaciones importantes al diseño corporativo, trabajando con empresas como Lufthansa, Braun y ERCO. Murió en 1991, pero su legado continúa influyendo en el diseño tanto en el ámbito empresarial como en el público.

Los pictogramas eficaces se comprenden de inmediato y son fáciles de reproducir porque cumplen tres criterios:

Semántico	**Sintáctico**	**Pragmático**
El símbolo guarda una relación estrecha con su significado. Personas de culturas de todo el mundo lo comprenden.	Las partes del símbolo tienen sentido juntas. El símbolo tiene sentido junto con otros símbolos.	El símbolo es fácil de reproducir y se lee claramente a distancia. El signo es funcional.

LA SOSTENIBILIDAD ES PARA SIEMPRE

DISEÑO ECOLÓGICO

EN CONTEXTO

ENFOQUE
**Minimizar el impacto
sobre el planeta**

CAMPO
**Industria, arquitectura,
ingeniería**

ANTES
1907 Leo Baekeland, químico
belga, inventa la baquelita, el
primer plástico plenamente
sintético.

1927–1929 El arquitecto
estadounidense Buckminster
Fuller desarrolla los planos
de una casa ecológicamente
eficiente que puede fabricarse
en serie, transportarse y
montarse *in situ*.

DESPUÉS
1988 Los británicos John
Elkington y Julia Hailes
publican *La guía del
consumidor verde*, sobre
hábitos de compra respetuosos
con el medio ambiente.

2021 Se prohíbe la venta
en la UE de platos, cubiertos
y pajitas de plástico y otros
productos de un solo uso.

La casa Dymaxion de Buckminster
Fuller se diseñó en la década de 1940
como vivienda de bajo coste para
tiempos de guerra. El refugio metálico
podía alojar a una familia de cuatro
miembros.

Aunque a menudo se presenta como un concepto revolucionario nacido de la creciente inquietud por el medio ambiente de finales del siglo XX, los principios fundamentales del diseño ecológico fueron antaño la norma. Antes de la revolución industrial, antes de que se acuñaran los términos que asociamos con el ecologismo, el diseño ecológico existía en tanto que los muebles y demás artículos utilitarios se producían localmente en talleres de artesanos cualificados.

Carpinteros, herreros, carreteros, sastres, tejedores y costureras creaban los objetos cotidianos que necesitaban sus comunidades, a menudo con materiales adquiridos en las cercanías. A falta de maquinaria y de un transporte internacional asequible, la mano de obra y los costes asociados a este tipo de diseño no se veían desafiados por las alternativas más baratas, rápidas y desechables que traería consigo la futura producción masiva.

Nuevos desarrollos

Los avances tecnológicos de la revolución industrial introdujeron la maquinaria, la automatización y el aumento de potencia necesarios para facilitar la producción en masa. Aunque estos avances fueron bien recibidos por muchos, algunos diseñadores, arquitectos, artistas y educadores observaron una degradación de la calidad de los productos surgidos de estos nuevos procesos, así como el impacto negativo sobre el planeta.

Desde la década de 1860, los fundadores del movimiento Arts and Crafts británico fueron de los primeros en explorar técnicas de producción que combinaran una mayor producción con un menor impacto ambiental. Su filosofía allanó el camino a los principios del movimiento

Hay profesiones
más dañinas que
el diseño industrial,
pero solo unas pocas.
Victor Papanek
*Diseñar para el mundo
real (1971)*

Véase también: Paisaje urbano 172–173 ▪ Diseño de muebles basado en los materiales 186–187 ▪ Muebles de embalaje plano 228–229 ▪ Materiales sostenibles 302–307 ▪ Materiales inteligentes 314–317

Los complejos de oficinas modernos incluyen cada vez más espacios verdes para responder a la inquietud por la sostenibilidad.

Ecodiseño y negocios

La década de 1990 fue decisiva en la historia del ecodiseño, cuando los problemas medioambientales se hicieron evidentes y la llegada del nuevo milenio inspiró predicciones socioeconómicas para el futuro. La Comisión de las Naciones Unidas sobre el Desarrollo Sostenible declaró en 1992 que las empresas eran una parte clave de las estrategias de sostenibilidad, y planteó que los criterios medioambientales debían integrarse en las políticas de contratación, una estrategia conocida como contratación ecológica. En 1995, las 120 empresas internacionales que forman parte del Consejo Empresarial Mundial para el Desarrollo Sostenible publicaron el informe *Producción y consumo sostenibles: una perspectiva empresarial*, que hacía un llamamiento a unificar el pensamiento de empresas, gobiernos, comunidades e individuos, y reconocía que las empresas deben impulsar la transformación ofreciendo productos y servicios más sostenibles.

moderno, perfeccionados y definidos en el siglo XX por la Deutscher Werkbund y la escuela Bauhaus en Alemania, la Secesión y la Wiener Werkstätte en Austria, y De Stijl en los Países Bajos. En la Bauhaus en particular, el énfasis en la economía de los materiales dictaba que, para minimizar residuos y reducir el coste de los recursos, la forma del producto debía seguir a la función, y que los diseños debían simplificarse para permitir la fabricación en serie de artículos de calidad.

Inspirado en las ideas de la Bauhaus, el estilo *mid-century modern* abordaba la necesidad ergonómica y emocional de los usuarios de establecer conexiones entre el entorno construido y la naturaleza, aunando materiales naturales y una artesanía innovadora. Un ejemplo son los muebles biomórficos de madera curvada producidos por Charles Eames y Eero Saarinen en la década de 1940.

Naturaleza y sencillez

El biomorfismo es un enfoque del diseño que toma la naturaleza como principal fuente de inspiración. Los diseñadores mezclan la estética del mundo natural con el entorno construido. El estilo suele presentar formas sinuosas, irregulares y fluidas que evocan el movimiento y la fluidez no mecánicos de los seres vivos y sus entornos. Es un estilo popular en la arquitectura, y son ejemplos notables la Sagrada Familia de Antoni Gaudí en Barcelona (España); el TWA Flight Center de Saarinen en el Aeropuerto Internacional John F. Kennedy de Nueva York; el Templo del Loto de Fariborz Sahba en Delhi (India); y varias obras de la arquitecta iraquí-británica Zaha Hadid y del arquitecto británico Thomas Heatherwick.

El periodo de escasez y austeridad que siguió a la Segunda Guerra Mundial —de 1945 a mediados de la década de 1950— inspiró un aprecio »

La fachada del Nacimiento de la Sagrada Familia de Barcelona es una celebración del biomorfismo, con multitud de estatuas en espacios cavernosos que recuerdan al mundo natural.

renovado por la sencillez y la eficiencia. Mientras EE. UU. disfrutaba de una efímera celebración del auge económico de posguerra con automóviles grandes y sedientos de combustible, los fabricantes europeos de automóviles, como el italiano Fiat y British Leyland, optaron por las virtudes de vehículos menores, vendiendo un sueño perdurable de vehículos relativamente baratos y de bajo consumo asequibles para casi cualquiera.

Estilos de vida alternativos

Con la década de 1960 llegó el movimiento *hippie*, escéptico ante el consumismo. En el afán de liberarse del capitalismo, los seguidores de esta extendida subcultura volvieron a la naturaleza en busca de herramientas para ser más autosuficientes, exploraron los rituales y hábitos de los pueblos nómadas y adoptaron el enfoque «hazlo tú mismo» para la vida cotidiana. Como respuesta a la realidad de aplicar valores idealistas a un mundo moderno muy poco ideal, nació el movimiento de la llamada tecnología alternativa.

Los tecnólogos alternativos defendían el uso de tecnologías que

Quiero cosas tan bien diseñadas que no haya necesidad de normas.
William McDonough
Vanity Fair **(2010)**

minimizaran el daño al medio ambiente. A principios de la década de 1970, ante la amenaza de la crisis energética y la subida de los precios del petróleo, buscaron soluciones pragmáticas a la dependencia de los combustibles fósiles: empezaron a diseñar productos que consumieran menos energía, y llevaron a cabo los primeros intentos coherentes de análisis del ciclo de vida (ACV), considerando el impacto energético y medioambiental en cada fase del ciclo vital de un producto. El ACV se ha convertido en la piedra angular de este enfoque del diseño.

Promoviendo el cambio

En 1971, el diseñador y pedagogo austriaco-estadounidense Victor Papanek publicó *Diseñar para el mundo real*, sobre el impacto que el diseño podía tener en la sociedad y el medio ambiente. Instaba a la industria del diseño a dar prioridad a las necesidades de la gente y el planeta, y a utilizar sus habilidades de modo socialmente responsable para aliviar males modernos como la contaminación, la superpoblación, el hambre y los residuos. En 1972, miembros de lo que actualmente es la Unión Europea reconocieron la necesidad de políticas unificadas para hacer frente al impacto sin fronteras de los problemas medioambientales.

En la década de 1980, una nueva legislación y una mayor conciencia pública de los problemas medioambientales generaron unos hábitos de compra, actitudes de consumo y diseños más atentos a lo ecológico. Ante la presión más decisiva de todas, la de la economía familiar, diseñadores y fabricantes dieron prioridad al diseño ecológico para mantener su lugar en lo alto de la lista de la compra del consumidor moderno.

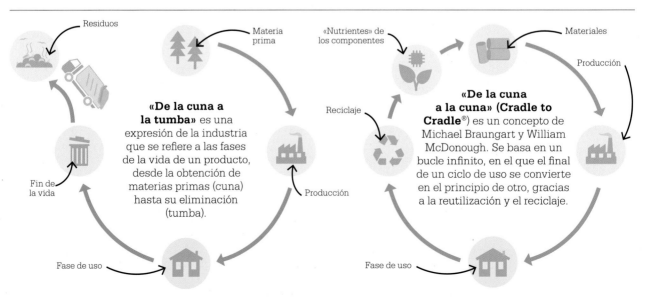

«De la cuna a la tumba» es una expresión de la industria que se refiere a las fases de la vida de un producto, desde la obtención de materias primas (cuna) hasta su eliminación (tumba).

«De la cuna a la cuna» (Cradle to Cradle®) es un concepto de Michael Braungart y William McDonough. Se basa en un bucle infinito, en el que el final de un ciclo de uso se convierte en el principio de otro, gracias a la reutilización y el reciclaje.

Imagen espuria

Por desgracia, la década de 1980 fue también la del inicio de una epidemia de lavado de imagen «verde» que solo ahora empieza a destaparse. Explotando el atractivo comercial de los productos «respetuosos con el medio ambiente», pero sin el impulso ni la presencia de un marco que regulara las credenciales detrás de las etiquetas, los artículos de los supermercados y los electrodomésticos lucían vagas proclamas y dudosas afirmaciones de supremacía ecológica que iban a dañar la legitimidad del mensaje durante décadas. Sin embargo, algunas marcas dispuestas a demostrar que tenían un papel en la sostenibilidad del planeta sí se tomaron el asunto en serio.

A inicios de la década de 1990, Philips, marca de los Países Bajos líder en electrónica, colaboró con el gobierno y la Universidad de Delft en un proyecto pionero para estandarizar prácticas de diseño ecológico. Las tres partes combinaron sus agendas y conocimientos para desarrollar un análisis del ciclo de vida apto para cualquier diseñador, y sobre todo del campo del diseño industrial. El *software* Idemat LCA

cuantificaba el impacto global de un producto en el medio ambiente a partir de una serie de ecoindicadores definidos. Actualmente hay disponibles numerosas versiones del *software* para los fabricantes y diseñadores que deseen analizar y racionalizar las credenciales ACV de sus productos.

El ciclo de vida de los productos

Reducir el impacto ambiental de productos y servicios es un reto de diseño importante. Examinar el ciclo de vida de los productos permite cuantificar científicamente el

El reciclaje de residuos electrónicos es un tema candente, pues muchos aparatos electrónicos contienen materiales potencialmente peligrosos, como plomo y mercurio.

impacto material de los artículos, y da pie a considerar cómo, cuándo y por qué usamos ciertas cosas de determinada manera. Sopesar el valor percibido de un artículo con su impacto ambiental permite al consumidor o usuario tomar decisiones basadas en la sostenibilidad. Los vehículos, sobre todo automóviles, están entre los productos más dañinos para el medio ambiente, pero »

William McDonough

William McDonough, arquitecto y académico estadounidense, nació en Tokio (Japón) en 1951 y pasó gran parte de su infancia en Hong Kong, donde su padre era funcionario del servicio exterior. Cuando este se convirtió más adelante en ejecutivo del conglomerado multinacional canadiense Seagram, la familia vivió en Canadá y EE. UU.

Tras licenciarse en el Dartmouth College de Nuevo Hampshire en 1973, McDonough estudió arquitectura en Yale y luego

viajó a Jordania para trabajar en el proyecto de reurbanización del valle del río Jordán.

En 1981 fundó el estudio de arquitectura William McDonough + Partners en Nueva York, que trasladó a Charlottesville (Virginia) al ser nombrado decano de la Escuela de Arquitectura de la Universidad de Virginia en 1994. En 2002, en colaboración con Michael Braungart, McDonough definió el concepto de diseño «de la cuna a la cuna» en un libro titulado *Cradle to Cradle: Rediseñando la forma en que hacemos las cosas.*

también entre los más esenciales, al proporcionar libertad y seguridad en los desplazamientos cotidianos, transporte de recursos y productos, y servicios móviles y de emergencia vitales. Sería ideal erradicar por completo el uso del automóvil para evitar más daños al planeta, pero la realidad infraestructural de nuestras sociedades obliga a explorar opciones alternativas.

El «coche del futuro» lleva ya décadas como referencia de la cultura popular para especular sobre innovación y estética avanzadas, pero las alternativas eléctricas al motor de combustión interna no llegaron al mercado de masas hasta mediados de la década de 1990. En 1997, Toyota comercializó el Prius, el primer híbrido del mundo fabricado en serie. Con los precios del combustible y la conciencia medioambiental en aumento, el modelo se ha adaptado continuamente para atender una demanda creciente. En 2008, Tesla Motors respondió a la demanda de un superautomóvil eléctrico con el prototipo del Roadster, el primer vehículo totalmente eléctrico homologado para circular que utilizaba baterías de iones de litio. Los diseñadores trabajaron para reducir su impacto ambiental, y crearon una imagen de marca y un mensaje dirigidos a un público reacio al cambio.

> Tenemos que averiguar cómo tener las cosas que amamos y no destruir el mundo.
> **Elon Musk** (2012)

El problema del plástico

Uno de los hábitos más difíciles de erradicar en el siglo XXI es la adicción mundial a los plásticos. Cuando se introdujeron los polímeros en el siglo XX, se vendieron como alternativa más barata y duradera a materiales costosos de obtener y fabricar, como la madera, el metal y el vidrio, y conquistaron a los consumidores. Desde entonces, los plásticos se han infiltrado en todos los aspectos de nuestra vida, de muebles, herramientas y maquinaria a electrodomésticos, ropa y juguetes. Aunque tengan ciertas ventajas indiscutibles, su bajo coste y su comodidad han creado una cultura de artículos desechables de un solo uso que es catastrófica para el medio ambiente.

Incluso los plásticos considerados reciclables requieren recursos considerables para tener un segundo uso. Así, puede ser tan perjudicial para el planeta reutilizar un artículo como desecharlo. Si bien algunos ejemplos de diseño en plástico son objetos de coleccionista –como la silla Panton de Verner Panton, la silla Tulip de Saarinen y la silla DSW de los Eames–, miles de millones de productos de plástico de un solo uso, como pajitas, botellas de bebidas y envases de alimentos, están contaminando los océanos, las costas y el suelo. Pajitas de metal, botellas de vidrio, envases de cartón y bolsas de la compra de tela son alternativas viables, pero a menudo ha resultado difícil comunicar su valor, y por ello los diseñadores buscan en la imagen de marca y el diseño orientado a la estética estrategias que transformen la mentalidad y los hábitos de los usuarios para incitar un cambio global masivo.

Inevitablemente, algunos países y empresas avanzan más rápido que otros en ámbitos concretos del ecodiseño. Los responsables del cambio toman cada vez más nota de sus

El Roadster de primera generación
(2009) del fabricante de automóviles Tesla podía recorrer casi 400 km con una sola carga de batería.

Los plásticos de un solo uso han contribuido a una catástrofe ecológica. No solo ensucian las playas, sino que además matan a animales marinos que los confunden con comida.

éxitos y fracasos para orientar las futuras políticas de diseño y uso de productos.

Sería falso afirmar que los plásticos y los diseños desechables son intrínsecamente malos. En los campos médico y científico, la disponibilidad de equipos de un solo uso ha mejorado mucho la higiene y reducido la contaminación. En muchos países, el acceso gratuito de los usuarios de drogas intravenosas a jeringuillas desechables ha reducido en gran medida el contagio de enfermedades de transmisión sanguínea como el VIH y la hepatitis C. Así pues, la erradicación completa de los plásticos de un solo uso no es una opción viable, pero los diseñadores están explorando plásticos más compostables.

Mirando hacia delante

A lo largo de toda la historia, y en particular en el siglo XX, los movimientos del diseño se han anclado a un manifiesto o conjunto de principios a los que debían atenerse sin desviarse demasiado. Este enfoque dio curso a estilos distintivos y movimientos reaccionarios importantes, pero ignora el valor de la diferencia y no atiende a factores culturales, medioambientales y geográficos, limitando así su alcance y aplicación globales.

Muchos diseñadores, educadores y críticos adoptan hoy un enfoque ecopluralista del diseño, que abarca todas las manifestaciones del ecodiseño, desde modificar productos y diseños para reducir su impacto ambiental hasta conceptos radicales que reimaginan por completo nuestra forma de vivir, como las ciudades sin automóviles. Defender un enfoque más accesible y sin restricciones del ecodiseño permite a innovadores de todo el mundo introducir cambios positivos a todos los niveles. Esto puede ser tan sencillo como sustituir el material utilizado en un producto por una alternativa más sostenible y reciclable, o tan complejo como utilizar el diseño para interrumpir procesos tradicionales y tratar de fomentar hábitos sociales más sostenibles. ∎

La **invención de la baquelita** da lugar al diseño de productos basados en un nuevo material **resistente y barato**: el **plástico**.

Diseñadores e industrias empiezan a considerar el **impacto ambiental y social de los productos que fabrican**.

Muchos países prohíben los artículos de plástico de un solo uso.

Los **residuos plásticos** detectados en los océanos en la década de 1960 plantean **cuestiones ecológicas**.

Se aprueban leyes para **incentivar el diseño ecológico** en industrias que **tardan en adoptarlo** por sí mismas.

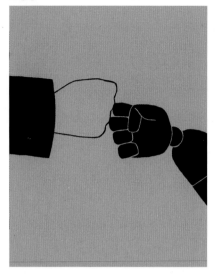

POTENCIADAS Y MEJORADAS
PRÓTESIS Y EQUIPO MÉDICO

EN CONTEXTO

ENFOQUE
Diseños para la vida

CAMPO
Diseño de producto

ANTES
1927 Philip Drinker y Louis Agassiz Shaw crean en la Universidad de Harvard el pulmón de acero, que mantiene la respiración haciendo entrar y salir aire de los pulmones por el cambio de presión en una caja metálica hermética.

1958 Wilson Greatbatch inventa por accidente el marcapasos implantado, que regula los latidos del corazón, al tratar de fabricar un dispositivo para registrar los sonidos cardíacos.

DESPUÉS
1992 Jerome Schentag y David D'Andrea patentan la píldora inteligente, un dispositivo médico controlado por ordenador que ingiere el paciente para el diagnóstico o el tratamiento.

El ámbito médico es uno de los más importantes de la innovación en diseño. Abarca productos de un solo uso y equipos de protección, dispositivos implantables y prótesis, así como equipo quirúrgico, de laboratorio y de pruebas diagnósticas.

El fin principal del diseño médico es ayudar a las personas a tener una vida más larga, sana y feliz, ya sea mediante el tratamiento seguro y eficaz de enfermedades o el desarrollo de ortopedias y ayudas a la movilidad para personas con discapacidades o enfermedades crónicas.

Donde antes había estigma, ahora las personas amputadas se sienten potenciadas y mejoradas.
Richard Springer
The Guardian, película (2018)

Prótesis a lo largo de la historia

La evolución de las prótesis ha transformado la vida de las personas amputadas o con extremidades desiguales. El primer portador conocido de una mano ortopédica, una prótesis de hierro, fue el general romano Marco Sergio Silo hacia el año 200 a. C. Madera, cuero y hierro fueron los principales materiales usados para prótesis hasta el siglo XVI, cuando el médico francés Ambroise Paré inventó miembros artificiales con bisagras, como una pierna con una rodilla bloqueable. En 1861, el ingeniero estadounidense James Hanger desarrolló la idea de Paré y creó la pierna Hanger, una versión más cómoda y flexible con bisagras en la rodilla y el tobillo, producible en serie para las víctimas de la guerra de Secesión.

En 1975, el mexicano-estadounidense Ysidro M. Martínez creó una prótesis de pierna por debajo de la rodilla, ligera y que resolvía problemas derivados de la marcha antinatural al caminar con prótesis más pesadas. Su diseño fue el patrón de las prótesis de pierna por debajo de la rodilla que siguen utilizándose hoy.

Entre los últimos avances en el diseño de prótesis está la aplicación

Véase también: Fibra de carbono 238–241 ■ Mejorar las cosas 286–287 ■ La experiencia del usuario en línea 294–299 ■ Materiales inteligentes 314–317

Prótesis de piernas en la historia

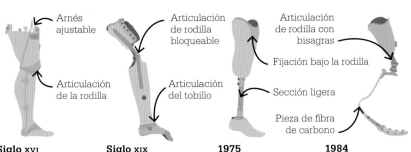

Siglo xvi
La pierna de Paré tiene un arnés para ajustar el miembro al cuerpo y articulaciones con bisagras.

- Arnés ajustable
- Articulación de la rodilla

Siglo xix
La pierna Hanger tiene articulaciones de rodilla y tobillo que se flexionan y bloquean para mayor estabilidad.

- Articulación de rodilla bloqueable
- Articulación del tobillo

1975
Una prótesis bajo la rodilla con un centro de masa elevado mejora la marcha y la agilidad.

- Articulación de rodilla con bisagras
- Fijación bajo la rodilla
- Sección ligera
- Pieza de fibra de carbono

1984
Una prótesis flexible permite usar el peso corporal para impulsarse hacia delante.

de tecnología electromecánica para crear miembros biónicos articulados, mientras que avances en la fabricación, como la impresión 3D, han permitido diseñar características a medida del usuario.

Materiales implantables

Los avances en la ciencia de los materiales también han sido fundamentales para la creación de dispositivos médicos nuevos y mejorados.

En 1891, cuando el cirujano alemán Themistocles Gluck realizó el primer intento registrado de cirugía de prótesis de cadera, utilizó articulaciones de cadera implantables fabricadas con marfil y fijadas con tornillos niquelados. Hoy, los metales biológicamente más compatibles, como el titanio y el cromo-cobalto, se consideran las mejores opciones para los dispositivos implantables, ya que el cuerpo humano los tolera bien con un riesgo mínimo de reacciones adversas, un requisito esencial de los materiales que es exclusivo del campo del diseño médico.

Diseños para la vida

Los dispositivos médicos son fundamentales en la vida cotidiana de millones de personas, pero muchos de ellos no se desarrollaron hasta mediados del siglo xx. El doctor Arnold Kadish inventó la bomba de insulina en 1963, y el doctor Godfrey Hounsfield desarrolló el primer escáner comercial de tomografía computarizada en 1971. En 1987 se integraron los robots en la cirugía laparoscópica y se empezó a emplear láser para corregir la visión.

El diseño médico es diseño para la vida, y es ética, científica y económicamente complejo. Desde el alto coste de fabricar equipo para los servicios sanitarios, hasta cómo influyen el movimiento y la estética de una prótesis en la relación del usuario con su cuerpo, cada decisión de diseño tiene consecuencias humanas. Un producto sanitario bien diseñado puede cambiar vidas. ■

Biomímesis

Los diseñadores llevan mucho tiempo inspirándose en la naturaleza. La réplica de procesos de la vida animal y vegetal –el biomimetismo o biomímesis– ha sido clave para muchos inventos. Un ejemplo es el cierre de velcro, que el ingeniero suizo Georges de Mestral creó tras estudiar cómo los abrojos de bardana se adherían al pelaje de su perro.

En el diseño médico, en el que atender a las limitaciones y la delicadeza del cuerpo humano es primordial, la naturaleza ha sido clave en el desarrollo de productos. El adhesivo Gecko –desarrollado en la década de 2000 por profesores del MIT y la Facultad de Medicina de Harvard– crea un vendaje biodegradable para reparar órganos y tejidos inspirado en las patas de los gecos. Más recientemente, un equipo internacional de investigadores de las universidades de Michigan, Friburgo y California-San Diego se inspiró en la anguila eléctrica para construir un órgano sintético capaz de producir hasta 100 voltios, potencialmente suficientes para cargar dispositivos pequeños como un marcapasos.

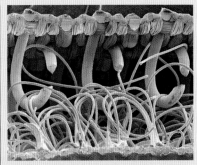

Una lámina de ganchos se agarra a otra de bucles en esta micrografía de una fijación. El mecanismo imita cómo las vainas de ciertas semillas se adhieren al pelaje de los animales.

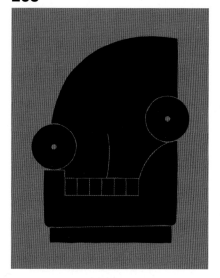

ALEGRÍA EJECUTADA A LA PERFECCIÓN

EL GRUPO MEMPHIS Y EL MAXIMALISMO

EN CONTEXTO

ENFOQUE
Rechazo de los valores de la modernidad en favor del humor y lo lúdico

CAMPO
Diseño de producto, arquitectura, mobiliario

ANTES
Década de 1960 Florece el *pop art*, inspirado en la cultura popular y comercial, que demuestra que el arte puede ser atrevido y colorido.

1968 En Italia, los estudiantes ocupan la XIV Trienal de Milán como crítica a una exposición que consideran la encarnación del diseño establecido.

DESPUÉS
1985 Ettore Sottsass abandona el Grupo Memphis para centrarse en su empresa de diseño y arquitectura.

Décadas de 1980 y 1990
El estilo del Grupo Memphis influye en el diseño posmoderno de todo el mundo.

A fines de la década de 1960, muchos diseñadores y arquitectos se estaban cansando de la funcionalidad y el minimalismo del movimiento moderno, y se sintieron atraídos por un concepto de maximalismo que abrazaba una estética del exceso y celebraba sin pudor lo extravagante y lo lúdico.

En 1966, los grupos de diseño y arquitectura italianos Archizoom Associati y Superstudio se unieron

El diseñador de moda Karl Lagerfeld transformó su ático de Mónaco en un santuario del diseño de Memphis, con un ring de boxeo de Masanori Umeda Tawaraya.

para presentar un nuevo marco teórico denominado *Superarchitettura* en una exposición celebrada en Pistoia. Fue el inicio del antidiseño (también llamado diseño radical o contradiseño), un provocador movimiento caracterizado por diseños atrevidos, anticonvencionales y contrarios a lo establecido, como la tumbona Pratone (1971), un asiento de color verde vivo en forma de briznas de hierba. Este estilo descarado empezó a influir en otros diseñadores.

La revolución de Memphis

En la década de 1980, el diseñador y arquitecto Ettore Sottsass se convir-

Colores vivos y en contraste frente a la paleta apagada del movimiento moderno, a base de negros, grises y blancos.

Elementos decorativos, como patrones y franjas, realzan los materiales de los que está hecho un producto.

El maximalismo introduce lo lúdico en lo funcional.

Un estilo extravagante y enérgico, con formas asimétricas, inyecta humor e ironía y desafía el modo en que el espectador concibe los objetos.

Los diseños son efímeros y del momento, destinados a ser sustituidos por la última tendencia.

tió en una de las figuras más influyentes del diseño italiano. Sottsass ya había trabajado con el diseñador George Nelson en la década de 1950 antes de pasar a Olivetti, donde diseñó la máquina de escribir Valentine (1969), pero en 1980 estaba listo para adoptar un nuevo enfoque. Sottsass invitó a un grupo de diseñadores y arquitectos emergentes a reunirse para debatir el futuro de sus respectivos campos. Unidos por su deseo de reorientar los objetivos principales del diseño, formaron un colectivo que llamaron –inspirándose en parte en el título de una canción de Bob Dylan– Memphis.

Irreverencia icónica

El colectivo irrumpió en escena con una llamativa colección presentada en el Salone del Mobile de Milán en 1981. Los colores brillantes, las formas asimétricas y el laminado plástico pasaron a primer plano, y varias piezas se proclamaron de inmediato clásicos del diseño, entre ellas la estantería/divisoria multicolor Carlton de Sottsass y el anguloso escritorio Brazil de Peter Shire. La colección desafiaba las ideas establecidas del buen gusto, y cada pieza estaba diseñada para ser lúdica y divertida. El trabajo de Sottsass se describió como «alegría ejecutada a la perfección».

El Grupo Memphis produjo algunos de los ejemplos más destacados del diseño del movimiento posmoderno. Aunque el grupo se disolvió en 1987, su estética sigue influyendo en el diseño actual. ▪

Antidiseño

El antidiseño originado en Italia en 1966 defendía un nuevo enfoque del diseño. A diferencia de muchos movimientos, no presentó un manifiesto unitario, prefiriendo comunicar sus valores a través de reseñas, artículos, películas y la enseñanza.

Como parte de la crítica al movimiento moderno, el antidiseño se opuso al funcionalismo minimalista en el diseño y la arquitectura, optando por los colores vivos y el uso de materiales diversos.

Entre los principales exponentes del antidiseño estuvieron los grupos de diseño de vanguardia Archizoom y Superstudio, que pretendían provocar el cambio social a través del diseño y la arquitectura. Sus proyectos abarcaron desde planes para ciudades futuras hasta mobiliario doméstico como sofás y lámparas. Sus miembros tenían inquietudes políticas, y les motivaban cuestiones ecológicas y de sostenibilidad.

Una exposición en el Museo de Arte Moderno de Nueva York en 1972 contribuyó a difundir muchos de los valores del movimiento entre un público más amplio.

Las ondas entrelazadas del sofá Superonda (1967) podían unirse de diferentes maneras para formar un sofá, una cama o una *chaise longue*.

LAS PERSONAS SON SOLO UNA PARTE DEL PROCESO

DISEÑO DE SERVICIOS

EN CONTEXTO

ENFOQUE
Aplicar los conocimientos de diseño para mejorar un negocio

CAMPO
Diseño de servicios

ANTES
1868 El vendedor a domicilio estadounidense Joseph «J.R.» Watkins ofrece una garantía de devolución del dinero con sus linimentos caseros.

Década de 1960 Tras la adopción generalizada del teléfono surgen las primeras centralitas para responder a consultas de clientes.

DESPUÉS
1986 *User-Centered System Design* de los estadounidenses Donald A. Norman y Stephen W. Draper introduce el concepto de productos o servicios basados en las necesidades de los usuarios.

2004 Se funda la Service Design Network (Red de Diseño de Servicios), desde entonces una institución líder en este campo.

En la era del consumo, el servicio al cliente es el vínculo entre una empresa y la experiencia del cliente con ella, ya sea pidiendo un café, comprando por internet o tomando un vuelo. Todas estas experiencias implican múltiples puntos de contacto con la marca, es decir, interacciones con las operaciones, los productos y los empleados de la empresa, de contenidos de *marketing* y redes sociales a elementos de los puntos de venta como el empaquetado y el servicio, así como las solicitudes de opinión posteriores a la compra y la atención al cliente.

El diseño de servicios coreografía procesos, tecnologías e interacciones dentro de sistemas complejos con el fin de cocrear valor para las partes interesadas.
Birgit Mager
Presidenta de Service
Design Network (2012)

El éxito de estos puntos de contacto determina la fluidez de la experiencia del cliente, y garantizar una interacción positiva entre empresa y clientes es el objetivo del diseño de servicios.

Un enfoque centrado en el usuario

El concepto de diseño de servicios surgió a principios de la década de 1980. La expresión suele atribuirse a la teórica y consultora empresarial estadounidense Lynn Shostack. En dos artículos de referencia –«How to Design a Service» para el *European Journal of Marketing* (1982) y «Designing Services That Deliver» para la *Harvard Business Review* (1984)–, subrayó la necesidad de que las empresas se centraran en diseñar y mejorar el servicio al cliente.

El enfoque centrado en el cliente es fundamental para un servicio de éxito. Para comprender y anticiparse a las necesidades de los clientes, los diseñadores revisan la experiencia del usuario con una serie de herramientas, desde la investigación de campo y la identificación de perfiles de usuario hasta el uso de un mapa del recorrido del cliente, un desglose detallado de cuándo y cómo interactúa este con

Véase también: Catálogos de diseño 82–83 ▪ Visualización de datos 108–109 ▪ Comercialización visual 124–131 ▪ Diseño de hostelería 178–179 ▪ Creación de marca 200–207

Proceso de diseño centrado en el usuario

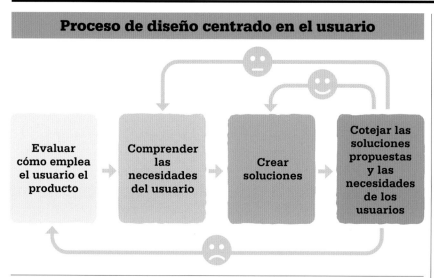

- Evaluar cómo emplea el usuario el producto
- Comprender las necesidades del usuario
- Crear soluciones
- Cotejar las soluciones propuestas y las necesidades de los usuarios

el servicio. Estos puntos de contacto pueden ser interacciones virtuales o presenciales. En el caso de un restaurante, pueden incluir desde la lectura de opiniones en las redes sociales y la realización de reservas hasta la experiencia gastronómica completa del cliente, desde que llega y se sienta hasta que recibe la cuenta.

En cada etapa del recorrido del cliente, los diseñadores pueden detectar problemas que hay que resolver: por ejemplo, un sistema de reserva en línea excesivamente complicado, o confusión en el comedor cuando los clientes buscan mesa.

Identificados los problemas y tras tomar medidas (agilizar el procedimiento de reserva, o colocar carteles en la entrada que indiquen que hay que esperar para sentarse), los diseñadores prueban y perfeccionan esas soluciones introduciendo

sucesivas mejoras en función de los comentarios y las necesidades cambiantes.

Beneficios para las empresas

Mejorar la experiencia del usuario de un producto o servicio se traduce en una mayor satisfacción del cliente, una percepción positiva de la marca y una mayor fidelidad. Así pues, las empresas –grandes y pequeñas– tienen mucho que ganar con esta estrategia empresarial.

Un entorno colaborativo en el que las empresas interactúan activamente con sus clientes finales ofrece una resolución de problemas más eficaz y da lugar a ideas que ahorran tiempo y dinero, así como a una presencia con mayor impacto en el mercado.

En la actualidad se aplican técnicas de diseño de servicios en muchos sectores –sanitario, hostelero, minorista, financiero y tecnológico– para seguir siendo competitivos, satisfacer las necesidades cambiantes de los clientes y mejorar las condiciones ambientales y sociales. ▪

Perfiles de usuario

Los perfiles de usuario son perfiles ficticios del usuario objetivo de una empresa, basados en datos recogidos en la fase de estudio de un proyecto de diseño de servicios. Estos perfiles suelen incluir información como un nombre, una imagen y datos demográficos, así como necesidades, metas, preferencias, motivaciones y patrones de comportamiento. Una representación completa y tangible de un usuario objetivo

genera empatía, lo cual ayuda a los diseñadores de servicios a formular las preguntas adecuadas y aportar soluciones que respondan a las necesidades de un modo más holístico. Además, los perfiles de usuario ayudan a la empresa a implicarse en el proceso de diseño y a conocer mejor las necesidades de sus clientes.

La creación de perfiles de usuario puede tener un papel fundamental en el diseño de servicios: garantiza un enfoque centrado en el ser humano que facilita una experiencia de usuario fluida.

Acceder a perfiles de usuario da a los diseñadores ocasión de ajustar y adaptar la experiencia del consumidor a las necesidades del proveedor de servicios.

272

LA REALIDAD ESTÁ ROTA. LOS DISEÑADORES DE JUEGOS LA PUEDEN ARREGLAR

VIDEOJUEGOS

EN CONTEXTO

ENFOQUE
Una nueva categoría de entretenimiento doméstico

CAMPO
Diseño gráfico, diseño de producto, ingeniería

ANTES
1952 A. S. Douglas crea uno de los primeros juegos de ordenador, *OXO*.

1967 Un equipo dirigido por Ralph Baer construye el prototipo de la primera consola de videojuegos.

DESPUÉS
1997 El diseñador de juegos británico-estadounidense Richard Garriott acuña la expresión «videojuego de rol multijugador masivo en línea» (MMORPG).

2021 Super Nintendo World, área temática basada en las populares franquicias de videojuegos de la empresa, abre sus puertas en Universal Studios Japan, en Osaka (Japón).

El diseño de videojuegos es un campo diverso que incorpora múltiples disciplinas bajo el paraguas del diseño de contenidos para juegos. La historia de los juegos de ordenador se remonta a 1952, cuando el informático británico A. S. Douglas creó *OXO* –que simulaba el tres en raya– como parte de su tesis doctoral en la Universidad de Cambridge.

Siguieron otros juegos de ordenador básicos, como *Tennis for Two*, creado por el físico estadounidense William Higinbotham en 1958, y *Spacewar!*, del informático esta-

> Juegos *arcade* como ***Pong***, ***Space Invaders*** y ***Pac-Man***
> vivieron una **época dorada** en las décadas de 1970 y 1980.

⬇

> Las **consolas** Nintendo y Sega, y más tarde
> PlayStation y Xbox, junto con los ordenadores
> personales, permiten **jugar en casa**.

⬇

> La conectividad de internet permite jugar en línea.
> Los **juegos para varios jugadores** permiten al usuario
> conectarse con amigos y crear **comunidades en línea**.

⬇

**El desarrollo de los teléfonos inteligentes,
la realidad aumentada y virtual y otras
tecnologías innovadoras dan lugar a nuevos
juegos que se juegan de maneras nuevas.**

Shigeru Miyamoto

Nacido en Kioto (Japón) en 1952, Shigeru Miyamoto es un diseñador y creador de videojuegos responsable de algunas de las franquicias más influyentes y vendidas. Licenciado en diseño industrial, se incorporó a Nintendo en 1977. Tras el éxito de *Donkey Kong* (1981) y *Mario Bros* (1983), que presentó a los hermanos Mario y Luigi, *Super Mario Bros* (1985) –probablemente su juego más conocido– popularizó el género de los videojuegos de desplazamiento lateral, en los que la acción se mueve por la pantalla de izquierda a derecha.

The Legend of Zelda (1986) de Miyamoto fue pionero en la jugabilidad no lineal de mundo abierto. La narrativa de sus juegos hizo de ellos superventas, y de Nintendo un gigante de la industria. Miyamoto participó también en el lanzamiento de la Wii, consola que popularizó la captura por control de movimiento, y de su primer juego, *Wii Sports* (2006).

Juegos clave

1981 *Donkey Kong.*
1983 *Mario Bros.*
1986 *The Legend of Zelda.*
2006 *Wii Sports.*

dounidense Steve Russell, en 1962. Estos juegos solo se podían jugar en potentes ordenadores de universidades y otras instituciones.

Juegos convencionales

En la década de 1970, las máquinas recreativas que funcionaban con monedas y las consolas domésticas combinadas con pantallas de televisión llevaron por primera vez los juegos de ordenador al gran público. El ingeniero eléctrico estadounidense Nolan Bushnell, fundador de Atari, lanzó la primera máquina recreativa, Computer Space, en 1971, y la primera consola doméstica la desarrolló el inventor germano-estadounidense Ralph Baer, cuyo Magnavox

Odyssey salió a la venta en 1972. Atari lanzó *Pong* –citado a menudo como el primer juego de ordenador *arcade*– en 1972; la versión doméstica llegó en 1975. El juego no podía ser más sencillo –una partida virtual de ping-pong con dos líneas blancas que hacen rebotar una pelota blanca de un lado a otro–, pero fue muy popular y el principio de algo grande.

Otros juegos *arcade* también se hicieron inmensamente populares, siendo probablemente los más famosos *Space Invaders* (1978), consistente en disparar a hileras de naves espaciales mientras descienden, y *Pac-Man* (1980), donde el personaje así llamado recorre un laberinto evitando o comiéndose a fantasmas. »

Hay muchas habilidades que he aprendido jugando a videojuegos. [...] Estás usando el cerebro.
Shaun White
Snowboarder olímpico

Estos y otros títulos populares dieron lugar a una edad de oro de los juegos *arcade* en la década de 1980, liderada por Atari y seguida por otras empresas, principalmente de EE. UU. y Japón.

En 1977 llegaron al mercado los ordenadores domésticos, como Radio Shack TRS-80, Commodore PET y Apple II, a los que siguieron docenas de competidores, como BBC Micro, Sinclair ZX Spectrum, Atari 800XL y Commodore 64. Cada modelo tenía sus propios juegos, muchos de ellos creados por solo una o dos personas: fueron los videojuegos indie originales.

La consola Super Nintendo (SNES) vendió casi 50 millones de unidades entre su lanzamiento inicial en Japón en 1990 y su retirada del mercado en 2003.

Donkey Kong **fue** el primer éxito internacional de Nintendo tras su lanzamiento en 1981. Presenta a un gorila que lanza barriles a unos personajes llamados Mario y Pauline.

En Japón, la primera incursión de la empresa de juegos y juguetes Nintendo en los juegos de ordenador consistió en crear armas de juguete para el juego *Shooting Gallery* en la consola Magnavox Odyssey, en 1972. Cinco años más tarde lanzó sus dos primeros sistemas de videojuegos, Color TV-Game 6 y Color TV-Game 15, seguidos del juego *arcade Donkey Kong* (1981). El juego de plataformas *Super Mario Bros* llegó en 1985.

Nintendo se convirtió también en un fabricante líder de videojuegos portátiles entre 1980 y 1991. A finales de la década de 1980 hizo otros dos lanzamientos históricos: el primero, en 1987, fue el juego de aventuras *The Legend of Zelda*, inspirado en la infancia del diseñador Shigeru Miyamoto; le siguió *Tetris* (1989), del ingeniero informático ruso Alekséi Pázhitnov, diseñado para la consola Game Boy.

La guerra de las consolas

Las videoconsolas evolucionaron rápido, mejorando en cada generación el *hardware*, el *software* y el diseño de los juegos. La rivalidad entre Nintendo y Sega durante la década de 1990 se conoce a menudo como «la guerra de las consolas». En EE. UU., la respuesta de Sega al éxito de Mario fue Sonic, un erizo azul superveloz que atacaba a sus enemi-

gos enroscándose en una bola. Sonic apareció por primera vez en el juego *arcade Rad Mobile* (1990), antes de debutar plenamente en *Sonic the Hedgehog* al año siguiente. En 1994, ambas empresas se enfrentaron a la nueva competencia de la consola PlayStation de Sony, seguida de la Xbox de Microsoft en 2001.

Muchos videojuegos domésticos se jugaban aún en PC durante la década de 1990, y en 1993 se lanzó *Doom*, juego de disparos en primera persona desarrollado por id Software en que el jugador es un marine espacial que se enfrenta a hordas de demonios y muertos vivientes. El origen de *Doom* es el juego de disparos en primera persona original *Wolfenstein 3D* (1992), con nazis como enemigos. Otros juegos famosos para PC fueron *Lemmings* (1991), *SimCity 2000* (1993), *Warcraft* (1994) y *Age of Empires* (1997). Mediada la década de 1990 aparecieron los gráficos tridimensionales en todas las plataformas.

Multijugadores en línea

Los primeros juegos eran simples, como rompecabezas, juegos de plataformas (en los que el jugador avan-

Los juegos multijugador en línea han generado toda una nueva industria de mobiliario ergonómico, como sillas multibasculantes con reposabrazos ajustables y respaldo reclinable.

za por un entorno), simuladores y juegos de lucha y de carreras, pero la aparición de nuevas tecnologías produjo otros más sofisticados. Los juegos de rol multijugador masivo en línea (MMORPG) dieron lugar en la década de 1990 a la creación de comunidades en línea de usuarios que jugaban juntos.

El MMORPG más conocido, *World of Warcraft* (2004), dio ocasión a los jugadores de explorar un mundo de juego abierto y socializar en línea a través del juego. Más recientemente, *Fortnite* (2017) cuenta con distintos modos de juego, como el cooperativo, el de batalla y el libre *(sandbox)*, donde los propios jugadores crean el mundo. Otros juegos *sandbox* son *Los Sims* (2000), *Minecraft* (2010), que también es un MMORPG, y *Animal Crossing: New Horizons* (2020), que permitió a amigos y familiares separados interactuar durante el confinamiento provocado por la pandemia de COVID-19 en 2020.

El uso generalizado de los teléfonos móviles, y luego inteligentes, creó una nueva categoría de juegos. Juegos sencillos como *Snake* (1997) podían jugarse en móviles Nokia; *Angry Birds* (2009) y *Candy Crush Saga* (2012) se diseñaron para *smartphone*. En 2016, el juego para *smartphone Pokémon Go* incorporó la realidad aumentada a un nuevo tipo de juego que usa GPS para que los jugadores rastreen, capturen, entrenen y luchen contra personajes Pokémon virtuales en la ubicación del mundo real del jugador. Los juegos actuales incorporan cascos de realidad virtual, reconocimiento facial y de voz, control por gestos, IA y monetización.

Una industria floreciente
En la actualidad, los videojuegos son un negocio mayor que la industria cinematográfica y una de las formas de arte y realidad virtual más populares y complejas del siglo XXI. Se pueden jugar en consolas Xbox, Nintendo o PlayStation, en ordenadores personales PC o Mac, en *smartphones* o tabletas, o en persona en salones recreativos o eventos de eSports. ∎

World of Warcraft, lanzado por Blizzard Entertainment en 2004, es uno de los videojuegos MMORPG más vendidos.

Juegos comunitarios

Aunque los juegos se suelen considerar una actividad solitaria, pueden ser también muy sociales. Los juegos en línea en particular permiten a los jugadores encontrarse o combatir entre sí, formar equipos y grandes comunidades en línea. El término MMORPG surgió en la década de 1990 para describir juegos inmersivos con muchos jugadores en línea. Entre los primeros se incluyen *Ultima Online* (1997) y *EverQuest* (1999). En estos mundos virtuales los jugadores interactúan unos con otros, y algunos juegos fomentan la creación de grupos organizados –gremios o clanes– que juegan juntos regularmente. El de mayor fama y éxito es *World of Warcraft* (2004), en el que los jugadores asumen el papel de druidas, sacerdotes, pícaros, paladines y otros personajes de fantasía y completan distintas misiones, batallas y búsquedas, solos o en grupo. Lanzado un año antes, *SecondLife* (2003) también fue muy popular, y se centraba en la socialización y la construcción de un mundo, sin combates.

UN RENACIMIENTO A LO GUTENBERG
IMPRESIÓN DIGITAL 3D

EN CONTEXTO

ENFOQUE
**Creación rápida
de prototipos**

CAMPO
**Diseño industrial, diseño
de producto, arquitectura**

ANTES
Década de 1960 Los nuevos
sistemas de diseño asistido por
ordenador (CAD) permiten crear
modelos digitales de objetos.

1969 La empresa alemana
Bayer patenta un proceso de
prototipado rápido, el moldeo
por inyección de reacción (RIM).

DESPUÉS
2003 Thomas Boland, de la
Universidad de El Paso (Texas,
EE. UU.), desarrolla un método
para imprimir células vivas con
una impresora de chorro de tinta.

2011 Ingenieros de la
Universidad de Southampton
(Reino Unido) crean y hacen
volar la primera aeronave no
tripulada impresa en 3D, SULSA
(Southampton University Laser
Sintered Aircraft).

El proceso de diseñar un producto nuevo empieza por conceptualizar y esbozar su forma y su función. Luego se pasa al modelado digital y a la creación de un prototipo, idealmente con los materiales deseados. Los modelos a pequeña escala son clave para probar y perfeccionar diseños antes de producirlos a gran escala. La impresión 3D ha revolucionado el proceso de creación de prototipos, reduciendo costes y permitiendo fases de prueba adicionales para comprobar la funcionalidad y la estética del diseño, así como la satisfacción del usuario.

La construcción de viviendas
no ha experimentado cambios
significativos desde la Edad
Media. Es hora de cambiar
de paradigma.
Jason Ballard
**Cofundador y director ejecutivo
de Icon (2022)**

En la impresión 3D por ordenador, se crea un objeto tridimensional a partir de un archivo digital. El proceso de impresión 3D suele denominarse fabricación aditiva, ya que el objeto se crea capa a capa, depositando, uniendo, fusionando o solidificando materiales como plásticos, metales, líquidos o polvos.

Utilizando la impresión 3D para crear prototipos o pequeños lotes de productos acabados personalizados, las empresas manufactureras pueden prescindir de procesos tradicionales y a menudo costosos como el meçanizado o el moldeado. La impresión tridimensional es una forma eficaz y barata de producir objetos a pequeña escala, y permite a todos —desde diseñadores individuales hasta pequeñas y medianas empresas e industrias a gran escala— ser más proactivos e innovadores.

Del CAD al RepRap
La impresión tridimensional está estrechamente vinculada al diseño asistido por ordenador (CAD), en el que la tecnología digital ayuda a diseñar y producir objetos. El *software* CAD facilita la realización física de un modelo digital detallado empleando información como formas geométricas proporcionales,

dimensiones precisas, materiales y especificaciones de impresión.

El abogado japonés Hideo Kodama inventó la primera impresora 3D en 1981, una máquina de prototipado rápido capaz de crear objetos capa a capa usando una resina que se podía polimerizar –es decir, convertir en una cadena de moléculas– mediante luz ultravioleta. El invento no despertó ningún interés, Kodama abandonó el proyecto y destruyó tanto el prototipo como sus notas.

En 1986, el ingeniero estadounidense Chuck Hull patentó una tecnología de impresión 3D con resina, la estereolitografía (SLA). Al año siguiente cofundó 3D Systems, la empresa que produjo la primera impresora 3D comercial –la SLA-1– y desarrolló el formato de archivo STL, el tipo de archivo más común que se usa hoy día para la impresión 3D.

En la década de 2000, el proyecto RepRap del ingeniero británico Adrian Bowyer hizo más accesible la impresión 3D al introducir una impresora 3D autorreplicante de bajo coste que puede imprimir la mayoría de sus propios componentes. La de-

cisión de Bowyer de poner la impresora RepRap a disposición de todo el mundo sentó las bases de la revolución de las impresoras 3D de código abierto.

Múltiples aplicaciones

En muchos entornos profesionales, desde la sanidad hasta la construcción, se usan impresoras 3D. Entre los proyectos más destacados figuran el edificio de dos plantas de la Oficina del Futuro en Dubái (EAU) y

El puente MX3D, instalado sobre un canal en Ámsterdam (Países Bajos) entre 2021 y 2023, fue parte de un proyecto sobre la viabilidad de la infraestructura impresa en 3D.

3Dirigo, un barco de 7,6 m creado en la Universidad de Maine (EE.UU.).

Las impresoras 3D también tienen un papel en el ámbito doméstico: sirven para crear nuevos utensilios o imprimir piezas para reparar artículos como tiradores de cajones. ▪

Esta casa de dos plantas en Pekín (China) es el primer edificio del mundo impreso en 3D. Se construyó en seis semanas y media en 2016.

Construcción impresa

La construcción aditiva es una tecnología innovadora que está transformando el sector de la construcción. Emplea impresoras 3D a gran escala para estratificar materiales de construcción (por lo general, hormigón) y crear edificios enteros paso a paso.

En 2021, la empresa estadounidense de tecnología de la construcción Icon presentó la impresora Vulcan, capaz de crear una vivienda de 186 m² en menos de 24 horas. Tiene como ventajas la flexibilidad del diseño y unos

plazos, residuos y costes menores, con potencial para soluciones de vivienda asequible. Algunos proyectos notables, como una urbanización de viviendas impresas en 3D en Austin (Texas, EE.UU.), demuestran la viabilidad de esta tecnología.

Aunque persisten retos en cuanto a la escala y la optimización de materiales, la construcción aditiva se presenta como una innovación transformadora que redefine los métodos de construcción y ofrece soluciones sostenibles y rentables para el futuro de la vivienda.

LA VERDADERA COMODIDAD ES LA AUSENCIA DE CONCIENCIA

ERGONOMÍA

EN CONTEXTO

La ergonomía –del griego *ergon* («trabajo») y *nomos* («ley» o «regla»)– es el estudio del cuerpo humano y su interacción con máquinas, sistemas o entornos para mejorar la productividad y la salud. Desde que el trabajo por ordenador se impuso en las décadas de 1980 y 1990, la ergonomía se ha centrado en el diseño del lugar de trabajo, en cómo se adaptan muebles y accesorios al cuerpo y en cómo prevenir tensiones o lesiones. Pero la ergonomía es una consideración vital en todos los puestos de trabajo y en el diseño de todos los aspectos de nuestro mundo.

Estudios de tiempo y movimiento

A finales de la década de 1890, el ingeniero estadounidense Frederick Winslow Taylor realizó un estudio del tiempo, observando con un cronómetro a los obreros fabriles para establecer el modo más rápido de realizar determinados trabajos. En la empresa Bethlehem Steel de Pensilvania, por ejemplo, consiguió aumentar la producción adecuando las palas al tipo de material (cenizas, carbón o mineral), y dio a los trabajadores instrucciones detalla-

La ergonomía es el estudio de la interacción entre personas y máquinas y de los factores que afectan a dicha interacción.
R. S. Bridger
Introduction to Ergonomics (1995)

das sobre el ritmo y hasta las pausas para beber. Este sistema de gestión científica, que se conocería como taylorismo, tuvo una importante repercusión en la síntesis de los flujos de trabajo y el replanteamiento de la productividad.

Entre 1908 y 1924, también en EE. UU., los ingenieros Lillian y Frank Gilbreth estudiaron la eficiencia en el lugar de trabajo contando y cronometrando los movimientos necesarios para realizar tareas específicas, como poner ladrillos. El objetivo del estudio era crear un pro-

Los estudios de tiempo y movimiento en el lugar de trabajo evalúan cómo aumentar **la productividad y la eficiencia**.

La **era informática** da lugar a **innovadores diseños de asientos** para trabajadores en gran medida sedentarios.

Los principios ergonómicos se aplican a un número cada vez mayor de campos e industrias.

Los diseñadores empiezan a crear productos con **el factor humano** en mente.

La ergonomía **va más allá de los asientos** y abarca **todos los aspectos** del trabajo informático de oficina.

La locomotora J-3 Hudson fue diseñada por Henry Dreyfuss, con un exterior aerodinámico y un interior elegante con asientos ergonómicos y pocas esquinas.

ceso físicamente racionalizado que redujera el tiempo y el esfuerzo y lograra a la vez resultados de la misma calidad.

Diseñar para el cuerpo

A mediados del siglo xx cobró impulso la investigación sobre cómo diseñar para adaptarse al cuerpo en el lugar de trabajo. El diseñador industrial estadounidense Henry Dreyfuss fue el primero en defender el factor humano, anteponiendo el usuario al diseño. Desde 1931 hasta su muerte en 1972, creó una variada gama de artículos para la era de la máquina con un diseño centrado en el usuario y la utilidad: despertadores, máquinas de escribir, una aspiradora ligera, tractores, un avión y hasta un transatlántico.

En 1949, el psicólogo británico Hywel Murrell fundó la Ergonomics Research Society en Oxford (Reino Unido) para investigar el impacto de asientos y equipamiento en el cuerpo humano, además de considerar los efectos de los factores ambientales y organizativos. Unos años más tarde, en 1957, se creó en Washington D. C. la Human Factors and Ergonomics Society, dedicada a examinar la eficacia con que los operadores humanos llevaban a cabo su trabajo, y si podían introducirse mejoras en el diseño de máquinas y procesos para ayudarles a hacerlo mejor y con mayor comodidad.

La era del ordenador

A partir de la década de 1980, la ergonomía devino una disciplina cada vez más importante como consecuencia de la proliferación de los ordenadores, primero en el lugar de trabajo y más adelante en el hogar. En los años noventa, al generalizarse el acceso a internet y el correo »

Ingenieros suecos desarrollaron maniquíes femeninos para pruebas de choque en 2022. Los masculinos se usan desde la década de 1950.

Sesgo de género

La ergonomía, como muchos campos de estudio desarrollados durante el siglo xx, tiene un sesgo de género implícito en gran parte de su investigación. En 2019, la historiadora del diseño Jennifer Kaufmann-Buhler escribió sobre el sexismo en el diseño del mobiliario de oficina estadounidense: sostuvo que un enfoque de talla única para el diseño de sillas y escritorios no funciona para las personas –sobre todo las mujeres– cuyos cuerpos no se ajustan a una norma idealizada. La inadaptación es muy evidente y puede causar incomodidad e incluso dolor. Por su parte, la británica Caroline Criado-Perez, en *Invisible Women: Exposing Data Bias in a World Designed for Men* (2020), detalla otros ejemplos de sesgo de género, como los uniformes militares «unisex», diseñados para la anatomía masculina; el equipo de protección diseñado para caras, manos y cuerpos de tamaño masculino, cómodos solo para el 5 % de las mujeres; o los coches probados con maniquíes masculinos sin tener en cuenta la altura, el peso o la estructura ósea de las mujeres.

Bill Stumpf

Bill Stumpf, diseñador de muebles que ayudó a introducir la ciencia ergonómica en el diseño de sillas, nació en San Luis (Misuri, EE. UU.) en 1936. Estudió diseño industrial en la Universidad de Illinois en Urbana-Champaign, y obtuvo un máster en diseño medioambiental por la Universidad de Wisconsin-Madison. Durante sus estudios, Stumpf investigó a fondo los aspectos ergonómicos de la postura sentada.

En 1970, Stumpf se incorporó al equipo de investigación de Herman Miller, donde estudió el diseño de asientos de oficina. Seis años más tarde presentó la silla Ergon. En la década de 1980, Stumpf y su colega Don Chadwick crearon la silla Equa, a la que siguió en 1994 la revolucionaria Aeron, que prescindía de la tapicería en favor de una malla de tejido transpirable y de apoyo. La Aeron se convirtió en un clásico inmediato, y fue elegida para la colección de diseño del Museo de Arte Moderno de Nueva York antes incluso de fabricarse. Stumpf ganó el Premio Nacional de Diseño de Producto en 2006. Murió ese mismo año.

electrónico, fue cada vez más habitual pasar más tiempo ante un escritorio como principal modo de trabajo. De hecho, por primera vez el trabajo de oficina ante un ordenador fue más común que el agrícola o el fabril.

Sin embargo, a medida que se generalizaba el ordenador en el lugar de trabajo, aumentaron las lesiones relacionadas con su uso, sobre todo las lesiones por esfuerzo repetitivo (LER), debidas a movimientos repetidos durante un periodo de tiempo prolongado. Las empresas tuvieron que investigar y ajustar el diseño de los puestos de trabajo y los equipos para fomentar una postura correcta. Fue el inicio de la ergonomía moderna, y una época extraordinariamente rica en el diseño de equipos para la interacción persona-ordenador (IPO), especialmente en lo referente a las sillas de oficina, pero también a la altura y la forma de escritorios, ratones y teclados.

Soluciones de asientos

Los asientos regulables devinieron un requisito fundamental del entorno de oficina. La primera silla giratoria se atribuye al inventor es-

Después de mantener cualquier postura un rato, la mejor postura es siempre la siguiente.
Peter Opsvik
Diseñador noruego

tadounidense Thomas E. Warren (1849), y la primera regulable en altura al arquitecto estadounidense Frank Lloyd Wright (1904); pero estos primeros ejemplos de asientos regulables distaban mucho de la silla de oficina moderna, diseñada para ofrecer apoyo, comodidad, adaptabilidad y minimizar la tensión del cuerpo.

La silla Aluminium Group, diseñada por Charles y Ray Eames para la empresa de mobiliario de oficina estadounidense Herman Miller en 1958, tenía muchos de los rasgos dis-

Diversos desarrollos
ergonómicos se han dedicado a mejorar la comodidad y el bienestar físico de los trabajadores de oficina.

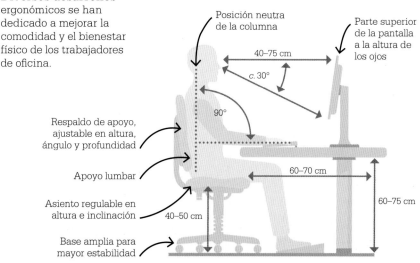

Posición neutra de la columna

Parte superior de la pantalla a la altura de los ojos

40–75 cm

c. 30°

90°

Respaldo de apoyo, ajustable en altura, ángulo y profundidad

Apoyo lumbar

Asiento regulable en altura e inclinación

Base amplia para mayor estabilidad

40–50 cm

60–70 cm

60–75 cm

tintivos de las sillas de oficina posteriores, como un armazón de aluminio fundido y un respaldo de malla con suspensión. A lo largo de la década de 1960 se lanzaron sillas igualmente innovadoras, como la Executive de Charles Pollock para Knoll (1963) y la Oxford de Arne Jacobsen para Fritz Hansen (1965).

Desarrollo de sillas de oficina

La verdadera era de la innovación en sillas de oficina comenzó en la década de 1970. Herman Miller contrató al experto en ergonomía Bill Stumpf, cuyo meticuloso estudio concluyó que, lejos de haber una postura «correcta» para sentarse, la silla de trabajo debía sostener el cuerpo en varias posturas distintas. El resultado del estudio, la silla Ergon, a la venta en 1976, fue el comienzo de algo nuevo, al tener en cuenta su diseño las prestaciones ergonómicas y ser la primera silla giratoria con elevador de gas.

Otras sillas de trabajo que salieron al mercado en la misma época fueron el sillón Vertebra, diseño de Emilio Ambasz y Giancarlo Piretti (1976) que imitaba la forma de la columna vertebral; la silla Supporto (Frederick Scott, 1976), de líneas sencillas y limpias, con respaldo y reposabrazos ajustables; y la silla FS (Klaus Franck y Werner Sauer, para Wilkhahn, 1980), de movimiento simultáneo pero diferenciado del respaldo y el asiento. En 1979, el diseñador noruego Peter Opsvik inventó una silla de rodillas, la Variable; Galen Cranz, profesor de arquitectura de la Universidad de California en Berkeley, la calificó como el

diseño de asiento más radical del siglo XX. Decidido a romper las normas en materia de asientos, Opsvik diseñó más tarde la silla Capisco (1984), también conocida como «silla de montar», en colaboración con la empresa noruega de muebles Håg.

Una nueva generación

A principios de la década de 1990, Herman Miller encargó a Bill Stumpf y al diseñador industrial Don Chad-

wick desarrollar la siguiente generación de asientos de oficina. Ambos habían trabajado ya juntos en otro encargo no comercializado de Miller, el Sarah, que mejoraba los sillones reclinables La-Z-Boy. Tras consultar con expertos en ergonomía y especialistas en ortopedia, Stumpf y Chadwick crearon la silla Aeron (1994), que trataba activamente los problemas de salud postural mediante un sistema de suspensión que distribuía uniformemente el »

La silla Aeron adquirió tal reputación por su calidad ergonómica que apareció en un episodio de *Los Simpson* en 2005: «Gracias a Dios que es el día del Juicio Final».

peso del usuario sobre el asiento y el respaldo, reduciendo la presión sobre la columna vertebral y los músculos. El mecanismo semirreclinable que movía el asiento y el respaldo al mismo tiempo, basado en el Sarah, igualaba la presión sobre el cuerpo. El armazón era de aluminio fundido a presión y poliéster reforzado con fibra de vidrio, las patas, de aluminio reciclado, y los cojines, de espuma de poliuretano; la malla textil (Pellicle) del asiento y el respaldo permitía que el aire circulara alrededor del cuerpo.

El proyecto Humanscale

Otro paso clave en el desarrollo de la ergonomía fue la fundación en 1983 de Humanscale, marca neoyorquina dedicada a mejorar la comodidad y la salud de los oficinistas que empezó diseñando y vendiendo sistemas de teclado articulados, antes de encargar al diseñador industrial estadounidense Niels Diffrient su primera silla de trabajo. La Freedom (1999) sigue los contornos naturales del cuerpo, con un respaldo pivotante que favorece el movimiento a lo largo del día y un reposacabezas independiente.

La silla plasmaba lo aprendido por Diffrient al colaborar con Alvin

> La mejor manera de saber qué quiere y necesita la gente no es preguntarles, sino comprenderles.
> **Niels Diffrient**
> Diseñador de Humanscale

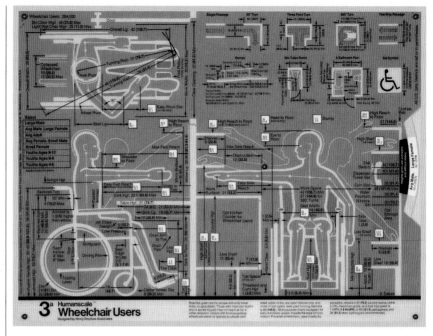

3ª Humanscale
Wheelchair Users
Designed by Henry Dreyfuss Associates

R. Tilley, David Harman y Joan C. Bardagjy en la elaboración de los manuales Humanscale, publicados entre los años 1974 y 1981. Dirigidos a «todos los que diseñan para el cuerpo humano», estos manuales incluyen gran cantidad de datos sobre ingeniería humana recopilados y organizados por Henry Dreyfuss Associates. Las distintas secciones se ocupan de asientos, sillas de ruedas, cascos y otros elementos, y proporcionan a los diseñadores medidas para los diseños más ergonómicos para hombres, mujeres, niños, discapacitados y ancianos.

Escritorios y teclados

La mayor parte de la investigación sobre ergonomía en el lugar de trabajo se ha centrado en el diseño de la silla perfecta, pero también se ha trabajado para hacer de la oficina un lugar más cómodo para trabajar, por ejemplo, con escritorios regulables en altura para personas más bajas o altas, o para quienes prefieren trabajar de pie.

Esta lámina de un manual Humanscale está dedicada al diseño de sillas de ruedas. Girando el dial de la derecha, los diseñadores ven las medidas necesarias para la comodidad en diversos entornos.

Trabajar de pie en un escritorio no es algo nuevo: personajes históricos como María Antonieta, Charles Dickens y Ernest Hemingway ya escribían de pie. Pero fue en 1998 cuando el carpintero y fabricante de muebles alemán Herwig Damzer presentó el primer escritorio eléctrico de altura regulable.

A partir de la década de 1990 se desarrollaron también otros accesorios de oficina ergonómicos. Partiendo del teclado articulado de Humanscale, se lanzaron otros diseños, como los teclados divididos y en ángulo. El ratón se hizo también más ergonómico al introducirse versiones verticales y con bola táctil. El soporte para monitor, patentado por el estadounidense Rob Mossman en 2006, permitía inclinar el monitor para adoptar una postura correcta.

En el siglo XXI no ha decaído la atención a la ergonomía, considerando el bienestar más allá de la postura en el lugar de trabajo. Primeras marcas como Herman Miller, Wilkhahn, Håg y Humanscale, junto con otras como Steelcase y Haworth, han lanzado productos más ergonómicos, desde reposapiés basculantes hasta iluminación de escritorio ajustable y compartimentos de almacenamiento que reducen la necesidad de agacharse. También han encargado estudios, como el Global Posture Study de Steelcase, publicado en 2013.

La pandemia de COVID-19 de 2020 generalizó el trabajo en casa debido al confinamiento, y desde entonces muchas personas han adoptado un patrón de trabajo híbrido, con uno o más días a la semana de trabajo desde casa. Esto ha generado una mayor demanda de ergonomía en el ámbito laboral doméstico, y ha estimulado la venta y la variedad de sillas de trabajo ergonómicas, escritorios y accesorios como soportes para monitores.

Más allá de la oficina

Aunque el enfoque en la interacción persona-ordenador parece ser lo más común, los principios de la ergo-

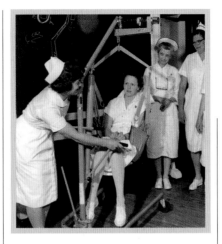

nomía son relevantes para muchos aspectos laborales diferentes. En su publicación de 1996 *Good Ergonomics Is Good Economics*, Hal W. Hendrick identificaba aplicaciones en campos tan diversos como la industria forestal, los aviones de transporte y la manipulación y el almacenamiento de materiales industriales. Según la naturaleza del trabajo, cada uno tiene necesidades distintas, ya sea aliviar el estrés y la fatiga, mejorar la calidad del aire, tener en cuenta las diferencias de género y culturales, o prevenir accidentes.

La ergonomía es también vital en el sector sanitario. Un ejemplo

La grúa Hoyer para pacientes la desarrolló en la década de 1940 el estadounidense Ted Hoyer, que a los 16 años había quedado paralítico de cintura para abajo tras un accidente de automóvil.

son los dispositivos diseñados para levantar a los pacientes, que no solo aumentan su seguridad y su comodidad y salvaguardan su dignidad, sino que además reducen la probabilidad de sufrir lesiones para los profesionales sanitarios.

Metodología de diseño

El amplio ámbito de la ergonomía incluye aspectos como el diseño de producto, el diseño para factores humanos y el diseño de la experiencia del usuario, que se basan en la ingeniería, el diseño, la psicología, la medicina y las ciencias sociales para crear productos, entornos, servicios y sistemas. Para concebir productos ergonómicos, los diseñadores deben estudiar exhaustivamente el artículo y el usuario, comprender plenamente la interacción entre ambos, e incorporar ese conocimiento a la forma y la función del artículo. ∎

Diseño de utensilios

El diseño ergonómico ha mejorado una amplia gama de utensilios laborales y domésticos. Los cubiertos adaptados –diseñados para quienes tienen dificultades para usar los comunes– incluyen artículos para zurdos, tenedores anchos y artículos con mangos pesados o curvos. La ergonomía en cubiertos diseñados para niños puede facilitar el aprendizaje.

Uno de los diseños ergonómicos más reconocibles son las tijeras de mango naranja creadas en la década de 1960 por la empresa finlandesa Fiskars. En Suecia, Ergonomi Design Gruppen se ocupó especialmente del diseño ergonómico para discapacitados. Su cubertería combinada (1979) se ideó para personas que solo podían usar una mano, y su bastón de apoyo (1983) tenía un mango ergonómico que aliviaba la presión sobre la muñeca y los hombros de los enfermos de artritis. En la década de 1990, Sam Farber lanzó en EE.UU. la gama OXO Good Grips, tras comprobar que la artritis dificultaba a su mujer tareas como pelar manzanas.

Las tijeras Fiskars, del diseñador finlandés Olof Bäckström, tienen un mango que se adapta cómodamente al agarre del usuario.

INVENTOS SORPRENDENTES QUE DESAFÍAN LO CONVENCIONAL

MEJORAR LAS COSAS

EN CONTEXTO

ENFOQUE
Usar el diseño para mejorar los objetos cotidianos

CAMPO
Diseño de producto, diseño industrial, ingeniería

ANTES
1907 El estadounidense James Murray Spangler inventa la primera aspiradora eléctrica portátil.

1911 El estadounidense Frederick L. Maytag inventa la primera lavadora motorizada.

DESPUÉS
Década de 2000 Avances en la tecnología de las baterías vuelven más eficientes y fiables dispositivos portátiles como las aspiradoras inalámbricas.

2012 WeWi Telecommunications diseña el SOL, un ordenador portátil robusto e impermeable alimentado por energía solar, para llevar la informática a regiones con acceso limitado a la electricidad.

E l diseño tiene un papel crucial en la mejora de la funcionalidad de los objetos cotidianos. La escala de los cambios es muy amplia, desde pequeñas mejoras hasta saltos importantes y transformadores en el diseño y la tecnología. La aspiradora es un ejemplo excelente: a lo largo de los años se ha rediseñado muchas veces, con el resultado de una potencia, eficiencia y facilidad de uso cada vez mayores.

La aspiradora la inventó el ingeniero británico Hubert Cecil Booth en 1901. Apodada «Puffing Billy», la máquina de Booth fue el primer aparato capaz de aspirar la suciedad en lugar de soplarla o cepillarla. Era un gran aparato con un motor de combustión interna de gasolina que accionaba una bomba de pistón para aspirar aire a través de un filtro de tela. Debido a su tamaño, tenía que ser tirada por un caballo.

Las aspiradoras han evolucionado mucho desde su engorrosa forma inicial. El modelo 700 eléctrico de Hoover las puso al alcance doméstico en la década de 1920, y en las de 1980 y 1990, fabricantes como Dyson las hicieron más eficientes y elegantes.

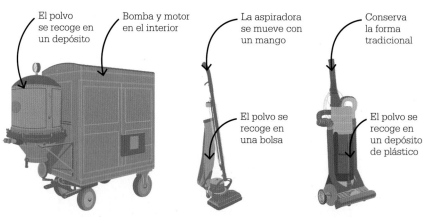

El polvo se recoge en un depósito

Bomba y motor en el interior

La aspiradora se mueve con un mango

Conserva la forma tradicional

El polvo se recoge en una bolsa

El polvo se recoge en un depósito de plástico

«Puffing Billy» (1901)   **Hoover 700 eléctrica (1926)**   **Dyson G-Force (1983)**

No tenemos diseñadores industriales. Todos nuestros ingenieros son diseñadores, y todos nuestros diseñadores son ingenieros.
James Dyson
The New Yorker (2010)

A lo largo de los años, inventores e ingenieros trabajaron para mejorar el diseño y la funcionalidad del aparato. El resultado fue una aspiradora más pequeña, más ligera y más práctica, adecuada para limpiar desde espacios industriales hasta suelos domésticos y los recovecos menos accesibles del interior de un automóvil.

Revolución ciclónica

A finales de la década de 1970, el inventor británico James Dyson quedó impresionado por la potencia de succión de los ciclones industriales de un aserradero. Empezó a pensar en un nuevo tipo de aspiradora, y en los años siguientes creó miles de prototipos. Un primer modelo salió al mercado japonés en 1983. Fue un éxito, y una década más tarde, Dyson lanzó su aspiradora sin bolsa DC01 en Reino Unido. Había añadi-

Las aspiradoras Dyson son compactas y eficientes. El motor se encuentra en el centro de la máquina. Los filtros son lavables, lo cual reduce los residuos y facilita el mantenimiento.

do al modelo un motor y un depósito, eliminando la bolsa desechable de la mayoría de las aspiradoras. El vórtice de aire a alta velocidad que creaba el motor, un potente ciclón que empujaba las partículas de polvo y suciedad al depósito, eliminaba la necesidad de la bolsa.

El invento de Dyson no solo era más eficaz para captar partículas finas, sino que también mantenía una succión constante durante todo el proceso de limpieza. Eliminar la bolsa ahorraba costes para el usuario y reducía la cantidad de residuos.

Progreso constante

Desde entonces, Dyson ha creado muchos más diseños y toda una gama de electrodomésticos, tales como purificadores de aire, ventiladores sin aspas, secadores de pelo y auriculares. Los diseñadores de todos los sectores siguen innovando, haciendo los productos existentes cada vez más fáciles de usar, eficientes y estéticamente agradables. La industria automovilística, por ejemplo, se beneficia de una mejora constante. La experiencia de conducción se ha mejorado con el rediseño de los chasis, la tecnología híbrida ha reducido las emisiones, y los interiores se han mejorado con nuevos materiales. ▪

Sir James Dyson

El inventor y diseñador industrial británico James Dyson nació en Norfolk (Inglaterra) en 1947, y es conocido sobre todo por ser el inventor de la aspiradora sin bolsa. Tras licenciarse en el Royal College of Art de Londres, se labró una carrera profesional en el diseño y la ingeniería. Su primer gran invento fue la Ballbarrow, versión modificada de la carretilla con una bola en lugar de rueda, lo cual facilitaba su manejo en terrenos blandos. En 1991 fundó Dyson Limited, empresa tecnológica con sede en Reino Unido y Singapur que investiga y diseña nuevas tecnologías, y que se ha ganado el reconocimiento mundial por su ingeniería y dedicación al diseño innovador. Dyson fue preboste del Royal College of Art de 2011 a 2017, y ese año inauguró el Instituto Dyson de Ingeniería y Tecnología en Wiltshire (Inglaterra).

Obras clave

1974 Carretilla Ballbarrow.
2009 Ventilador Dyson.
2016 Secador de pelo Dyson supersónico.

LA EXPOSICIÓN FINAL
DISEÑO DE EXPOSICIONES

Los museos y galerías de arte son lugares donde la cultura se une al comercio. Los primeros museos se crearon en el mundo antiguo, pero el concepto cobró importancia en el siglo XVII, cuando viajeros y comerciantes de Europa y Norteamérica empezaron a reunir colecciones privadas de obras de arte y a crear gabinetes de curiosidades con objetos de interés científico o cultural. Un público cada vez más ilustrado y culto propició la fundación de museos y galerías nacionales como el Museo Británi-

En la exposición «Miguel Ángel: divino dibujante y diseñador» del Museo Metropolitano de Arte de Nueva York, los dibujos, pinturas y esculturas del artista se dispusieron para dar una idea de sus procesos creativos.

co de Londres, el Louvre de París o el Instituto Smithsoniano de Washington D. C.

Diseño de museos moderno

Hoy en día, los museos más famosos atraen cada año a millones de visitantes de todo el mundo. Así pues, las exposiciones deben atraer a un público amplio, además de mantener a salvo de posibles daños los objetos valiosos.

Diseñar exposiciones consiste en algo más que la mera ubicación y protección de los objetos. La tarea inicial de conservadores y diseñadores es definir la idea general y el fin de la exposición. ¿Se trata de estimular el intelecto o la imaginación? ¿El objetivo es educar o divertir?

El siguiente paso es identificar los temas clave y definir el público objetivo: puede tratarse de una exposición científica interactiva para niños, de un viaje a través de la obra de un artista abstracto, o de la historia de la antigua China. El equipo selecciona citas breves o conceptos que sirvan de marco a la información, y define la secuencia de las muestras, en función de si el criterio es cronológico o temático, por ejemplo.

Véase también: Comercialización visual 124–131 ▪ Diseño de hostelería 178–179 ▪ La experiencia del usuario en línea 294–299

Un **plan inicial** identifica la **idea principal** de la exposición, los **objetivos clave** y el **público objetivo**.

Un **resumen de contenidos** planifica cómo presentar el contenido con **pantallas, audio, vídeo** y elementos **interactivos**.

Un **esquema** divide el contenido en **secciones**, identifica los **elementos clave** y define el **recorrido** de los visitantes.

Se define el **aspecto general** de la exposición: **colores, iluminación, tipografía** y el carácter y estilo de los *souvenirs*.

A continuación se desarrolla el concepto eligiendo objetos e imágenes clave, y se toman decisiones sobre la mejor manera de exhibir las muestras: en vitrinas, en las paredes, o por medios tecnológicos como vídeos, proyecciones, pantallas digitales o elementos interactivos táctiles. Hay que preparar también textos para carteles, etiquetas y leyendas, guiones para grabaciones de audio, vídeos y ayudas para visitantes con discapacidad visual, auditiva o de movilidad. Hay que elegir también la iluminación, los colores de las paredes y el equipo expositivo para crear el ambiente deseado, y diseñar un recorrido que sigan los visitantes, con pausas ante objetos más destacados y zonas más tranquilas donde sentarse y descansar.

Impresiones duraderas

La última consideración es el recuerdo que se llevarán los visitantes. Para la mayoría, los recuerdos más tangibles son los *souvenirs*, y muchas visitas a museos y galerías terminan con una visita a la tienda de regalos. Lo habitual es situar esta al final del recorrido por el espacio expositivo, justo antes de la salida. Los productos a la venta suelen reflejar los temas de la exposición. Además de catálogos, pósters y postales, los *souvenirs* pueden ser representaciones 3D de ciertos objetos, prendas de ropa, complementos, artículos de papelería y alimentos. Hasta las bolsas para las compras pueden dejar una impresión duradera del placer y el interés generados por una exposición. ▪

Experiencias inmersivas en museos y galerías

Desde la década de 1930, los diseñadores de exposiciones comenzaron a alejarse del modo tradicional de exhibir las piezas en paredes o vitrinas, y optaron por modos más modernos y audaces, con iluminación oculta e incluso con la proyección de películas para ofrecer experiencias más inmersivas.

Hoy, las exposiciones suelen incluir elementos audiovisuales e interactivos que buscan una estimulación multisensorial. Para atraer visitantes, muchas exposiciones científicas utilizan dispositivos y medios interactivos, que sirven también para exposiciones artísticas. Un ejemplo muy llamativo fue el «Proyecto del clima» del artista islandés Olafur Eliasson en la Sala de Turbinas de la Tate Modern de Londres, en 2003, con un solo objeto expuesto: un sol artificial creado con luces, espejos y niebla artificial. Los asistentes podían tumbarse en el suelo de la galería y «tomar el sol», o pasar por detrás de este y ver cómo se creaba el efecto.

En 2023, David Hockney empleó vídeo, música y sus propias palabras para compartir su forma de trabajar en «Más grande y más cerca (no más pequeño y más lejos)».

DE LO DIG

LO SOSTE

DE 2000 EN ADELA

ITAL A

NIBLE

NTE

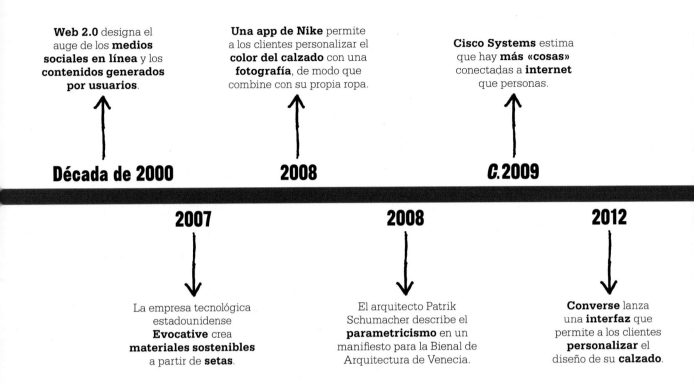

Web 2.0 designa el auge de los **medios sociales en línea** y los **contenidos generados por usuarios**.

Una app de Nike permite a los clientes personalizar el **color del calzado** con una **fotografía**, de modo que combine con su propia ropa.

Cisco Systems estima que hay **más «cosas»** conectadas a **internet** que personas.

Década de 2000

2008

C. **2009**

2007

2008

2012

La empresa tecnológica estadounidense **Evocative** crea **materiales sostenibles** a partir de **setas**.

El arquitecto Patrik Schumacher describe el **parametricismo** en un manifiesto para la Bienal de Arquitectura de Venecia.

Converse lanza una **interfaz** que permite a los clientes **personalizar** el diseño de su **calzado**.

El nuevo siglo trajo consigo nuevos avances en informática y tecnología digital, a la vez que internet alcanzaba la madurez: a medida que aumentaba el acceso a la red, individuos privados, empresas comerciales y organismos estatales se encontraron en línea.

Esto dio lugar a una cultura digital global que cambió profundamente la conectividad, las percepciones y el comportamiento humanos, y proporcionó a los diseñadores dimensiones completamente nuevas en las que aplicar la imaginación creativa. Mientras tanto, los críticos culturales observaron que los efectos del mundo en línea sobre los usuarios suscitaban inquietudes sobre la autonomía, el control y la decencia tan antiguas como la cultura popular misma.

Diseño de uso fácil

Las redes sociales –y el acceso a ellas a través de teléfonos inteligentes desde prácticamente cualquier lugar– dieron a las empresas nuevas oportunidades para conocer e interactuar con sus clientes. Al ir obteniendo más información sobre su base de clientes, se percataron del valor de una arquitectura de la información bien estructurada y con un diseño claro que permitiera a los usuarios orientarse en los sitios web con facilidad, y los atrajera además a nuevos productos y servicios, que pudieran adquirir con un solo clic.

En parte ergonomía, en parte orientación, diseño gráfico y diseño de servicios, la optimización de la experiencia del usuario es hoy en día parte fundamental del diseño web. Pero el diseño de la experiencia del usuario sigue siendo también un campo importante en el mundo real, dada la competencia por la atención y la clientela en los sectores minorista, hostelero y de eventos.

Ecosistemas digitales

Una revelación del siglo XXI es que el entorno digital ya no es solo para las personas. Lavadoras, frigoríficos, hervidores, relojes y termostatos domésticos pueden estar también en línea. Se cree que el número de dispositivos conectados a internet (la internet de las cosas) supera ampliamente al de la población humana. Fabricantes y diseñadores de productos pueden usar los datos obtenidos gracias a ella para solucionar problemas y mejorar el rendimiento de la siguiente generación de un producto.

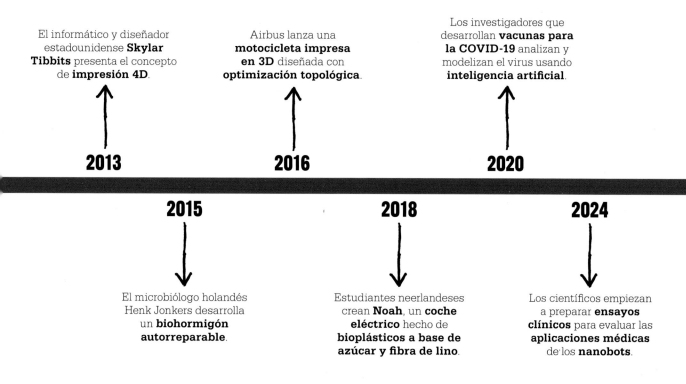

El informático y diseñador estadounidense **Skylar Tibbits** presenta el concepto de **impresión 4D**.

Airbus lanza una **motocicleta impresa en 3D** diseñada con **optimización topológica**.

Los investigadores que desarrollan **vacunas para la COVID-19** analizan y modelizan el virus usando **inteligencia artificial**.

2013

2016

2020

2015

2018

2024

El microbiólogo holandés Henk Jonkers desarrolla un **biohormigón autorreparable**.

Estudiantes neerlandeses crean **Noah**, un **coche eléctrico** hecho de **bioplásticos a base de azúcar y fibra de lino**.

Los científicos empiezan a preparar **ensayos clínicos** para evaluar las **aplicaciones médicas** de los **nanobots**.

El papel de la inteligencia artificial (IA) es cada vez más importante en este ámbito. Muchos interactuamos ya con ella sin darnos cuenta: por ejemplo, las recomendaciones de nuevos libros, películas o productos que recibimos por la red suele generarlas un algoritmo de IA que analiza los datos del historial de navegación y el consumo de contenido. La IA procesa gran cantidad de datos a gran velocidad; esta velocidad de análisis y la capacidad de modelar datos ayudó, por ejemplo, a los científicos a rastrear el virus de la COVID-19 durante la pandemia de 2020.

Prácticas sostenibles
En 2019, más del 25 % de la producción manufacturera mundial correspondió a China, cuya capacidad para fabricar bienes a un coste inferior al de sus competidores occidentales supone desde hace tiempo una propuesta económica atractiva. Fabricar y transportar mercancías a larga distancia, sin embargo, consume una enorme cantidad de energía y produce gran cantidad de dióxido de carbono y otras emisiones indeseables. Con modelos económicos basados en un crecimiento sin fin, crece también la alarma ante lo insostenible de este enfoque.

Ya en la década de 1960, diseñadores como el austriaco-estadounidense Victor Papanek expresaron su inquietud por el conflicto entre diseño y medio ambiente. Papanek argumentó que la mayoría de los bienes de consumo eran innecesarios, y que el diseño debía centrarse en necesidades humanas y medioambientales reales. Se cree que alrededor del 80 % del impac-to ecológico de un producto se determina en la fase de diseño, y por tanto corresponde a los diseñadores –de moda, de productos, gráficos o de la construcción– adoptar materiales y métodos de fabricación sostenibles.

Procesos como la optimización topológica pueden no solo producir diseños interesantes, sino también ayudar a los diseñadores a conservar recursos y reducir el despilfarro, al identificar el material excedente que no es estrictamente necesario para el rendimiento óptimo del producto. Un algoritmo informático recorre distintas configuraciones de masa y volumen sometidas a una serie de tensiones diferentes, con el fin de producir un diseño estructuralmente eficiente que sitúe los recursos materiales en los puntos donde son necesarios. ∎

SIMPLIFICAR, SIMPLIFICAR, SIMPLIFICAR

LA EXPERIENCIA DEL USUARIO EN LÍNEA

En agosto de 1991 empezó a funcionar el primer sitio web. Lo creó el informático británico Tim Berners-Lee en el CERN (la Organización Europea para la Investigación Nuclear), y estaba dedicado a esbozar un nuevo «sistema de información universal vinculado»: la World Wide Web. En 1993, el proyecto se hizo público, y a finales de ese año había 623 sitios web en línea. La NASA fue una de las primeras en adoptarlo.

En sus inicios, internet era una simple red de textos vinculados basados en HTML (código que indica a los navegadores web cómo mostrar las palabras e imágenes de una página web) para estructurar el contenido. Los monitores de baja resolución y los tipos de letra predeterminados del sistema limitaban las opciones de diseño. La capacidad de los primeros navegadores restringía los esquemas de color, y aunque pronto admitieron archivos JPEG y GIF animados, las velocidades de acceso telefónico a internet limitaban su número y tamaño. A mediados de la década de 1990, nuevos lenguajes de programación como JavaScript dieron mayor control a los diseñadores, pero la estética seguía siendo algo secundario:

Tim Berners-Lee posa con su ordenador NeXTcube, en el que desarrolló el primer servidor web, y con ello la World Wide Web.

el contenido y la funcionalidad tenían prioridad. En la década de 2020, internet ha adoptado una disciplina de diseño del todo nueva: la experiencia de usuario en línea o UX.

El ámbito del diseño web cambió radicalmente en 1996, al permitir el programa Flash de la empresa Macromedia crear elementos multimedia con vídeo, texto, sonido, animación y gráficos. Flash fomentó la experimentación y la expresión creativa: internet era un campo de posibilidades

Jakob Nielsen

Nacido en 1957 en Copenhague (Dinamarca), Jakob Nielsen es informático y consultor de usabilidad. A inicios de la década de 1990, tras doctorarse en la Universidad Técnica de Dinamarca centrándose en la interacción persona-ordenador, trabajó como ingeniero de *software*, y advirtió la necesidad de un enfoque más sistemático y centrado en el usuario para el diseño web.

En 1993 publicó *Usability Engineering*, el texto definitorio del campo, citado desde entonces en muchos trabajos académicos. Su método de evaluación heurística, de 1994, aún hoy identifica y resuelve problemas con las interfaces de usuario. En 1998 cofundó con el científico cognitivo estadounidense Donald Norman el Nielsen Norman Group (NN/g), especializado en consultoría, formación e investigación sobre la experiencia del usuario informático y el diseño de interfaces. Entre sus logros está el análisis de seguimiento ocular, que permite estructurar contenidos de forma más eficaz para los consumidores.

y el diseño web se consideraba una forma de arte emergente. La «interacción» era un medio nuevo para contar historias, con contenidos dinámicos, juegos inmersivos y riqueza visual. Esto transformó los sitios web estáticos en experiencias atractivas, pero las plataformas basadas en Flash solían presentar problemas de usabilidad: se cargaban con lentitud y a menudo eran caóticas y resultaba difícil navegar por ellas.

Evolución de la UX

La expresión web 2.0 apareció hacia 2000 para designar una segunda generación de desarrollo y diseño web, más enfocado al contenido generado por usuarios, las redes sociales y el comercio electrónico. A medida que crecía el número de usuarios de internet, la web 2.0 marcó un cambio hacia la estandarización y la usabilidad. A principios de la década surgió la «arquitectura de la información» como disciplina diferenciada, y con ella las primeras funciones formales de la UX. La expresión «experiencia del usuario» la acuñó el psicólogo cognitivo e ingeniero Donald Norman

en 1993, pero los principios básicos se basaban en la ergonomía: cómo el diseño y la disposición de los sistemas puede optimizar la relación entre las personas y sus herramientas.

En la década de 2010, con la proliferación de los teléfonos inteligentes y la navegación móvil, el valor de la UX fue más evidente y el campo creció rápido. Grandes empresas como Amazon y Apple formaron equipos de UX para investigar, crear prototipos y probar productos digitales, y hubo avances importantes en la usabilidad. Se introdujo el diseño adaptable para acomodarse a los diversos dispositivos con acceso a internet, imponiéndose el concepto de diseño «móvil primero», enfocado a que los sitios web funcionen eficazmente en pantallas pequeñas.

Pantallas táctiles

También se reconoció la importancia del diseño inclusivo, que condujo al desarrollo y la promoción de las pautas de accesibilidad web (WCAG 2.0), con orientaciones para diseñar elementos interactivos para personas con distintos niveles de destre-

Una comunicación eficaz depende del uso de recursos intrínsecamente relacionados con la estética.
Gui Bonsiepe
«El diseño como herramienta para el metabolismo cognitivo» (2000)

za, dado que los dispositivos móviles dependen a menudo de interacciones táctiles (tocar, deslizar o pellizcar) que podrían excluir a ciertos usuarios. Abordar estos aspectos contribuyó a que las últimas plataformas en línea fueran accesibles para todos, fomentando la inclusión y la diversidad en el ámbito digital.

Entre tanto, el diseño de la interfaz de usuario, apartado de la UX que se ocupa de características y »

Tim Berners-Lee publica el **primer sitio web**, pero la nueva World Wide Web tiene **opciones de diseño limitadas**.

El **diseño de la interfaz de usuario** adopta la sencillez y la claridad, con **influencias de mediados del siglo xx**.

El diseño multilingüe de interfaces para un **público global** trasciende la traducción para incluir **matices culturales**.

La web 2.0 ve un aumento de los contenidos generados por los usuarios, de las **redes sociales** y del comercio electrónico.

Los **principios del diseño** universal promueven la **usabilidad** para personas de **todas las edades y capacidades**.

La inteligencia artificial ayuda a los usuarios a adaptar las interfaces a sus necesidades.

funciones visuales, adoptó la simplicidad y la claridad, con unos diseños limpios, una navegación intuitiva y una estética minimalista. Se generalizaron los iconos para transmitir información con rapidez, y como reacción contra la tendencia predominante del esqueuomorfismo (por ejemplo, en elaborados iconos que parecían más objetos realistas que dispositivos de navegación), se optó por un diseño plano que rechazaba adornos superfluos.

Reduccionismo

En muchos sentidos, la web 2.0 puede verse como sucesora de los principios de diseño de mediados del siglo XX. Su arquitectura de la información se inspira en el diseño de la información y la comunicación visual del movimiento moderno. El origen de sus iconos gráficos se remonta a los pictogramas y sistemas de signos desarrollados desde la década de 1960, y sus interfaces de uso fácil son herederas del estilo tipográfico internacional, con su énfasis en la comprensibilidad universal.

También tiene relevancia hoy el principio reduccionista de la escuela Bauhaus. La idea de que «la forma sigue a la función» cobró fuerza desde mediados de la década de 2010, y la tendencia a optimizar el contenido, simplificar las interfaces y minimizar las distracciones ofrece al usuario una experiencia más agradable y eficiente. Los espacios en blanco, una paleta de colores limitada y la concentración en los rasgos esenciales mejoran el atractivo visual y facilitan una comprensión más rápida de la información. Los sitios web y las aplicaciones que adoptan este enfoque se benefician de un mayor compromiso por parte del usuario.

> La experiencia total de un producto abarca mucho más que su usabilidad: la estética, el placer y la diversión tienen un papel crucial.
>
> **Donald Norman**
> ***El diseño de las cosas cotidianas*** **(2013)**

Narración fluida

En la vertiginosa era digital actual, una experiencia de usuario en línea satisfactoria se basa en integrar armoniosamente diseño, funcionalidad y usabilidad. Para ello suele usarse la metodología llamada «pensamiento de diseño», que, según el diseñador británico Tim Brown, es un «enfoque de la innovación centrado en el ser humano que usa las herramientas del diseñador para integrar las necesidades de las personas, las posibilidades de la tecnología y los requisitos para el éxito empresarial». A diferencia de la ergonomía y la ciencia cognitiva, este enfoque holístico considera la estética junto con el producto o el mensaje.

Otro factor importante es la coherencia. Las marcas de éxito usan el diseño para contar una historia que encarna su identidad y sus valores, y lo hacen en todas las plataformas para crear una experiencia unificada, con un enfoque coherente de las interfaces, desde sitios web, aplicaciones y *software* hasta electrodomésticos, salpicaderos de automóvil y tecnología portátil. Para que los equipos trabajen coordinados en todos estos puntos de contacto, los sistemas de diseño proporcionan un recurso centralizado: un conjunto estructurado de principios, patrones y componentes para la coherencia visual y funcional. A diferencia de las directrices de diseño, los sistemas de diseño son intrínsecamente iterativos y dinámicos, e incluyen código.

Diseñar para todos

El diseño universal puede definirse como el diseño de productos y entornos utilizables «en la mayor medida posible por personas de todas las edades y capacidades», y es una consideración importante para diseñadores de todas las disciplinas. En el diseño web, garantizar la accesibilidad requiere decisiones conscientes. Por ejemplo, combinar colores de alto contraste para resaltar el texto sobre el fondo lo hace más legible, y beneficia a usuarios con dis-

El icono original de Instagram (izda.) era una representación virtual esqueumórfica de una cámara física; el icono más simple y plano desarrollado en 2016 es más identificable y ubicuo.

funciones visuales-cognitivas como la dislexia o el autismo. Debe evitarse usar solo el color para transmitir información –sobre todo si depende de la distinción de rojo y verde–, pues puede ser un impedimento para los usuarios daltónicos.

También es vital usar tipos de letra de fácil lectura y tamaño ajustable: en línea, las fuentes con una altura de la x grande se consideran la mejor opción. Una jerarquía clara de la información, con texto que aporte contexto a las imágenes, enlaces descriptivos y ayudas a la navegación, resulta útil a usuarios de todas las capacidades. Para crear un entorno en línea verdaderamente inclusivo, los sitios web deben ser compatibles con lectores de pantalla para usuarios con deficiencias visuales; y en contextos multimedia, deben incluir subtítulos para aquellos con dificultades auditivas. Cuanto mayor es el público potencial, más urgente es atender a la accesibilidad para excluir al menor número posible de personas.

El mundo en la pantalla

En el mundo interconectado de la década de 2020, el diseño se enfrenta también al reto de crear interfaces de alcance global. El diseño verdade-

Los cinco elementos del diseño de la UX los describió el diseñador de origen canadiense Jesse James Garrett en *The Elements of User Experience* (2002), que asesoraba a las empresas sobre cómo incorporar la UX a sus estrategias de comunicación.

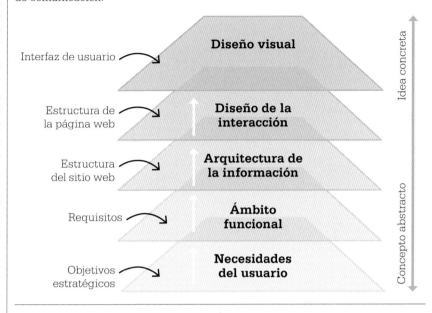

ramente multilingüe va más allá de la traducción para abarcar matices y preferencias culturales, lo que se conoce en informática como internacionalización y localización, o i18n. Para las empresas que buscan una perspectiva experta, aumentan los servicios de consultoría sobre accesibilidad e interculturalidad.

Desde al menos 2010, son fundamentales para el diseño digital la inteligencia artificial (IA) y el aprendizaje automático. Desde las recomendaciones personalizadas hasta los chatbots inteligentes, estas tecnologías adaptan las interfaces de forma dinámica, adecuando el contenido al comportamiento del usuario. Esto refuerza su implicación y da lugar a nuevas oportunidades para crear plataformas que aprendan y evolucionen con los usuarios a lo largo del tiempo, logrando así una experiencia más intuitiva.

La realidad aumentada –en la que la información generada por ordenador mejora los objetos de la vida real– y la realidad virtual también están redefiniendo los límites del diseño web. Ambas permiten trascender los límites bidimensionales convencionales de las interfaces de usuario con ricos contenidos que cautivan todos los sentidos en un espacio virtual, y van a ser cada vez más habituales. ∎

El panorama digital

Tanto la experiencia del usuario como la interfaz de usuario son cruciales en la configuración del panorama digital. Están interconectadas y a menudo se confunden, pero son aspectos distintos del proceso de diseño. La UX puede considerarse la arquitectura, y se centra en el desempeño y la funcionalidad de un producto. Trata de comprender las necesidades, las preferencias y los comportamientos de los usuarios para garantizar que naveguen fácilmente por el sitio y alcancen sus objetivos. El diseño de la interfaz de usuario da vida a la UX, centrándose en la apariencia: los esquemas de color, la tipografía y los componentes con los que interactúa el usuario. El objetivo es crear una interfaz estéticamente agradable que se ajuste a la marca y mejore la UX. La interfaz de usuario está orientada al detalle, y tiene en cuenta cada botón e icono para garantizar un lenguaje visual cohesionado y atractivo. Los diseñadores de interfaces de usuario usan herramientas como Sketch, Figma y Adobe XD.

UN ECOSISTEMA DE INFORMACIÓN

INTERNET DE LAS COSAS

Acuñada por el científico informático Kevin Ashton en 1999, la expresión «internet de las cosas» (IdC) designa una red de dispositivos dotados de sensores y *software* que recopilan e intercambian datos. En las últimas dos décadas, la IdC ha transformado cómo interactuamos con el mundo que nos rodea.

La IdC es ahora parte integral de nuestra vida cotidiana. Un oficinista que vuelve a casa del trabajo, por ejemplo, puede interactuar con el sistema inteligente de su casa con su *smartphone*. Puede encender la calefacción y el agua caliente, y programar el horno para que esté caliente al llegar. Al entrar en casa, puede usar un sistema controlado por voz para ajustar la iluminación y poner música para crear un ambiente acogedor.

Conectividad digital

La IdC permite conectar estos objetos de modo que se comuniquen entre sí y con internet. En casa, dispositivos como monitores de actividad física, medidores inteligentes y timbres inteligentes facilitan la vida al compartir información y realizar acciones inteligentes de forma autónoma, con una mínima intervención humana. Los medidores inteligentes, por ejemplo, al compartir información con el proveedor e informar del consumo de energía en tiempo real, permiten una facturación más precisa y un ahorro de energía.

Los sistemas de IdC usan tecnologías como wifi o Bluetooth para conectar dispositivos a internet y entre sí. Cada dispositivo está equipado con sensores y actuadores que

Un niño abre una puerta con una aplicación para *smartphone*. Dispositivos como cerraduras y timbres inteligentes han revolucionado la seguridad del hogar, aportando comodidad y control a los usuarios.

En un hogar inteligente, varios aparatos, como los de iluminación y calefacción, se conectan y comunican a través de internet.

Internet: el *router* conecta dispositivos a internet, sensores y otros dispositivos

La línea telefónica conecta el *router* al proveedor de servicios de internet

Las cámaras de seguridad dan tranquilidad cuando el usuario está ausente

La televisión inteligente ofrece servicios de *streaming* y contenido personalizado

Iluminación y calefacción pueden activarse estando fuera de casa

Router

Los aparatos electrodomésticos pueden controlarse a distancia y apagarse si se detecta un problema

Un detector de humo activa una alarma cuando el usuario está ausente

El teléfono móvil permite al usuario conectarse a la IdC desde otros lugares

El ordenador proporciona al usuario un cómodo centro de acceso en casa

recogen información sobre cómo se utiliza: los sensores controlan los cambios; los actuadores provocan un cambio físico, como encender un dispositivo. Una vez conectado el dispositivo a internet, el sistema de IdC también puede usar la computación en la nube para almacenar y analizar datos, o emplear herramientas de análisis avanzadas para interpretar los datos que recoge.

Diseño basado en datos

Los datos y la información que intercambian los sistemas de IdC informan en tiempo real sobre el comportamiento humano y sobre cómo interactúan las personas con espacios, productos o procesos. Las preferencias y los patrones de uso proporcionan a los diseñadores una comprensión holística de la experiencia del usuario, para responder a sus necesidades y crear productos o servicios mejores y más adecuados. Los diseñadores de interfaces, por ejemplo, pueden usar datos de IdC para saber qué aspectos de un sistema se infrautilizan, lo cual puede ser útil para rediseñar la interfaz o mejorar un sitio web.

El intercambio de datos plantea riesgos inevitables para la privacidad y la seguridad. Dada la naturaleza sensible de los datos de la IdC, son esenciales medidas de protección –como las actualizaciones periódicas de *software*– para evitar accesos no autorizados y violaciones de datos. Ante tales riesgos, industrias y gobiernos emplean el cifrado, directrices de protocolos seguros y marcos normativos. ▪

Ciudades inteligentes

Una ciudad inteligente usa tecnología y datos para mejorar la calidad de vida de sus habitantes. Gestiona los recursos de modo eficiente y racionaliza los servicios urbanos mediante el uso de dispositivos interconectados, el análisis de datos y la automatización. El objetivo es crear un entorno urbano sostenible, eficiente y habitable.

Las ciudades inteligentes emplean sensores y datos para abordar problemas urbanos como el transporte, la gestión de residuos y la seguridad. Dan prioridad a la sostenibilidad con el objetivo de reducir el impacto medioambiental.

Ciudad inteligente pionera, Singapur es conocida por su iniciativa Smart Nation, un programa que integra tecnologías de vanguardia, como sistemas de transporte inteligentes, servicios gubernamentales digitales y una planificación urbana sostenible.

Se trata de incorporar inteligencia para que las cosas sean más listas y hagan más de lo previsto.
Nicholas Negroponte
Sobre la IdC, en una conferencia (2005)

LA SOSTENIBILIDAD TIENE QUE SER UN DESAFÍO DEL DISEÑO

MATERIALES SOSTENIBLES

L a necesidad de materiales y métodos sostenibles fue cobrando importancia en la segunda mitad del siglo xx. En la década de 1960, en EE. UU., pioneros de la sostenibilidad como el arquitecto Richard Buckminster Fuller y el diseñador Victor Papanek empezaron a reclamar modos de reducir el impacto de bienes y servicios a través del diseño.

Cuatro décadas más tarde, el arquitecto estadounidense William McDonough y el profesor alemán Michael Braungart llevaron la idea más allá, al identificar el conflicto entre industria y medio ambiente como un problema crítico de diseño. Hasta el 80 % del impacto ecológico de un producto se fija en la fase de diseño, por lo que es imprescindible que los diseñadores adopten materiales y prácticas de fabricación sostenibles.

Impresión sostenible

En la década de 1970, los conflictos políticos en Oriente Medio provocaron un aumento de los precios del petróleo, y la Newspaper Association of America buscó alternativas a las tintas a base de petróleo de las que dependía hasta entonces la industria gráfica. En 1987, el diario de

La industria global de la impresión recurre cada vez más a tintas ecológicas a base de soja o de aceites vegetales como el de lino o el de girasol.

Iowa *The Gazette* presentó con éxito la primera tirada práctica con tintas a base de soja. Hoy, más del 90 % de los diarios estadounidenses se imprimen con tinta de soja de color.

Por su tiempo de secado más largo y menor resistencia a la fricción, las tintas de soja son menos adecuadas para su uso en papel cuché, pero tienen otras ventajas además del menor coste, como una reproducción más precisa del color. Desde el punto de vista de la sostenibilidad, como estas

Problemas sostenibles

El mayor coste de las alternativas sostenibles a menudo desanima a los consumidores. Así, por ejemplo, las bolsas de basura biodegradables de ácido poliláctico (PLA), una biorresina hecha normalmente de almidón de maíz u otros almidones vegetales, cuestan cuatro veces más que las de polietileno lineal de baja densidad (LLDPE).

El bambú, tan ampliamente usado hoy en día, también tiene sus inconvenientes. El tacto resbaladizo de las sábanas y camisetas de bambú no agrada a todo el mundo, y, a la inversa, el papel a base de bambú es más áspero al tacto que el papel de pasta de madera o de trapo. Otras dificultades están relacionadas con el rendimiento: los suelos de bambú pueden desgastarse rápido en zonas de mucho tránsito, y mancharse con suciedad incrustada que solo se elimina lijando y volviendo a pintar.

Los productos sostenibles tienen ventajas obvias respecto a sus equivalentes no sostenibles, pero no siempre son mejores.

No hace ninguna falta que los botes de champú […] y otros envases duren décadas (o hasta siglos) más que lo que contenían.
Michael Braungart y William McDonough
Cradle to Cradle (2002)

tintas se eliminan más fácilmente que las tintas a base de petróleo, el papel impreso con soja es más fácil de reciclar.

Avances más recientes en la industria de la impresión incluyen una tinta a base de algas lanzada por la empresa Living Ink en 2013. Algae Black es una alternativa viable al negro de carbón, pigmento derivado del petróleo que genera una gran huella de carbono, además de ser peligroso para la salud. Los pigmentos Algae Black tienen diversas aplicaciones comerciales, como la impresión, los plásticos, los cosméticos y los textiles.

Moda y bioplásticos

Las algas han llegado también al mundo de la alta costura, gracias a un vestido de lentejuelas del diseñador estadounidense Phillip Lim. Las lentejuelas suelen estar hechas de una película de poliéster llamada Mylar o de cloruro de polivinilo (PVC), y a menudo se recubren con materiales sintéticos para darles brillo. En 2021, Lim trabajó con la investigadora Charlotte McCurdy para crear lentejuelas bioplásticas de algas. Se cosieron a un tejido base biodegradable de fibras vegetales, y el resultado fue un vestido totalmente libre de derivados del petróleo.

En 2023, la diseñadora británica y defensora de la sostenibilidad Stella McCartney creó un vestido cubierto de BioSequins, lentejuelas de celulosa polimérica extraída de árboles, que brillan sin ningún tratamiento adicional al reflejar la luz de forma natural.

Las lentejuelas de celulosa de la empresa británica Radiant Matters son una opción sin plásticos ni colorantes para los vestidos de fiesta.

Los bioplásticos también se usan cada vez más en las industrias del envasado y de la música. En 2020, la empresa australiana de biomateriales Great Wrap creó un film transparente compostable de almidón de piel de patata, aceite de cocina reciclado y yuca.

En 2023, el colectivo de música y sostenibilidad británico Evolution Music diseñó un disco de vinilo de 12 pulgadas de bioplásticos. Evovinyl es compatible con la maquinaria de prensado existente y funciona en todos los tocadiscos.

Materiales de construcción

El bambú, un material resistente, flexible y renovable que produce muy pocos residuos, se emplea desde hace siglos en andamios de construcción en latitudes tropicales.

El bambú sin tratar arde rápido y se pudre en dos o tres años, atacado por insectos y hongos, y no se consideraba práctico para la arquitectura moderna. Esto cambió en la década de 1990, cuando la diseñadora irlandesa Linda Garland se asoció con el científico alemán Walter Liese de »

La **extracción** de materiales requiere el empleo de **recursos naturales** y afecta a la biodiversidad.

↓

La **producción** y el **procesado** consumen energía y generan contaminantes.

↓

La **distribución** requiere envases y genera **emisiones** y gasto de **energía**.

↓

Una vez en manos del consumidor, el envase del producto **genera residuos**.

↓

Al final de la vida útil del producto, su **eliminación** genera más residuos, emisiones y contaminantes.

la Universidad de Hamburgo para tratar el bambú y convertirlo en un material de construcción viable. La técnica consiste en taladrar el centro de las cañas, empaparlas con productos químicos repelentes de insectos y resistentes al fuego, y luego curarlas y secarlas.

El bambú se está adoptando hoy en todo el mundo en la construcción, así como para suelos, muebles y textiles. En la construcción se aprovecha el tallo entero, y los trozos sobrantes son biodegradables y compostables. El contrachapado y el aglomerado de bambú tienen propiedades similares a las del contrachapado convencional, con ventajas económicas y ecológicas adicionales.

La mayor parte de los bosques de bambú del mundo están en Asia, y China cuenta con los mayores recursos. Según el Fondo Mundial para la Naturaleza (WWF), al ser distintas la variedad de bambú usada en suelos

El Puente del Milenio de la Green School de Bali tiene una estructura de bambú y una cubierta de paja. Se extiende 23 m sobre el río Ayung, y es el puente de bambú más largo de Asia.

y muebles y aquella de la que se alimentan los pandas, el impacto ecológico es insignificante.

Desarrollos del hormigón

Otro avance sostenible en la industria de la construcción es el del hormigón flexible o ECC, un tipo de hormigón reforzado con pequeñas fibras derivadas de polímeros. Aunque contiene muchos de los mismos ingredientes que su homólogo tradicional –el cemento Portland, hecho de arena, piedra y agua–, el ECC es más sostenible. Se puede reforzar con dióxido de carbono, al tiempo que se reduce la cantidad de cemento en la mezcla, lo cual reduce las emisiones de carbono.

El hormigón autorreparable contiene cápsulas de plástico biodegradable de lactato cálcico y bacterias en una mezcla de hormigón húmedo. Cuando el agua las activa, las cápsulas se expanden y rellenan las grietas.

Gracias a los continuos avances en la impresión 3D de hormigón, ahora es posible diseñar digitalmente cualquier componente de un edificio e imprimirlo *in situ*, ahorrando tiempo, dinero y energía. Además,

No podemos seguir viviendo como si no hubiera un mañana, porque hay un mañana.
Greta Thunberg
Revista *Time* (2019)

como el encofrado es reutilizable, el hormigón impreso en 3D produce menos residuos.

Inspirado en la naturaleza

En la búsqueda de soluciones sostenibles, los diseñadores se inspiran a menudo en la naturaleza.

En 2017, la empresa californiana Bolt Threads lanzó Microsilk, una fibra creada imitando el ADN de la seda de araña. Las proteínas de araña se insertan en células de leva-

Sir Norman Foster

Norman Foster, nacido en 1935 en Stockport (Reino Unido), se ha centrado en los métodos y materiales de construcción sostenibles a lo largo de su carrera como arquitecto. Los equipos de investigación medioambiental de su empresa trabajan con arquitectos para desarrollar edificios habitables y transpirables.

Un elemento clave de la filosofía de Foster es la rehabilitación de antiguos edificios para adaptarlos a nuevos usos. En 2006, amplió una estructura existente en Nueva York para convertirla en la Torre Hearst, de 44 plantas. En vez de demoler el edificio de arenisca de seis plantas de 1928, lo modernizó, evitando así la producción de toneladas de escombros y creando una nueva referencia urbana: la primera estructura neoyorquina en recibir el certificado LEED (Liderazgo en Energía y Diseño Medioambiental) de oro. El acero empleado es reciclado en un 85 %, y la estructura diagrid usa un 20 % menos de acero que un armazón convencional.

---

dura, que producen proteína de seda líquida durante la fermentación. Una vez procesada, la mezcla puede hilarse en húmedo para obtener fibras, de forma muy similar a como se fabrican el acrílico y el rayón.

Uno de los materiales naturales más populares usados por diseñadores con conciencia ecológica es el cáñamo, un material alternativo para aislamientos, paredes, textiles, etc. Las plantas, además, nutren los suelos agotados mientras crecen. Mezclado con cal, el cáñamo absorbe dióxido de carbono de la atmósfera y es naturalmente resistente a las plagas, el moho y el fuego, siendo así una opción atractiva para interiores arquitectónicos.

El micelio, obtenido por primera vez de hongos en 2007 por la empresa estadounidense Ecovative, es otro material sostenible con múltiples usos. Puede moldearse en ladrillos para la construcción o en cascos de bicicleta, usarse para artículos de piel vegana o para envases biodegradables, solución ya adoptada por IKEA y Dell. Esta sustancia polimérica natural es muy duradera y resistente al moho, el agua y el fuego.

El micelio también puede servir para producir «carne» vegetal. Meati, marca con sede en Colorado (EE. UU.), afirma que sus productos a base de micelio requieren menos del 1 % del agua y la tierra que exige la carne animal producida industrialmente, y además emiten un 99 % menos de carbono.

Oportunidades de diseño

El impacto de adoptar materiales sostenibles es más visible a escala industrial: en la fabricación, la agricultura, la navegación y la construcción. Pero los diseñadores son cada

Este jarrón impreso en 3D, de micelio y arcilla, es obra del estudio Biomatters, especializado en la creación de objetos decorativos biodegradables a partir de materiales orgánicos y de desecho.

vez más conscientes del papel que pueden desempeñar a la hora de orientar a los consumidores hacia la sostenibilidad.

Se están dando grandes avances en el sector del embalaje. La pasta de dientes está ahora disponible en forma de pastillas en tarros de vidrio o recipientes de aluminio rellenables; el desodorante se presenta en tubos de cartón totalmente reciclable o en estuches recargables; y se envasan productos de limpieza del hogar en botellas de vidrio rellenables.

Un gran éxito del envasado respetuoso con el planeta es el de la humilde botella de agua. Para evitar que unos 60 millones de botellas desechables lleguen cada día a los vertederos de EE. UU., los diseñadores han creado botellas reutilizables en una amplia gama de atractivos colores, tamaños y materiales sostenibles como vidrio y aluminio, animando a los consumidores a realizar el sencillo cambio de la botella de plástico desechable a la botella rellenable. Como el 54 % de los estadounidenses bebe agua embotellada, este pequeño esfuerzo individual por la sostenibilidad está teniendo un impacto notable. ∎

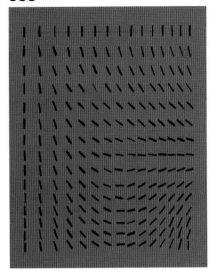

CADA ELEMENTO ESTÁ SUJETO A VARIACIÓN

PARAMETRICISMO

El parametricismo, uno de los estilos más llamativos de la arquitectura vanguardista contemporánea, se asocia sobre todo con formas y espacios dinámicos, fluidos y complejos. Deriva del enfoque de modelado paramétrico, en el que programas informáticos y algoritmos dictan la forma del edificio. El concepto cobró importancia a principios del siglo XXI, con el desarrollo del diseño paramétrico avanzado.

El empleo de *software* y *hardware* de diseño asistido por ordenador (CAD) en el proceso de diseño se remonta a la década de 1950, pero desde la de 1980, el recurso al diseño paramétrico, basado en sofisticados programas informáticos y algorit-

mos para generar diseños y modelos, no ha hecho más que aumentar. En la actualidad es una herramienta esencial en diversos campos, como el diseño urbano y de muebles, y su adopción marcó el paso de los métodos de dibujo a mano a los basados en el ordenador.

Celebrando la complejidad

El término «parametricismo» lo acuñó el arquitecto de origen alemán Pa-

El Centro Heydar Aliyev de Bakú (Azerbaiyán) fue diseñado por Zaha Hadid. La forma curva y fluida del edificio se integra casi a la perfección con la plaza que lo rodea, un rasgo característico del estilo de Hadid.

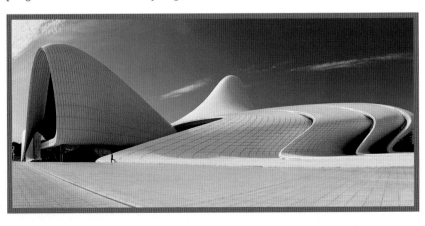

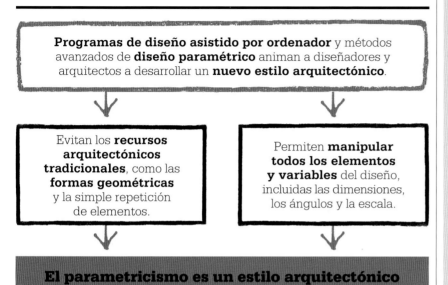

Programas de diseño asistido por ordenador y métodos avanzados de **diseño paramétrico** animan a diseñadores y arquitectos a desarrollar un **nuevo estilo arquitectónico**.

Evitan los **recursos arquitectónicos tradicionales**, como las **formas geométricas** y la simple repetición de elementos.

Permiten **manipular todos los elementos y variables** del diseño, incluidas las dimensiones, los ángulos y la escala.

El parametricismo es un estilo arquitectónico dinámico y fluido con posibilidades interesantes.

trik Schumacher, de Zaha Hadid Architects. En un manifiesto escrito para la Bienal de Arquitectura de Venecia de 2008, afirmaba que el parametricismo es único por su capacidad de articular procesos e instituciones sociales cada vez más complejos: su enfoque permite diseñar edificios y espacios urbanos que se adapten a su contexto y reflejen la complejidad de la vida moderna. La diferencia entre un arquitecto moderno que usa el diseño paramétrico y el parametricismo, sugería, está en el reconocimiento y la expresión de esta complejidad. En lugar de absorberla, como en el racionalismo, el parametricismo requiere del arquitecto que enfatice la complejidad y maximice la diferenciación.

Aplicaciones prácticas

Schumacher aplicó extensamente estos principios en sus obras. Sus propios diseños para Zaha Hadid Architects, incluidos algunos en

coautoría con la propia Zaha Hadid, se encuentran entre los ejemplos más conocidos de parametricismo. Entre ellos cabe mencionar las torres Opus de Dubái (2019), un complejo de uso mixto con un vacío de forma irregular en el centro; y el Centro Acuático de Londres (2011), construido para los Juegos Olímpicos de 2012, que presenta una cubierta ondulada.

Entre los ejemplos de parametricismo de otros arquitectos se incluyen el Museo Soumaya (2011), museo privado alojado en un armazón metálico en Ciudad de México, diseñado por Fernando Romero; y la Fundación Louis Vuitton (2014), museo de arte y centro cultural en París, diseñado por Frank Gehry.

En muchos casos, los edificios diseñados en el estilo parametricista tienen una estética característica de formas amplias e irregulares creadas mediante la combinación de geometrías complejas, como esferas, cubos, conos o cilindros. ▪

Blobitecture

La *blobitecture* es un estilo arquitectónico caracterizado por las formas orgánicas y fluidas, creadas con programas avanzados de modelado 3D. El término se compone de *blob* y *architecture*, donde *blob* alude tanto a una masa amorfa como a *binary large object* (objeto binario grande), un modo de almacenar datos usado en el *software* de diseño.

Ejemplos notables son los grandes almacenes Selfridges de Birmingham (Reino Unido) y el museo de arte Kunsthaus Graz (Austria). Ambos son de 2003 y ambos tienen una forma ondulada abstracta recubierta de adornos inusuales: el Selfridges está recubierto de 15 000 discos de aluminio anodizado, y el Kunsthaus tiene una piel azul iridiscente.

La *blobitecture* tiene un homólogo en el diseño industrial, los denominados *«blobjects»*. Creados con CAD, estos productos se someten a pruebas de rendimiento, seguridad y durabilidad antes de fabricarse. Son ejemplos famosos la silla Embryo de Marc Newson (1988) y el Blob Wall de Greg Lynn (2008).

El edificio Selfridges (Birmingham) ejemplifica la *blobitecture*. Carece de una geometría definida y, como otros ejemplos del estilo, presenta una superficie amorfa y ondulada recubierta por una detallada ornamentación.

EXPRÉSATE
PERSONALIZACIÓN

La personalización, una tendencia importante en la cultura de consumo desde finales del siglo xx, tiene sus raíces en la artesanía tradicional hecha a medida.

Este proceso, facilitado tanto por los cambios en los gustos de los consumidores como por los avances tecnológicos, da a los usuarios un control sin precedentes sobre el aspecto y la sensación de lo que compran. La personalización da a cada persona la posibilidad de personalizar ciertos artículos según sus necesidades o caprichos específicos, adaptándolos para crear algo único.

Beneficios de ida y vuelta

La personalización de productos tiene claras ventajas tanto para el consumidor como para la empresa que la ofrece. Para los consumidores, poder personalizar un producto supone tener algo a la medida de su estilo y sus preferencias, lo cual

Los consumidores pueden obtener un producto que se ajusta mejor a **sus gustos**.

↓

El producto es único para cada **cliente**, lo cual lo hace **más personal**.

Las empresas que ofrecen personalización cuentan con una **ventaja única**.

↓

La aplicación de un recargo por artículos únicos aporta **mayores ingresos**.

↓ ↓

La personalización beneficia a la empresa y al cliente.

La marca Converse ofrece a sus clientes una amplia gama de posibilidades en su herramienta de personalización en línea, y cada producto tiene el potencial de ser completamente único.

favorece un vínculo emocional. Desglosar el diseño de los productos en componentes elegibles permite al consumidor crear productos realmente únicos.

Además, la capacidad de personalizar los productos responde a la creciente demanda de individualidad en un mundo saturado de productos fabricados en serie. Los consumidores buscan artículos para distinguirse de la multitud, y la personalización responde a este deseo, ofreciendo una vía de autoexpresión.

Desde el punto de vista empresarial, la personalización supone una ventaja competitiva y una propuesta de venta única, y genera fidelidad entre los clientes.

El paso de los productos estandarizados a los personalizados hace la experiencia del consumidor más atractiva y emotiva, al reflejar una identidad individual acorde con los valores del cliente.

Consumidores creadores

Entre las empresas que han adoptado la personalización se encuentran marcas de calzado estadounidenses como Converse, fabricante de las popularísimas deportivas Chuck Taylor All-Star. En 2012, Converse lanzó una interfaz para facilitar el proceso de personalizarlas. Las herramientas digitales permiten ahora a los clientes en línea elegir entre diversos elementos –como estilo del calzado, materiales, colores, estampados, logotipos y bordados– y añadir toques individuales como iniciales o una breve inscripción.

Este nivel de personalización va más allá de la mera selección: transforma a los consumidores en cocreadores y les da un sentido de propiedad de los productos que compran, que son únicos.

Marketing personalizado

Empresas de otros sectores también han encontrado maneras de personalizar sus productos para que los clientes puedan conmemorar acontecimientos u ocasiones especiales. Por ejemplo, Coca-Cola permite a sus clientes personalizar la clásica botella de vidrio de Coca-Cola con nombres, mensajes y diseños especiales, como velas de cumpleaños o birretes de graduación. En EE.UU., produce también botellas personalizadas con logotipos de equipos de fútbol americano y fútbol, o etiquetas de eventos como la carrera automovilística Daytona 500.

De igual manera, productos de Apple como iPhones, iPads y Airpods ya se pueden personalizar con mensajes grabados; y los clientes de LEGO pueden adquirir una minifigura a su semejanza eligiendo entre el amplio catálogo de aspectos y accesorios de la compañía. ▪

Los productos Apple se diseñaron para fomentar la innovación. Este enfoque va más allá del diseño del producto y afecta al diseño de la marca.
Steve Jobs
Cofundador de Apple

DÓNDE COLOCAR LOS AGUJEROS
OPTIMIZACIÓN TOPOLÓGICA

EN CONTEXTO

ENFOQUE
Uso de algoritmos matemáticos para lograr la máxima eficacia

CAMPO
Tecnología, diseño de producto, ingeniería, fabricación

ANTES
1973 William Gilbert Strang y George Fix aportan la base matemática del método de los elementos finitos, teoría en la que se basa la optimización topológica.

1994 Se lanza al mercado el *software* OptiStruct, que ofrece una tecnología de simulación que integra la optimización y el análisis estructural.

DESPUÉS
2016 Airbus APWorks lanza la «Light Rider», la primera motocicleta impresa en 3D, diseñada mediante optimización topológica.

La optimización topológica es un proceso de diseño asistido por ordenador basado en algoritmos que ha transformado el modo de concebir y diseñar productos y estructuras. Mediante matemática compleja, calcula la mejor distribución del material en un espacio determinado, lo que permite crear estructuras más eficientes y ligeras. Usada por primera vez en el campo biomédico para modelar implantes ajustados a la estructura del esqueleto humano, se ha convertido en una herramienta inestimable en la automoción, la aeronáutica y la ingeniería civil.

Eficiencia en el diseño

El *software* algorítmico creado para completar la optimización topológica explora todas las configuraciones posibles de masa y volumen bajo una serie de tensiones. Así se garantiza la eficacia estructural y se reduce el despilfarro de recursos al producir objetos como las alas de un avión, donde una fracción de gramo puede suponer la diferencia entre el éxito y el fracaso. En la actualidad, la optimización topológica se aplica también a las fases conceptuales del diseño de productos. Los resultados suelen ser formas orgánicas y libres difíciles de fabricar, por lo que su uso se limita a veces a las primeras fases del proceso de diseño. ∎

La silla Bone (2006) es obra del diseñador holandés Joris Laarman, que emplea la optimización topológica para crear muebles que simulan patrones de crecimiento naturales, como los de los huesos.

Véase también: Diseño industrial 146–147 ▪ Aerodinámica 196–199 ▪ Hecho para durar 242–243 ▪ Impresión digital 3D 276–277 ▪ Ergonomía 278–285

LA INTELIGENCIA ARTIFICIAL ES UN ESPEJO

INTELIGENCIA ARTIFICIAL

EN CONTEXTO

ENFOQUE
Mejorar el diseño con IA

CAMPO
Tecnología, diseño de producto, ingeniería, matemáticas

ANTES
1948 El matemático británico Alan Turing introduce los conceptos clave de la IA en el informe *Intelligent Machinery*.

1950 Turing propone un test para evaluar la capacidad de una máquina de mostrar una inteligencia similar a la humana.

DESPUÉS
2020 La IA tiene un papel clave en la lucha contra la COVID-19, al ayudar a analizar y modelizar el virus y facilitar el desarrollo de vacunas.

2021 OpenAI presenta DALL-E, que muestra la capacidad de la IA para generar imágenes a partir de descripciones textuales.

L a inteligencia artificial (IA) está transformando el mundo del diseño: está revolucionando la forma en que los diseñadores crean, innovan e interactúan con los usuarios, y ya ha remodelado partes clave de los procesos de diseño.

De la fantasía a la realidad

Las industrias creativas llevan décadas coqueteando con el potencial de la IA: ha sido el tema de películas como *Her* (2013) de Spike Jonze y *Ex Machina* (2014) de Alex Garland. La realidad de su integración en la vida cotidiana ha sido mucho más lenta, pero la aparición en la década de 2020 de programas generativos que pueden crear texto, imágenes y audio totalmente nuevos –como Midjourney, ChatGPT y Adobe Firefly– ha democratizado la IA y la ha puesto al alcance de cualquiera que tenga ordenador y conexión a internet.

En el diseño, la IA se usa en todas las fases del proceso creativo: lluvia de ideas, generación de prototipos y visualización de productos en situaciones reales. Una aplicación notable ha sido la personalización. Analizan-

Un ordenador merecería llamarse inteligente si pudiera engañar a un humano haciéndole creer que es humano.
Alan Turing
Computing Machinery and Intelligence (1950)

do conjuntos de datos e identificando patrones, la IA hace predicciones y adapta diseños. Por ejemplo, un servicio de *streaming* puede utilizar la IA para sugerir nuevas películas de los géneros que le gustan al espectador. En la manufactura, puede racionalizar la fabricación de máquinas y el uso de recursos calculando el método de producción más eficiente en cuestión de segundos. ∎

Véase también: Diseño de servicios 270–271 ▪ La experiencia del usuario en línea 294–299 ▪ Internet de las cosas 300–301 ▪ Personalización 310–311

REESCRIBIR NUESTRA RELACIÓN CON EL MUNDO FÍSICO

MATERIALES INTELIGENTES

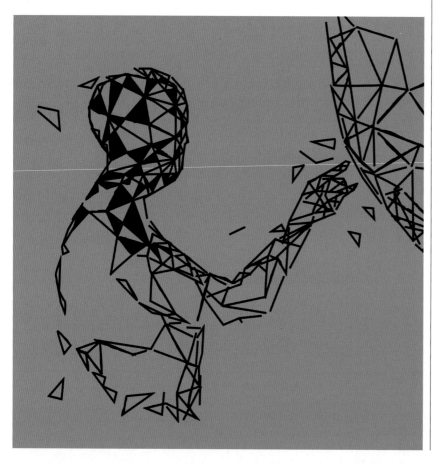

EN CONTEXTO

ENFOQUE
Materiales capaces de responder de forma autónoma a su entorno

CAMPO
Diseño de producto, textiles, ingeniería

ANTES
1932 El físico sueco Arne Ölander demuestra el efecto de memoria de forma con una aleación de oro y cadmio.

2012 Se crea el innovador Laboratorio de Autoensamblaje en el MIT (EE. UU).

2013 Skylar Tibbits esboza el concepto de impresión 4D.

DESPUÉS
2024 Empiezan a desarrollarse ensayos clínicos empleando nanobots para administrar fármacos automáticamente a partes específicas del cuerpo a través del torrente sanguíneo.

Los materiales inteligentes cambian sus propiedades físicas o químicas ante estímulos externos como el calor, la luz, la acidez o la electricidad. Son ejemplos los metales que pierden la deformación y recuperan la forma al calentarse, o las gafas de sol fotocromáticas, que se oscurecen con la luz solar.

Tradicionalmente, los objetos se fabrican con la forma óptima para su función; pueden ser susceptibles al desgaste –que puede provocar su rotura–, pero aparte de eso, no se espera que cambien. Un objeto fabricado con un material inteligente, en cambio, está diseñado para adaptarse a diferentes circunstancias.

Seis factores externos principales hacen que los materiales inteligentes respondan de diversas maneras.

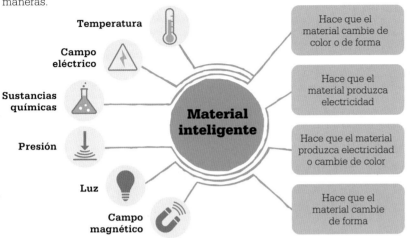

- Temperatura
- Campo eléctrico
- Sustancias químicas
- Presión
- Luz
- Campo magnético

Material inteligente

- Hace que el material cambie de color o de forma
- Hace que el material produzca electricidad
- Hace que el material produzca electricidad o cambie de color
- Hace que el material cambie de forma

Todas las cosas que hacen que algo sea, entre comillas, «inteligente», se pueden hacer con los propios materiales. [...] Todos los materiales son activos de un modo u otro.
Skylar Tibbits
New Civil Engineer **(2016)**

Puede ser capaz incluso de construirse a sí mismo, o de arreglarse cuando se rompe, sin necesidad de nuevas piezas, material o mano de obra. Esa capacidad está preprogramada en el propio material.

Materiales transformadores

El adjetivo «inteligente» suele sugerir que un producto lleva incorporados componentes electrónicos o sensores, y dispositivos como los termostatos domésticos inteligentes son cada vez más comunes desde que el empresario británico Kevin Ashton acuñó la expresión «internet de las cosas» en 1999. Pero las soluciones inteligentes incluyen también innovaciones que prescinden de la intervención humana o electrónica, pues el propio material está diseñado para la función requerida.

Ejemplos conocidos de materiales que reaccionan a los estímulos son los fluidos no newtonianos, cuya viscosidad cambia cuando se someten a tensión, y los materiales con memoria de forma. Las arenas movedizas (arena saturada de agua), por ejem-

plo, reaccionan de modo inesperado a la presión: cuanto más se debate uno, más se hunde, pues al moverse produce una presión que vuelve líquido el sólido. En fluidos artificiales no newtonianos como el ketchup, esta propiedad ayuda a sacar la salsa del recipiente: se vuelve más líquido al agitarlo fuerte. Entre las aplicaciones potenciales de materiales fabricados con fluidos no newtonianos están la pintura que no se apelmaza y la ropa de protección que se endurece con los impactos.

Las aleaciones con memoria de forma fueron de los primeros materiales con memoria de forma reconocidos como «inteligentes». «Recuerdan» su forma y vuelven a ella cuando se les aplica o pierden energía. Ilustra este comportamiento el popular truco del clip mágico, en el que se retuerce y deforma un clip aparentemente normal –hecho en realidad de nitinol, una aleación de níquel y titanio–, y luego recupera su forma cuando se le aplica calor.

El efecto de memoria de forma se registró por primera vez en la déca-

da de 1930 con una aleación de oro y cadmio, pero no fue comercialmente viable hasta que se descubrieron las propiedades del nitinol en 1959. Hoy existen numerosas aplicaciones de las aleaciones y los polímeros con memoria de forma: desde parachoques y retrovisores que recuperan su forma tras una colisión »

Como muestra el tapiz de Bayeux (*c.* 1070), las traicioneras arenas movedizas eran conocidas desde antiguo. Los científicos buscan ahora explotar sus características en materiales inteligentes.

leve hasta férulas y endoprótesis en biomedicina.

Manipulación de moléculas

Los materiales se pueden manipular y volver inteligentes usando nanotecnología. Esto funciona a nivel molecular, en el que las partículas se comportan de forma diferente y muestran propiedades modificadas debido a efectos cuánticos. La estructura molecular de un tejido, por ejemplo, puede alterarse para hacerlo impermeable o resistente a las manchas. El físico estadounidense Richard Feynman introdujo la idea del control de átomos y moléculas de este modo en su conferencia de 1959 «Hay mucho espacio en el fondo»; y el científico japonés Norio Taniguchi acuñó el término «nanotecnología» en 1974.

La nanotecnología es hoy un campo activo de la investigación de vanguardia, pero algunas de sus técnicas se usan desde hace siglos, mucho antes de que se empezara a comprender la ciencia en que se basa. Los artistas romanos del siglo IV descubrieron que añadiendo oro y plata al vidrio podían teñirlo de distintos colores; un ejemplo famoso es

El biohormigón autorreparable incorpora microcápsulas con bacterias latentes y una fuente de alimento. Cuando entra agua por alguna grieta, las bacterias se activan y producen carbonato cálcico ($CaCO_3$).

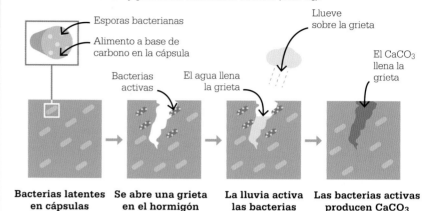

Esporas bacterianas
Alimento a base de carbono en la cápsula

Llueve sobre la grieta

El $CaCO_3$ llena la grieta

Bacterias activas
El agua llena la grieta

| Bacterias latentes en cápsulas | Se abre una grieta en el hormigón | La lluvia activa las bacterias | Las bacterias activas producen $CaCO_3$ |

la copa de Licurgo: es verde, pero se ve roja si se ilumina desde dentro. Del mismo modo, en la Mesopotamia del siglo IX se daba brillo a los esmaltes de cerámica con nanopartículas de plata y cobre. La nanotecnología también está detrás del misterioso acero de Damasco, famoso por su resistencia y durabilidad, producido en Oriente Medio desde el I milenio a. C.; en 2006, la microscopía reveló la presencia en él de nanotubos de carbono.

Los investigadores también estudian las propiedades moleculares del mundo natural –como el caparazón de algunos insectos, especialmente duro o de colorido único– para diseñar la próxima generación de materiales inteligentes.

Impresión 4D

En 1984, el ingeniero estadounidense Charles Hull inventó la impresión 3D para acelerar la creación de prototipos en diseño. Hoy es de uso común para imprimir objetos de todo tipo, desde plásticos hasta tejidos naturales, siempre que puedan extruirse capa a capa a través de una boquilla.

Skylar Tibbits

Nacido en EE. UU. en 1985, Skylar Tibbits se licenció en arquitectura en la Universidad de Filadelfia antes de continuar su formación en el MIT, donde se tituló en informática y diseño. Conocido sobre todo por el concepto de impresión 4D, que propuso por primera vez en 2013, Tibbits es el fundador del Laboratorio de Autoensamblaje del MIT.

El laboratorio ha servido a Tibbits para explorar materiales inteligentes en aplicaciones que van desde la moda y los muebles hasta

la ingeniería civil. Ha diseñado grandes instalaciones para el Museo de Arte Moderno de Nueva York, el Centro Pompidou de París y el Museo Victoria y Alberto de Londres. Entre sus premios se incluye el de Innovador del Año en I+D (2015).

Obras clave

2017 *Active Matter*.
2021 *Things Fall Together: A Guide to the New Materials Revolution*.

En 2013, el informático y diseñador estadounidense Skylar Tibbits introdujo la impresión 4D. La dimensión adicional del tiempo significa que los objetos impresos están preprogramados para poder cambiar en respuesta a diferentes condiciones o estímulos.

Los diseñadores eligen materiales para que realicen una función específica en respuesta a un estímulo como el agua o el calor. El proceso de diseño requiere moldear el material para que esta respuesta se produzca de forma controlada, alineando sus partículas y trabajando con la geometría para determinar las dimensiones y los efectos visuales.

Entre los materiales preprogramados en acción se halla el tejido AeroReact de Nike, de 2015, que usa dos tipos de material en su hilo para complementar la capacidad termorreguladora del cuerpo, y reacciona a la humedad abriendo la estructura del punto para maximizar la transpirabilidad. Un vestido de punto 4D diseñado por el Laboratorio de Autoensamblaje del Instituto Tecnológico de Massachusetts (MIT) emplea un hilo termosensible que permite personalizar su forma aplicando calor localizado. Los materiales inteligentes se usan también en la construcción, para cambiar el color de una fachada y repeler así el calor, o en persianas solares que se cierran en respuesta a la luz solar intensa. Estas respuestas regulan la temperatura del edificio sin recurrir a sistemas de calefacción y refrigeración que consumen mucha energía.

En biomedicina, la capacidad de los materiales inteligentes para res-

El autoensamblaje es un proceso por el que piezas desordenadas construyen una estructura ordenada mediante la sola interacción local.
Laboratorio de Autoensamblaje

ponder a cambios ambientales –de temperatura, luz, acidez, presión o señales bioquímicas– implica que pueden imitar elementos y procesos biológicos naturales. Entre las áreas de desarrollo se encuentran el diagnóstico y la monitorización, en los que el material puede reaccionar a biomarcadores específicos, a la administración de fármacos y a la ingeniería de tejidos.

Autoensamblaje, autorreparación

Tibbits describe el trabajo con materiales programados como un proceso ascendente: «Todas estas cosas se diseñan y construyen de abajo arriba, para que se autoorganicen y autoensamblen en esta estructura final funcional». Una de las áreas que in-

vestigan los diseñadores de materiales inteligentes es el autoensamblaje. El Laboratorio de Autoensamblaje del MIT lo ha explorado con muebles que se construyen solos: una mesa de embalaje plano que se despliega en 3D, o una silla que une sus piezas de forma autónoma, eliminando la necesidad de transportar objetos voluminosos o descifrar instrucciones complejas. En el ámbito aeroespacial, esto permitiría que una antena se forme sola en las peligrosas condiciones de trabajo del espacio.

Más allá del autoensamblaje está la autorreparación de materiales, como la piel tras una herida. Es el caso del biohormigón autorreparable inventado por el microbiólogo neerlandés Henk Jonkers en 2015.

Los materiales inteligentes pueden resolver problemas de forma no invasiva. El Laboratorio de Autoensamblaje tiene un proyecto para hacer frente a la erosión costera en el archipiélago de las Maldivas, amenazado por la subida del nivel del mar. Las técnicas actuales de restauración de playas requieren el dragado de arena o la instalación de barreras fijas permanentes que alteran el ecosistema. El Laboratorio de Autoensamblaje está probando estructuras geométricas sumergidas, diseñadas para acumular arena usando los patrones naturales de las olas, en una estrategia que trabaja con la naturaleza, no contra ella. ∎

El vestido tejido en 4D del Laboratorio de Autoensamblaje usa hilo activado por calor, tejido computerizado y activación robótica para lograr un ajuste personalizado perfecto.

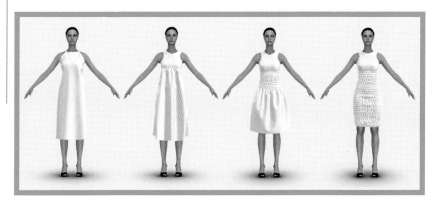

APÉNDIC

APÉNDICE

El diseño es un ámbito amplio y en constante evolución, y afecta a casi todos los aspectos de nuestro mundo: desde la disposición de pueblos y ciudades y la estructura de los edificios hasta la forma de los muebles y el modo en que se embalan para su venta. Afecta a la apariencia de los distintos medios de comunicación y a la longevidad de los dispositivos en los que se consultan. A lo largo de los siglos han surgido numerosas disciplinas del diseño para responder a las necesidades cambiantes de nuestro mundo, influidas por una vasta y variada gama de movimientos e ideas, muchas más de las que puedan tener cabida en este libro. En las páginas siguientes se examinan algunos ejemplos destacados del siglo XIX al XXI en orden cronológico.

JAPONISMO
1854–1920

«Japonismo» designa la influencia de la cultura japonesa en el arte y el diseño occidentales tras la apertura al comercio de Japón en 1854. Artistas y diseñadores de Europa y EE. UU. quedaron fascinados por los motivos decorativos y las composiciones asimétricas del arte japonés. Entre las primeras obras del artista francés Félix Bracquemond figuran unas vajillas con motivos japoneses de 1866, y los diseñadores británicos Christopher Dresser y Edward William Godwin produjeron obras de estilo anglojaponés. En EE. UU., la influencia japonesa es visible en la obra de Frank Lloyd Wright y del vidriero Louis Comfort Tiffany.

ESCUELA DE CHICAGO
1890–1920

La escuela de Chicago reunió a un grupo de arquitectos e ingenieros de esta ciudad estadounidense, entre ellos Daniel Burnham, William Le Baron Jenney, John Wellborn Root y la empresa de Dankmar Adler y Louis Sullivan. Los altos edificios que crearon fueron posibles gracias a la estructura de acero, y como los muros exteriores no eran de carga, podían sustituirse por vidrio. Estos edificios solían tener entre seis y 20 plantas, y eran rectangulares, con cubierta plana y cornisa. Entre los rascacielos de la escuela de Chicago que se conservan en la actualidad están el edificio Manhattan, diseñado por Le Baron Jenney en 1890–1891, y el edificio de los grandes almacenes Carson Pirie Scott & Co., diseñado por Sullivan entre 1898 y 1904.

ESCUELA DE GLASGOW
1892–1910

La escuela de Glasgow fue un grupo de artistas y diseñadores que trabajaron en esta ciudad escocesa y cuyo estilo combinaba el renacimiento céltico, el movimiento Arts and Crafts y el japonismo. Las formas alargadas y sinuosas de su estilo contribuyeron decisivamente al desarrollo del modernismo internacional. Entre sus miembros más destacados figuran Charles Rennie Mackintosh, las hermanas Margaret y Frances Macdonald y Herbert MacNair. El más famoso de ellos, Mackintosh, es conocido por ser el arquitecto de importantes edificios de Glasgow, como la Escuela de Arte de Glasgow, construida entre 1897 y 1909, y por sus diseños de muebles y vidrieras.

JUGENDSTIL
1895–1910

El Jugendstil («estilo juvenil»), surgido en Alemania a mediados de la década de 1890, abarcaba las artes gráficas, la arquitectura y las artes aplicadas. Tuvo dos fases: una primera de formas sinuosas y orgánicas, enraizada en el modernismo, y una segunda más abstracta y geométrica, adecuada para la producción en serie. El primer centro del Jugendstil fue Múnich, con exponentes como Hermann Obrist, Richard Riemerschmid, Bruno Paul y Peter Behrens. Hacia 1900, el grupo muniqués se dispersó y emigró a Berlín, Weimar y Darmstadt. En Darmstadt, arquitectos del movimiento como Behrens y Joseph Olbrich crearon una colonia de artistas. En 1907, Behrens se unió a Riemerschmid, Paul y otros para crear la Deutscher Werkbund (p. 162).

FUNCIONALISMO
1896-década de 1970

El funcionalismo arquitectónico daba prioridad a la función, de la que derivan la forma y la construcción del edificio. Como parte del movimiento moderno, rechazaba la tradición y el ornamento en favor de un enfoque sobrio que concibe los edificios como herramientas para la actividad humana. El arquitecto estadounidense Louis Sullivan, que acuñó la expresión «la forma sigue a la función», se considera uno de los fundadores del funcionalismo moderno, junto con otros como Frank Lloyd Wright, Hugo Häring, Hans Scharoun, Alvar Aalto y James Stirling. El funcionalismo no tenía una estética prescrita, pero sus edificios solían ser de varias plantas, con formas geométricas simples y mucho vidrio.

SECESIÓN DE VIENA
1897–1905

Liderado por Gustav Klimt, Josef Olbrich, Josef Hoffmann y Koloman Moser, un grupo de pintores, artistas gráficos, escultores y arquitectos austriacos crearon la Secesión de Viena en 1897. El grupo rompió con los estilos artísticos tradicionales de moda en la Viena de la época, y en 1898 fundó una revista, *Ver Sacrum*, que publicó influyentes obras de arte gráfico. Su principal obra arquitectónica fue la sala de exposiciones de la Secesión, una galería diseñada por Olbrich para que los miembros del grupo expusieran sus obras. En 1905, Klimt, Hoffman y Otto Wagner abandonaron el grupo y este se escindió.

DISEÑO ORGÁNICO
1908–

El diseño orgánico, o arquitectura orgánica, es un diseño inspirado en la naturaleza. A diferencia del biomimetismo, que imita a la naturaleza, el diseño orgánico emplea formas que incorporan los principios de la naturaleza. Se remonta a 1908, y ha dado lugar a estructuras que se integran en el entorno, de modo que este y el edificio se vuelven uno solo. El ejemplo más famoso es la Casa de la Cascada, diseñada en 1935 por Frank Lloyd Wright y construida sobre una cascada natural. En 1941, el Museo de Arte Moderno de Nueva York organizó una exposición titulada «Diseño orgánico en muebles domésticos», con obras de Eero Saarinen y Charles Eames.

EXPRESIONISMO
1910–1933

El expresionismo surgió en Alemania a principios del siglo XX como uno de los primeros movimientos clave de la modernidad. En las artes visuales, el cine, el teatro, la literatura y la arquitectura, se plasmó en imágenes, formas e ideas audaces que expresaban emociones intensas. En arquitectura, rechazó el funcionalismo, como se vio en el Pabellón de Cristal, diseñado en 1914 por el arquitecto alemán Bruno Taut para la exposición de la Deutscher Werkbund en Colonia.

Películas de terror como *El gabinete del doctor Caligari* (1920) y *Nosferatu* (1922), y la primera película de ciencia ficción, *Metrópolis* (1927), son buenos ejemplos de la estética expresionista.

RACIONALISMO
1920–1949

El racionalismo fue un movimiento arquitectónico que defendía los avances científicos para instaurar un nuevo orden mundial. Liderado por arquitectos como Walter Gropius y Ludwig Mies van der Rohe, aplicó la estética maquinista en edificios de acero, vidrio y hormigón. Como parte del movimiento moderno, con el que suele identificarse, estaba emparentado con la nueva objetividad, movimiento alemán que abogaba por la objetividad filosófica y su aplicación práctica. El racionalismo fue un estilo muy difundido en la Unión Soviética durante las décadas de 1920 y 1930, liderado por Nikolái Aleksándrovich Ladovski, y en Italia bajo el régimen fascista entre 1922 y 1943.

SURREALISMO
1924–1939

El surrealismo, movimiento artístico del siglo XX, pretendía cambiar la percepción del mundo explorando los sueños, el inconsciente y lo irracional. A partir del manifiesto de André Breton de 1924, lo adoptaron artistas como Max Ernst, Salvador Dalí y René Magritte. En la década de 1930 dio lugar a objetos como la plancha con clavos de Man Ray o la mesa con patas de pájaro y la taza de té de piel de Méret Oppenheim. La colaboración de Dalí con la diseñadora de moda Elsa Schiaparelli produjo el vestido langosta en 1937 y el sombrero zapato en 1938; y con el mecenas Edward James, el sofá labios en 1937 y el teléfono langosta en 1938.

ARQUITECTURA USONIANA
1937–1959

Frank Lloyd Wright concibió la casa usoniana en la década de 1930 para hacer frente a la necesidad de viviendas asequibles en EE. UU. Era sencilla y barata, de una sola planta, sin sótano ni ático, normalmente con un salón, dormitorios y una zona de cocina-comedor. Se construía sobre planchas de hormigón con tuberías para el calor radiante, y los interiores tenían muebles empotrados. A partir de 1937, Wright construyó más de cien casas usonianas, la última de las cuales se terminó tras su muerte en 1959. La casa usoniana tuvo un papel importante en la evolución de las casas *mid-century modern*, anticipando el estilo rancho que se popularizó en EE. UU. en la década de 1950.

ESTILO SUIZO
1945–

El llamado estilo suizo, o estilo tipográfico internacional, nació en la década de 1940, tomando elementos de la Bauhaus y De Stijl. Se basaba en una cuadrícula matemática que hacía los tipos más legibles, las jerarquías más claras y los diseños más armoniosos. Empleaba tipos de letra sin serifa como Univers, diseñada por Adrian Frutiger en 1957, y Helvetica, diseñada por Eduard Hoffmann y Max Miedinger en 1960. Fueron pioneros del estilo Ernst Keller, Max Bill y Otl Aicher, que abrieron su propia escuela en Ulm (Alemania), así como Josef-Müller Brockmann y Armin Hofmann, cuyo plan de estudios se sigue impartiendo en la Escuela de Diseño de Basilea (Suiza).

ARQUITECTURA GOOGIE
1945–1972

La arquitectura Googie fue un estilo futurista surgido en EE. UU. e inspirado en el progreso industrial, la cultura del automóvil y la era espacial. Tuvo su auge en las décadas de 1940 y 1950, sobre todo en el sur de California, donde marcó el diseño de edificios tales como restaurantes, cafeterías, boleras y gasolineras. Estos presentaban cubiertas curvas, estructuras en voladizo, diseños geométricos, triángulos y estrellas futuristas. El nombre deriva del Googie's Coffee Shop de West Hollywood (California), diseñado por John Lautner en 1949.

Entre los edificios más destacados figuran el Theme Building del Aeropuerto Internacional de Los Ángeles, de Paul Williams y William Pereira, con arcos parabólicos; y la Space Needle de Seattle, de Edward E. Carlson, con una plataforma de observación en forma de platillo sostenida por una esbelta torre que celebra la era espacial. Ambos se terminaron en 1961.

ESTILO PUSH PIN
1954–1980

Seymour Chwast, Milton Glaser y Edward Sorel fundaron Push Pin Studios en Nueva York en 1954. Su estilo característico rechazaba la rigidez del movimiento moderno para adoptar interpretaciones revitalizadas de estilos históricos como el del cómic clásico, el *art nouveau*, la tipografía victoriana y la xilografía alemana. También se caracterizaba por formas abultadas y exageradas, colores vivos y yuxtaposiciones lúdicas.

Algunos ejemplos son el cartel *Dylan* de Milton Glaser, de 1966, que muestra una silueta del músico Bob Dylan con una cabellera psicodélica; y el cartel *Visit Dante's Inferno* de Seymour Chwast, de 1967, que representa a un Satanás de color naranja con chaleco, cigarrillo y monóculo. El grupo publicó *The Push Pin Almanack*, y más tarde *The Push Pin Graphic*, para mostrar su trabajo.

DISEÑO DE LA ERA ESPACIAL
1957–1972

El diseño de la era espacial surgió en EE. UU. a mediados del siglo XX entre el optimismo generado por los logros tecnológicos de la exploración del espacio. Plasmado sobre todo en muebles, iluminación y objetos domésticos, presenta formas redondeadas, esféricas o angulares, a menudo en plástico, fibra de vidrio y metales reflectantes. El estilo inspiró varias sillas notables, como la Ball de Eero Aarnio, de 1963, con aspecto de cápsula espacial; la Garden Egg de Peter Ghyczy, de 1968, de poliuretano y con forma de ovni; y la Djinn de Olivier Mourgue, de 1963, que aparece en la película *2001: Una odisea del espacio*. La lámpara Sputnik de Stilnovo, de 1957, tenía la forma del satélite Sputnik, y el televisor Keracolor Sphere de Arthur Bracegirdle, de 1970, recuerda a un casco espacial. En arquitectura, la casa Futuro de Matti Suurinen, de 1968, imita la forma de un platillo volante, y la casa Nova de Michel Hudrisier y M. Roma, de 1972, es una burbuja metálica.

DISEÑO CONCEPTUAL
1960–

En el diseño conceptual, como en el arte conceptual, la obra se define por el concepto más que por la ejecución o el aspecto. Suele adoptar la forma de un prototipo, propuesta o idea que no está en producción ni a la venta. Los diseños conceptuales suelen crearse para satisfacer una necesidad o resolver un problema. Como movimiento, el diseño conceptual comenzó en la década de 1960 como reacción frente a la comercialización de la industria del diseño. Más tarde fue importante en el movimiento antidiseño italiano de la década de 1970, y en el trabajo de muchos diseñadores neerlandeses en la de 1990, como el colectivo de diseño conceptual Droog.

MINIMALISMO
1960–

El minimalismo comenzó como movimiento artístico en la década de 1960 en EE. UU., y abogaba por las formas geométricas simples y los espacios negativos. En la arquitectura, los edificios minimalistas priorizan las líneas limpias y los colores neutros evitando la ornamentación, y se inspiran en referentes arquitectónicos anteriores como la Bauhaus y De Stijl. La estética minimalista en diseño gráfico es similar, con elementos limitados, espacio negativo y una paleta de colores reducida. Hoy, el término «minimalismo» también se aplica a un estilo de vida que rechaza la profusión y lo superfluo y adopta la simplicidad en la vida y el hogar.

METABOLISMO
1960-década de 1970

El metabolismo, movimiento arquitectónico japonés de vanguardia, combinó visiones de megaestructuras arquitectónicas con nociones de crecimiento orgánico. Los miembros del grupo, como Noboru Kawazoe, Kisho Kurokawa, Kiyonori Kikutake y Fumihiko Maki, se vieron influidos por su profesor Kenzo Tange. El manifiesto del grupo, presentado en la Conferencia Mundial de Diseño de Tokio de 1960, preveía edificios modulares que pudieran sustituirse y renovarse, y ciudades flotantes ampliables sobre el mar. Su idea era hacer más adaptables las ciudades de Japón, pero muchos se sus diseños no se hicieron realidad debido a las limitaciones tecnológicas. Entre los ejemplos construidos figura la Torre Cápsula Nakagin de Kurokawa, de 1972, que ejemplificaba el enfoque modular del grupo con unidades de apartamentos en forma de cápsula unidas a dos torres o núcleos centrales.

ARTE PSICODÉLICO
1966–1972

El arte psicodélico es un estilo visual inspirado en la experiencia de tomar alucinógenos como el LSD, y está asociado a la contracultura estadounidense de finales de la década de 1960. Apareció por primera vez en la obra de cartelistas de San Francisco como Victor Moscoso, Bonnie MacLean, Stanley Mouse y Alton Kelley, Rick Griffin, Bob Masse y Wes Wilson. Sus influencias incluyen el *art nouveau*, el arte victoriano, el surrealismo, el *pop art* y el *op art*. Se caracteriza por el uso de colores intensos en fuerte contraste y por composiciones repletas de espirales, flores, curvas y líneas sinuosas, y se plasmó en carteles de conciertos, portadas de discos, espectáculos de luz, murales, cómics y revistas.

ARQUITECTURA *HIGH-TECH*
Década de 1970–

La arquitectura *high-tech* es un estilo futurista surgido en la década de 1970 como extensión de la arquitectura racionalista centrada en los nuevos materiales y tecnologías de la era de las máquinas. Los arquitectos exponen los elementos estructurales, creando edificios de acero, aluminio y vidrio con servicios mecánicos −como aire acondicionado y equipos eléctricos− situados en el exterior del edificio. Se trata de una estética industrial que enfatiza la transparencia y los interiores reconfigurables. Los ejemplos más famosos son el Centro Pompidou de París, diseñado por Richard Rogers y Renzo Piano en 1977, y el edificio Lloyds de Londres, diseñado por Richard Rogers en 1986. Otros arquitectos que trabajan en este estilo son Norman Foster y Santiago Calatrava.

AFROFUTURISMO
Década de 1970–

El movimiento afrofuturista, originario de EE. UU., reimagina futuros alternativos que celebran la cultura de la diáspora africana. Arraigado en la música, el cine, la moda y la literatura, combina ciencia ficción y fantasía y empodera a los afroestadounidenses para que conecten con su ascendencia perdida.

Ejemplos del estilo son los diseños de ovnis y moda del músico funk George Clinton y su banda Parliament, sobre todo el álbum *Mothership Connection*, de 1975. Más recientemente, la franquicia cinematográfica *Black Panther* de Marvel, lanzada en 2018, está ambientada en la nación africana ficticia de Wakanda, que nunca fue colonizada y ha desarrollado tecnología avanzada. El diseño de la película incluye arquitectura afrofuturista, moda y dispositivos electrónicos que combinan elementos de la era espacial y africanos. La moda y los vídeos musicales recientes de las artistas Janelle Monáe, Rihanna y Beyoncé incluyen también diseños afrofuturistas.

POSMODERNISMO
1970–1990

El posmodernismo surgió en la década de 1970 como reacción contra la austeridad y la indiferencia hacia el contexto cultural histórico de la arquitectura del movimiento moderno. En *Aprendiendo de Las Vegas*, publicado en 1972, los arquitectos estadounidenses Denise Scott Brown y Robert Venturi proponían enfatizar las fachadas, incorporar elementos históricos y tener en cuenta la arquitectura local. Ejemplos notables de la arquitectura posmoderna son la Piazza d'Italia de Nueva Orleans (EE. UU.), de Charles Moore (1978); el edificio Portland (Portland, EE. UU.), de Michael Graves (1982); y el edificio del MI6 en Londres, de Terry Farrell (1994).

El estilo posmoderno se extendió al diseño de producto, el arte y la moda, haciendo hincapié en el color, las formas audaces, las superficies de aspecto artificial, las referencias históricas, la parodia y el ingenio. Italia devino un centro mundial del diseño posmoderno, con figuras como Alessandro Mendini, que creó la silla Proust en 1978, y Ettore Sottsass, que diseñó la librería Carlton en 1981. Juntos formaron el Grupo Memphis en 1981 (pp. 268–269).

DISEÑO CIRCULAR
1976–

El diseño circular es un concepto de diseño que busca mantener los materiales en uso, limitar la dependencia del producto de las materias primas y reducir los residuos y la contaminación. Aboga por usar materiales reciclados o reconstituidos, así como por diseñar productos concebidos para poder desmontarse y reciclarse al final de su vida útil. El concepto se inspira en el de la economía circular, un sistema basado en la reutilización o el reciclaje de productos y materiales.

El concepto se asocia también con la idea «de la cuna a la cuna» (pp. 258–265), popularizada por el químico alemán Michael Braungart y el arquitecto estadounidense William McDonough en su libro *Cradle to Cradle: Rediseñando la forma en que hacemos las cosas*, de 2002.

DISEÑO UNIVERSAL
1977–

El denominado diseño universal, o diseño accesible, pretende crear productos, edificios y servicios accesibles a las personas independientemente de su edad, tamaño, capacidad o discapacidad. El término lo acuñó el arquitecto estadounidense Ronald L. Mace en 1985, tras desarrollar los siete principios de tal diseño en 1977.

Otra defensora del diseño universal es la diseñadora estadounidense Patricia Moore, quien, al final de la veintena, como parte de su proyecto Empathetic Elder Experience (1979–1982), pasó cuatro años viajando como una anciana de 80 años, con unos incómodos zapatos que le dificultaban andar, tapones en los oídos que le impedían oír bien y unas gruesas gafas que emborronaban la visión. Usó la información obtenida para informar sobre la movilidad.

DECONSTRUCTIVISMO
1980–

El deconstructivismo, movimiento arquitectónico surgido en la década de 1980, combinaba los conceptos del constructivismo y la deconstrucción. El constructivismo, movimiento artístico ruso de la década de 1920, se caracterizaba por las formas irregulares y abruptas. La deconstrucción, análisis filosófico desarrollado por el filósofo francés Jacques Derrida, cuestionaba el significado y la verdad.

En 1988, el arquitecto estadounidense Philip Johnson comisarió la exposición *Deconstructivist Architecture* en el Museo de Arte Moderno de Nueva York, con obras de Peter Eisenman, Frank Gehry, Zaha Hadid, Coop Himmelblau, Rem Koolhaas, Daniel Libeskind y Bernard Tschumi. Pese a trabajar en este estilo rompedor, muchos de estos arquitectos no aceptaron su adscripción al movimiento.

DERECHO A REPARAR
1990–

El derecho a reparar es un movimiento legislativo y de defensa de los derechos de los consumidores que defiende el derecho de estos a poder reparar los productos que se estropean, en vez de tirarlos y comprar otros. La creciente complejidad de los productos, sobre todo electrónicos, unida a la obsolescencia programada, ha vuelto cada vez más inasequible –o imposible en algunos casos– la reparación. El movimiento comenzó en Europa en la década de 1990, y desde entonces ha cobrado impulso y se ha extendido por todo el mundo. La coalición Right to Repair Europe representa a más de un centenar de organizaciones de toda Europa. En 2021, en EE. UU., se firmó una orden ejecutiva que mandaba a la Comisión Federal de Comercio facilitar la reparación de productos por terceros.

ARQUITECTURA REGENERATIVA
1996–

La arquitectura regenerativa es un enfoque que tiene en cuenta el entorno ecológico de un proyecto, tratando no solo de no dañarlo, sino de restaurar y mejorar de manera activa el paisaje o el medio ambiente. Esto requiere un análisis exhaustivo del ecosistema que incluye la flora y la fauna, el aire, el agua y el suelo, y a continuación un diseño concebido para regenerarlo. La idea procede del arquitecto paisajista estadounidense John Tillman Lyle, que expuso por primera vez su teoría en el libro *Regenerative Design for Sustainable Development* (1996).

Un ejemplo reciente de arquitectura regenerativa es el bloque de apartamentos Bosco Verticale de Milán (Italia), diseñado por el estudio Boeri en 2014, que tiene centenares de variedades de árboles y arbustos plantados en la fachada.

DISEÑO PLANO
2006–

El diseño plano es un estilo minimalista de interfaz de usuario para el diseño digital que emplea formas bidimensionales sencillas y colores vivos. Al consistir en formas y colores sencillos sin elementos tridimensionales, responde al tamaño de la pantalla, se carga rápidamente y se ve siempre nítido. Microsoft lo introdujo por primera vez en 2006 al lanzar el reproductor MP3 Zune, inspirándose en el estilo suizo de diseño gráfico.

El diseño plano sustituyó al esquueomorfismo, en el que los objetos digitales tienen una representación tridimensional realista. Desde 2012, el diseño plano se ha convertido en el principal estilo de diseño digital y es muy utilizado por empresas tecnológicas como Microsoft, Apple y Google.

ACTIVISMO DEL DISEÑO Y CRAFTIVISMO
2008–

Impulsado por las redes sociales, en la década de 2000 surgió un movimiento entre los diseñadores gráficos dirigido a concienciar sobre asuntos diversos. El activismo del diseño rechaza el diseño como conocimiento exclusivamente técnico y se centra en su uso como herramienta de cambio social y medioambiental.

Ese activismo también está presente en el ámbito de la artesanía y ha dado lugar a un nuevo término, el craftivismo. Un ejemplo notable se dio en EE. UU. en enero de 2017, cuando millones de mujeres se unieron a las marchas de protesta contra la investidura de Donald Trump llevando *pussyhats* de color rosa tejidos o cosidos a mano.

INDIGENISMO RADICAL
2019–

Eva Marie Garroutte, profesora en Princeton (EE. UU.) y ciudadana de la nación cherokee, acuñó la expresión «indigenismo radical» en 2003, en un llamamiento a reivindicar y fortalecer la tradición indígena, así como a comprender mejor cómo se ha malinterpretado y subordinado esta tradición a la cultura dominante en EE. UU.

En el libro *Lo-TEK: Design by Radical Indigenism* (2019), la autora y diseñadora Julia Watson replantea el indigenismo radical en el contexto de la arquitectura y el diseño contemporáneos, reevaluando las técnicas de construcción y los materiales tradicionales de diversas comunidades.

GLOSARIO

almohadillado Práctica de albañilería en la que se utilizan bloques de textura rugosa en contraste con la mampostería lisa.

antropometría Medición de las proporciones corporales que puede servir para mejorar la funcionalidad de los productos.

arabesco Adorno de formas naturales, como plantas y flores, usado para crear patrones decorativos rítmicos y fluidos. Tiene su origen en el arte islámico.

barniz Resina de savia de árbol que se aplica a los muebles para lograr un acabado duro, suave y resistente al agua. Se utiliza en muebles desde el siglo vi, sobre todo en Japón y China, y fue muy usado por los diseñadores modernistas.

biomórfico Diseño que remite a patrones o formas propias de la naturaleza, a menudo de forma abstracta.

bóveda En arquitectura, arco autoportante que forma el techo de un edificio o estructura.

celuloide Termoplástico resistente, originalmente llamado parkesina. Muy empleado desde mediados del siglo xix, sobre todo en película fotográfica, perdió popularidad por ser altamente inflamable.

chapado Capa fina de madera decorativa, marfil o carey que cubre la superficie de un mueble de madera.

clásico Se llama así al arte y la arquitectura basados en los principios establecidos en la Grecia y la Roma antiguas.

colores análogos Grupos de colores que están próximos en la rueda cromática, como por ejemplo rojo, naranja y amarillo.

colores complementarios Colores que presentan entre sí el mayor contraste, como el amarillo y el morado. Ocupan posiciones opuestas en la rueda cromática.

colores primarios Aquellos que no pueden obtenerse mezclando otros colores; son el rojo, el amarillo y el azul.

colores secundarios Colores formados al mezclar dos colores primarios. El naranja, el verde y el morado son colores secundarios.

colores terciarios Colores obtenidos de la mezcla de un color primario y uno secundario, o de dos colores secundarios.

contrachapado Material flexible formado por finas capas de madera unidas entre sí. Cada capa se coloca en ángulo recto con respecto a la capa inferior para darle una mayor resistencia.

contraste Pequeña marca estampada en la superficie de metales preciosos como la plata, el oro y el platino. La marca muestra la pureza del metal e indica el fabricante, así como la fecha y el lugar de fabricación.

cromado Recubierto o chapado con cromo.

cuadrilóbulo Motivo simétrico de cuatro círculos superpuestos, a veces semejante a un trébol de cuatro hojas. Es propio del arte gótico, o cristiano en general.

De Stijl Movimiento artístico activo en los Países Bajos entre 1917 y 1931, formado por artistas, arquitectos y diseñadores de vanguardia. Relacionado con la Bauhaus, pretendía reducir el diseño a sus elementos esenciales usando una paleta de colores limitada, líneas rectas y formas geométricas sin intersecciones.

dorado Pan o polvo de oro aplicado a una superficie como acabado decorativo. En ocasiones se usa plata en su lugar.

ebanistería Fabricación de muebles de alta calidad.

ebonizado Proceso por el que la madera se tiñe de negro para que parezca ébano. Suele aplicarse a pianos y muebles de alta gama.

ergonomía Consideración de la relación entre un producto y el usuario durante la fase de diseño. El objetivo es que el diseño sea cómodo, funcional y fácil de usar.

esmaltado Acabado decorativo brillante y liso de vidrio coloreado sobre una superficie metálica. Puede ser translúcido u opaco.

esqueuomorfo Diseño decorativo que imita las características de otro objeto, como un plástico diseñado a imitación del mármol o un botón digital con rasgos 3D.

fachada Parte delantera o exterior de un edificio que tiene elementos decorativos o rasgos arquitectónicos especiales.

femme-fleur Término francés para un motivo que combina la figura de una mujer con la de una flor, popular en los diseños modernistas.

fibra Aspecto de las marcas y vetas naturales en la madera. Puede aprovecharse para formar un patrón decorativo.

fibra de vidrio Tipo de plástico reforzado con fibras de vidrio que le confieren resistencia y ligereza.

foliado Término que designa el ornamento que se asemeja a las hojas.

fotolitografía Proceso que emplea la luz para grabar líneas en la superficie de un material fotosensible. Suele usarse para crear placas de circuitos electrónicos y lentes.

grabado Técnica decorativa consistente en la incisión de un dibujo sobre una superficie. También, arte y técnica de grabar una figura sobre una plancha de madera o metal, que se entinta y se estampa sobre papel.

gres Tipo de cerámica duradera que se cuece a temperaturas muy altas. En algunos tipos de gres, se añade piedra a la mezcla de arcilla para darle impermeabilidad y dureza. Se le suele aplicar un vidriado empleando sal o plomo.

historicismo En arquitectura, la práctica de aplicar un estilo histórico a edificios nuevos.

incrustación Tipo de decoración en la que un material se inserta en un hueco previamente vaciado de otro material distinto. Las incrustaciones pueden ser de madera, piedra, marfil, vidrio o metal.

iridiscencia Cualidad de una superficie que parece cambiar de color cuando se observa desde distintos ángulos. Se debe a diferencias en la refracción de la luz, y se da en la naturaleza en las escamas de los peces y las plumas de las aves.

isométrica Forma, como un triángulo, en la que todos los lados tienen las mismas dimensiones.

lanceolada Ventana o entrada alta y estrecha rematada con un arco apuntado en la parte superior.

litografía Técnica de impresión en la que se dibuja una imagen sobre metal o piedra con cera y luego se trata con aguafuerte y tinta. Las zonas enceradas repelen el agua pero retienen la tinta, que puede transferirse al papel. Esta técnica se emplea sobre todo para hacer carteles.

loza Cerámica hecha de arcilla blanda y porosa que puede moldearse a mano. Se puede impermeabilizar con un esmalte.

marquetería Revestimiento decorativo para muebles hecho de finas piezas de madera que se unen formando un patrón o una imagen. También se utilizan otros materiales, como el marfil o el nácar.

matiz Aspecto real de un color. En pintura, puede referirse también a un pigmento de color puro.

mocárabe En la arquitectura islámica, techo abovedado con hileras de arcos y nichos que parecen panales de abejas.

modular Método de construcción en el que las partes de un edificio o elemento de gran tamaño se hacen en una fábrica y se ensamblan luego *in situ*.

morisca Se llama así a la arquitectura producida en el Magreb y Al-Ándalus durante la Edad Media. Sigue los principios del diseño islámico, y a menudo presenta arcos de herradura y motivos geométricos.

obelisco Monumento de piedra en forma de pilar de base cuadrada rematado por

una pequeña pirámide en la parte superior.

orgánico Diseño con curvas y líneas de formas libres semejantes a las de la naturaleza.

pasta de vidrio Vidrio molido mezclado con líquido para formar una pasta que se prensa en un molde, que luego se calienta para fundir el vidrio.

pátina Película fina o brillo en la superficie de los muebles que aparece tras años de manipulación, pulido y desgaste. Puede cambiar el color del mueble.

patrón Diseño decorativo repetitivo. Las repeticiones pueden ser de líneas o formas regulares o irregulares.

porcelana Tipo de cerámica fabricada por primera vez en China a finales del siglo VI, de color blanco translúcido, resistente, densa e impermeable. Suele ser vidriada y decorada, y se utiliza en la fabricación de jarrones y vajilla de alta calidad.

proporción áurea Proporción matemática de 1:1,618, percibida como armoniosa y estéticamente agradable. Se da en la naturaleza, por ejemplo, en las conchas de los nautilos, y se ha empleado en la arquitectura, el arte y el diseño clásicos.

ratán Material fabricado con los finos tallos de palmera ratán. Las tiras fibrosas se entretejen para confeccionar muebles.

relieve Elemento decorativo moldeado, tallado o estampado que sobresale del material que lo rodea.

remate Elemento decorativo situado en la parte superior o terminal de un edificio, mueble o pieza de cerámica. Muchos remates tienen forma de bellota, piña o urna.

repujado Decoración en relieve obtenida trabajando una superficie de metal o piel con martillo, sello o buril desde el envés o interior. La técnica inversa deprime la superficie, en lugar de resaltarla.

saturación Intensidad y pureza de un color. Cuando se le añade blanco o negro, la saturación se reduce.

semiluna Forma de media luna o semicírculo.

simetría radial Disposición simétrica de líneas o formas en torno un punto central. Suele verse en el diseño de objetos redondos, como platos y jarrones.

talla de vidrio Método de corte de ranuras y facetas decorativas en el vidrio. Se realiza con la ayuda de una herramienta manual de rueda giratoria.

temperatura En relación con el color, la temperatura es lo cálido o frío que se percibe un tono. El rojo es el color más cálido; el azul, el más frío.

termoestable Polímero plástico que se endurece de modo irreversible tras adquirir una forma determinada aplicando calor.

termoplástico Polímero plástico que se vuelve blando y moldeable al calentarlo y se endurece cuando se enfría.

textura Aspecto característico o cualidad táctil de una superficie.

tono En relación con el color, el tono es lo oscuro o claro que es un matiz, lo cual resulta de que se le añada más negro o más blanco.

vernácula Se llama así a la arquitectura diseñada y construida para adaptarse a la geografía y la tradición cultural locales.

vidrio artístico Esculturas u objetos de bellas artes realizados en vidrio, habitualmente obra de un vidriero o artista independiente que trabaja en su propio taller, dando prioridad a la expresión artística sobre las consideraciones comerciales.

vidrio cristalino Tipo de vidrio en cuya composición hay al menos un 20 % de óxido de plomo. También conocido como cristal plomado, es más blando y fácil de moldear o cortar para decorar.

zigurat Estructura piramidal de lados escalonados, como los templos de la antigua Mesopotamia. Las formas basadas en esta estructura reciben el mismo nombre.

zoomorfo Forma o motivo decorativo inspirado en formas animales.

ÍNDICE

Q

R

S

REFERENCIA DE LAS CITAS

336

AGRADECIMIENTOS

Dorling Kindersley desea dar las gracias a Shaarang Bhanot, Arshti Narang y Aanchal Singal por la asistencia en el diseño, a Tim Harris por su ayuda editorial, a Ann Baggaley por la corrección de pruebas y a Helen Peters por el índice.

CRÉDITOS FOTOGRÁFICOS

Los editores agradecen a las siguientes personas e instituciones el permiso para reproducir sus imágenes: (Clave: a-arriba; b-abajo; c-centro; d-derecha; e-extremo; i-izquierda; s-superior)

18 Alamy Stock Photo: Science History Images. 21 Alamy Stock Photo: Science History Images. 22 Getty Images: Sepia Times/Universal Images Group (bc). 23 Bridgeman Images: Luisa Ricciarini (sd). 26 The Metropolitan Museum of Art: CC0. 27 Don Hitchcock, donsmaps.com: Glory A, Mémoires de la Société Préhistorique Française (bi). 28 Alamy Stock Photo: Michael S. Nolan (bd). 29 Bridgeman Images: Luisa Ricciarini. 31 Bridgeman Images: (bd). Getty Images: API/Gamma-Rapho (si). 32 Getty Images: DEA/G. DAGLI ORTI/De Agostini. 33 Bridgeman Images: Bibliotheque Nationale, Paris, France. 36 © The Trustees of the British Museum. All rights reserved. 37 Alamy Stock Photo: Album (bi). 38 Alamy Stock Photo: The Picture Art Collection (bd). Getty Images: Fine Art Images/Heritage Images (si). 40 Wikimedia: Lucien Mahin/CC BY-SA 4.0. 41 Alamy Stock Photo: INTERFOTO (bd). 43 Alamy Stock Photo: funkyfood London – Paul Williams (b). 44 Alamy Stock Photo: PA Images/David Parry (b). Bridgeman Images. 45 Alamy Stock Photo: Lou-Foto (si). 46 Getty Images: VCG Wilson/Corbis (b). 47 Getty Images: Asaad Niazi/AFP (b). 48 Alamy Stock Photo: funkyfood London – Paul Williams (b). 49 V&A Images/ Victoria and Albert Museum, London: (sd). 52 Alamy Stock Photo: Julia Hiebaum. 54 Bridgeman Images. The Corning Museum of Glass, Corning, NY: (bd). 55 © The Trustees of the British Museum. All rights reserved. 57 IMAGO: Imaginechina-Tuchong (si). Wikimedia: Adrian Pingstone/CC0 (bd). 58 The Metropolitan Museum of Art: CC0. 59 Bridgeman Images: Fototeca Gilardi. 65 Bridgeman Images: Luisa Ricciarini (sd). The Metropolitan Museum of Art: CC0 (bi). 68 Getty Images: Jose Lucas v. 69 Alamy Stock Photo: Martin Florin Emmanuel (b). 73 Alamy Stock Photo: Heritage Image Partnership Ltd. 74 Alamy Stock Photo: Newscom/BJ Warnick. 75 Alamy Stock Photo: ClassicStock (sd); Pictorial Press Ltd (bi). 77 Alamy Stock Photo: Granger, NYC (bd); Heritage Image Partnership Ltd (si). 79 MAP Academy.org: (bd). Shutterstock.com: Alexandra Morrall (sc). 80 The Metropolitan Museum of Art: CC0. 81 Alamy Stock Photo: imageBROKER com GmbH & Co. KG (bi). 82 The Art Institute of Chicago: CC0. 83 Alamy Stock Photo: Gary Dyson. 86 Bridgeman Images: © Philip Mould Ltd, London. 87 Alamy Stock Photo: Album (sd). Getty Images: Photo12/Universal Images Group (bi). 89 Getty Images: Universal History Archive (sd). 91 Bridgeman Images. 92 Alamy Stock Photo: Frank Nowikowski. 93 Alamy Stock Photo: Stephen Dorey – Bygone Images. 96 Alamy Stock Photo: Sueddeutsche Zeitung Photo. 97 Science Photo Library: Sheila Terry. 100 Alamy Stock Photo: incamerastock. 103 AF Fotografie: (sd). Bridgeman Images: Granger (bi). 104 Getty Images: DigitalVision/Andy Andrews (bc). 105 Alamy Stock Photo: MET/BOT. 107 Alamy Stock Photo: Pictorial Press Ltd (si); The Print Collector (bc). 109 Bridgeman Images: British Library Archive (sd). Lehigh University: Courtesy of Special Collections (bd). 110 The Art Institute of Chicago: CC0. 111 The Metropolitan Museum of Art: CC0. 114 Alamy Stock Photo:

incamerastock/ICP. 115 Alamy Stock Photo: incamerastock/ICP (sd). 116 Bridgeman Images: Christie's Images (bi). 117 Alamy Stock Photo: Guy Edwardes Photography. 118 Birmingham Museums Trust licensed under CC0. 119 Getty Images: Sepia Times/Universal Images Group. 121 Alamy Stock Photo: INTERFOTO (bd); Albert Knapp (sd). 123 The Metropolitan Museum of Art: CC0 (bc). Musée Théodore Deck © Pictural Colmar et la Ville de Guebwiller (sd). 126 Wikimedia: CC0. 127 Yale University Library: Lewis Walpole Library/ CC0. 128 Contemporary Architecture Archive Center: CC0. 129 Getty Images: Hulton Archive/ Stringer (sd). Shutterstock.com: Everett Collection (bi). 130 Shutterstock.com: Creative Lab. 131 Getty Images: David Mareuil/Anadolu Agency. 133 Alamy Stock Photo: Historica Graphica Collection/Heritage Images (bi). Bridgeman Images: Collection Artedia (sd). 134 Alamy Stock Photo: Maisant Ludovic/Hemis.fr (bd). 135 Alamy Stock Photo: GL Archive (sd). 137 Victorinox: (bi). 139 Alamy Stock Photo: Niday Picture Library (si); North Wind Picture Archives (sd). 145 Alamy Stock Photo: Shawshots (bi). National Portrait Gallery, Smithsonian Institution: James E. Purdy, 1859–1933/CC0 (sd). 147 Alamy Stock Photo: Granger, NYC (sd). Getty Images: SSPL (si); Finnbarr Webster (bc). 150 Alamy Stock Photo: Science History Images/Photo Researchers (bi). 152 Shutterstock.com: Bertrand Godfroid. 153 Alamy Stock Photo: Simon Kirwan (bd). 154 Bridgeman Images: (sd). 155 Alamy Stock Photo: Archive Pics (sd); Shawshots (bd). 156 Alamy Stock Photo: poster art. 157 Alamy Stock Photo: Retro AdArchives (sd); Sueddeutsche Zeitung Photo (si). 159 Shutterstock.com: Kris Wiktor. 161 The US National Archives and Records Administration: CC0. 162 Getty Images: Sepia Times/Universal Images Group (b). 163 Dreamstime.com: Yakub88 (cd). 166 Alamy Stock Photo: CPA Media Pte Ltd. 168 Bridgeman Images: SZ Photo/Scherl (bd). 169 Alamy Stock Photo: FAY 2018 (sd). Bridgeman Images: Smithsonian Institution (si). 171 Getty Images: John Macdougall/AFP (si); Roger Viollet (sd). 173 Alamy Stock Photo: mauritius images GmbH/Hans Blossey (bd); Niday Picture Library (si). 174 Getty Images: Horacio Villalobos/Corbis (b). 175 Alamy Stock Photo: Universal Images Group North America LLC/marka/jarach (cd); Volgi archive (sd). 176 Bridgeman Images: The Advertising Archives. 179 Alamy Stock Photo: Granger, NYC (bi). © Hilton: (sd). 180 Alamy Stock Photo: Album. 181 Alamy Stock Photo: Fine Art Images/Süddeutsche Zeitung Photo (sd); Fine Art Images/Heritage Images (b). 183 Alamy Stock Photo: Stephen R. Johnson (bd); Pictorial Press Ltd (si). 184 Alamy Stock Photo: Alex Segre (b). 187 Artek: (bi). Phillips Auctioneers, LLC: © Alvar Aalto Foundation/Alvar Aalto Museum, Finland (sc). 190 Alamy Stock Photo: Granger, NYC (bi). 191 Alamy Stock Photo: mauritius images GmbH/Steve Vidler (b). 193 Alvar Aalto Museum, Finland: © Alvar Aalto Foundation (sd). Alamy Stock Photo: Joerg Boethling (bi). 194 Alamy Stock Photo: f8 archive (bi). 195 Alamy Stock Photo: Granger, NYC (si). Getty Images: The Image Bank/Helen King (bc). 197 Alamy Stock Photo: Angelo Hornak (b). 198 Alamy Stock Photo: Shawshots (bi). 199 Alamy Stock Photo: imageBROKER/Stanislav Belicka (si). ETH-Bibliothek Zürich: (bi). 202 The Metropolitan Museum of Art: CC0. 203 Alamy Stock Photo: doughoughton (sc). 204 Robert Opie Collection. 205 Bridgeman Images: © The Courtauld (bd). 207 Alamy Stock Photo: Retro AdArchives (bi). Bridgeman Images: The Advertising Archives (bi). 209 Alamy Stock Photo: PA Images (bi). Getty Images: Bill Warnecke/CBS Photo Archive (si). 210 Alamy Stock Photo: Granger, NYC (bd). 218 Alamy Stock Photo: Alamy Live News/Malcolm Park (sd). TopFoto: Roger-Viollet (bi).

219 Shutterstock.com: Rafael Tomazi. 221 Alamy Stock Photo: Andrea Crisante (bi). 222 Getty Images: ullstein bild (bi). 223 Shutterstock.com: guruXOX (bd). 224 Tetra Pak. 225 Alamy Stock Photo: TT News Agency/SCANPIX (si). 226 Alamy Stock Photo: Pictorial Press Ltd (bi). 228 Thonet GmbH, Frankenberg (Germany): (bd). 231 Alamy Stock Photo: Bo Arrhed (sd). 232 Alamy Stock Photo: Pictorial Press Ltd (sc). Bridgeman Images: Everett Collection (bi). 233 Getty Images: Popperfoto. 235 Logodownload.org: © Amazon.com, Inc (ecdb); © New York Yankees (cib); © HP Development Company, L.P (cb); © WWF – World Wide Fund for Nature (bi); © Shell International Limited (bc); © Exxon Mobil Corporation (cdb); © PUMA SE (bd); © SWATCH AG (ebd). 236 Herman Miller: (bi). combine Consulting: (sc). HENN: (bd). 239 National Inventors Hall of Fame: Agnes Bacon (sd). Science Photo Library: Alfred Pasieka (sc). 240 Getty Images: MediaNews Group/Bay Area News. 241 © Lusso: (sd). 242 das programm: (bc). 243 Alamy Stock Photo: Goddard Arcive Portraits (bi). 245 Alamy Stock Photo: Pictorial Press Ltd (bi). 247 Courtesy NASA Johnson Space Center: (sd). 248 Shutterstock.com: 061 Filmes (bd). 250 Getty Images/iStock: cataliy (bc). 251 Getty Images: Michael Kovac (sd). 253 Getty Images: Sipa US/MCT (si). 254 Alamy Stock Photo: MilsiArt (bi); Science History Images/Photo Researchers (sd). 255 Alamy Stock Photo: Science Photo Library/Dr P. Marazzi. 256 Alamy Stock Photo: Alessandra Schellnegger/Süddeutsche Zeitung Photo (bd). 257 Photo Scala, Florence: The Museum of Modern Art, New York. 260 Alamy Stock Photo: Everett Collection. 261 Getty Images: Image Bank/Sylvain Sonnet (bd); Moment/FanPro (si). 263 Alamy Stock Photo: Sipa US/Jennifer Graylock (bi). Getty Images: Westend61 (sd). 264 Alamy Stock Photo: Drive Images/Evox Productions. 265 Shutterstock.com: photka (sd). 267 Science Photo Library: Power And Syred (bd). 268 Jacques Schumacher. 269 Photo Scala, Florence: RMN-Grand Palais (sd). 271 Alamy Stock Photo: Wavebreak Media Premium (bd). 273 Alamy Stock Photo: Associated Press/Casey Curry (sd). 274 Alamy Stock Photo: ArcadeImages (sd). Getty Images: SSPL (bi). 275 Alamy Stock Photo: Associated Press (bi). Getty Images: E+/Edwin Tan (si). 277 Alamy Stock Photo: Andrew Balcombe (sd); Imaginechina Limited (bi). 281 Alamy Stock Photo: CTK/Fluger Rene (bi); Underwood Archives, Inc (sd). 282 Herman Miller. 283 Herman Miller. 284 MIT Media Lab: Henry Dreyfuss Associates. 285 Alamy Stock Photo: cm studio (bd). University of Wisconsin, Madison: (sd). 287 Dyson Technology Limited: Johnny Ring Photography (sd). Getty Images: South China Morning Post/May Tse (bc). 288 Alamy Stock Photo: Randy Duchaine (sd). 289 Alamy Stock Photo: Rob Taggart (sd). 296 Alamy Stock Photo: Associated Press/Martial Trezzini (sd). Nielsen Norman Group: (bi). 298 Logodownload.org: © Instagram, Inc. (bi, bc). 300 Getty Images: Maskot (bi). 304 Alamy Stock Photo: TNT Magazine Pixate Ltd. 305 Radiant Matters: Elissa Brunato (bd). 306 Alamy Stock Photo: Paul Prescott (bd). 307 Alamy Stock Photo: Frances Howorth (si). bioMATTERS, LLC. © 2023 bioMATTERS, LLC. All Rights Reserved. 308 Alamy Stock Photo: Dmitry Ryabchenko (bd). 309 Alamy Stock Photo: Martin Thomas Photography (bd). 310 Alamy Stock Photo: Michael Doolittle (bd). 312 Courtesy of Friedman Benda and Joris Laarman: Photo: Jon Lam (bd). 315 Alamy Stock Photo: funkyfood London – Paul Williams (bd). 316 MIT Media Lab: MIT Self-Assembly Lab. 317 MIT Media Lab: MIT Self-Assembly Lab.

Las demás imágenes © Dorling Kindersley
Para más información:
www.dkimages.com